哈尔滨工程大学
人文社科文库
HARBIN ENGINEERING UNIVERSITY LIBRARY OF
HUMANITIES AND SOCIAL SCIENCES

哈尔滨工程大学出版社
Harbin Engineering University Press

哈尔滨工程大学
人文社科文库
HARBIN ENGINEERING UNIVERSITY LIBRARY OF
HUMANITIES AND SOCIAL SCIENCES

特邀总策划　衣俊卿
主　　编　郑　莉　张笑夷

东欧新马克思主义伦理思想研究丛书

东欧新马克思主义伦理批判思想研究

衣俊卿

著

哈尔滨工程大学出版社
Harbin Engineering University Press

图书在版编目(CIP)数据

东欧新马克思主义伦理批判思想研究 / 衣俊卿著
. --哈尔滨:哈尔滨工程大学出版社,2021. 12
(东欧新马克思主义伦理思想研究丛书)
ISBN 978-7-5661-3024-2

Ⅰ.①东… Ⅱ.①衣… Ⅲ.①西方马克思主义–伦理
学–研究–东欧 Ⅳ.①B82

中国版本图书馆 CIP 数据核字(2021)第 057438 号

选题策划　邹德萍
责任编辑　邹德萍
封面设计　李海波

出版发行　哈尔滨工程大学出版社
社　　址　哈尔滨市南岗区南通大街 145 号
邮政编码　150001
发行电话　0451-82519328
传　　真　0451-82519699
经　　销　新华书店
印　　刷　哈尔滨午阳印刷有限公司
开　　本　787 mm×1 092 mm　1/16
印　　张　25. 25
插　　页　3
字　　数　402 千字
版　　次　2021 年 12 月第 1 版
印　　次　2021 年 12 月第 1 次印刷
定　　价　128. 00 元
http://www.hrbeupress.com
E-mail:heupress@ hrbeu.edu.cn

作为马克思学说重要维度的伦理思想

衣俊卿

马克思主义与伦理学的关系问题，也即马克思主义伦理学的合法性问题或者马克思主义伦理学是否可能的问题，在 20 世纪的马克思主义演进中成为始终没有中断的重大理论课题和争议话题。这一问题如此重要，以至于有的学者把它视作建构马克思主义伦理学的"初始问题"①。第二国际理论家、苏联马克思主义理论家、西方马克思主义理论家、各种新马克思主义理论家，以及政治哲学领域和伦理学领域的许多理论家，都对马克思主义与伦理学的关系问题产生了浓厚的兴趣，他们不仅着眼于伦理学的发展，而且从更加全面、更加深刻地理解马克思学说和马克思主义理论的视角展开关于这一问题的探讨与争论。

不同时期的马克思主义理论家关于马克思主义与伦理学关系的争论，与各个时期的革命实践或社会实践对理论的需求毫无疑问地有着密切的关联。与此同时，这一争论也有着深刻的理论渊源和理论背景，并且与人们对马克思主义，特别是历史唯物主义的理解有着密切的关系。众所周知，亚里士多德曾经对理论知识、实践知识和创制知识进行了划分。对于这一基本的划分本身，人们并没有太多的质疑。但是，这一划分带来了后人对于伦理学的学科定位问题的不同理解。按照亚里士多德的知识分类或理性分类，第一哲学或形而上学属于理论知识系列，而伦

---

① 参见李义天：《道德之争与语境主义——马克思主义伦理学的初始问题与凯·尼尔森的回答》，载《马克思主义与现实》2014 年第 2 期；李义天：《再论马克思主义伦理学的初始问题》，载《道德与文明》2022 年第 5 期。

理学属于实践知识系列，二者不是同一个系列。从这样的区分入手，后来的不同研究者对伦理学的学科定位就有很大的分歧，其中一种观点就认为，伦理学属于经验学科，因而与第一哲学或形而上学没有关系，在这种意义上伦理学甚至不属于哲学；而另一种观点则认为，哲学本身就包含着理论知识和实践知识的维度，其中形而上学代表着理论哲学，而伦理学或道德哲学属于实践哲学。例如，文德尔班（Windelband）在其著名的《哲学史教程》中就认为，"哲学"一词的理论意义主要指向理性逻辑、真理和知识体系，主要表现为形而上学和认识论，但是他强调，这并不是"哲学"一词唯一的理论意义。实际上，从古希腊起，哲学还有另外一种含义，即实践意义，后者主要指向关于人的天职和使命问题，关于正当的生活行为的教导等问题，主要表现为伦理学或道德哲学、社会哲学、美学、宗教哲学等。① 不仅如此，除了上述两种不同的见解外，还有更为极端的解释，例如，伊曼努尔·列维纳斯（Emmanuel Levinas）不仅肯定伦理学属于哲学，而且强调"伦理学是第一哲学"。

从这样的理论传统和理论背景来审视，我们可以发现，马克思主义演进过程中关于马克思主义和伦理学关系的争论实际上都与对哲学的本性和伦理学的学科定位的理解密切相关。特别是 20 世纪上半叶关于马克思主义和伦理学关系的争论在深层次上都与人们对马克思主义哲学，特别是历史唯物主义的基本理解密切相关。关于这一问题的最早争论是20 世纪初以爱德华·伯恩施坦（Eduard Bernstein）和卡尔·考茨基（Karl Kautsky）为代表的第二国际理论家关于"马克思主义是否缺少伦理学"问题的争论。在某种意义上，大多数第二国际理论家把马克思、恩格斯的唯物史观理解为以一整套科学原则表达的经济决定论。在这种理解的基础上，伯恩施坦主张"回到康德"，用伊曼努尔·康德（Immanuel Kant）的道德哲学补充马克思主义本身所缺少的伦理学内涵，因为在他看来，人类行为是由道德理想和道德力量促进的，社会主义不是一种科学，而是人类的理想价值追求，所以他主张"伦理社会主义"。考茨基则强调社会发展规律的必然性，坚持科学社会主义，主张社会主

---

① 参见文德尔班：《哲学史教程》上卷，罗达仁译，商务印书馆 1987 年版，第 31-32 页。

义的实现是社会客观规律作用的结果。考茨基虽然对伦理道德的作用也进行了阐述，但是他坚持唯物史观的科学性质与伦理观念对于经济发展规律及阶级关系的依赖和从属地位。20 世纪二三十年代，以格奥尔格·卢卡奇（Georg Lukács）、卡尔·科尔施（Karl Korsch）和安东尼奥·葛兰西（Antonio Gramsci）等为代表的西方马克思主义兴起，他们批判苏联正统马克思主义的实证主义和科学化倾向。他们认为，马克思主义不是科学，而是哲学，马克思的社会历史理论，即唯物主义历史观并不是一种经济决定论，马克思强调的不是经济必然性，而是把社会历史理解为以人的实践为基础的主客体相互作用的生成过程。正是在这种意义上，他们强调道德文化价值具有展现人的能动性、主体性和批判性的重要作用。

第二次世界大战之后，马克思主义内部关于马克思主义与伦理学的争论仍延续着。20 世纪四五十年代人道主义的马克思主义与科学主义的马克思主义之间的争论，在某种意义上是西方马克思主义和正统马克思主义之间争论的继续。这个时期关于马克思主义与伦理学关系的争论主要集中于关于马克思是否是一种人道主义的争论。科学主义的马克思主义依旧坚持马克思主义的科学性，以作为科学的"理论实践的理论"来摆脱一切意识形态特征。而人道主义的马克思主义则强调，马克思学说的核心是关于对人本身及人的实践活动的理解，是对人的自由和解放的不懈追求。因此，人道主义的马克思主义以马克思的异化理论和人道主义精神为基础，极大地彰显了马克思主义的伦理批判和文化批判思想。此外，关于马克思主义伦理学的争论还在不同的地区和国度中展开。例如，20 世纪 50 年代民主德国的理论界，围绕着"道德进步与社会进步的关系""道德评价标准"等问题，展开了一场"关于马克思主义伦理学的大讨论"；20 世纪 70 年代在英美马克思主义伦理学研究中，开展关于"马克思与正义"的争论，以及关于"马克思主义的道德论"和"马克思主义的非道德论"等问题的广泛争论。在中国学术界，马克思主义伦理学学科已经得到承认和确立，并且出版了一些奠基性的成果，如罗国杰的《马克思主义伦理学》（1982）、宋惠昌的《马克思恩格斯的伦理学》（1986）、章海山的《马克思主义伦理思想发展的历程》（1991）等。但是，即便在这种背景下，关于马克思主义与伦理学的关系问题、关于马克思主义伦理学的知识合法性问题依旧是学术界讨论的热点话题，学者们广泛探讨马克思主义伦理学的初始问题和前置问题；马克思主义的伦理学或者道德哲学"何以可能"的问题；马克思主义与伦理学之间各种可能的关系，如"相互排斥""相互补充"或"相互包含"的关系；本体论和伦理学的关系问题；等等。①

从上述简要概括中不难看出，尽管前后经历了一个多世纪大大小小的各种理论讨论和争论，马克思主义与伦理学的关系问题依旧是一个开放的、悬而未决的问题，也将继续成为今后马克思主义理论研究的重要课题之一。应当指出，虽然国内外学术界没有就马克思主义和伦理学的关系问题达成某种共识或一致的结论，但这并非消极的事情，这种状况恰好从一个方面折射了理论发展与思想创新的开放性、反思性和创造性的本质特征。不仅如此，这些并没有定论的理论争论极大地拓宽与加深了人们对于马克思主义和伦理学关系的理解，而且也从一个独特的视角丰富了人们对于伦理学理论和马克思主义理论的理解。因此，我们应当非常珍视，并善于挖掘与总结一个多世纪以来国内外学术界关于马克思主义和伦理学关系的理论争论所形成的丰富的理论资源。必须看到，这方面还有许多研究工作需要加强。其中特别需要指出的是，迄今为止，学术界关于东欧新马克思主义理论家的独特的伦理批判思想的研究还十分薄弱，缺少系统的和全面的研究。鉴于东欧新马克思主义是 20 世纪各种新马克思主义流派中非常少有的既体验着全面的现代性危机，又亲历了社会主义实践和改革探索的，富有创造性的理论家共同体，挖掘他们关于马克思主义和伦理学关系的思想理论资源，就具有十分特殊的价值。

可以肯定地说，具有鲜明的人道主义特征的伦理批判思想是东欧新

---

① 参见李义天：《马克思主义伦理学的前置问题》，载《中国社会科学评价》2021 年第 4 期；王南湜：《马克思主义道德哲学何以可能?》，载《天津社会科学》2015 年第 1 期；林进平：《历史镜像中的马克思主义伦理学建构》，载《伦理学研究》2021 年第 1 期；等等。

马克思主义理论的重要组成部分。东欧新马克思主义理论家对于马克思学说的伦理思想内涵的高度重视，从理论上源自他们对马克思的实践哲学和异化理论的高度重视，而从实践上则源自他们对现代性的全面危机，特别是现代性与大屠杀的内在关联，以及社会主义实践的艰难曲折等重大现实问题的思考。还要特别指出的是，卢卡奇对马克思学说的独特理解对东欧新马克思主义理论家产生了最直接的影响和引领作用。卢卡奇不仅是西方马克思主义的创始人，也是东欧新马克思主义的奠基者。在东欧新马克思主义的主要理论阵营中，布达佩斯学派主要由卢卡奇的学生组成，而南斯拉夫实践派、波兰新马克思主义和捷克斯洛伐克新马克思主义理论家们也都深受卢卡奇的主客体统一的辩证法与人道主义的文化批判精神的影响。而从伦理思想的维度来看，卢卡奇也对东欧新马克思主义理论家产生了直接的影响。卢卡奇一生经历了前马克思主义的浪漫主义阶段、接受马克思主义后的革命理论阶段，以及晚年的文化批判和民主政治探索阶段。无论在哪个阶段，卢卡奇都高度重视伦理，他自己承认，正是出于对伦理的考量，他选择了马克思主义和共产主义。卢卡奇认为，无产阶级的阶级意识就是无产阶级的伦理学，它有助于无产阶级打破经济决定论和物化的统治，实现主客体的统一和理论与实践的统一。卢卡奇不仅探讨了革命伦理和阶级伦理问题，还专门探讨了作为个体伦理的"第二伦理"与作为政治伦理或社会伦理的"第一伦理"之间的张力和复杂关系。这些理论思考都对东欧新马克思主义的伦理思想产生了重要的影响。

　　东欧新马克思主义的理论中包含着丰富的伦理思想，几乎每一个流派都有致力于阐发马克思学说的人道主义伦理批判思想的代表人物。在这方面，最为突出的是布达佩斯学派的主要代表人物阿格妮丝·赫勒（Ágnes Heller）。作为卢卡奇的亲传弟子，赫勒非常重视伦理问题，从其早期的日常生活人道化理论，直到后期的历史理论、政治哲学研究等，都包含着丰富的伦理思想。在这方面，赫勒最为集中的研究成果是被称为"道德理论三部曲"的《一般伦理学》《道德哲学》《个性伦理学》。与青年卢卡奇主要关注政治伦理（或者阶级伦理）的定位有所不同，赫勒伦理思想的聚焦点是个体的道德选择，是身处现代性深重危机之中的现代个体如何通过自觉的道德选择成为好人，她由此提出了著名的个体伦理学思想。同时，她还研究了哲学领域、政治活动领域的道德准则和公民伦理等问题。在实践派哲学家中，米哈伊洛·马尔科维奇（Mihailo Marković）、米兰·坎格尔加（Milan Kangrga）、斯维多扎尔·斯托扬诺维奇（Svetozar Stojanović）对于马克思主义的人道主义伦理批判思想做了比较多的阐发。他们专门挖掘马克思学说的伦理思想资源，依据马克思的实践哲学和异化理论来思考马克思主义伦理学的可能性问题；他们主张人道主义的伦理批判思想，特别是关于现代性文化危机的伦理批判思想；他们还对社会主义条件下的伦理问题进行了思考，他们认为，马克思的伦理思想强调现实变革，强调对资本主义社会及其道德的人道主义的批判和变革，并且把人设想成完全有道德义务去实现社会主义的人。波兰新马克思主义重要代表人物莱泽克·科拉科夫斯基（Leszak Kołakowski）和齐格蒙特·鲍曼（Zygmunt Bauman）从不同侧面阐述了深刻的伦理批判思想。科拉科夫斯基作为哲学家，是从现代性反思的角度来提出自己的伦理学思想的。在他看来，现代性危机表现为"禁忌的消失"，进而表现为人类道德纽带的消解。尽管在现代性危机的条件下通过恢复道德力量来推动现代文明的自我防卫、自我调整和自我治愈是很难的，但他仍没有放弃寄托于作为价值源泉的道德个体身上的希望。他认为，掌握着行动权的理性的道德个体应该对自己的行为担负起全部责任。鲍曼作为社会学家也是围绕着现代性危机来建构自己的伦理学的。鲍曼发表了《现代性与大屠杀》《后现代伦理学》《生活在碎片之中——论后现代道德》等多部具有重大影响的伦理学专著，深刻揭示了现代性逻辑作为普遍化的和抽象的理性机制对个体道德能力的限制及对社会文化的破坏。在此基础上，他试图发展一种道德现象学，致力于唤醒后现代个体的道德良知，挖掘每一个体的道德潜能，推动道德的重新个人化。捷克斯洛伐克新马克思主义理论家卡莱尔·科西克（Karel Kosík）在著名的《具体的辩证法——关于人与世界问题的研究》及《现代性的危机——来自 1968 时代的评论与观察》等著作中，依据马克思学说提出了"具体总体的辩证法"，对现代社会的异化和物化做了深刻的批判。他基于"革命性的实践"，将辩证法与道德联系起来，他认为，真正的辩证法是革命的、批判的、实践的、具体总体的辩证法，因此道德问题可以被转化为物化的操控与合乎人性的实践之间的关系问题。科西克由此恢复马克思主义辩证法的革命内核，将道德问题变成了一个基于人的实践活动的辩证法问题，因而在一定程度上恢复了道德的辩证维度或革命维度。

同 20 世纪其他马克思主义理论家与新马克思主义理论家关于马克思主义和伦理学关系问题的理解相比较，东欧新马克思主义伦理思想研究具有自己的独特性。从基本定位来看，东欧新马克思主义理论家的关注重点并非一般地探讨伦理学作为一门知识和一个学科与马克思主义理论的关系，也不是要建构一种关于人的正当行为规范体系的实证性的伦理学体系，而是要从马克思学说的本质规定性和内在理论逻辑来生发出马克思主义的独特的伦理思想维度，并且通过这种自觉的伦理维度反过来更加全面地理解马克思的学说，特别是马克思关于人的存在和社会发展的学说。因此，我们认为，东欧新马克思主义理论家致力于揭示和发展一种"作为马克思学说重要维度的伦理思想"。我们可以从马克思学说的理论逻辑、现实关切和价值追求等基本要点来理解这一理论定位。

首先，这种人道主义伦理思想以马克思的实践哲学思想为理论基础，它作为马克思主义理论的内在组成部分，可以有效地把亚里士多德所区分的理论哲学和实践哲学有机结合起来，而在马克思主义的语境中，则是有效地把以生产力和生产关系辩证运动所代表的客观必然性与人的实践所具有的主体性及创造性有机地结合起来，从而既避免陷入经济决定论的困境，也避免出现唯意志论的偏差。显而易见，这样理解的伦理思想维度不仅对于伦理学的发展具有重要的价值，而且对于我们更加全面地理解马克思的学说，也具有重要的意义。

其次，这种人道主义伦理思想以马克思的异化理论为重要理论依据，在新的历史条件下，具体说来，在现代性全面危机的背景下，行之有效地彰显了马克思学说的批判精神。东欧新马克思主义理论家对于当代社会的全方位的批判，无论是政治经济批判，还是文化批判，无论是非道德的批判，还是道德的批判，都极大地彰显了马克思学说的当代价值和生命力。在某种意义上，这样的伦理批判思想作为马克思主义的现实批判维度，可以成为有机地连接马克思学说和当代人类境况的重要纽带。

最后，这种人道主义伦理思想坚持马克思关于人的全面发展和自由人的联合体的思想，在新的历史条件下坚持和具体化了马克思学说的基本价值追求。正如很多东欧新马克思主义理论家所分析的那样，生活在普遍异化和物化之中的现代个体，缺少人类道德纽带的维系，处于道德冷漠和道德盲视的深刻文化危机之中。针对这种现实境遇，东欧新马克思主义理论家探讨如何唤醒每一个体的道德良知，使道德个体成为文化价值的载体；进而研究，在一个道德规范多样化和文化价值冲突的时代，如何使个体通过自觉的存在选择和道德选择，自觉地承载道德责任，自觉地选择成为好人。这样的理论分析和价值追求对于现代人反抗普遍的物化与异化，对于我们防止马克思关于人的全面发展和人的自由的设想在现代性危机的背景下沦为一种理论抽象与空想，显然具有重要的理论价值。

正是基于这样的考量，我们在这套"东欧新马克思主义伦理思想研究丛书"中，拟采取翻译与研究相结合、整体研究与个案研究相结合的思路，尽可能全面地展示东欧新马克思主义的伦理批判思想。我们将该丛书粗略地分为三个板块：首先是关于东欧新马克思主义伦理批判思想的整体展示和总体研究，主要有衣俊卿著的《东欧新马克思主义伦理批判思想研究》和衣俊卿、马建青编译的《东欧新马克思主义伦理思想文选》；其次是对东欧新马克思主义伦理批判思想最具影响力的代表性著作的翻译，其中包括阿格妮丝·赫勒的"道德理论三部曲"《一般伦理学》《道德哲学》《个性伦理学》和齐格蒙特·鲍曼的《后现代伦理学》

《消费世界的伦理学是否可能?》;①　最后是关于东欧新马克思主义伦理思想的个案研究成果，其中包括澳大利亚学者约翰·格里姆雷（John Grumley）著的《阿格妮丝·赫勒：历史旋涡中的道德主义者》、丹麦学者迈克尔·哈维德·雅各布森（Michael Harvey Jacobsen）主编的《超越鲍曼——批判的介入与创造性的偏离》、郑莉和李天朗合编的《伦理危机与道德自主——齐格蒙特·鲍曼的伦理批判思想研究》、关斯玥著的《阿格妮丝·赫勒伦理思想研究》和王思楠著的《卢卡奇与布达佩斯学派政治伦理思想研究》。

　　我们希望以这些翻译和研究成果来奠定东欧新马克思主义伦理思想研究的基本文献基础与初步研究格局。这些只是初步的、起始性的工作成果，我们期望更多有才华的学者加入这一领域的研究，期待更加丰富的高水平成果不断涌现。

2021 年 11 月 11 日于北京

---

　　①　我们原计划在丛书中收入鲍曼的代表作《现代性与大屠杀》，但由于该书的中文版权目前已经被其他出版社获得而未果。读者可参阅该书已有的中译本——鲍曼：《现代性与大屠杀》，杨渝东、史建华译，译林出版社 2002 年版。

目　　录

导论　马克思学说伦理维度的开启与彰显 ················· 1

一、西方伦理学的演进及其与形而上学的历史交集和纠缠 ········ 2

二、关于马克思学说的解读和关于马克思主义伦理学的争论 18

三、东欧新马克思主义伦理批判视野的开启 ············· 38

第一章　第二伦理与第一伦理的辩证法

　　　——卢卡奇为东欧新马克思主义伦理思想奠基 52

一、贯穿卢卡奇全部思想的伦理批判 ················· 52

二、理论探索：主客体统一辩证法的内在伦理维度 ········ 61

三、实践建构：伦理批判和道德建设双重维度的开启 ······· 73

四、卢卡奇伦理思想的理论建树及内在的张力与开放的视野 94

第二章　马克思主义的人道主义伦理学

　　　——南斯拉夫实践派伦理思想 ················· 98

一、实践哲学的建构与马克思主义伦理学的可能性 ········ 99

二、马克思的人道主义和道德的实践基础 ············· 117

三、马克思人道主义伦理学的基本思想和理论特征 ········ 129

第三章　以好人和好公民为核心的个性伦理学

　　　——匈牙利布达佩斯学派伦理思想 ············· 148

一、布达佩斯学派伦理思想的丰富内涵与多重维度 ········ 149

二、道德结构变迁与现代人的道德困境 ··············· 165

三、存在的选择与个性道德的生成 ················· 186

第四章　现代性道德困境与后现代个体伦理学

　　——波兰新马克思主义伦理思想 ································· 217

　　一、作为现代性危机深刻表征的道德空虚与道德冷漠 ··········· 218

　　二、大屠杀与现代性的共生:现代道德危机最极端的表达 ········ 234

　　三、后现代境况中的个性伦理:道德良知与绝对的责任 ········· 246

第五章　普遍物化时代的道德危机与重建

　　——捷克斯洛伐克新马克思主义伦理思想 ················· 277

　　一、人道主义传统的当代理论视野与伦理思想内蕴 ··········· 278

　　二、物化结构和理性操控条件下的道德危机 ················· 290

　　三、人道主义的社会主义与有尊严的生活 ················· 300

第六章　不确定性时代:道德的脆弱与坚韧 ················ 310

主要参考文献 ··· 327

附录　一位思想者的生命姿态

　　——纪念阿格妮丝·赫勒(1929—2019) ················· 334

索引 ·· 379

导论　马克思学说伦理维度的
开启与彰显

　　研究东欧新马克思主义的伦理思想，必须以马克思的思想为背景和出发点，而揭示马克思学说的内在伦理维度，则必须回到西方伦理思想演变的传统和语境之中。伦理学，作为一门研究伦理道德现象的学科，是人类最古老的理论学科之一。伦理学不仅历史悠久，而且在人类精神发展中占据十分重要、十分独特的地位。伦理和道德，无论是作为自发的风俗、习惯，还是作为自觉的行为规范，无论是作为自觉的道德良知，还是作为强制性的道德义务，都关乎人的恰当行为和人与人之间的交往关系，关乎共同体和社会的建构及运行。在这种意义上，伦理学本质上代表着人类的自我认知，代表着人对自身的自觉理解，因而在人类精神发展的各个时期，伦理学总是与哲学纠缠在一起：或作为哲学的一个分支，或作为哲学的一种主要形态，或在某种意义上作为哲学本身。

　　回顾两千多年人类思想史，大多数有影响的哲学家都自觉关注伦理学课题，都在自己的哲学理论学说中阐发了某种伦理学理论或者某种关于伦理精神的理解。在这一点上，马克思主义也不例外，无论是马克思的学说，还是后来的各种马克思主义流派，都以某种方式对伦理学理论或者人类伦理精神做出深入的探讨和阐发。尽管在其中存在着各种理论争论，甚至是思想论战，但是，伦理学或者伦理思想维度毫无疑问是马克思主义理论演进中不可否认的存在。

一、西方伦理学的演进及其与形而上学的历史交集和纠缠

马克思主义诞生于欧洲文明精神的语境之中，所以对马克思理论学说的伦理思想维度的挖掘和理解，需要我们回到这一理论得以产生的思想理论背景之中，回到欧洲文明精神传统，特别是欧洲两千多年的伦理思想传统之中。不难看出，无论马克思本人和后来的马克思主义理论家对于伦理学或伦理思想是持肯定的态度，还是持否定和拒斥的态度，都与其所受到的西方伦理思想传统有直接的或间接的联系。因此，只有了解了两千多年西方伦理学发展所积累的丰富的思想资源，以及伦理学在哲学学科中的特殊地位，特别是伦理学与形而上学（或本体论）之间复杂的交集和纠缠关系，我们才能够理解，为什么伦理思想在马克思的学说和其他各种马克思主义流派之中会以一系列的理论争论的姿态出现。只有在西方伦理思想传统与当代人类社会境况的交汇之中，我们才能够理解马克思学说的伦理思想维度和当代马克思主义伦理思想的基本特征和独特之处。

（一）西方伦理思想的基本演进

如前所述，伦理学是人类最古老的理论学科之一，从古希腊到当今，西方伦理学或者伦理精神的发展为我们留下了异常丰富的理论资源。我们在这里不可能详细展开这些具体的思想理论建树，而只能依托我们课题研究的需要，以鸟瞰的方式浏览其中的一些重要内容。具体说来，我们一方面从历时的角度概览西方伦理思想发展中的某些重要阶段，另一方面从共时的角度非常简要地展示西方伦理思想发展的丰富内涵。以此为基础，我们将聚焦一个与我们理解马克思学说的伦理思想维度密切相关的问题，即西方伦理思想发展过程中伦理学与形而上学在哲学的地平线上的交集和纠缠。

从历时的角度看，我们可以毫不夸张地说，西方伦理思想源远流

长，几乎在文明发展的每个阶段，在每一种有影响的哲学思想或哲学流派之中，都包含着丰富的伦理思想资源。甚至在哲学诞生之前，各种伦理关系和道德习惯就已经存在于人的现实生活之中。阿拉斯代尔·麦金太尔在《伦理学简史》中就首先以"'善'的前哲学史及向哲学的转化"为题，讨论了反映在《荷马史诗》中的希腊社会的道德现象。他指出，那个时代的善取决于人的履职，"一个履行社会指派给他的职责的人，就具有德性。然而，一种职责或角色的德性与另一种职责或角色的德性是完全不同的。国王的德性是治理的才能，武士的德性是勇敢，妻子的德性是忠诚，如此等等。如果一个人具有他的特殊的和专门职责上的德性，他就是善的"①。麦金太尔还讨论了与这种作为履职的善相关的其他品质和道德感，如羞愧源于履职的失败，而具有正义的人是善的，等等。不难看出，《荷马史诗》中的这些道德观念在古希腊伦理学中被继承下来。当然，作为体系化的伦理观念和伦理思想，即自觉的伦理学的产生，是与古希腊哲学的诞生同步的。从古希腊哲学到德国古典哲学及现代哲学，西方各国先后产生了很多重要的哲学流派和伦理学理论，很多研究者对这一漫长历史时期西方伦理学思想的演变做了不同的阶段划分。按照较大的文明发展尺度——古代、中世纪和近现代——来衡量，人们一般把这一段演变划分为三个大的历史阶段：古希腊伦理思想、中世纪基督教伦理思想和近现代西方伦理思想。

古希腊伦理思想是两千多年西方伦理思想发展的理论源头，它是同古希腊哲学一起，或者说，是在古希腊哲学的怀抱里诞生和发展起来的。早期的自然哲学家，从第一个哲学家泰勒斯及其所创立的第一个哲学流派——米利都学派——开始，一直到毕达哥拉斯学派、赫拉克利特、恩培多克勒等，在探讨世界的结构、要素、变化、存在等哲学问题的思考中，都阐述了很多伦理思想。例如，毕达哥拉斯学派用数字和音乐来解释世界的结构和宇宙的和谐，他们通过对数学的中值(mean)的研究，把良好的道德习惯理解为介于人的行为两个极端之间的中值状态，这一思想深刻影响了亚里士多德的中道理论。古希腊伦理学是在古希腊

---

① 阿拉斯代尔·麦金太尔：《伦理学简史》，龚群译，商务印书馆2003年版，第31页。

哲学的鼎盛时期——苏格拉底、柏拉图和亚里士多德时期——创立和发展起来的。这一时期的哲学家从理性主义的视角来思考善的规定性、城邦公民的德性(或美德)、普遍的行为规范等。苏格拉底批评智者的文化相对主义立场,提出"美德即知识"的基本观点。他认为,德性是关于最高的道德范畴——绝对的和普遍的善——的知识,这种知识具有客观的规定性和普遍性,而人可以通过自己的认知理解这些知识。所以苏格拉底认为,哲学应当研究德性、正义、虔敬、勇敢等道德问题。柏拉图是从苏格拉底的核心哲学思想,即理念论出发来阐发自己关于善的理论和正义观的。柏拉图认为,最高的理念,即凌驾于所有理念之上的理念是善;善的理念是最大的知识问题,关于正义等的知识只有从善的理念演绎出来才是有用的和有益的。他特别强调,一个国家中应当有四种基本的德性,即智慧、勇敢、节制和正义。同他的老师苏格拉底一样,柏拉图认为,确保个人内部灵魂之正义的路径是德性的教育。作为古希腊伦理思想的集大成者,柏拉图的学生亚里士多德在其著名的《尼各马可伦理学》之中,系统地建立起德性伦理学(或美德伦理学)的理论体系。亚里士多德继承了苏格拉底和柏拉图的德性伦理思想传统,他强调,德性并不是肉体的德性,而是灵魂的德性,即灵魂所具有的优秀品质。由此出发,他通过由习惯养成的伦理德性和由教化生成的理智德性的交互关系,并且以中道为善恶的判断尺度和德性的评判标准,阐述了各种具体的德性。在这一德性伦理学的建构中,亚里士多德特别凸显了这一理论的目的论和幸福论色彩。他认为,善表达于一切事物和人的活动的目的之中,善就是追求的目的;而至善,即人生最终的目的则是幸福。亚里士多德不同意柏拉图的禁欲主义的幸福,但是,他也强调,幸福体现为生活的整体,幸福不是单纯的情感或欲望的满足,而是合乎德性的生活和行为,而且,公民的幸福是和城邦的幸福密切相连的。到了希腊化和罗马时代,随着社会变革的加剧和社会生活的动荡,道德价值和伦理思想显得更加重要,因而,一些从苏格拉底、柏拉图和亚里士多德伦理思想的某些方面出发的伦理思想流派开始涌现,如伊壁鸠鲁的快乐主义伦理学、新柏拉图主义伦理学、廊下派的怀疑论的伦理观等。

　　西方中世纪占主导地位的伦理思想是基督教伦理思想，无论是前期的教父哲学，还是后期的经院哲学，都包含着自己的道德哲学和伦理学思想。基督教强调人的原罪，并且把原罪与人的自然欲望的力量联系在一起而加以否定，因此，基督教伦理思想否定了古希腊的德性伦理学的基本精神，从理性主义走向了信仰主义和权威主义。基督教伦理的主要任务是解释和论证《圣经》的道德观念和伦理原则，阐发一种以"原罪－赎罪"为基础的伦理思想。这一伦理思想遵循的基本教旨宣称："上帝是我们的父亲。上帝命令我们服从他。我们应当服从上帝，因为他知道对我们来说什么是最好的，并且对我们而言最好的事情就是服从上帝。"①在这种意义上，道德戒律就是上帝的命令，上帝至高无上，人必须服从和信仰上帝。同古希腊德性伦理思想相比，这种信仰主义和权威主义伦理在某种意义上是一种否定和倒退，但是，它也包含了一种古代伦理所没有的关于人的自由和平等的内涵，因为"上帝面前人人平等"这一重要观念的道德内涵中蕴含着这样一种人类共同体，"在这个共同体中，任何人都没有那种在道德上或政治上优越于他人的权利"②。这种共同体及其蕴含的人的平等和自由的思想虽然具有虚幻性，但是，对后来的西方伦理发展具有重要的意义。

　　西方近现代伦理思想的发展呈现出更加丰富多彩的姿态。伴随着欧洲由传统社会向现代社会的深刻转型，以及文艺复兴、宗教改革、启蒙运动的相继发展，统治欧洲一千多年的中世纪基督教意识形态和伦理精神受到了巨大冲击，失去了欧洲文化精神的领导地位，让位于包括现代伦理在内的现代文化精神。在这个历史时期，哲学和伦理学在欧洲更大的范围和更多的国度中发展起来，在意大利、英国、法国、德国、荷兰的哲学和伦理学流派中，伦理思想都占据十分重要的地位。从文艺复兴开始，西方社会进入了从传统向现代的深刻转型时期，以人性和人道为核心的世俗道德观念开始冲击并逐步取代基督教的神学禁欲主义道德。近现代世俗道德和伦理思想的复兴是从复兴古希腊德性伦理思想开始

① 　阿拉斯代尔·麦金太尔：《伦理学简史》，龚群译，商务印书馆2003年版，第159页。
② 　同上书，第162-163页。

的，但是，它没有停留于此，而是在近现代社会转型和文化变革的基础上展现了更宽阔的视野。与经验论和唯理论两种主要的哲学传统相适应，近现代伦理学也分别以感性主义人性论和理性主义人性论为理论核心，发展出情感主义、功利主义伦理思想流派和理性主义义务论伦理思想流派。我们按照大概的时间线索，可以简要地列举一下从文艺复兴直至康德、黑格尔时代一些有影响的伦理思想观点或者流派：文艺复兴以人道主义(人文主义)为基本特征的世俗道德和伦理思想；马基雅维利关于道德原则作为实现政治活动目的之手段(技术规则)，依据行为后果来进行道德判断的政治伦理思想；霍布斯以人的自保戒律、契约和自然法为核心内容，把道德之善恶与个人的苦乐相等同的自我主义(利己主义)伦理思想；洛克反对天赋观念论，特别是反对"天赋道德原则论"，坚持社会契约论的基本立场，以人人都具有的"生命、健康、自由、财产"的自然权利建立了对后世产生很大影响的自由主义道德哲学；斯宾诺莎以自由、理性和幸福为核心范畴，以人通过对情欲的理性克制而达到自由和幸福为德性的理性至上的幸福论伦理思想；休谟从不可知论立场出发，批判理性主义伦理学的方法和原则，不以理性作为道德判断的标准，而把人的苦乐感作为判断行为道德善恶的标准，以功利心和同情心、自爱和仁爱为基本的道德原则，阐发了情感主义的道德理论；卢梭在自己著名的社会契约理论中，阐发了建立在情感与良心、利己与利人、自爱与仁爱的辩证关系基础上的伦理思想；爱尔维修和霍尔巴赫等人以人的趋乐避苦的本性为基础，调和人的利己主义与道德义务，阐发了感觉主义的道德论；此外，英国的边沁和约翰·穆勒等人从伊壁鸠鲁的快乐主义和英国的经验主义幸福论传统出发，系统建立了功利主义伦理学。当然，在西方近现代伦理思想中影响巨大的是康德通过道德形而上学所建立的义务论的规范伦理学，以及黑格尔通过法哲学体系所确立的客观的社会伦理思想。康德不同于近现代各种理性主义和经验主义理论流派，他不再固守经验和理性这两极之中的某一极，而是强调经验与理性法则的结合。康德认为，人的道德良知是理所当然的、先验的、不变的要素，因而，道德律令必须是能够普遍化的绝对命令，是每个人都必须遵守的义务；同时，康德强调个体的道德自主性，他认为，这种道德律令是人内在地给定的，因而，服从道德命令就是服从他自己。与康德相比，黑格尔更加强调理性的普遍性和绝对性，他的关注点不是个体的道德自主性，而是客观精神的普遍性，他通过家庭的、市民社会的和国家的伦理精神几个主要环节建立起客观的社会伦理体系，倡导一种使自由和法相统一的伦理精神。在黑格尔那里，这种客观的、普遍的伦理要优先于或高于个体的道德自主性。以上只是西方近现代伦理思想发展的一些要点，还有更多具体和丰富多彩的内容。尽管这些流派和理论家的观点有很大的差异，但是，在这些思想中所包含的作为道德主体的个人和理性的契约精神的要素，毫无疑问属于现代文化精神的核心要素。

　　现在，当我们把探究的目光从关于西方伦理思想的历时性的考察转向共时性的分析，也就是把两千多年西方各种伦理思想放到一个平面上加以审视时，摆在我们面前的是一个内容异常丰富多彩的伦理思想世界，为我们展现了道德规范、道德问题、道德理论的多样性，让我们不由得赞叹人类的精神创造力和理论创造力。宋希仁在其《西方伦理思想史》中曾概括了西方伦理思想发展内容的丰富性："尽管追溯文化源头可见东方文化的影响，但希腊文明却是西方伦理文化的摇篮。西方伦理思想就是发源于古代希腊并在西欧、北美演变和发展的各种道德思想和伦理学说。自亚里士多德做出学科划分以后，该学科研究所涉及的问题很多，如人的本性、善的本质、行为法则和规范、德性的分类、意志自由、道德义务和良心、幸福和终极关怀、道德的结构、道德判断、道德价值、伦理关系、权利和义务、理想人格、自由和必然的关系等。由于对基本问题的回答在观点和方法上的分歧，又形成了许多学派，如自然主义、快乐主义、幸福主义、德性主义、信仰主义、经验主义、理性主义、情感主义、直觉主义、功利主义、意志主义、进化主义、理想主义、利己主义、利他主义、个人主义、社会主义等。"[①]

　　上述关于西方伦理思想发展丰富内容的概括主要涉及两个方面：一是道德哲学或者伦理学在探究道德和伦理问题时所涉及的很多重要的问

---

　　① 　宋希仁：《西方伦理思想史》（第2版），中国人民大学出版社2010年版，第5页。

题；二是不同的理论家和伦理思想流派理解与把握道德和伦理问题的基本视角和理论立场。如果我们进一步分析，还可以从更多层面进一步挖掘西方伦理思想发展已展示的丰富内涵。例如，在探讨行为规范、进行道德判断时，德性(美德)的确定具有重要的地位。而亚里士多德在《尼各马可伦理学》中已经对德性做了十分详细的、令人信服的分类。首先，亚里士多德区分了两种德性：理智德性和道德德性。他认为，灵魂划分为具有逻各斯的部分和不具有逻各斯(或者不严格地服从逻各斯)的部分，与此相适应，"德性的区分也是同灵魂的划分相应的。因为我们把一部分德性称为理智德性，把另一些称为道德德性。智慧、理解和明智是理智德性，慷慨与节制是道德德性。当谈论某人的品质时我们不说他有智慧或善于理解，而是说他温和或有节制。不过一个有智慧的人也因品质而受称赞，我们称那些值得称赞的品质为德性"①。进而，亚里士多德依据"中道"原则对具体的道德德性做了详细的阐发，如勇敢、节制、慷慨、大方、大度、温和、友善、诚实、机智，以及不是作为一种具体德性，但与德性有密切关系的情感，如羞耻等。对于作为"总体的德性"，作为"德性之首"的正义(或公正)，他区分了分配正义、矫正正义，以及回报正义、政治正义(其中包括自然的正义和约定的正义)，还有与正义相关的公道等。此外，亚里士多德还对自制、友爱、快乐、幸福等做了具体的和详细的分析。

(二)西方哲学演进中伦理学与形而上学的交织与互动

通过对西方伦理思想发展历时的和共时的双重维度的概述，我们需要从中提炼出某种对于我们理解人类伦理精神和伦理思想发展具有启示意义的认知，因为我们在这里概要地描述西方伦理发展的主要目的不是为了重新阐述西方伦理思想史，而是为了揭示伦理学在今天的境遇。具体说来，我们主要关注的问题是伦理学或者伦理思想在马克思学说及马克思主义流派中是否可能的问题。进而，如果具备这样的可能性，那么在马克思学说的语境中，伦理思想维度会如何发展起来，会在什么突破

---

① 亚里士多德：《尼各马可伦理学》，廖申白译注，商务印书馆2009年版，第35页。

点或切入点发展起来。这样的问题也同样适用于当代其他哲学和其他人文社会科学，因为虽然伦理学可以以某种具体形式的应用伦理学或者某种关于具体道德规范的描述性的理论形态而单独存在，但是，关于人类伦理精神和伦理思想的实质性的和根本性的发展和突破，往往内在于各个时代有影响的哲学和人文社会科学之中。从这样的视角审视，我们基于上述关于西方伦理思想发展的描述，应当形成以下两点基本的认识。

首先，我们应当认识到，人类伦理精神和伦理思想一直处于变化和发展之中，人类文明和社会生活、社会结构每一次发生深刻变迁或转型时，人类伦理精神和伦理思想也会发生重要的，甚至是突破性的变化和发展。而且人类伦理精神和道德概念的变化并非简单是社会生活变化的后果或者伴随物，而是社会生活变化的内在组成部分。正如麦金太尔在《伦理学简史》中所言："无疑的是，当社会生活变化时，道德概念也变化。我有意不写成'由于社会生活的变化'，因为这可能意味着，社会生活是一回事，而道德则是另一回事，两者之间仅有一种外在的偶然性的因果关系。而这显然是虚假的。道德概念不仅体现于社会生活方式中，而且部分构成社会生活方式。我们将一种社会生活方式与另一种社会生活方式区别开来的一个重要途径，就是识别道德概念上的差异。"①从上述我们关于西方伦理思想发展历史脉络和基本内涵的描述，已经可以看出，从古至今，人类伦理精神和理论家对于道德和伦理问题的理解一直在发生各种变化。美国学者弗农·布尔克(Vernon Bourke)在《西方伦理学史》中曾指出，古往今来的伦理学都有着同样的追求，即辨别善恶，"从最早那批古希腊哲学家的时期开始，伦理学就只有一个意义：这是针对在人应该承担某些个人责任的那部分生活中什么是善、什么是恶的反思性研究"②。但是，在他看来，不同时代的伦理理论却有很大的差异。他指出："古典的和中世纪的伦理理论，以人们通常如何去实现康乐人生为其中心话题。在文艺复兴运动之前，一般都认为，所有的人在

①　阿拉斯代尔·麦金太尔：《伦理学简史》，龚群译，商务印书馆2003年版，第23-24页。
②　布尔克：《西方伦理学史》(修订版)，黄慰愿译，华东师范大学出版社2021年版，"引言"第2页。

本质上就是被规定了要去实现一个唯一的终极目标。"①所以，古典的伦理学大多属于目的论的思想体系，都在思考，人应该怎样生活和行动，才能最终实现他作为人的最终目标。与此不同，"现代的和当代的伦理学理论则着眼于实际的伦理判断问题：我们应该怎样解释和验证人类经验中的'应然'（oughtness）?②"这种思考的最典型的理论就是康德的义务论的规范伦理学思想。其实，我们从道德主体的角度也可以看到伦理思想的变迁。古希腊哲学中尚没有作为个体的道德主体，美德伦理学的主要关注点并不是所有人，而是城邦公民，因此，经常有学者批评古希腊伦理学的精英主义和等级制特征；中世纪的基督教伦理建立在"罪与赎罪"的基础上，关注的是教徒对作为上帝命令的道德律令的无条件的服从和信仰；而现代社会的最大变化是作为个体的人的出现，但是，个体不是孤立的单子，而是通过理性和契约组成市民社会，因此，现代伦理精神一方面关注每个人的自由和选择，另一方面则强调处于契约之中的每个公民的道德义务。还有很多可以比较和分析的方面，我们不在这里详细展开。

其次，我们应该更加清晰地确定在当今历史条件下伦理思想变化与发展的切入点、突破口和难点。应当承认，人类伦理思想和伦理学理论发展至今，人们对于人类具备的和应当具备的道德伦理规范的认知与确认相对而言已经比较丰富、比较全面了。虽然这些道德伦理规范在不同的历史条件下的内涵、重要性和约束力会有不同，但是，不同的伦理学理论对于这些规范的承认是相对一致的，人们至少在价值态度上会认可或者尊重这些规范。甚至在伦理学界出现了所谓的"德目主义"理论，该理论不考虑道德主体的自主性，而主张把具体的德性（美德）作为具体知识传授给教育对象。抛开其中的争议，这种境况在某种意义上意味着德目数量的些许增减或者具体解读的某些变化，已经不会成为当代伦理思想和伦理理论发展的重点和变化的突破口。与此相关，伦理思想史上关

---

① 布尔克：《西方伦理学史》（修订版），黄慰愿译，华东师范大学出版社 2021 年版，"引言"第 1—2 页。
② 同上书，"引言"第 2 页。

于规范伦理学的目的论和义务论之争，经验主义与理性主义的分野，利己主义、利他主义、功利主义等的差异，道德无用论和道德万能论之类的争论，以及其他各种理论观点立场的分歧和争论，虽然还会继续存在，但是，这些问题不会是当代伦理思想和伦理理论发展与变化的重点或突破口。在这种意义上，我们可以这样认为，在已有的漫长历史发展和丰富理论积累的基础上，伦理思想或伦理理论能否获得新的重要的发展，取决于两个方面的因素：一是现实的需要，即人类文明发展和新的境遇所遭遇的现实挑战需要人们重新调动所积累的或新发现的重要的伦理资源和道德力量；二是理论的需要，即这个时代有影响的或主导性的哲学和人文社会科学理论自身的发展，需要内在的伦理维度的丰富和彰显。

从现实的需求来看，社会生活和社会发展变化对于伦理资源的挖掘和对道德力量的调动，在每一个文明时代，在每一次重大社会转型时期，都是十分紧迫的实践诉求，而且每个时代的哲学家和伦理思想家对此都会有清醒的认知。例如，作为伦理学的奠基者，古希腊先哲创建和阐发了以最高的善为目的的德性伦理学理论，并且详细阐发了各种基本的德性，他们这样做不仅是为了创立一种理论体系，而且是为了满足社会生活和城邦政治发展的现实需要。正因为如此，从苏格拉底开始，古希腊哲学家就强调人们可以通过自己的理性去认识各种道德规范，践行各种德性。苏格拉底著名的"美德即知识"的论断就是强调，德性是关于最高的道德范畴的知识，人可以通过自己的认知理解这些知识。柏拉图在《理想国》中通过老师苏格拉底之口，反复强调道德培养的重要性，要求教育人要勇敢，消除人的恐惧；教育人自我克制，名人要忍辱负重，防止贪财；特别是要惩罚说谎者，"我们还必须把真实看得高于一切"①；等等。亚里士多德把伦理学定位于一种实践知识和实践学科，他也高度重视德性培养的重要性。他认为，幸福作为最高的善，是每个人都可以通过学习或训练获得的。他指出："即使幸福不是来自神，而是通过德性或某种学习或训练而获得的，它也仍然是最为神圣的事物。因

① 柏拉图：《理想国》，郭斌和、张竹明译，商务印书馆 2009 年版，第 89 页。

为德性的报偿或结局必定是最好的，必定是某种神圣的福祉。从这点来看，幸福也是人们所广泛享有的。因此，所有未丧失接近德性的能力的人都能够通过某种学习或努力获得它。"①亚里士多德还特别强调："希望自己有能力学习高尚[高贵]与公正即学习政治学的人，必须有一个良好的道德品性。"②如果说古希腊先哲是在相对一般的意义上讨论好人和好公民的道德品性的问题，那么后来各种重要的伦理思想则往往与特定时代的社会生活和社会秩序的现实需求有更加直接的关联。例如，中世纪基督教意识形态主导下的社会生活和社会秩序毫无疑问需要倡导一种以信仰和服从为基本特征的伦理精神。再比如，在现代民族国家中，一方面是自由的个体，另一方面是理性化的民主秩序和社会运行机制，自然更需要一种契约性的伦理精神。在我们生活的这个时代，现代性的危机、后现代境况的出现，都在呼唤更加激进的伦理批判思想的出现。

从理论的需求来看，人类社会和人类文明的发展，特别是在一些特殊历史时期的发展，往往会在重要思想理论的层面上提出突破和解放的诉求，其中包括对伦理思想理论发展和突破的诉求。进入文明时代以来，随着人类的日益觉醒和自我认识的日益提高，随着科学认识和理性知识的不断积累，重要的理论突破和思想解放在引领人类社会发展和文明进步中的作用也日益显著。在这方面，以人的恰当的行为方式与和谐的人际关系为关注点的伦理思想和理论，有其独特性。从中西方伦理思想史的发展中可以看出，每一个历史时期重要的伦理思想和理论突破，往往都不是以一种独立的理论形态呈现出来的，而是作为特定时代的人文社会科学理论，特别是哲学理论的内在组成部分而呈现出来的。但是，必须指出的是，这并不意味着伦理学或者伦理思想是作为哲学的附属物或者伴随现象而存在的。实际上，就伦理学和哲学（主要是作为第一哲学的形而上学或本体论）的发展演变来看，这里存在着的是相互间的双向的理论需求，也就是说，不仅伦理思想的突破需要哲学思维和理论精神的支撑，而且哲学本身的突破也需要内在的伦理思想维度的丰富

①　亚里士多德：《尼各马可伦理学》，廖申白译注，商务印书馆2009年版，第25页。
②　同上书，第9页。

和滋养。这种双向的理论需求在古希腊时期十分明显。从一个角度来看，古希腊德性伦理学从苏格拉底的著名论点"美德即知识"，到亚里士多德《尼各马可伦理学》对德性伦理学理论体系的建构，都离不开古希腊理性主义宇宙观(本体论)和形而上学的理解范式；从另一个角度来看，古希腊哲学虽然首先体现为自然哲学和宇宙论，最初的哲学家们致力于探讨宇宙的要素和世界的构成等，但是，他们从来没有离开人的生存、人的行为和社会生活来把握宇宙和世界的奥秘。虽然苏格拉底、柏拉图和亚里士多德的哲学探索和理论建构涉及哲学和相关学科的很多方面，但是，城邦的正义和城邦公民恰当的行为规范与道德品质，以及作为最高的善的幸福目的，始终是他们理论所关注的核心。这一基点首先是由苏格拉底确立的，文德尔班强调，苏格拉底与智者的相对主义观点不同，他要为人的行为的评估找到客观标准，他强调德性是基于关于善的知识，然而，"关于善的知识究竟客观上由什么构成，这个问题的答案不管如何不明确，苏格拉底总相信(事实证明这点重要得多)，**知识本身足以使人行善，并因此带来幸福**"①。在古希腊哲学中，即便像毕达哥拉斯学派这些沉迷于通过对数和音乐来解释宇宙奥秘的自然哲学家，也没有忘记用作为万物本质的"数"来理解人的命运和社会生活。如前所述，他们把良好的道德习惯理解为介于人的行为两个极端之间的中值状态，同时，他们还用神秘的数来解释正义、婚姻、友爱、善恶、光明与黑暗等。在他们看来，"爱情、友谊、正义、德性、健康等是建立在数之上的。爱情和友谊用数字'八'来表示，因为爱情和友谊是和谐，而八个音度是和谐"②。而到了希腊晚期的伊壁鸠鲁主义、斯多葛主义、怀疑主义等流派那里，哲学几乎完全成为人生哲学和伦理思想理论了。显而易见，如果没有丰富的伦理思想维度，古希腊哲学就不会成为千古之典范的活生生的人的哲学，而会成为没有人的灵魂的抽象的、机械的、冷冰冰的自然宇宙论。

这正是西方伦理学与形而上学(本体论)相互交集、彼此纠缠、水乳

① 文德尔班：《哲学史教程》上卷，罗达仁译，商务印书馆1987年版，第112页。
② 梯利著，伍德增补：《西方哲学史》，葛力译，商务印书馆1995年版，第18页。

交融的形态。在这种意义上，我们应当接受亚里士多德的广义哲学概念，他对哲学的理解或界定包括但并不局限于人们通常所说的形而上学(本体论)。在亚里士多德那里，经过理性思考的知识、广义的科学和哲学等几个概念经常是在相互交叉或者比较接近的意义上使用的。他认为，经过理性思考的知识才是真正的知识。梯利概括道："哲学或广义的科学，包括一切这种经过理性思考的知识，其中有数学和各专门科学。研究事物根本的或初始的原因的科学或哲学，亚里士多德称之为太初哲学，我们叫形而上学。形而上学研究本然的存在，各种科学研究存在的某些部分或方面。"[1]毫无疑问，这种太初哲学、形而上学无疑是哲学的基本形态之一，但是，它并没有穷尽哲学的全部内涵。众所周知，亚里士多德在《形而上学》中区分了三大类知识，即理论的知识、实践的知识和创制的知识。梯利依据这种知识分类，进一步梳理了亚里士多德以及古希腊哲学家的哲学范畴。"亚里士多德进一步区分理论科学(数学、物理学和形而上学)、应用科学(伦理学和政治学)以及创制的科学或艺术(有关机械生产和艺术创作的知识)。他又把这些科学分成物理学(物理学、天文学和生物学等)、形而上学和应用哲学，如果加上逻辑学，那就是柏拉图的一般分类：逻辑学、形而上学和伦理学。"[2]我们在这里不去探讨这种知识分类关于哲学不同组成部分或不同形态界定的准确性等问题，只想强调一点，亚里士多德对于知识的分类和哲学的界定比后来哲学史上很多时期的理解更为全面，也更为合理。其中最重要的是，亚里士多德对于理论哲学(理论知识或理论科学)和实践哲学(实践知识或梯利所说的应用知识)做了区分，并且把形而上学和伦理学分别作为理论哲学和实践哲学的典型形态。进而，亚里士多德的哲学以及古希腊其他先哲的哲学还向我们具体展示了形而上学和伦理学之间不可分割、水乳交融的内在关系。这种状况对于每个时代的理论哲学和实践哲学的发展都至关重要，如果割裂了二者的内在关系，无论是狭义的哲学(形而上学)，还是伦理学的发展都会是残缺的、不完善的。因此，如

---

[1] 梯利著，伍德增补：《西方哲学史》，葛力译，商务印书馆1995年版，第82页。
[2] 同上书，第82—83页。

何处理好理论哲学和实践哲学的关系问题，成为每一个时代重要的哲学和人文社会科学，也成为包括马克思的学说和马克思主义理论面临的重大课题。

在这一点上，弗莱堡学派价值哲学的主要代表人物文德尔班有着深刻的理解，他的《哲学史教程》在西方哲学的源头上很好地理解和把握了理论哲学和实践哲学，即形而上学和伦理学内在的有机联系，并且以这一理解范式去把握西方哲学史的发展脉络，并由此把价值问题重新置于哲学的中心。文德尔班认为，哲学从诞生之日起，就包含着理论问题和实践问题两个重要的维度。哲学在古希腊初次出现时是以追求智慧为宗旨，其理论意义同德语中的"科学"（Wissenschaft）是一致的，在这种意义上，"哲学"一词的理论意义主要指向理性逻辑、真理和知识体系。文德尔班指出，"按照这个含义，一般哲学指的是我们认识'现存'事物的井井有条的思想工作"[1]。但是，这并不是"哲学"一词的唯一的理论意义，实际上，从古希腊起，哲学还有另外一种含义，随着原始宗教意识和伦理意识的分崩离析，"这不仅使得有关人的天职和使命问题变得愈来愈有必要做科学的调查研究（……），而且使有关正当的生活行为的教导成为首要目标，最终成为哲学或科学的主要内容。因此，希腊化时期的哲学便获得了**基于科学原则的生活艺术的实践意义**"[2]。文德尔班认为，后一种意义的哲学之路主要是由苏格拉底和智者派开辟的。文德尔班还从问题域或者形态上区分了上述两种哲学：前一种是围绕着理论问题展开的哲学，即围绕着"那些一部分属于对现实世界的认识问题，一部分属于对认知过程本身的研究问题"而展开的哲学，主要表现为形而上学和认识论；后一种是围绕着实践问题展开的哲学，即围绕着"在研究被目的所决定的人类活动时所产生的问题"而展开的哲学，主要表现为伦理学或道德哲学、社会哲学、美学、宗教哲学等。[3] 文德尔班不仅揭示了西方哲学起源时就包含的两个基本的内在维度，即理论意义和实

---

[1]　文德尔班：《哲学史教程》上卷，罗达仁译，商务印书馆1987年版，第8页。

[2]　同上书，第8-9页。

[3]　同上书，第31-32页。

践意义，而且还强调了这两个维度的密不可分和相互交织。例如，他在分析苏格拉底关于科学的理解时指出，在苏格拉底的理解中，科学的基本性质是概念的思维，即用概念思维，但科学的运用范围则是实践生活领域。在这种意义上，按照苏格拉底的理解，"就形式而言，科学是概念结构；**就其内容而言，科学是伦理学**"①。甚至可以进一步强调，"科学只有作为**实践的洞见**、作为伦理生活的知识，才有可能"②。

可以说，在西方哲学史的研究中，文德尔班的《哲学史教程》相对而言是独具特色的，这主要体现在他以哲学的理论问题和实践问题这两个维度或两种意义为基本线索来审视各个主要文明阶段哲学的演进和发展。从这样的视角出发，文德尔班对哲学史和不同时期的哲学理论的评价也与其他研究者有所不同。他发现，虽然从总体上看，理论问题和实践问题这双重重要维度内在于全部哲学演进之中，但是，并不是在每一个主要文明阶段，哲学的两个重要维度都能够像古希腊哲学那样相互协调地展开。在某些历史时期，当哲学的理论维度和实践维度彼此失衡，或者一个维度的发展抑制或者消解了另一个维度的发展时，人类的主要文明精神和人类社会的主导性思想也会出现这样或那样的问题，甚至出现精神困惑和文化危机。例如，文德尔班在谈到 17 世纪和 18 世纪的西方哲学发展时，就指出，由于受现代自然科学思维的影响和支配，一种强调普遍性和客观性的意识哲学范式导致哲学的理论问题维度膨胀，并完全抑制和消解了哲学的实践问题维度，即形而上学彻底排斥了价值论、伦理学、文化哲学等实践哲学学科。文德尔班指出，"十七世纪的形而上学和以后十八世纪的启蒙运动主要受到**自然科学思想**的支配。关于现实世界普遍符合规律的观点，对于宇宙变化最简单因素和形式的探索，对于整个变化基础中的不变的必然性的洞察——所有这些因素决定了理论研究"③。由于这种自然科学范式的形而上学忽略了关于人生的意义和价值问题，所以导致了自然科学和历史科学的严重分裂和对立。

---

① 文德尔班：《哲学史教程》上卷，罗达仁译，商务印书馆 1987 年版，第 135 页。
② 同上书，第 131 页。
③ 同上书，第 859 页。

"自然科学思想以囊括一切的强大力量向前突飞猛进，它根据事物的本性很容易在社会现象中（……）找到可以使它的思维方式发生作用的关键地方，致使在这个领域里必然发生类似于过去由于灵魂问题而引起的一场争斗。就这样，过去的对立在**自然科学与历史科学**之间发展到最高峰。"①

在文德尔班看来，这种以近现代理性实验科学的理论范式为模板的形而上学或意识哲学范式的最大缺陷是片面地追求理性逻辑、绝对真理、普遍规律，完全否认了人类生活的意义和价值、人的行为规范、人的道德品性等实践问题。在这种背景下，自然很难出现古希腊那种以人的幸福为旨归的德性伦理学。在近现代哲学中也有各种伦理思想的出现，但是，在强大的意识哲学范式的统摄下，这些伦理思想的发展也常常面临着各种矛盾冲突。例如，近现代社会结构变迁的直接后果是自由个体的出现和契约性社会关系的建构，与此相适应，伦理思想和伦理理论的重要关注点应当是作为道德主体的个人的自由和道德选择。而实际上，尽管在近现代哲学中也出现了功利主义、情感主义、个人主义等关注人的生活和幸福的伦理思想，但实际上这些理论自身也包含很多矛盾和片面之处。例如，以自由主义道德哲学著称的洛克，对于道德和伦理的理解还是偏重于自然科学的规律思想和意识哲学的理论范式。文德尔班指出，"洛克视伦理判断为理证知识，因为伦理判断以一种关系，即人的行为与规律是否一致的关系，为其对象。据此，**强制**性似乎是伦理学的本质"②。因此，文德尔班主张使关于价值和意义问题的思考重新成为哲学关注的中心问题，而且他在 19 世纪的哲学发展中已经开始看到这种迹象。具体而言，文德尔班关注"文化价值的普遍有效性"，要求哲学从自然科学的范式中摆脱出来，恢复哲学内在的实践意义的维度。这也就是要求哲学必须关注人的存在的历史领域，也即人的实践领域，其中人的价值问题也就是人的问题本身。人的存在的根据不再是自然规律，而在于历史本身。"人性之屹立于崇高而广阔的理性世界中不在于

---

① 文德尔班：《哲学史教程》下卷，罗达仁译，商务印书馆 1993 年版，第 895 页。
② 同上书，第 691 页。

合乎心理规律的形式的必然性，而在于从历史的生活共同体到意识形态所显露出来的有价值的内容。作为拥有理性的人不是自然给予的，而是历史决定的。"①

关于哲学问题的分类和哲学内在维度的相互关系的问题，我们可以结合西方哲学史的演进和发展，特别是结合当代人类文明的危机或冲突做出更多富有启迪的理论分析。但是，这些问题并不是我们讨论的重点，就我们的研究主题而言，上述分析为我们理解马克思学说和马克思主义理论的伦理思想维度提供了重要的前提性理解范式。具体说来，关于形而上学和伦理学，或者关于文德尔班所说的哲学的理论问题和实践问题的内在关联的理论分析，一方面可以为我们深入透视和理解 20 世纪马克思主义内部关于伦理学可能性问题的争论提供重要的、有说服力的理论视角；另一方面可以为我们深入挖掘马克思学说的伦理思想维度，以及合理评价当代马克思主义理论流派关于马克思主义伦理思想内涵的理解提供重要的理论依据。

二、关于马克思学说的解读和关于马克思主义伦理学的争论

关于西方哲学演进中伦理学和形而上学关系的分析为我们研究当下马克思主义流派的伦理思想提供了一个相对宏大的历史和理论理解框架。现在我们可以再进一步探索马克思学说中可能包含的伦理思想维度或伦理思想资源，并且对马克思之后的重要马克思主义流派关于马克思主义伦理学的可能性问题的争论进行梳理，这样的研究可以为我们理解和把握东欧新马克思主义伦理思想提供更为直接的理论背景。

(一) 关于马克思学说不同解读的可能性

我们首先要考察的是马克思学说，也就是马克思本人的思想理论(当然，在一定程度上也包括恩格斯的理论观点)。在理论讨论中，把

① 文德尔班：《哲学史教程》下卷，罗达仁译，商务印书馆 1993 年版，第 928 页。

马克思学说与马克思主义做相对的区分有其合理性或者依据。这一点不难理解，虽然马克思的基本思想观点构成了各种马克思主义学说的重要内涵或理论出发点，但是，"马克思主义"的范畴除了包括马克思的理论观点外，还包含着太多其他理论家对马克思思想的理解和解读，乃至包含基于对马克思思想的不同的，甚至相互冲突的理解和解读而形成的各种马克思主义理论流派。我们只有首先对马克思学说做出基本的把握，才有可能相对合理地把握和判断各种马克思主义流派的合理之处、片面之处，甚至是对马克思学说的偏离之处。同理，要理解各种马克思主义流派关于马克思主义是否有自己的伦理学的问题所产生的种种争论，并对有关马克思主义流派所阐发的伦理思想进行评判，首先必须对马克思学说的内在伦理维度或伦理思想资源的可能性加以探讨。

这样一来，我们在这里就先把问题集中到马克思学说或者马克思本人思想理论中伦理学的可能性问题。例如，马克思作为一位哲学家，是否像西方历史上很多哲学家一样，同时也是一位伦理学家或伦理批判思想家？马克思的哲学思想与伦理学是否能够兼容？在马克思的学说中是否需要，并且能够发展出特定的伦理思想维度？马克思对于伦理学或者伦理思想维度是持肯定的态度还是拒斥的态度？然而，当我这样更加简单地归纳这个问题时，问题的答案也并没有变得更加明确和清晰。在这个问题上，人们的分歧和争论依旧显而易见，观点依旧差异很大，甚至针锋相对。有的理论家，如东欧新马克思主义理论家斯维多扎尔·斯托扬诺维奇曾经梳理了不同马克思主义流派在争论马克思主义的伦理学是否可能时的文本依据，他发现，人们既可以找到马克思肯定道德力量和伦理精神的论述，也可以找到马克思反对道德观点和拒斥伦理立场的阐述。因此，问题依旧悬而未决，依旧展现为多种可能性相互交织的复杂地平线。

在马克思本人的思想理论这里，关于伦理思想维度可能性的探讨就遇到了瓶颈，这让我们在更大的范围内关于马克思主义与伦理学关系问题的探讨在某种意义上陷入了窘境。然而，这一问题的凸显，也使我们能够更加准确地把握 20 世纪各种马克思主义围绕着伦理学或者伦理思想展开如此激烈争论的深层原因，至少是根本原因之一。不同的马克思主义理论家对马克思学说的伦理思想内涵的争议性解读无疑与这些理论家自己的理论立场或者价值偏好有关系，但是，就马克思学说的情形而言，这种理论争议和理解上的分野更多地与马克思学说本身的特点和思想内容的丰富性有关。可以说，马克思的思想理论或者马克思的学说不是那种理论边界、问题域、理论形态、学科定位等现成给定的或清晰呈现出来的某一具体理论学科，而是一种多维度开放的、批判性的理论视域。在某种意义上，马克思对于理论的兴趣并非来自对某一理论学科的偏爱或对于学术研究志业的喜好，而是来自对人的生存境况和人类命运的关注；与此相适应，马克思在诸多理论学科视域中的理论探讨，其目的并非要构建一种新的、独特的哲学、经济学、政治学等的理论体系，而是要通过对现实的哲学批判、经济学批判、政治批判、社会批判等，揭露现存社会体制的不合理和现实世界的罪恶，从而找到变革现存社会，使现存世界革命化的途径。因此，我们发现，马克思的思维和理论创造力十分活跃，他的思想和批判的矛头在哲学、政治经济学、历史学、政治理论、社会理论等不同学科领域里自由地穿梭，得心应手地进行理论建构和解构。同样，马克思对于社会变革或社会革命的设想是以欧洲的或者欧美的现代社会体制为模本的，但是，这并不妨碍他根据不同时代的社会变迁或重要历史事变而把批判的目光投向更为遥远的俄国、中国、印度等，并且在自己的人类革命理论中，既包括了西方革命理论，也包括了某种东方社会变迁理论。当我们这样描述马克思的理论定位和学术研究特点时，并非否认马克思学说的内在结构、逻辑和统一性，而只是要说明这样一点：如果想按照常规的学科分类对马克思学说做出精确的学科定位，使之系统化和体系化，那将是十分艰难的任务，也是很难达成共识的事情。即便我们能够强制性地把马克思学说纳入某一种理论体系之中，其结果也是对马克思学说的伤害，是对马克思丰富思想内容的剪裁或肢解。从这种分析中不难看出，如果从不同学科或者不同理论视角入手，对马克思学说本身就存在着做出不同的，甚至相互冲突的解读的可能性，而这种状况，不仅会影响后来者对马克思学说的理解、传承和延续，也会影响伦理思想在马克思学说以及各种马克思主义流派中的定位。我们在这里不会全面梳理马克思学说的各方面内容，只想从西方文明演进和社会变迁的角度，提出几个对马克思学说的价值追求和理论建构产生深刻影响的要素，对其进行分析，对于这些要素的内在关联的不同梳理，将会形成关于马克思学说的两种差异较大的理论解读。

首先，我们要强调的对马克思学说的确立产生重大影响，并且作为支撑马克思思想理论最重要的背景性的社会历史要素就是以实验科学为支撑的现代工业，即大工业的发展。在近现代人类社会发展中，现代实验科学的快速发展和技术创新对人类社会和人类文明的深刻影响是全方位的，它首先创造了现代生产力和工业体系。现代工业的发展在马克思的学说中占据十分重要的基础地位，马克思认为，只有工业才能把人的本质所具有的创造力量激发出来，因此，他断言：**"工业的历史和工业的已经生成的对象性的存在，是一本打开了的关于人的本质力量的书，是感性地摆在我们面前的人的心理学。"**①而且，工业的迅速发展和工业的对象化成果的不断积累，彻底改变了整个自然界，改变了人与自然界的关系，使我们拥有了人自己的自然界，即人的现实的生存基础。马克思认为，"在人类历史中即在人类社会的形成过程中生成的自然界，是人的**现实的**自然界；因此，通过工业——尽管以**异化**的形式——形成的自然界，是真正的、**人本学的**自然界"②。正是在关于现代大工业的分析中，马克思一方面在生产力和生产关系的辩证关系中揭示出人类社会的内在运行机制和存在基础，另一方面在生产力和生产关系的矛盾运动中找到了推动人类社会发展和社会变革的动力机制。显而易见，这两方面的基本观点构成了历史唯物主义的理论基础和核心思想之一，马克思的哲学批判、经济学批判、政治批判、社会批判等方面的全部思想都与这一重要的思想观点有着不可分割的关系。

其次，我们在这里要强调的对马克思学说产生重大影响的第二个要

---

① 《马克思恩格斯文集》第 1 卷，人民出版社 2009 年版，第 192 页。
② 同上书，第 193 页。

素是同样与现代科学发展有着本质联系的现代理性精神。从古希腊开始，理性主义一直是西方文化中最有影响力的传统文化精神之一，相比之下，现代理性精神是一种更为彻底的理性精神，它以不断进步的科学技术为依托，形成一种超越狭隘经验主义的、以知识和信息为基础的、以可计算性和数量化为特征的科学思维与操作运行机制。这种普遍的理性精神作为社会的内在机理和现代人的根本素质，体现于现代大工业的生产方式、社会契约关系、公共社会生活和人的精神生活的所有领域。马克思学说产生于欧洲启蒙运动之后，深受现代理性精神的影响。恩格斯曾经谈到启蒙运动的理性原则的巨大影响力。他强调："在法国为行将到来的革命启发过人们头脑的那些伟大人物，本身都是非常革命的。他们不承认任何外界的权威，不管这种权威是什么样的。宗教、自然观、社会、国家制度，一切都受到了最无情的批判；一切都必须在理性的法庭面前为自己的存在作辩护或者放弃存在的权利。思维着的知性成了衡量一切的唯一尺度。那时，如黑格尔所说的，是世界用头立地的时代。"①这种现代理性精神对于马克思学说的重要影响体现为它的普遍性和必然性的品格，如前所说，文德尔班认为，现在自然科学对人类认识和理论研究的最大影响是关于现实世界普遍符合规律的观点，在这种背景下，马克思关于社会运行发展和社会变迁的理解也会以某种规律性和必然性的知识形态表达出来。所以恩格斯断言："正像达尔文发现有机界的发展规律一样，马克思发现了人类历史的发展规律。"②

再次，马克思学说中值得特别强调的第三个要素是以个人自由和个体价值为核心的文化精神。在西方文化中，人的价值和人的地位一直处于十分重要的位置，古希腊先哲们就高度关注人的恰当行为规范、人的理性认知能力、人之作为至善的幸福等。经过文艺复兴的人文主义运动和全面的理性启蒙，在欧洲人文主义传统出现的最为重要的新要素就是个人的自由和个人间的契约关系。马克思继承了这种人文主义传统，他高度重视个人的自由，突出强调个体的价值，在他看来，自由的实践是

① 《马克思恩格斯文集》第9卷，人民出版社2009年版，第19—20页。
② 《马克思恩格斯文集》第3卷，人民出版社2009年版，第601页。

人的本质特征，"一个种的整体特性、种的类特性就在于生命活动的性质，而自由的有意识的活动恰恰就是人的类特性"①。马克思认为，自由的个体也就是全面发展的个体，个人的自由是最值得珍视的，因此，必须消除异化、拜物教、阶级压迫等一切妨碍个体自由和全面发展的东西，他强调，"**人是人的最高本质**""**必须推翻**使人成为被侮辱、被奴役、被遗弃和被蔑视的东西的**一切关系**"②。进而，马克思还把个人的自由和全面发展作为人类社会追求的最终价值，例如，他在批判了以人的依赖为基础的社会形式和以没有完全摆脱物的依赖的人的独立性为基础的社会形式这两个历史阶段之后，这样描绘人类社会的未来："建立在个人全面发展和他们共同的、社会的生产能力成为从属于他们的社会财富这一基础上的自由个性，是第三个阶段。"③马克思在这方面的论述还有许多，他的这一思想集中体现在他与恩格斯合著的《共产党宣言》之中："代替那存在着阶级和阶级对立的资产阶级旧社会的，将是这样一个联合体，在那里，每个人的自由发展是一切人的自由发展的条件。"④

最后，我们还要强调在马克思学说中具有重要地位的另一个要素是现代社会的阶级分化和关于阶级斗争的观念。众所周知，阶级和阶级对立的概念在马克思的社会历史理论中占据重要的地位。马克思在1852年3月5日致约瑟夫·魏德迈的信中曾说明，在他之前已经有很多资产阶级学者发现了阶级的存在，而他本人的新发现主要包括这样几点："(1)**阶级的存在仅仅同生产发展的一定历史阶段**相联系；(2)阶级斗争必然导致**无产阶级专政**；(3)这个专政不过是达到**消灭一切阶级**和进入**无阶级社会**的过渡。"⑤从这一段概括性论述中可以看出，马克思十分重视阶级对立和阶级斗争在人类历史进程中的作用，因为到了资产阶级时代，阶级对立变得简单化了，整个社会分化成资产阶级和无产阶级两大相互直接对立的阶级。"在当前同资产阶级对立的一切阶级中，只有无

---

① 《马克思恩格斯文集》第1卷，人民出版社2009年版，第162页。

② 同上书，第11页。

③ 《马克思恩格斯文集》第8卷，人民出版社2009年版，第52页。

④ 《马克思恩格斯文集》第2卷，人民出版社2009年版，第53页。

⑤ 《马克思恩格斯文集》第10卷，人民出版社2009年版，第106页。

产阶级是真正革命的阶级。其余的阶级都随着大工业的发展而日趋没落和灭亡，无产阶级却是大工业本身的产物。"①因此，在马克思看来，他所珍视的个人的自由、个体的价值、人的全面发展、人的解放、自由人的联合体，等等，只有通过无产阶级反对资产阶级的斗争才能够实现。

不难看出，机器大工业和现代生产方式、现代实验科学和理性精神、个人的自由和主体性、作为大工业产物的无产阶级和资产阶级的对立等要素，毫无疑问是现代性或现代社会的基本要素。在这种意义上，马克思学说是现代人类文明的直接的思想理论产物之一，马克思以及恩格斯所表述的各个方面的重要思想和理论观点都是在这几个要素所构成的现代性语境中展开的。众所周知，马克思和恩格斯在自己的理论研究和思想批判中提出了十分丰富、十分有影响力的思想和理论观点，如大自然运动的合规律性、自然辩证法、历史辩证法、人和自然的辩证关系、生产力和生产关系、经济基础和意识形态等上层建筑、人的实践及其创造性、人的自由和主体性、人的自由的有意识的活动、人的社会性、社会形态理论、劳动价值论和剩余价值论、商品和拜物教批判、劳动异化理论、人类解放理论、阶级斗争理论、无产阶级革命理论、科学社会主义、共产主义理论、按劳分配和按需分配、必然王国和自由王国、自由人的联合体，等等。显而易见，这些丰富的思想理论都与上述现代性的基本要素有着内在的关联。我们必须充分肯定现代性各种要素对于近现代人类文明和人类社会发展所发挥的巨大推动作用，但是，同时我们也要看到，现代性并非铁板一块，其主要的构成要素之间也存在着很多张力和矛盾冲突，如在我们前文所描述的几个要素的相互关联之中，就存在着合规律性和合目的性、必然性和自由选择性、普遍性和差异性、群体和个体、理性的解放性和操控性等张力。正因如此，现代性从产生之日起，就包含着内在的矛盾性和危机等特征。同样，在现代性语境中所表述的马克思的各种理论观点和各方面的思想，如果被整合成一种一体化的或整体性的理论或学说，也会面临着上述各种张力。在这种情况下，如果对上述现代性的各种要素和马克思学说中的某些理论观

---

① 《马克思恩格斯文集》第 2 卷，人民出版社 2009 年版，第 41 页。

点做特殊的强调和偏重，就会形成相当不同的，甚至相互冲突的马克思学说。而这种不同的解读，会在很大的程度上影响我们对马克思学说精神实质的理解，也会深刻地影响到伦理思想维度和其他思想维度在马克思学说与马克思主义理论中的位置和重要性。

因此，在这里，我们可以简要地围绕着上述现代性基本要素和马克思学说的主要理论内涵，分别梳理和展示关于马克思学说差异很大的两种解读。为此，我们首先要对马克思学说的理论定位做出适当的限定。众所周知，列宁为了纪念马克思逝世 30 周年而写了《马克思主义的三个来源和三个组成部分》，此后苏联正统马克思主义开始把马克思主义的主干体系表述为马克思主义的哲学、政治经济学和科学社会主义三个理论学科与知识体系。应当看到，在马克思思想理论已经相对广泛传播的前提下，用这种知识论的体系来分别阐述马克思学说，在一定程度上有助于对马克思思想更为细致地和多维度地阐释。但是，这样的理论体系建构有其自身的局限性，它很容易遮蔽马克思学说的一体性和革命的、批判的精神。虽然恩格斯也有类似的表述，但他是在批判杜林时，针对杜林理论体系的三个组成部分而分别阐述马克思和他本人理论的三个方面的，并不是对马克思学说系统的理论建构。如前所述，马克思作为一位批判的、革命的思想家，他的理论聚焦点不是某一学科的理论创新和体系建构，而是要通过哲学、经济学、政治学等多维度的理论批判，深刻揭示现存世界的不合理性，从而寻找使现存世界革命化和实现人类解放的实践道路。因此，马克思学说是依托现代社会提供的工业基础、生产方式和阶级基础，以人的自由和解放，即自由人的联合体为价值目标的一体化的社会历史理论，其思想核心是批判的和革命的哲学精神。尽管马克思和恩格斯在不同时期都表达过"哲学的终结"的思想，但是，他们并非宣布哲学本身的死亡或者退出历史舞台，而是反对那种宣称包容古往今来一切真理，并为现实进行辩护的保守的哲学体系，他们在阐述一种追求人的解放的批判哲学或激进哲学。我们可以分别以恩格斯和马克思关于"哲学的终结"的观点为切入点，描绘关于马克思学说的两种可能的解读。

恩格斯把马克思和他本人的基本哲学立场表述为以现代科学发展为背景的"现代唯物主义"，而这一表述来自他关于"哲学的终结"的判断。恩格斯所断言的已经终结的或被扬弃的哲学是黑格尔所代表的传统哲学，即作为关于世界总体的"科学之科学"或"知识总汇"的无所不包的真理体系。恩格斯认为，黑格尔所谓的绝对真理体系是把用"头脑中想出"的联系强加给自然和历史过程，而现代自然科学和历史科学之发展已越来越全面地揭示出自然和历史进程的内在联系和辩证特征，因而关于总联系的任何特殊科学都是多余的。在这种意义上，恩格斯断言："哲学在黑格尔那里完成了"①，并据此宣布："在以往的全部哲学中仍然独立存在的，就只有关于思维及其规律的学说——形式逻辑和辩证法。其他一切都归到关于自然和历史的实证科学中去了。"②按照这种理解，恩格斯似乎是在很窄的意义上重新界定哲学，把哲学仅仅理解为"有关于思维及其规律的学说"，但实际上并非如此。恩格斯把有关思维及其规律的学说限定为形式逻辑和辩证法，但是，关于辩证法，他又是在非常宽泛的意义上理解的："辩证法不过是关于自然界、人类社会和思维的运动和发展的普遍规律的科学。"③也就是说，在恩格斯那里，哲学在某种意义上仍然是关于世界整体或整个世界的学说。恩格斯这样做的原因在于，同马克思相比，恩格斯对现代实验科学更为坚信，因此，在我们所概括的影响马克思学说的四个基本的现代性要素中，恩格斯更多强调的是普遍性、客观性和必然性的东西，如从无机界到有机界，再到人类社会的普遍联系、社会发展的普遍规律等，所以关于自然辩证法、主观辩证法和客观辩证法，关于哲学基本问题和认识论问题的理解在恩格斯的理论中占据重要的地位。当然，恩格斯并没有否认个人的自由，并没有排除人的主体性在历史理论中的地位，而且，他在晚年还特别批评一些年轻理论家片面地强调经济的决定作用的倾向。尽管如此，对于自然科学的实证知识、自然和历史规律的普遍性与必然性的突出强调，势必会

① 《马克思恩格斯文集》第4卷，人民出版社2009年版，第273页。
② 《马克思恩格斯文集》第9卷，人民出版社2009年版，第28页。
③ 同上书，第149页。

在一定程度上弱化作为认识主体和历史活动主体的人及其实践活动的地位，忽视个人的自由和个体的价值。当后来的马克思主义理论家循着恩格斯所强调的理论重点把对普遍性和必然性的强调发展到极端时，就产生了两种典型的结果：一是在第二国际理论家那里，直接出现了排除一切主体的和人的因素的经济决定论或经济唯物主义；二是在斯大林和苏联正统马克思主义那里，占主导地位的是强调普遍规律和必然性的辩证唯物主义，以及作为辩证唯物主义在社会历史领域的应用的历史唯物主义。

我们回头再看一下马克思关于自己学说的阐发侧重点。马克思比恩格斯更早就宣布了传统哲学的终结，不过他的着眼点与恩格斯不同，马克思关注的主要是反对远离社会变革现实和人的实践活动的纯理论哲学或意识哲学。具体说来，与黑格尔所强调的绝对理念不同，马克思强调自我意识和自由理性，强调行动与实践。他在博士论文中就强调自我意识的批判不应囿于自身，而应超出自身，进入世界，实现"世界的哲学化"和"哲学的世界化"。在《〈黑格尔法哲学批判〉导言》中，马克思将哲学的终结的思想表述为"消灭哲学"和"实现哲学"。他指出，当认识到"人创造了宗教，而不是宗教创造了人"的时候，对天国的批判就应变成对尘世的批判。但是，在德国对现实的批判首先表现为对哲学的批判，因为德意志人"在思想中、在**哲学**中经历了自己的未来的历史"①。哲学批判的目的在于对哲学的否定，而否定哲学和消灭哲学，其根本在于在现实中实现哲学。实现（终结、扬弃）哲学的实质则在于人的解放。"**德国人的解放**就是**人的解放**。这个解放的**头脑**是**哲学**，它的**心脏**是**无产阶级**。哲学不消灭无产阶级，就不能成为现实；无产阶级不把哲学变成现实，就不可能消灭自身。"②这样一来，在马克思看来，传统哲学的问题在于它只满足于对世界是什么的解释与说明，而真正的批判的哲学应当是在实践中变革现存的世界，实现人的世界的革命化，也就是世界为了人的生成与改变。在《关于费尔巴哈的提纲》中，马克思高度概括了"哲

---

① 《马克思恩格斯文集》第1卷，人民出版社2009年版，第9页。
② 同上书，第18页。

学的终结"的思想:"哲学家们只是用不同的方式**解释**世界,问题在于**改变世界**。"①基于这样的理解,马克思在对西方现代性文化精神的汲取中,更多关注的是个人的自由和个体的价值,这集中体现在他对作为人的本质的实践的高度重视和对一切束缚人的全面发展的异化和物化现象的批判。马克思并不否认自然的优先地位,但是,他更加重视的是通过人的实践活动、通过工业而生成的自然界,即"人类学的自然界",在他看来,"这种活动、这种连续不断的感性劳动和创造、这种生产,正是整个现存的感性世界的基础"②。马克思同样重视生产方式、社会关系的基础地位,但是,他并没有把生产力和生产关系的运行与社会关系的建构当作独立于人的活动之外的、服从于外在普遍性和必然性关系的存在,而是将之视作人的实践活动的内在要素。马克思揭示了人的现实活动的五个最基本的要素:人的物质需要和满足这些需要的生产;新的需要和物质资料的再生产;人自身的生产,即增殖;现实的生产活动中所形成的自然关系和社会关系;意识或精神。③ 在马克思看来,这五个要素是人的实践活动的不同方面,它们构成了现实的人的实践活动,人与自然的统一、人与人的社会关联,都是在这种活动中生成的,只是在一定的历史条件下,由于劳动分工和社会分化,才导致了人的实践活动的不同要素间的矛盾、分化和相对独立,构成了限制人的全面发展的社会结构,甚至出现了剥夺人的主体性、否定人的自由、限制人的全面发展的异化的和物化的力量,而且这种异化力量的统治还通过私有制、阶级压迫等形式而集中地体现出来。因此,在马克思看来,关键的问题不是人对独立于人的普遍的自然规律和社会规律的被动服从,因为,在他看来,历史过程虽然具有决定性因素和基本的发展趋势,但这些规律并不是预先给定的、单向的和一成不变的,而是通过人的实践活动和人的价值追求而生成和展开的。因此,关键的问题在于彻底变革人的现存的感性世界,扬弃一切异己的社会力量,使人的现实活动成为统一的,人之

---

① 《马克思恩格斯文集》第 1 卷,人民出版社 2009 年版,第 502 页。
② 同上书,第 529 页。
③ 参见《马克思恩格斯文集》第 1 卷,人民出版社 2009 年版,第 531—533 页。

全面发展的基础的活动。在这种意义上，马克思十分清楚地概括了自己学说的实质："对**实践的唯物主义者**即**共产主义者**来说，全部问题都在于使现存世界革命化，实际地反对并改变现存的事物。"①这正是马克思的哲学思想以及全部学说的实质和核心所在。

通过对恩格斯的现代唯物主义和马克思的实践哲学理论的简单概括及对比，我们不难看出，由于西方现代性的诸多因素对马克思学说产生了重要的影响，同时，也由于马克思学说包含着十分丰富的内容，包含着理论上和实践上的重要诉求及价值追求，所以要在整体上把握马克思的学说并非轻而易举、简单明了的事情，在这种情况下，的确存在着对马克思学说做出不同解读的可能性。进而，更为复杂的是，最初在马克思和恩格斯那里所强调的理论侧重点和价值追求或许看似差异并非很大，但是在后来的演进中，也可能会导致差异越来越大的理论解读。从以上论述我们可以看出，无论是恩格斯对规律的普遍性的强调，还是马克思对个体的主体性和创造性的强调，都没有走向极端。例如，恩格斯虽然十分重视自然界的普遍规律和辩证法，但他也强调："人的思维的最本质的和最切近的基础，正是**人所引起的自然界的变化**，而不仅仅是自然界本身。"②再比如，马克思虽然十分重视个人的自由和个体的创造性，但是，他也强调社会关系对人的活动的制约，他指出，"人的本质不是单个人所固有的抽象物，在其现实性上，它是一切社会关系的总和"③。因而，马克思和恩格斯对理论不同方面的兴趣和对社会历史及自然因素不同方面的强调，并没有妨碍他们对自己关于人类解放的社会历史理论，即历史唯物主义的共同创立。但是，这种最初似乎并不是十分大的差异，在后来的马克思主义理论家那里，如在第二国际理论家的马克思主义、斯大林和苏联正统马克思主义、西方马克思主义等流派那里，就演变成关于马克思学说极其不同，甚至相互冲突的解读。可以说，20 世纪马克思主义内部的各种重大理论争论，大多与这种解读密切

---

① 《马克思恩格斯文集》第 1 卷，人民出版社 2009 年版，第 527 页。
② 《马克思恩格斯文集》第 9 卷，人民出版社 2009 年版，第 483 页。
③ 《马克思恩格斯文集》第 1 卷，人民出版社 2009 年版，第 501 页。

相关。

从这样的视角来看，我们上述关于马克思学说的解读问题所做的探讨具有重要的理论价值。首先，它为我们在马克思学说的理论定位这一根本性的理论基点上来理解 20 世纪马克思主义演进中关于伦理学的可能性问题的争论，以及为真正发展起马克思学说的伦理思想维度奠定了坚实的理论基础。显而易见，如果我们把马克思的学说片面地解读为一种忽视人的实践本质和主体性，排除个体的价值和个人的自由，用自然规律的普遍性和必然性来剪裁历史活动和社会运行的实证理论，那么以人的行为、德性、道德良知、道德选择、价值追求、自由和全面发展为主要内涵的实践哲学就无法在马克思学说之中找到自己的生长点，因为按照这种社会历史理论，人类社会的进步和发展主要依赖经济运动和社会运行的普遍规律的必然作用，而不是人的价值追求和道德选择。关于马克思学说的理论定位等基本问题的解读，不仅为我们理解马克思学说的伦理思想维度奠定了基础，而且对于我们更加合理、更加全面地理解马克思学说本身的理论定位、价值追求和丰富内容，并且在新的历史条件下更好地保持马克思学说的生命力和创造力，具有十分重要的意义。不难看出，如果我们完全排除了以人的行为、人的存在、人的道德选择和价值追求为基本内涵的伦理思想维度，那么马克思所关心的人的自由、人的实践本质、人的主体性等都会变成抽象的理论概念，同时，马克思主义会逐渐变成一种排除人的因素，与人的现实实践和社会现实无关的抽象的社会理论构想，那么，马克思学说所追求的人的解放和自由人的联合体等价值目标都会落空。

（二）马克思主义演进中围绕伦理学的争论

通常学术界或不同时期的马克思主义理论家往往通过具体探讨马克思学说中是否包含诸如道德、正义、平等、德性（美德）等概念和关于道德的理解来阐述马克思主义的伦理学问题。与此不同，我们集中于关于马克思学说的解读方式的分析，目的是以对马克思学说的基本理论定位的理解为基点来探讨伦理学或者伦理思想在该学说中的可能性问题。尽管我们在这里并没有就马克思学说是否包含伦理学、是否可能包含伦理学、包含什么样的伦理思想，或者马克思对道德和伦理问题的立场是非道德论的还是道德论的等问题，给出一个具体的、明确的答案，但是，这种关于马克思学说理论定位问题的解析可以使我们更为清楚地理解马克思主义演进中关于伦理学的各种争论的症结所在，也能够为我们准确把握东欧新马克思主义伦理思想，以及把握其他各种类型的马克思主义伦理思想奠定坚实的理论基础。我们在这里首先按照这一理解范式对20世纪马克思主义内部关于伦理学的可能性问题的一些主要争论加以概括展示，也为我们关于东欧新马克思主义伦理思想的研究提供一个重要的理论参照系。

对于马克思主义伦理思想的自觉的、系统的探讨和建构，最初是通过20世纪初第二国际理论家的理论争论而展开的。当然，此前恩格斯在《反杜林论》《家庭、私有制和国家的起源》《路德维希·费尔巴哈和德国古典哲学的终结》等著作中已经表述了道德是由经济基础所决定的上层建筑的组成部分、道德具有历史性和阶级性等理论观点。但是，在严格意义上，这些理论还不是关于马克思主义内在的伦理思想维度的系统阐释和建构，而是关于经济基础和上层建筑辩证关系的历史唯物主义原理的详细阐发。在20世纪初，当时最有影响的马克思主义理论家，主要是第二国际理论家自觉地提出了"马克思主义是否缺乏伦理学"这一重要的理论课题，并在马克思主义内部围绕这一问题展开了比较大的理论争论。在这个时期出现关于马克思主义与伦理学关系的争论是有一定原因的。虽说恩格斯晚年一再告诫青年理论家不要片面地、过分地强调经济的决定作用，但是，此后的马克思主义理论还是越来越强调客观的和普遍必然的因素，历史唯物主义或者恩格斯所说的现代唯物主义在第二国际理论家的视野中就是一种经济决定论或经济唯物主义。按照这种经济决定论和科学社会主义的构想，社会主义的现实运动就是经济必然性和阶级斗争所推动的客观历史进程，与人的主体能动性和价值追求无关。对于马克思主义的这种理解显然会削弱马克思革命理论的实践力量。在这种情况下，第二国际理论家围绕着通过什么样的道路实现社会主义而产生了严重分歧。伯恩施坦认为，按照实证科学原则阐述的历史唯物主义实际上就是经济决定论，它忽视了个体的人在价值体系中的地位，而社会主义的实践活动不会完全服从于与人性无关的中立的、纯粹客观的科学原则，而应当体现为人的价值追求和道德选择。他指出，马克思的历史唯物主义承认社会主义运动的原动力包含观念力量，这就是关于利益因素的作用。伯恩施坦认为，"马克思社会主义所假定的**利益**，从一开始就具有了一种**社会**的或**伦理**的因素，在相当程度上不但是**理智上**的利益，而且是**道德上**的利益，因而它也固有一种道德意义的观念性"①。所以他断言："要知道正义就在今天也还是社会主义运动中的一个极强大的动力，的确**如果没有道义上的动力就**根本**不会出现任何持久的群众运动**。"②由此，伯恩施坦将社会主义理解为人的道德追求，他提出了"伦理社会主义"的构想。在他看来，历史唯物主义作为一种经济决定论不可能包含伦理思想和道德力量，所以他提出"回到康德"，主张把康德的道德哲学整合到马克思主义理论体系之中。对于伯恩施坦的伦理社会主义构想，以"正统马克思主义"自居的考茨基持彻底批判的态度。考茨基尤其反对把康德的道德哲学吸纳到马克思主义理论体系之中。他认为，在历史唯物主义关于经济基础决定上层建筑的基本原理之中，包含着马克思主义的道德理论。他强调道德对社会生活的依赖，认为人类道德发展的规律性是由社会经济发展决定的。在这种意义上，考茨基认为，伦理观念只具有从属的地位，社会主义的实现是客观规律运动的结果，而不是人的道德追求的结果，因此，他强调，社会进步主要不是道德问题，而是物质生产和技术进步的问题。显而易见，考茨基虽然写了《伦理学和唯物史观》等著作，但是他所阐述的观点依旧是历史唯物主义关于经济基础和上层建筑理论的具体化和细化，而不是一种独特的伦理思想的阐发。相比之下，伯恩施坦意识到了道德问题和伦理问题的独特性和重要性，但是，他与考茨基一样，都把马克思的唯物史观解读为经济决定论，并没有理解马克思的实践哲学构想中包含的深刻的伦理思

---

① 殷叙彝:《伯恩施坦读本》，中央编译出版社 2008 年版，第 181 页。
② 同上书，第 192 页。

想，所以他只能向康德的道德哲学求助。

　　20世纪二三十年代，继第二国际理论家之间关于马克思主义是否缺乏伦理学、是否应当补充或者建构伦理学的理论争论之后，关于马克思主义伦理思想维度的讨论和争论进一步延续，这一次是在列宁及后来的苏联官方马克思主义与以卢卡奇为代表的西方马克思主义之间展开的。在某种意义上，苏联官方马克思主义是继考茨基等第二国际理论家的经济决定论理论之后的第二种形态的"正统马克思主义"，不仅如此，这一"正统马克思主义"与考茨基的"正统马克思主义"无论是在关于历史唯物主义的理解方面，还是在关于马克思主义伦理学的认知方面，都有着本质精神上的一致性。俄苏马克思主义对伦理学理论的阐述从普列汉诺夫就开始了。他同样把道德看成社会生活的产物，强调人类道德的发展是完全遵循着经济发展的必然性，因此，人的道德情感和道德观念只能用社会关系，特别是经济关系来加以说明。在这方面，列宁也坚定不移地从唯物史观的经济基础决定上层建筑的原理出发，强调伦理现象对社会生活和经济发展的从属地位。列宁"批判了民粹派的主观主义道德论，坚持决定论的道德原则；批判伦理空想主义和自发论，坚持伦理学观点归结为阶级斗争；批判经验批判主义的主观唯心主义道德论，批判机会主义和资产阶级自由派的人道、博爱，坚持道德的阶级性和无产阶级的革命道路"①。后来的苏联马克思主义基本上是按照这个理论传统和思路去阐释马克思主义的伦理学的。然而，以卢卡奇、科尔施、葛兰西、布洛赫等人为代表的西方马克思主义理论家提出了一条理解马克思主义伦理思想的新思路。我们以西方马克思主义创始人卢卡奇为例，他早在1918年转向马克思主义理论立场之前，就在自己的审美研究和文化研究中凸显了伦理思想的重要性。在卢卡奇的心灵深处一直存在着一种关于世界"善"和"恶"的对立与冲突的判断：一端是他高度重视的古希腊的文化典范，那是一种"幸福年代"的完整的文化和自由的人的美好形象；另一端是第一次世界大战时期所展示的"罪恶年代"的分裂的文化和异化的

---

　　①　章海山：《马克思主义伦理思想发展的历程》，上海人民出版社1991年版，第298-299页。

人的形象。对资本主义文化危机的批判促使卢卡奇终身关注伦理问题，关注道德的力量。他不但关注作为社会伦理和政治伦理的"第一伦理"，而且还高度重视作为个体伦理的"第二伦理"，特别是两种伦理的纠葛。正是这种拒斥资本主义的罪恶和物化，重建完整的文化和自由的人所代表的总体性的追求，使卢卡奇选择了马克思学说。他本人曾说："我之所以决定积极投身于共产主义运动，在很大程度上是出于伦理的考虑。"①卢卡奇在马克思关于商品和拜物教的批判、关于自由人的联合体等思想中挖掘出关于个人的自由、个体的价值、对象化、主客体的统一、作为历史的主体-客体的无产阶级及阶级意识等思想，由此阐发了一种超越以自然科学的普遍性为特征的意识哲学和以经济决定论为特征的马克思主义理论范式，确立了一种关注人的自由、人的实践的对象性力量、人的价值追求的人道主义马克思主义理论范式，以及超越物化和异化的意识革命策略。不难看出，卢卡奇对马克思学说的这种解读同我们之前所分析的马克思的实践哲学理论是一致的，在这种理论范式中，内在地包含着亚里士多德所界定的那种真正建立在关于人的本质和人的行为的理解之上的伦理学。卢卡奇关于马克思主义的解读和关于马克思主义伦理思想的理解的新意就在于：这一理论突出了个人的自由和道德的力量，不再把道德和伦理都仅仅视作经济发展和社会运动的从属物，同时它并不需要从马克思学说之外去寻找某种道德哲学（如康德的道德哲学）来补充马克思主义。在卢卡奇看来，这样的伦理思想是马克思学说的内在的、不可或缺的理论维度。与此相类似，葛兰西在揭示西方社会国家特征和职能新变化时使用的"伦理国家""文化国家""守夜人国家""教化者"等概念，以及他以文化领导权为核心的文化革命的构想，还有布洛赫的希望哲学和乌托邦精神，等等，与卢卡奇关于马克思主义的解读和马克思主义伦理思想的理解，在本质精神上都是一致的。

可以说，西方马克思主义的出现，使20世纪马克思主义内部关于伦理学问题的争论发生了比较大的改变，确立了马克思主义伦理思想演

---

① 卢卡奇：《历史与阶级意识》，杜章智、任立、燕宏远译，商务印书馆2009年版，第28页。

进的基本格局。这一基本格局由两种关于马克思主义伦理思想的基本阐述构成：一种是按照经济基础决定上层建筑的基本原理所阐发的，强调道德和伦理对经济发展的从属地位和伦理关系的客观必然性，具有科学的和决定论特征的伦理思想；一种是以马克思的实践哲学和异化理论为核心的，强调个体的自由、道德的选择性和个体责任，以及伦理批判的道德力量，具有人道主义特征的伦理思想。受卢卡奇、科尔施、葛兰西、布洛赫等早期西方马克思主义理论家的影响，第二次世界大战之后，先后涌现出一些西方马克思主义或者新马克思主义理论流派。虽然这一时期也出现了阿尔都塞的结构主义马克思主义、德拉-沃尔佩的实证主义马克思主义等少数科学主义新马克思主义流派，它们同大多数人道主义新马克思主义流派在包括伦理思想在内的许多方面展开了理论争论。但是，就第二次世界大战后整个马克思主义的演变来看，关于伦理思想的分野和争论还是体现在苏联等国的正统马克思主义的科学伦理思想和西方马克思主义的人道主义伦理思想之间。这一时期，在社会主义阵营的各个国度中，苏联的正统马克思主义占主导地位，因此，关于马克思主义伦理思想的表述都基本上遵循着考茨基、普列汉诺夫和列宁开辟的理论传统，即科学的道德论传统，他们进一步阐发了社会生活和经济发展对道德的决定作用、道德发展的规律性和阶级性等。除了这种一般性的伦理思想建构，这一时期在社会主义阵营中还出现了很多按照科学的道德论所写的具体的伦理学教程和课本，从而把马克思主义伦理思想科学化和知识化。而这一时期各新马克思主义流派对马克思主义人道主义伦理思想的阐发主要侧重两个维度。一方面，这些理论家进一步拓展理论视野，提出了一些关于马克思主义的人道主义伦理思想的新表述，如萨特以个人的绝对自由和生存选择、道德选择和绝对的道德责任，以及以道德共同体为核心的具有存在论特征的人道主义伦理学思想；马尔库塞和弗洛姆以人的感性的解放、爱和理性等为主要内涵的人道主义伦理学；哈贝马斯以平等的、自由的主体间的交往行动和理解沟通为核心的商谈伦理学；等等。另一方面，他们依据马克思的实践哲学和异化理论所包含的本质精神，即人道主义的批判精神，针对当代人类的境遇和文化危机等，多维度地开展伦理批判和文化批判，在科技伦理、生态伦理、消费伦理、政治伦理、经济伦理等多方面推动了应用伦理学的发展。此外，20世纪70年代，随着艾伦·伍德(Allen Wood)《马克思对正义的批判》一文的发表，英美的新马克思主义理论家，特别是分析的马克思主义理论家，围绕着马克思是道德论者还是非道德论者、马克思的道德理论是目的论的还是义务论的，以及马克思关于正义、自由等问题的态度等，展开了一场很大的理论争论。还有其他很多关于马克思的伦理概念和伦理思想的具体争论，我们在这里不再具体展开。

(三)马克思主义伦理思想建构的几种可能的理论形态

迄今为止，我们一方面简要概括了西方哲学发展历程中伦理学和形而上学的复杂关联，以及伦理学的基本理论内涵；另一方面通过对马克思学说的不同解读方式的探讨，简要梳理了20世纪马克思主义演进中关于伦理学的争论，以及马克思主义伦理思想维度在不同向度上的展开和理论阐发。依据这两方面的理论概括，我们可以得出这样的基本认知：虽然马克思本人(包括恩格斯)既没有写过完整的伦理学著作，又没有系统地阐述过关于道德和伦理的思想理论，但是，这并不妨碍马克思学说中包含着丰富的伦理思想资源，也不影响马克思主义伦理学的确立和理论建构。因为人类思想理论的发展和社会现实实践的要求已经清楚地表明，像马克思学说这样重要的哲学思想或者社会历史理论，其学说的理论建构和其思想理论的生命力的展现，都离不开一种关于人的实践和人的行为的实践性的伦理思想维度。从迄今为止马克思学说的理论内涵和马克思主义的理论演进来看，伦理学或伦理思想是内在于马克思学说和马克思主义思想理论之中的不可或缺的组成部分。具体说来，马克思学说和马克思主义伦理思想的阐发和建构可以体现在三个基本的理论层面上，或者说可以采取三种基本的理论形态。

其一，作为独立理论体系或者理论形态的知识论的马克思主义伦理学。这种伦理学理论建构的侧重点不是论述伦理思想在马克思主义理论体系中的地位和作用，而是把具体的道德原则和伦理规范作为给定的、具体的知识系统表述出来，作为人们的行为指南。这种形态的伦理学往往以教科书或者读本的形式通过理论教育或者文化培育的途径引导人们确立恰当的行为规范、进行合理的道德选择、建构和谐的社会关系。

其二，作为马克思学说和马克思主义内在理论维度的伦理思想。这种意义上的伦理思想并不是一种独立理论形态或者知识体系的具体伦理学，而是马克思学说和马克思主义不可或缺的内在组成部分、内在的理论维度。也就是说，这样的伦理思想的阐发和理论建构并不仅仅着眼于伦理学本身的发展，更着眼于马克思主义理论发展和理论完善的内在的本质性的需要。在某种意义上，我们上述描绘的基于对马克思学说理论定位的不同解读而形成的两种基本的伦理思想，即依据经济基础决定上层建筑原理建构的科学的伦理思想与依据实践哲学和异化理论建构的人道主义的伦理思想，都属于这个层面的伦理思想维度。①

其三，作为重要的文化精神的伦理批判思想。这种意义上的马克思主义伦理思想不仅着眼于马克思主义自身理论的完善，而且充分体现了马克思学说的实践哲学维度，即变革现存世界的批判的和革命的精神。具体说来，马克思的学说既是以工业文明和科学发展为背景的现代文化精神的产物，也是现代性批判的重要理论维度。因此，在实践的向度上，马克思学说的伦理思想维度具体体现为作为现代性反思的人道主义伦理批判精神，它的批判锋芒指向一切不合理的、不人道的、不道德的现象和关系：对一切不公正、不正义的社会关系，对一切以异化和物化为表现形式的不人道的存在境遇，对一切操控人、束缚人的全面发展，贬损人的自由的力量和关系的激进的道德谴责和伦理批判。

关于马克思学说和马克思主义的伦理思想的阐发与建构的基本理论层面或基本理论形态的概括，可以为我们分析和把握各种马克思主义流派，也包括东欧新马克思主义的伦理思想，提供基础性的理论框架。从总体上看，东欧新马克思主义的伦理思想主要集中于依据实践哲学和异

---

① 当然，对这两种类型的马克思主义伦理思想，我们并非不加以区分地认可。在我们看来，依据实践哲学和异化理论建构的人道主义的伦理思想，真正能够体现马克思学说的本质要求和价值追求，而这也是东欧新马克思主义伦理思想所秉持的基本理论立场。

化理论建构的人道主义的伦理思想和作为现代性反思的人道主义伦理批判精神两个基本方面，在这种意义上，我们通常把东欧新马克思主义的伦理思想称为"伦理批判思想"。

三、东欧新马克思主义伦理批判视野的开启

我们所说的东欧新马克思主义，是第二次世界大战后在东欧各国社会主义改革进程中兴起的一种以人道主义为基本理论定位的新马克思主义理论，其中包括南斯拉夫实践派，匈牙利布达佩斯学派和波兰、捷克斯洛伐克等国的新马克思主义。大体上说，20世纪的新马克思主义除了东欧新马克思主义，还包括另外两个重要组成部分：一是我们通常所说的西方马克思主义，主要包括以卢卡奇、科尔施、葛兰西、布洛赫为代表的早期西方马克思主义，以霍克海默、阿多诺、马尔库塞、弗洛姆、哈贝马斯等为代表的法兰克福学派，以及萨特的存在主义马克思主义、列斐伏尔的日常生活批判和空间生产理论、阿尔都塞的结构主义马克思主义等；二是20世纪70年代之后的新马克思主义流派，主要包括分析的马克思主义、生态学马克思主义、女性主义马克思主义、文化的马克思主义、发展理论的马克思主义、后马克思主义等。东欧新马克思主义在20世纪新马克思主义格局中占有重要的地位，它在理论课题和实践课题等多方面对马克思主义的变革创新做出了独特的贡献，为我们提供了很重要的理论建树，其中也包括丰富的伦理思想。

（一）东欧新马克思主义的兴起和历史沿革

东欧新马克思主义代表人物众多，其中最主要的代表人物分布在南斯拉夫、匈牙利、波兰和捷克斯洛伐克四国，主要有：南斯拉夫实践派代表人物彼得洛维奇（Gajo Petrović）、马尔科维奇（Mihailo Marković）、弗兰尼茨基（Predrag Vranicki）、坎格尔加（Milan Kangrga）和斯托扬诺维奇（Svetozar Stojanović）等；匈牙利布达佩斯学派代表人物赫勒（Ágnes Heller）、费赫尔（Ferenc Fehér）、马尔库什（György Márkus）和瓦伊

达(Mihály Vajda)等；波兰新马克思主义代表人物沙夫(Adam Schaff)、科拉科夫斯基(Leszak Kołakowski)、鲍曼(Zygmunt Bauman)、巴奇科(Bronisław Baczko)等；捷克斯洛伐克新马克思主义代表人物科西克(Karel Kosík)、斯维塔克(Ivan Sviták)等。

东欧新马克思主义在20世纪马克思主义的传播和发展中占据十分重要的地位。这些具有独特的创新意识和批判精神的理论家，为20世纪人类思想发展提供了丰富的理论成果，如他们从异化理论、具体的辩证法、哲学人类学、人的需要理论、历史理论等方面对于马克思实践哲学理论和人道主义精神的阐发；他们从技术理性批判、现代性文化批判、现代道德批判、微观政治批判、碎片化的历史哲学等方面展开的全方位的现代性反思；他们通过对现存社会主义条件下官僚制的批判和自治社会主义的构想而阐述的社会主义改革思想；等等。对于东欧新马克思主义各个方面的理论建树的理解，一方面要把握其中包含的一般性的理论内涵和文化精神，另一方面要善于捕捉其中深藏的独特性的历史体验和理论气质。中东欧各民族经历了多重历史体验，如持久不断的异族统治和无常的历史力量所造成的屈辱的民族苦难、现代性的全景式和多维度的压制和操控、社会主义革命和社会主义改革试验异常曲折的命运，等等，这些刻骨铭心的复杂历史体验和常常是悲惨的历史体验，使得这一地区的人们对个体自由和共同体完整具有极其敏感的强烈体验和价值追求，对于社会深刻转型所带来的新的机制体制(如现代性)和新的历史体验保持着特有的警觉与深刻的现代性反思和批判意识。因此，"中东欧的思想理论具有独特的价值定位和理论气质，它不属于那种范式建构性的理论，而是典型的反思性和解构性的理论。具体说来，正如我们在前面反复强调的那样，从思想源流和价值内涵来讲，中东欧的思想理论属于欧洲文明的重要组成部分，它对自由主义、社会主义、马克思主义等现代欧洲普遍性思想的本质精神都有传承，但是，由于其独特的民族命运和历史体验，其主要的价值体现为对现代欧洲文明的负面后果的反思和修正，在一定意义上，现代中东欧思想理论的主流是作为欧洲精神和现代理性文明内在的自我反思意识而存在的。显而易见，这种类型的思想理论在现代理性文明遭遇普遍危机的时代，显示出越来越重要的、越来越不可或缺的价值"①。我们发现，20世纪初中东欧涌现出的对20世纪思想理论演进历史进程产生了重大影响的一批著名理论家和思想家，如卢卡奇、波兰尼兄弟（Karl Polanyi 和 Michael Polanyi）、卡尔·曼海姆（Karl Mannheim）等，以及东欧新马克思主义理论家都非常鲜明地具有这样的理论气质。就东欧新马克思主义而言，要把握其独特的理论气质、理论定位和价值追求，首先必须了解这些理论家的双重特殊的历史体验：一个是关于第二次世界大战及其现代西方理性文明深刻危机，即现代性危机的直接的和刻骨铭心的体验；一个是对社会主义实践和社会主义改革历史进程的直接参与。

一方面，人类从传统社会向现代社会的转型，带来社会的快速发展和人们精神风貌的变化，开启了一种具有进步意义的历史进程。但是，世界不同地区的现代化转型在时间上并不是同步的。中东欧地区向现代社会的转型过程非常复杂，因为它是与新兴资本主义势力和传统列强对这一地区的入侵、瓜分、统治和压迫交织在一起的，其结果是现代化进程的积极后果和危机特征同时出现。第二次世界大战是现代世界中资本主义贪婪本性和征服本性的集中体现，它使中东欧地区成为最大的牺牲品，成为集中营林立、大屠杀横行的黑色的死亡国度。东欧新马克思主义理论家刚好处于这一历史时期，他们对现代工业文明的多重后果，对现代性的动力机制和危机特征，对技术理性的疯狂和失控，特别是现代性和现代大屠杀的内在本质关联，比世界其他任何地区的人们都有着更为直接和深刻的历史体验。因此，他们始终以各种方式反思和批判现代理性文明与资本主义条件下的现代性危机及其非人道的后果，技术理性批判、官僚政治批判、现代国家批判、大众文化批判、发达资本主义批判等主题始终在他们的理论中占有重要的地位。

另一方面，第二次世界大战之后，中东欧各国都被纳入社会主义发展轨道，并且开始推行"斯大林化"策略，建立了苏联式的权力高度集中的计划经济体制和单一的意识形态管理体制。新的体制和新的道路使中

---

① 衣俊卿：《东欧新马克思主义精神史研究》，黑龙江大学出版社2015年版，第178页。

东欧各国的发展摆脱了资本主义的束缚和外来帝国的宰割，但并没有让这些国家走上自主发展的道路。相反，中东欧各国一旦被纳入斯大林主义的模式和轨道，就很难再遵循自己内在的发展逻辑和自己人民的选择。因此，在20世纪下半叶的很长时期，与苏联模式和斯大林主义的冲突一直是中东欧历史中重大事件环绕的中心。一系列的重大历史冲突——如1948年的苏南冲突、1956年的波兹南事件、1956年的匈牙利革命、1968年的"布拉格之春"——全面开启了社会改革的进程。从苏南冲突到"布拉格之春"，随着时间的推移，这场社会主义改革所具有的民主的和人道主义的方向越来越清晰，这些正是东欧新马克思主义得以产生和发展的历史条件。在中东欧各国，特别是在发生上述历史事件的四个国度里，一批年轻的理论家直接投身社会主义改革进程，他们开始超越自己原来接受的苏联马克思主义传统，确立了人道主义的马克思主义价值立场。

这双重深刻的历史体验使这些年轻理论家把理论目光聚焦到同一个根本性的问题上：人的存在和个体的价值、人的自由和全面发展。具体说来，从外在层次看，当时中东欧各国的发展所面临的问题是缺少民族的独立性和人们对发展道路的自主选择；而从内在深层次看，无论是在现代性的语境中，还是在苏联模式的条件下，人的存在所面临的共同问题都是某种外在的、普遍的和必然的力量对个体的束缚，对人的主体性和创造性的压抑。在某种意义上，当时在中东欧各国占主导地位的苏联正统马克思主义，特别是按照斯大林《论辩证唯物主义和历史唯物主义》小册子建构的马克思主义哲学体系，在面对这种生存境遇和历史困境时都无能为力，因为苏联版本的马克思主义的主导精神就是强调普遍的和必然的规律对于人类社会发展的决定作用，以及个体行为和社会活动对这些规律的绝对服从。所以，这一批年轻的理论家开始推动一场思想解放运动，为摆脱现代性危机和苏联模式的束缚而探索一种新的思想理论。他们找到了两个突破口或者切入点：一是"回到马克思"；二是引入早期西方马克思主义的理论。"回到马克思"是为了"复兴马克思主义"，因为在这些年轻的理论家看来，在苏联正统马克思主义之中基本上没有马克思关于人的理解，如实践哲学和异化理论的地位。所以，他们主张回到马克思本人的思想，恢复马克思主义本应具有的人道主义精神。20世纪50年代初，南斯拉夫开始探索自治社会主义模式；匈牙利、波兰等国也在积极地探索改革的途径，回应现实的改革需求；弗兰尼茨基编译的包括马克思《1844年经济学哲学手稿》在内的塞尔维亚文版的《马克思恩格斯早期著作》于1953年出版，这本书一下子激起一批渴求新哲学立场的青年哲学家的极大兴趣。与此同时，这些年轻的理论家开始关注和引入早期西方马克思主义理论家的思想，因为无论是卢卡奇的物化理论和主客体统一的辩证法、科尔施的理论和实践相统一的马克思主义理论，还是葛兰西的文化领导权理论和西方革命观、布洛赫的希望理论和乌托邦精神，都是对马克思异化理论和实践哲学的人道主义精神的继承与阐发，而且其中还包含着传统西方人文主义以个体的自由和人的尊严反抗普遍性的统治的思想。在某种意义上，卢卡奇不仅是西方马克思主义的创始人，而且也是东欧新马克思主义的奠基者，因为正是在他的亲自组织下才形成了布达佩斯学派。其他东欧新马克思主义理论家也高度重视卢卡奇以及其他西方马克思主义理论家的思想。例如，实践派哲学家特别推崇卢卡奇和布洛赫，马尔科维奇认为，卢卡奇是"真正的、具有独到见解的和最富创造性的马克思主义思想家"，是"第一流的批判思想家"[1]；彼得洛维奇强调，布洛赫不仅是当代"最伟大的马克思主义哲学家"，而且是"20世纪最著名的思想家之一"[2]。对马克思早期著作的研究和对西方马克思主义理论家思想的吸纳，极大地拓宽了这些年轻理论家的视野，马克思实践哲学和异化理论中所包含的深刻的人道主义思想，与这些年轻的中东欧理论家从西方理性文明和中东欧民族独特历史体验中所获得的人文主义精神底蕴的融合，构成了东欧新马克思主义真正崛起的理论根基。

关于东欧新马克思主义在各个领域和各个方面的理论建树，我们已

---

[1] Mihailo Marković, The Critical Thought of Gyorgy Lukacs , in *Praxis International*, vol. 6 No. 1 (April 1986), p. 82.

[2] Gajo Petrović, *Mišljenje revolucije* , Zagreb: Naprijed, 1978, p. 43.

经做过比较系统的研究①，在这里不再具体展开这些内容。我们可以结合东欧新马克思主义的整体演进历程，简要地概览一下他们的学术活动和主要研究领域。东欧新马克思主义大体上经历了两个大的阶段：20世纪50年代末至70年代中期，东欧新马克思主义作为稳定的理论学派主要在东欧活动；70年代后期，东欧新马克思主义者作为个体理论家融入西方学术界，但其学术创作仍然有着东欧新马克思主义的深刻烙印。②

20世纪70年代中期之前，是东欧新马克思主义主要流派和主要代表人物在东欧各国从事理论活动的时期。这一时期，他们比较集中地研究和解读马克思的实践哲学和异化理论，揭示苏联官方马克思主义理论体系的缺陷，比较集中、自觉地建构人道主义的马克思主义，以及探索民主的、人道的、自治的社会主义改革之路。以此为基础，东欧新马克思主义积极发展和弘扬革命的和批判的人道主义马克思主义，他们一方面以独特的方式阐述了这一理论构想，如实践派的"实践哲学"或"革命思想"、科西克的"具体辩证法"、布达佩斯学派的需要革命理论，等等；另一方面以异化理论为依据，密切关注人类的普遍困境，他们像西方人本主义思想家一样，揭示日益普遍化的现代理性对个人的自由和创造性的压抑与束缚，对官僚政治、意识形态、技术理性、大众文化等异化的社会力量进行了深刻的批判。这一时期，东欧新马克思主义的代表人物展示出了比较强的理论创造力，推出了一批有影响的理论著作，例如，科西克的《具体的辩证法——关于人与世界问题的研究》、沙夫的《人的哲学》和《马克思主义与人类个体》、科拉科夫斯基的《走向马克思主义的人道主义——关于当代左派的文集》、赫勒的《日常生活》和《马克思的需要理论》、马尔库什的《马克思主义与人类学》、彼得洛维奇的《哲学与马克思主义》和《哲学与革命》、马尔科维奇的《人道主义和辩证法》、弗兰尼茨基的《马克思主义和社会主义》等。

---

① 参见衣俊卿：《人道主义批判理论——东欧新马克思主义述评》，中国人民大学出版社2005年版；衣俊卿：《东欧新马克思主义精神史研究》，黑龙江大学出版社2015年版。

② 关于东欧新马克思主义历史沿革的概括和描绘，请参见衣俊卿：《东欧新马克思主义精神史研究》，黑龙江大学出版社2015年版，第237-245页。

在谈到东欧新马克思主义前期的理论活动时需要指出一点：这个时期东欧新马克思主义理论家主要在自己国家从事学术研究，但这并不意味着他们的影响力只局限于各自的国内。相反，这一时期东欧新马克思主义理论家开始共同组织各种学术活动，迅速走向国际化。在这一点上，要特别强调南斯拉夫实践派的突出贡献，他们依托《实践》杂志(1964—1974)和科尔丘拉夏令学园(1963—1974)等重要的开放式国际交流平台，成为世界上规模最大、最活跃的马克思主义理论中心。位于亚得里亚海滨美丽的科尔丘拉岛上的夏令学园，1963—1974年(除了1966年空缺外)围绕着人类社会重大课题每年举办一次国际学术会议，其中心论题分别为："进步与文化""社会主义的含义与前景""什么是历史""创造性与物化""马克思和革命""权力与人性""黑格尔和我们的时代——纪念黑格尔诞辰200周年""乌托邦与现实""自由与平等""资本主义世界与社会主义""技术世界中的艺术"等。《实践》杂志在1964—1974年，除了配合科尔丘拉夏令学园的活动和实践派理论家参加的各种国际哲学会议，发表一些哲学家的文章外，还自己组织南斯拉夫人道主义哲学家和外国哲学家就一些他们共同感兴趣的问题进行讨论，几乎每一期都有一组专题讨论文章，如"论实践""自由""真理和认识""创造性与物化""社会主义的含义与前景""技术世界中的艺术""资本主义世界与社会主义""马克思思想的现实性""马克思与革命""卢卡奇与布洛赫的思想"等。根据实践派哲学家坎格尔加在1996年所做的一个详细的回顾总结，十几年间，参加科尔丘拉夏令学园的南斯拉夫学者共有来自12个城市的92人，以及来自东欧、西欧、拉丁美洲(阿根廷、墨西哥、智利、委内瑞拉等)、亚洲(日本、以色列)、澳洲(澳大利亚)等地及美国的共25个国家的129名学者。其中包括赫勒、马尔库什、科西克、科拉科夫斯基、实践派全部代表人物等东欧新马克思主义理论家和数十名东欧学者；还包括布洛赫、马尔库塞、弗洛姆、列斐伏尔、哈贝马斯、戈德曼等西方马克思主义著名思想家，以及芬克(Eugen Fink)、阿克谢罗斯(Kostas Axelos)、费彻尔(Iring Fetscher)、吕贝尔(Maximilien Rubel)等著名马克思主义理论家或马克思学家。卢卡奇因为各种原因没有参加科尔丘拉夏令学园的会议，但是他同上述很多思想家一样，是《实践》杂志的评委。这些活动改变了东欧新马克思主义理论家单纯受西方人本主义马克思主义影响的局面，推动了东欧新马克思主义和西方马克思主义理论家的相互影响与合作。

20世纪70年代中后期以来，东欧新马克思主义的基本特点是不再作为自觉的学术流派围绕共同的话题而开展学术研究，而是逐步超出东欧的范围，通过移民或学术交流的方式分散在英国、美国、澳大利亚、德国等地，汇入西方各种新马克思主义流派或左翼激进批判理论思潮之中，他们作为个体，在不同的国家和地区分别参与国际范围内的学术研究和社会批判，并直接以英文、德文、法文等发表学术著作。大体说来，这一时期，东欧新马克思主义主要代表人物的理论热点，主要体现在两个大的方面。从一个方面来看，马克思主义和社会主义依旧是东欧新马克思主义理论家关注的重要主题之一，他们在新的语境中继续研究和反思传统马克思主义与苏联模式的社会主义实践，并且陆续出版了一些有影响的学术著作，例如，科拉科夫斯基的三卷本《马克思主义的主要流派》、沙夫的《处在十字路口的共产主义运动》、斯托扬诺维奇的《南斯拉夫的垮台》、马尔科维奇的《民主社会主义：理论与实践》、瓦伊达的《国家和社会主义：政治学论文集》、马尔库什的《困难的过渡：中欧和东欧的社会民主》、费赫尔的《东欧的危机和改革》等。但是，从另一方面来看，东欧新马克思主义理论家，特别是以赫勒为代表的布达佩斯学派成员，以及沙夫和科拉科夫斯基等人，把主要注意力越来越多地投向20世纪70年代以来西方其他新马克思主义流派和左翼激进思想家所关注的文化批判与社会批判主题，特别是政治哲学的主题，例如，启蒙与现代性批判、后现代政治状况、生态问题、文化批判、激进哲学等；他们的一些著作具有重要的学术影响，例如，沙夫作为罗马俱乐部成员同他人一起主编的《微电子学与社会》和《全球人道主义》、科拉科夫斯基的《经受无穷拷问的现代性》等；这里特别要突出强调的是布达佩斯学派主要成员，他们的研究已经构成了西方左翼激进批判理论思潮的重要组成部分，例如，赫勒独自撰写或与他人合写的《现代性理论》《激进哲学》

《后现代政治状况》《现代性能够幸存吗?》等，费赫尔主编或撰写的《法国大革命和现代性的诞生》《生态政治学：公共政策和社会福利》等，马尔库什的《语言和生产：范式批判》等。

(二) 东欧新马克思主义的主要理论建树和伦理思想维度

通过对东欧新马克思主义兴起的历史境遇的挖掘和对东欧新马克思主义的理论研究、学术活动的历史沿革的概括，我们对东欧新马克思主义有了一个总体上的概观。我们还要以这些分析为基础，简要地概括和提炼出东欧新马克思主义整体上的理论建树，以便为我们理解东欧新马克思主义的伦理思想提供一个基础性的理论框架。这些理论建树同时也是东欧新马克思主义同西方马克思主义，以及 20 世纪 70 年代之后的新马克思主义流派相比所呈现出的基本的理论特色。对此我们从三个基本方面加以概括①。

其一，对马克思思想独特的、深刻的阐述。虽然 20 世纪所有新马克思主义都继承了马克思的思想传统，但是，如果我们仔细分析，就会发现，除了卢卡奇的主客体统一的辩证法、葛兰西的实践哲学外，大多数西方马克思主义理论家和新马克思主义流派并没有对马克思的思想理论做出集中的、系统的、独特的阐述。他们的主要兴奋点是结合当今世界的问题和人的生存困境去补充、修正或重新解释马克思的某些论点。相比之下，东欧新马克思主义理论家对马克思思想的阐述最为系统和集中，并且，差不多大多数东欧新马克思主义理论家都曾集中精力对马克思的思想做系统的研究和新的阐释。其中特别要提到的应当是如下几种关于马克思思想的独特阐述：一是科西克在《具体的辩证法——关于人与世界问题的研究》中对马克思实践哲学的独特解读和理论建构，其理论深度和哲学视野在 20 世纪关于实践哲学的各种理论建构中毫无疑问应当占有重要的地位；二是沙夫在《人的哲学》《马克思主义与人类个体》和《作为社会现象的异化》几部著作中，通过对异化、物化和对象化问题的细致分析，建立起一种以人的问题为核心的人道主义马克思主义理

① 参见衣俊卿：《论东欧新马克思主义的理论定位》，载《求是学刊》2010 年第 1 期。

解；三是南斯拉夫实践派关于马克思实践哲学的阐述，尤其是彼得洛维奇的《哲学与马克思主义》《哲学与革命》和《革命思想》，马尔科维奇的《人道主义和辩证法》，坎格尔加的《卡尔·马克思著作中的伦理学问题》等著作从不同侧面提供了当代关于马克思实践哲学最为系统的建构与表述；四是赫勒的《马克思的需要理论》《日常生活》和马尔库什的《马克思主义与人类学》等在宏观视角与微观视角相结合的视域中，围绕着人类的生存结构、需要的革命和日常生活的人道化，对马克思关于人的问题做了深刻而独特的阐述，并探讨了关于人的解放的独特思路；五是弗兰尼茨基的三卷本《马克思主义史》和科拉科夫斯基的三卷本《马克思主义的主要流派》对于马克思主义历史做出总体性的把握和阐述。

其二，对社会主义理论和实践、历史和命运的反思，特别是对社会主义改革的理论设计。社会主义理论与实践是所有新马克思主义以不同方式共同关注的课题，因为它代表了马克思思想的最重要的实践维度。但坦率地讲，西方马克思主义理论家和 20 世纪 70 年代之后的新马克思主义流派在社会主义问题上并不具有有说服力的发言权，他们对以苏联为代表的现存社会主义体制的批判往往表现为外在的观照和反思，而他们所设想的民主社会主义、生态社会主义等模式，也主要局限于西方发达社会中的某些社会历史现象。在这方面，东欧新马克思主义理论家具有独特的优势，他们大多是苏南冲突、波兹南事件、匈牙利事件、"布拉格之春"这些重大历史事件的亲历者，也是社会主义自治实践、"具有人道特征的社会主义"等改革实践的直接参与者，甚至在某种意义上是社会主义改革的理论设计者。东欧新马克思主义理论家对社会主义的理论探讨是多方面的，首先值得特别关注的是他们结合社会主义的改革实践，对社会主义的本质特征的阐述。从总体上看，他们大多致力于批判当时东欧国家的官僚社会主义或国家社会主义，以及封闭的和落后的文化，力图在当时的历史条件下，努力发展自由的、创造性的个体，建立民主的、人道的、自治的社会主义。在这方面，弗兰尼茨基的理论建树最具影响力，在《马克思主义和社会主义》和《作为不断革命的自治》两部代表作中，弗兰尼茨基从一般到个别、从理论到实践，深刻地批判了国家社会主义模式，表述了社会主义异化论思想，揭示了社会主义的人道主义性质。此外，从 20 世纪 80 年代起，特别是在 20 世纪 90 年代后，很多东欧新马克思主义理论家对苏联解体和东欧剧变做了多视角的、近距离的反思，例如，沙夫的《处在十字路口的共产主义运动》，费赫尔的《戈尔巴乔夫时期苏联体制的危机和危机的解决》，马尔库什的《困难的过渡：中欧和东欧的社会民主》、斯托扬诺维奇的《南斯拉夫的垮台》和《塞尔维亚：民主的革命》等。

其三，对于现代性独特的理论反思。如前所述，20 世纪 80 年代以来，东欧新马克思主义理论家把主要注意力越来越多地投向 20 世纪 70 年代以来西方其他新马克思主义流派和左翼激进思想家所公用的文化批判和社会批判主题。在这一研究领域中，东欧新马克思主义理论家的独特性在于，他们在阐释马克思思想时所形成的理论视野，以及对社会主义历史命运和发达工业社会进行综合思考时所形成的社会批判视野，使他们的文化批判和社会批判具有深刻的理论内涵。例如，赫勒在《激进哲学》以及她与费赫尔、马尔库什等合著的《对需要的专政》等著作中，以他们对马克思的需要理论的理解为背景，以需要结构贯穿对发达工业社会和现存社会主义社会的分析，形成了以激进需要为核心的政治哲学视野；赫勒在《历史理论》《现代性理论》《现代性能够幸存吗?》以及她与费赫尔合著的《后现代政治状况》等著作中，建立了一种独特的现代性理论，同一般的后现代理论的现代性批判相比，这一现代性理论具有比较厚重的理论内涵，用赫勒的话来说，它既包含对各种关于现代性的理论的反思维度，也包括作者个人以及其他现代人关于"大屠杀""极权主义独裁"等事件的体验和其他"现代性经验"。

从上述几个方面的理论概括已经不难看出，在东欧新马克思主义理论家所阐发的关于马克思学说的理解中和关于现代社会的全方位批判思想中，包含着很丰富的伦理思想资源。我们可以先简要地介绍一下东欧新马克思主义理论家关于伦理学和伦理批判思想的主要著述。东欧新马克思主义理论家中，很多人关注马克思学说的伦理维度和对现代社会危机与人类文化困境的伦理批判。如前所述，作为西方马克思主义创始人和东欧新马克思主义奠基人的卢卡奇，就一直高度重视伦理研究。卢卡奇在前马克思主义时期，面对现代人的孤独的心灵和绝对的异化，就高度关注个体的伦理，从文化批判的角度探寻克服现代人伦理困境的途径；在接受马克思主义和布尔什维主义之后，他又超越个体的有限性，强调无产阶级意识中蕴含的阶级伦理和革命伦理；此外，与道德和伦理相关的还有他关于日常生活人道化的思想。卢卡奇不仅在自己的许多重要著作中阐述了伦理思想，而且还在接受马克思主义立场和投身共产主义运动后，专门写了《作为一个道德问题的布尔什维主义》，以及《策略与伦理》《道德在共产主义生产中的作用》《共产党的道德使命》等理论文章。卢卡奇的弟子、布达佩斯学派的领军人物赫勒，不仅写了大量论述马克思学说的伦理学遗产、论述现代道德和现代伦理的文章，还通过著名的"道德理论三部曲"——《一般伦理学》《道德哲学》《个性伦理学》——全方位地阐述了深陷现代性危机境遇下的现代个体如何通过道德选择而成为好人和好公民；实践派哲学家发表了一系列文章来挖掘马克思学说中的伦理思想资源和阐述社会主义条件下的伦理问题，如马尔科维奇的《马克思主义的人道主义和伦理学》《作为道德基础的历史实践》《一种批判的社会科学的伦理学》，坎格尔加的《马克思主义伦理学的可能性》《社会主义与伦理学》，斯托扬诺维奇的《马克思的伦理学理论》《马克思思想中的伦理潜能》等文章，此外，坎格尔加还在1963年就发表了《卡尔·马克思著作中的伦理学问题》①一书，从马克思的实践哲学和异化理论入手，阐发了马克思的伦理思想；著名社会学家、波兰新马克思主义理论家鲍曼不仅写了一系列文章来阐发现代性的危机和后现代的道德境况，还出版了著名的《现代性与大屠杀》《后现代伦理学》《生活在碎片中——论后现代道德》《消费世界的伦理学是否可能?》《道德盲视》等伦理学著作，对以大屠杀为重要标志的现代性道德危机做了最深刻的批判，并对后现代个体重拾道德良知做了深入探讨；波兰新马克思主义理论家科拉科夫斯基的《走向马克思主义的人道主义——关于当代左派的文集》《经受无穷拷问的现代性》等著作中包含着《为什么我们需要

---

① Milan Kangrga, *Etički problem u djelu Karla Marxa*, Beograd: Nolit, 1980.

康德?》《论美德》《责任和历史》《政治中的不合理性》等伦理批判文章，这些文章从现代社会中"禁忌的消失"和人类道德纽带的消解入手来批判现代性的道德危机，尝试通过道德主体的选择和责任来恢复道德力量；捷克斯洛伐克新马克思主义理论家科西克在《理性与良心》和《道德的辩证法与辩证法的道德》等文章中，特别是在其著名的《具体的辩证法——关于人与世界问题的研究》一书中，强调要用马克思所倡导的革命的和批判的实践活动来摧毁伪具体世界，建构具体的总体，这其中恢复道德的辩证维度或革命维度具有重要的价值。

在具体展示和阐发东欧新马克思主义各个理论流派的伦理思想之前，我们可以以前文所介绍的 20 世纪马克思主义演进中关于马克思主义伦理思想各种理论争论为参照系，提炼出东欧新马克思主义伦理思想或者伦理批判思想的几个侧重点或者理论特色。

首先，东欧新马克思主义所阐发的伦理思想对于马克思学说或者马克思主义理论而言，具有明确的内在性特征。这也就是说，在东欧新马克思主义理论家看来，伦理思想并不是附加到马克思主义之上或者独立于马克思主义之外的东西，而是马克思学说和马克思主义理论的内在思想维度，而且是马克思主义不可或缺的内在思想维度，缺少了这个重要的维度，马克思学说和马克思主义理论就将失去其重要的理论深度和鲜明的实践批判精神。

其次，东欧新马克思主义所建构的马克思主义伦理批判思想具有鲜明的人本性特征。具体说来，东欧新马克思主义的众多理论家，无论其具体的研究领域和具体的理论观点存有多少差异，但是在基本的理论定位和价值取向上他们都无一例外地继承了马克思的实践哲学和异化理论的人道主义立场。因此，对他们而言，伦理和道德并非被必然的经济规律所决定的附属现象，而是人的内在的生存维度，关乎人如何反抗异化和物化，实现人的自由和全面发展。缺少这一发自人的本质的重要的伦理维度和道德力量，马克思所强调的个体的自由和全面发展，以及自由人的联合体，都很难成为现实的目标。

最后，东欧新马克思主义所阐述的马克思主义的伦理思想具有强烈的实践性和批判性。东欧新马克思主义理论家继承了亚里士多德把伦理学归类为实践哲学的传统，特别是坚持马克思革命的实践哲学立场，他们把这种作为马克思主义内在思想维度、具有鲜明的人本性的伦理思想发展为具有强烈批判性的实践理论，运用这种伦理批判思想对现代性的全方位危机、普遍化的理性机制对人的全面操控，总之，对一切束缚、贬损、压抑人的自由和全面发展的所有物化与异化的力量进行深刻的道德评判和伦理批判。这样批判的和革命的实践既符合人类历史发展的总体趋势，又充分彰显了每一个个体的自由和选择的道德力量。这样的历史实践显然是马克思所强调的作为人的本质的自由自觉的实践。

第一章　第二伦理与第一伦理的辩证法

——卢卡奇为东欧新马克思主义伦理思想奠基

如果我们想要全面、深入地把握东欧新马克思主义伦理批判思想的基本内涵和理论视野，就必须从研究卢卡奇的伦理思想入手。如前所述，卢卡奇是 20 世纪马克思主义理论发展和演进中最具影响力的理论家和思想家之一，他不仅是西方马克思主义的创始人，而且是东欧新马克思主义的奠基者。相比之下，卢卡奇对东欧新马克思主义的理论影响更加深入和直接，这种影响不仅体现在基本的理论立场和思想方面，而且体现在东欧新马克思主义理论流派的形成和学术活动的开展等方面。例如，布达佩斯学派就是由围绕在其身边的一些学子和志同道合的理论追随者于 20 世纪 60 年代初，在卢卡奇的直接影响和参与下而形成的重要理论流派；20 世纪 60 年代中期至 70 年代中期，卢卡奇作为南斯拉夫实践派《实践》杂志的编委对实践派哲学家和其他东欧新马克思主义理论家也产生了非常直接的影响。因此，东欧新马克思主义的基本理论立场和价值追求，以及很多方面的理论建树都带有鲜明的卢卡奇思想理论的印记。

一、贯穿卢卡奇全部思想的伦理批判

就我们这里的研究主题，即东欧新马克思主义伦理批判思想而言，卢卡奇的理论影响并非枝节性和间接性的，而是根本性和直接性的。这是因为，伦理思想或者伦理批判思想在卢卡奇的全部思想理论演进中并非可有可无的内容，而是贯穿始终的理论追求，因此在卢卡奇的整个理论体系中始终占据十分重要的地位。卢卡奇的思想探索和理论研究历程十分坎坷，经历了多次研究主题甚至是理论立场的重要转变，但是，伦理思想始终是贯穿于其中的重要理论维度。东欧新马克思主义的主要流派，如实践派、布达佩斯学派、波兰新马克思主义和捷克斯洛伐克新马克思主义等，虽然在阐述马克思学说的伦理内涵和开展现实的伦理批判等方面，有不同的侧重点和定位，但是，他们的基本理论观点和价值追求都是在卢卡奇所开启的伦理批判理论地平线上展开的。

对于卢卡奇一生的理论发展经历和多次转折，研究者们从不同的角度做了各种概括和表述。从比较大的演变尺度来看，人们大多同意把卢卡奇的思想演变划分为三个阶段：1918年之前卢卡奇通过文学和美学研究来反思西方文明危机和文化精神焦虑的浪漫主义文化批判时期，即卢卡奇的前马克思主义时期；1918年之后卢卡奇加入共产党，转向马克思主义，在学术研究和整治政治活动中投身无产阶级革命运动的时期；卢卡奇晚期对自己前期马克思主义观进行反思，并且关注现存社会主义的民主化进程的时期。对于卢卡奇的思想演变，人们有不同的理解和解读，有的研究者强调卢卡奇后期理论对早期思想的否定和断裂，有的研究者强调卢卡奇不同时期思想理论内在精神的一致性。我们在这里不去具体探讨卢卡奇思想演变中这些重要转折的性质问题，只想突出展示一条思想线索，即在卢卡奇思想演变的这三个大的阶段中，关于道德问题和伦理思想的阐发一直是其自觉思考和建构的重要的理论维度。

卢卡奇早期主要受那个时代欧洲的，特别是德国的各种浪漫主义文化批判思想，如新康德主义、狄尔泰的生命哲学，特别是西美尔和韦伯等人的思想的影响，其精神主色调是强调个体的内心体验，将生命现象视作最真实的实在，强调通过内心体验的直觉来把握事物的本质。其主要的价值取向是对不合理的、虚假的文化的拒斥和反抗。正因为有这样的价值追求和理论基调，卢卡奇早期理论和学术活动主要通过文学写作和美学研究而展开，他在这一时期先后写作或发表了《现代戏剧发展史》《心灵与形式》《小说理论》《海德堡美学手稿》等。卢卡奇在这些著作中，毫无保留、毫无掩饰地表达了自己对资本主义"罪恶"的无情批判和对资本主义的全面拒斥。可以说，对资本主义的全面否定，从卢卡奇自己的理论生涯开始时就成为他的基本价值态度和理论立场，而帝国主义之间爆发的世界大战又进一步加固了卢卡奇从根本上反对和否定资本主义的价值立场。卢卡奇多次表达自己对战争坚决反对的态度，他强调指出，"对于战争，首先是对战争的狂热，我内心最深处持一种强烈而全面的拒斥态度"①。

对于资本主义的拒斥和批判是卢卡奇毕生不变的价值立场，然而，卢卡奇早期对资本主义的批判主要是基于一种浪漫主义的文化批判立场。这一时期，文化处于卢卡奇理论关注的聚焦点上。马尔库什在研究卢卡奇早期思想演变时认为，卢卡奇在 1912 年至 1918 年所写的但未发表的《海德堡美学手稿》中，提出了他直到自己晚年依旧坚持研究的根本问题，即"文化的可能性问题"。马尔库什特别强调文化问题（文化的可能性问题）在卢卡奇理论中的极端重要性："**文化**就是卢卡奇生命中'唯一的'（single）思想。文化在今天是可能的吗？回答这一问题并同时通过自己的活动创造和实现这种可能性始终是他生命中最核心的关注点。"②

我们可以稍微具体地展示卢卡奇内心深处的这种关于世界的善与恶的对立冲突的文化分析。一方面，在《小说理论》中我们可以看到卢卡奇心灵深处以希腊文化为原型的遥远的文化家园，这是一个充满意义、未分裂的、完整的文化世界，"世界广阔无垠，却又像自己的家园一样，因为在心灵里燃烧的火，像群星一样有同一本性。世界与自我、光与火，它们明显有异，却又绝不会永远相互感到陌生，因为火是每一星光的心灵，而每一种火都披上星光的霓裳。这样，心灵的每一行动都变得充满意义，在这二元性中又都是圆满的"③；另一方面，卢卡奇所面对的现实资本主义世界与这样一种完美的精神家园完全对立，在这里，"幸福年代"的那种完整的文化已经支离破碎，变成了一种拜物教的物化状态，卢卡奇在《小说理论》中把这一时代描绘为"绝对罪孽的时代"，他指

---

① 卢卡奇：《小说理论》，燕宏远、李怀涛译，商务印书馆 2012 年版，第 1 页。
② 阿格妮丝·赫勒：《卢卡奇再评价》，衣俊卿等译，黑龙江大学出版社 2011 年版，第 5 页。
③ 卢卡奇：《小说理论》，燕宏远、李怀涛译，商务印书馆 2012 年版，第 19-20 页。

出，"费希特说的'绝对罪孽的时代'意味着欧洲从人们直到 1914 年生活所在的那种假固结状况落到了它今天所处的状况。在这种意义上，我们说'绝对罪孽的时代'是完全有道理的"①。从对这两种对立的文化的分析中不难看出，卢卡奇关于希腊世界秘密的揭示不是为了对现存世界罪恶的精神逃遁，而是一种"批判"的行为，是对现存物化和罪恶的揭露与超越，是重建完整文化的行为。马尔库什认为，"从卢卡奇作为一位思想家的发展之初起，对他来说文化问题就意味着**是否有可能过上一种摆脱异化的生活**问题。在这个问题背后包含着他对于敌视文化、'文化危机'这些描述现代资产阶级存在特征的状况做出的充满激情的诊断，也包含着他对这种状况的坚定拒斥"②。对于卢卡奇关于文化的可能性的分析，我们在这里不去进一步具体展开。我们需要明确的是：构成卢卡奇早期思想主要内涵的这种带有浪漫主义气息的文化批判本身就是一种伦理批判思想。马尔库什指出，"在'哲学'著作中，关于文化是否可能的问题，关于它是否可能塑造生活的问题，正如我们已经看到的，似乎是**一个伦理问题**，一个道德行为的问题——不是积极的就是消极的行为，但是在任何一种情况下都是自由的、个人的自我决定（self-determination）基础上的行为，或者更普遍地说，这是一个个人导控自己生活的方式问题"③。

对于这一点，卢卡奇本人有着十分清楚的认知，他明确表示，研究文学和美学不是为了文学本身，而是为了一个新世界，是要批判资本主义的虚伪的和罪恶的文化，让人过上有尊严的、人道的生活。这毫无疑问是一种道德的立场和伦理批判的诉求。在这种意义上，卢卡奇强调文学艺术对资本主义的反抗："用费希特的话说，《小说理论》把整个时代描绘成为'绝对罪孽的时代'。这本书的一个特点是它的方法论，这种方法论是建立在精神史学派的基础之上的。但是我认为，这是按这个传统写的唯一的一本不是倾向右翼的书。在道义上，我认为整个时代应受到

---

① 杜章智：《卢卡奇自传》，李渚青、莫立知译，社会科学文献出版社 1986 年版，第 81 页。
② 阿格妮丝·赫勒：《卢卡奇再评价》，衣俊卿等译，黑龙江大学出版社 2011 年版，第 6 页。
③ 同上书，第 31 页。

指责，艺术由于反对这个时代应受到赞扬。在这一点上俄国的现实主义变得很重要，因为托尔斯泰和陀思妥耶夫斯基向我们表明了，文学能怎么样被用来彻底地谴责整个制度。他们的著作中根本不谈资本主义有这个那个缺点；在他们眼中整个制度都是不人道的。"①基于此，卢卡奇强调，《小说理论》的特性不是保守的，而是具有一种突破性和革命性的，尽管它带有一种天真的浪漫主义乌托邦色彩，它"希望能从资本主义的崩溃中，从与这种崩溃相一致的、无生气和敌视生命的经济和社会集团（Kategorie）的崩溃中产生出一种自然的、合乎人类尊严的生活。本书在对托尔斯泰作品的分析中达到高潮，它对已经'不写小说'的陀思妥耶夫斯基做出了展望，这些都清晰地表明，这里不是在期待一种新的文学形式，而是在明确期待一个'新世界'"②。因此，在青年卢卡奇那里，文化的问题就是对文化危机的批判，是一种激进的伦理批判，也就是扬弃异化、恢复人的自由生存和尊严的问题。当然，如前所述，这个时期卢卡奇将拯救生活的希望寄托于艺术和审美，他在《小说理论》中以希腊的完整的文化为楷模而断言："只有在知识就是美德、美德就是幸福的地方；只有在美使世界的意义变得显而易见的地方，存在的总体才是可能的。"③

应当说，卢卡奇思想演变中的最大转变是在俄国十月革命之后转向了马克思主义和社会主义革命，其思想进入了被称为"伦理共产主义和马克思主义"的阶段。这次思想转变是全面而深刻的：在理论层面上，卢卡奇从新康德主义转向了马克思主义，一种以主客体统一为核心的人道主义马克思主义，其代表性的理论著述是《历史与阶级意识》，正是这部著作的巨大理论影响使得西方马克思主义和东欧新马克思主义形成；而在实践层面上，卢卡奇加入了匈牙利共产党，积极参加共产党领导的无产阶级革命运动，并且在《作为一个道德问题的布尔什维主义》《策略与伦理》《共产党的道德使命》《道德在共产主义生产中的作用》等系列文

---

① 杜章智：《卢卡奇自传》，李渚青、莫立知译，社会科学文献出版社1986年版，第80页。
② 卢卡奇：《小说理论》，燕宏远、李怀涛译，商务印书馆2012年版，第11页。
③ 同上书，第25页。

章中，探索性地提出无产阶级的阶级伦理和革命伦理。

从上述关于卢卡奇思想转变的理论层面和实践层面的简单概括，不难看出卢卡奇思想转变的深刻性和彻底性，所以一些研究者把他的这一转变称为"从扫罗到保罗"的蜕变。我们需要指出的是，虽然卢卡奇在十月革命后告别了自己早期浪漫主义文化批判的基本立场，但是，他早期思想中的很多重要理论和价值在新的时期并没有被丢掉，而是在新的理论视野中，即在他的马克思主义和共产主义理解中被升华。其中有几点特别重要：一方面是卢卡奇对资本主义的全面否定和拒斥的价值立场；另一方面是卢卡奇关于使人摆脱异化、过上一种有尊严的和人道的生活的文化批判立场，特别是伦理批判立场。也就是说，十月革命后，卢卡奇认识到，对资产阶级虚假的和不人道的文化与普遍异化的伦理批判不能停留于个人主观体验的层面，不能囿于文学和美学的范围，而必须转向实践和行动，而为了转向实践和行动，则必须把这种文化批判和伦理批判建立在一种新的理论基础，即马克思主义的理论基础之上。因此，卢卡奇自己就明确承认："对伦理学的兴趣把我引向了革命。"①

具体说来，关于卢卡奇走向马克思主义和无产阶级革命这一重大转变，还要从他对资本主义失控发展所导致的帝国主义战争的特殊体验和激进的伦理批判入手来加以把握。应当说，第一次世界大战对资本主义弊端和时代的极端罪恶之淋漓尽致的展示对卢卡奇一生的理论和思想探索都产生了深刻的影响。卢卡奇自己承认，正是因为反对战争，"我的兴趣中心从美学转到伦理学"②；也正是对资本主义弊端和帝国主义战争罪恶进行彻底的和激进的伦理批判，使卢卡奇选择突破狭隘的美学和文化视野，走向现实和革命实践，把伦理和政治领域结合起来。在卢卡奇看来，帝国主义战争的邪恶之处就在于，它把一切非人性的和反人性的力量都调动起来，变成一种从根本上否定生命的恶的力量。卢卡奇是这样描绘这一战争的："我从青年时期起就憎恨的并且力求在精神上加以消灭的一切社会力量，现在联合在一起来实现这第一次全面的战争，普

---

① 杜章智：《卢卡奇自传》，李渚青、莫立知译，社会科学文献出版社1986年版，第88页。

② 同上书，第30页。

遍没有思想和敌视思想的战争。而且这战争不仅仅是生命的一个决定因素，而是在其外延和内涵的总体上全面地决定了它。像在以前的战争中那样，站在这种新的现实**一旁**。再也不能生存。它是全面的：它吞并全部生命，不管你是否喜迎。"①基于对资本主义本性的认识和对帝国主义战争所展示的时代罪恶的深刻体验，卢卡奇把自己的文化批判理论的价值追求与十月革命所开启的无产阶级革命运动结合起来，与现实的革命实践和政治运动结合起来，由此而走向了马克思主义。卢卡奇在回顾自己走向马克思主义的历程时，清楚地阐述了自己的想法："我的伦理观要求转向实践、行动，从而转向政治。这反过来又使我转向经济学，而在理论上进行深入研究的需要最后使我转向马克思主义哲学。当然，所有这些发展都是缓慢的、不平稳的。然而，我所选定的方向甚至在俄国革命爆发后的战争期间就已开始明朗起来。"②

　　虽然在加入共产党和投身无产阶级革命运动之后，卢卡奇在关于十月革命的具体做法，特别是暴力与伦理的张力等基本问题上有着很多纠结，在具体的革命策略等方面也与党内其他重要人物有很多分歧，但是，从这个时期开始，卢卡奇为自己确立的理论与实践相结合、伦理与政治相结合的思想理论定位再也没有动摇和改变。也正是出于这样的认知和理解，卢卡奇高度评价列宁的理论和实践。他认为，列宁的最伟大之处在于强调马克思主义理论的实践性，强调从理论到实践的革命运动，强调让历史唯物主义更加深入无产阶级的日常斗争之中。卢卡奇反复强调他从列宁的理论和俄国的革命实践中所确立的伦理与政治相结合的重要立场，"按照我的看法，不应该忘记，我对政治的兴趣同时也有伦理的内涵。'怎么办'一直是我头脑中的主要问题，这个问题把伦理和政治领域联结在一起"③。

　　在加入共产党，转向马克思主义，并积极参与无产阶级革命运动之后，卢卡奇的理论研究也与国际共产主义运动的进展密切相关。在匈牙

---

①　杜章智：《卢卡奇自传》，李渚青、莫立知译，社会科学文献出版社1986年版，第28页。
②　同上书，第239页。
③　同上书，第88页。

利无产阶级革命失败后，卢卡奇流亡到维也纳，在整个 20 世纪 20 年代，他都基本上在维也纳继续从事革命运动和理论研究；此后整个 20 世纪 30 年代，直到 1945 年之前，卢卡奇都在莫斯科的苏共马克思恩格斯研究院从事研究，出版了《青年黑格尔》《存在主义还是马克思主义》《理性的毁灭》等著作；1945 年卢卡奇回国，此后直到 1971 年去世，他都在匈牙利从事教学和理论研究，在此期间还出版了《审美特性》《社会存在本体论》《民主化的进程》等著作。在理论研究层面上，卢卡奇后期多次对自己转向马克思主义时期的代表作《历史与阶级意识》所阐述的马克思主义观进行了自我批判，承认自己的理论错误、唯心主义倾向和对马克思主义立场的偏离。因此，卢卡奇在后期的著作中通过对社会存在本体论的探讨，试图完善自己关于马克思主义的理解，并且在《审美特性》等著作中开启了日常生活人道化的理论探讨，回到自己青年时期关于"文化的可能性问题"的探索，只是他摆脱了青年时期的浪漫主义的理论立场，把文化从植根于个体的主观体验转向奠基于生活世界。在实践层面上，卢卡奇后期从关注无产阶级革命运动转向对社会主义民主实践的探索，对苏联社会主义模式的弊端进行批判，积极探索现存社会主义的改革途径。

卢卡奇后期在理论层面和实践层面的这些探索包含着丰富的内容，我们在这里不可能具体展开。我们想强调的一点在于，在卢卡奇后期思想中，伦理维度同样占据着十分突出的地位，伦理与政治相结合依旧是卢卡奇坚持的理论方向，他更加坚信社会主义的经济建设、政治发展都离不开文化的维度、伦理的维度。所不同的是，卢卡奇后期放弃了《历史与阶级意识》时期的政治激进主义，转向了带有古典主义传统色彩的伦理民主政治。卢卡奇后期伦理思想的深化得益于他对日常生活领域，即人的自在的对象化领域的关注和对社会主义民主的探索。卢卡奇反对关于人类社会历史发展的经济决定论思想，他主张把经济变革和政治变革结合起来。在他看来，这方面存在的根本问题是社会的民主化进程没有落到实处：资本主义的民主是一种形式的民主，而现存社会主义的民主则走向了异化，在官僚制的条件下，现实的民主化变得支离破碎。卢卡奇认为，只有把无产阶级革命转变为人类的革命，把对"阶级"的关注转变为对"类"的关注，只有变革人的生活方式，推动日常生活领域的人道化，把民主植根于日常生活领域，使之成为人的基本的生活方式，人类社会才能朝着良善的方向发展。所以，那种使日常生活与政治生活相分离、那种脱离了日常生活的民主是虚假的民主、形式化的民主，只有植根于生活世界的民主化才是社会主义的民主化，也是马克思所设想的共产主义的应有之义。卢卡奇认为，这种带有伦理意蕴的民主化才是社会主义发展的真正基础，由此，他从《历史与阶级意识》时期的政治激进主义的阶级伦理和革命伦理转向了以社会主义民主化为核心的民主政治伦理。

通过上述关于卢卡奇思想演变历程的简要概括，我们可以有把握地确定：伦理思想，特别是伦理批判思想贯穿于卢卡奇全部思想和理论之中，是其中不可或缺的维度。当然，我们迄今的阐述尚未具体展开卢卡奇每一个主要时期的伦理思想，如浪漫主义时期的个体伦理、革命时期的阶级伦理和社会主义发展时期的民主政治伦理的具体内涵。如果深入这些具体内容，我们就会发现，卢卡奇的伦理思想包含着很丰富的内容，也包含着相互之间存在着张力，甚至是相互冲突的伦理思想，要全面而准确地把握他的伦理思想是一个很复杂的课题。概括地讲，我们在某种意义上可以把卢卡奇伦理思想的复杂性和内在张力概括为"第二伦理"和"第一伦理"的辩证法①。从早期的美学和文学批评时期开始，卢卡奇的浪漫主义价值观在对抗资本主义的惯例世界时就侧重于个体的心灵体验，因此这是一种个体的伦理，卢卡奇把它称为"第二伦理"，以便与现存世界的社会伦理或一般伦理，即"第一伦理"相对立。卢卡奇强调以个体伦理为基本特征的"第二伦理"，是为了摧毁现存世界，即资本主义世界的体制和规定。此后，在后来的无产阶级革命时期和社会主义发展时期，虽然卢卡奇对第二伦理内涵的界定发生了很多变化，但是，他

---

① 我在这里不是在一般意义上使用"辩证法"一词，而是在接近霍克海默和阿多诺的"启蒙辩证法"的意义上使用这个词，以此来说明第二伦理和第一伦理之间的复杂关系，以及卢卡奇在阐述个体伦理和一般伦理时所呈现的纠结与矛盾状态。

并没有因为对革命伦理和阶级伦理的强调，而放弃对个体伦理的重视，只是卢卡奇常常在个体伦理和集体伦理之间摇摆，常常处于第二伦理和第一伦理的纠葛之中。这种复杂的、充满张力的理论理解给人们理解和把握卢卡奇的伦理思想带来很多困惑，但是，也正是第二伦理和第一伦理的辩证法为后来东欧新马克思主义理论家阐发自己的伦理批判思想铺展了更广阔的地平线和可能性的空间。因此，在概述了贯穿于卢卡奇全部思想之中的伦理维度之后，我们有必要从基本的理论探索和实践建构两个侧面具体揭示卢卡奇的伦理思想。

二、理论探索：主客体统一辩证法的内在伦理维度

要深刻把握一种伦理思想，首先要从基本理论层面揭示这种伦理思想与特定的哲学理论之间的内在逻辑关系。正如我们回顾西方文明中伦理学演变和发展进程时发现的那样，哲学内在包含的理论问题和实践问题总是交织在一起，历史上有影响的伦理学都在很大程度上与特定的哲学理论(形而上学)具有内在的交集和纠缠。同理，我们如欲深入理解和把握卢卡奇的伦理思想，必须首先在基本的理论层面上把握卢卡奇的马克思主义观，因为他所倡导的伦理思想是建立在作为一种哲学理论和社会历史理论的马克思主义基础之上的。在这里，我们必须认定的一点在于，尽管整个20世纪围绕着《历史与阶级意识》展开了各种激烈的理论争论，卢卡奇本人也多次对自己的《历史与阶级意识》的马克思主义观做出自我批评，并在后期尝试着通过社会存在本体论等问题的探讨而修补自己早期的马克思主义观，但是，真正能够支撑卢卡奇伦理思想，并展开其伦理思想丰富内涵的理论建构，不可否认的是《历史与阶级意识》中以主客体统一的辩证法为核心的马克思主义观。因此，我们在这里要简单把握围绕着《历史与阶级意识》而展开的理论争论、主客体统一辩证法的基本理论内涵，以及卢卡奇的伦理批判思想在何种意义上构成这种主客体统一辩证法的内在伦理维度。

卢卡奇的《历史与阶级意识》毫无疑问是 20 世纪人类思想发展中最具影响力，也最富争议的著作之一。然而，这部给卢卡奇带来巨大声誉和理论影响力的著作，也使他这位理论家兼革命活动家的马克思主义者陷入了很大的困境，因此，出于主客观方面的原因，卢卡奇一生的很多时候都在为自己的理论做各种由衷的和违心的自我批评，例如，他在 20 世纪 20 年代末为了"布鲁姆提纲"所做的自我检查、30 年代在苏联为了同现实妥协而做的自我批评、40 年代末在匈牙利因自己对苏联现实主义革命文学关注不够而做的自我批评，等等。其中最重要的是卢卡奇多次对自己的《历史与阶级意识》进行公开的批判，到了 1967 年，在自己生命的晚期，他还在《历史与阶级意识》的再版序言中再一次做了严厉的自我批评。在这篇再版序言中，卢卡奇既肯定了这部著作的一些成就，如恢复了总体性在马克思主义中的地位，通过人的异化问题的研究而把一大批青年知识分子和优秀共产主义者吸引到革命运动中等，但是，他也承认自己的理论探讨动摇了马克思主义的本体论基础，混淆了对象化与异化，带有唯心主义倾向等。卢卡奇明确指出，"我真诚相信《历史与阶级意识》是错误的，并且直到今天我还这样认为"①。

然而，尽管卢卡奇本人对自己的《历史与阶级意识》做了如此肯定的自我批判，但这部著作依旧是卢卡奇对 20 世纪人类思想发展，特别是马克思主义演变产生真正影响的著作。正是在这部著作的思想理论的影响下，各种西方马克思主义理论流派才得以产生和发展。众所周知，在卢卡奇的《历史与阶级意识》以主客体统一的辩证法为核心思想对马克思主义做出人道主义的解释之前，主要存在着以经济决定论为理论基础的第二国际正统马克思主义与以暴力革命思想和经济基础决定上层建筑为核心的现存社会主义国家的正统马克思主义。这两种所谓的正统马克思主义都过分强调经济必然性和客观规律性，而忽略人的主体性的作用，这些理论往往以"正统"自居而拒斥和否定关于马克思主义的任何其他解释。这些正统理论很难有效地面对 20 世纪人的普遍异化的存在境遇，

---

① 卢卡奇：《历史与阶级意识》，杜章智、任立、燕宏远译，商务印书馆 2009 年版，第 37 页。

它们使马克思的学说在新的历史条件下失去创造力和现实意义，陷入僵化和危机之中。正是针对这种状况，卢卡奇的《历史与阶级意识》开篇就从"什么是正统马克思主义？"开始了新的理论奠基。他斩钉截铁地指出："正统马克思主义并不意味着无批判地接受马克思研究的结果。它不是对这个或那个论点的'信仰'，也不是对某本'圣'书的注解。恰恰相反，马克思主义问题中的正统仅仅是指**方法**。它是这样一种科学的信念，即辩证的马克思主义是正确的研究方法，这种方法只能按其创始人奠定的方向发展、扩大和深化。"①毫无疑问，卢卡奇的这一断言具有革命性和创造性，正是有了这样的突破性的理解，以及他在《历史与阶级意识》中通过物化批判、商品拜物教批判、人的实践、历史的主体与客体、无产阶级的阶级意识等重要理论问题的阐释，才推动了各种西方马克思主义流派的产生。这些不断出现的新马克思主义理论流派，在20世纪的历史条件下为马克思主义增添了很多新的理论内涵，虽然其中也有很多理论偏差，但是，毫无疑问，这种理论发展使马克思主义在20世纪保持了旺盛的生命力和理论创造力。因此，我们断言，卢卡奇是西方马克思主义的创始人，而在这方面，他的《历史与阶级意识》厥功至伟。连丹尼尔·贝尔都认为，"在当代对马克思主义思想中异化观念的'重新发现'得归功于匈牙利哲学家乔治·卢卡奇"②。

不仅西方马克思主义理论流派是在卢卡奇《历史与阶级意识》思想的直接影响下形成和发展的，东欧新马克思主义理论流派的产生和成长同样是建立在马克思的实践哲学和卢卡奇主客体统一辩证法的理论基础之上的。与卢卡奇本人不断自我否定《历史与阶级意识》的做法不同，卢卡奇的直接弟子——布达佩斯学派的主要成员，以及其他东欧新马克思主义理论家都将《历史与阶级意识》视为卢卡奇最具创造力的理论著作。费赫尔在《卢卡奇的魏玛思想》一文中断言："尽管格奥尔格·卢卡奇把自己掩饰成一个谦虚的马克思的阐释者，但他在20世纪20年代就已经成

---

① 卢卡奇：《历史与阶级意识》，杜章智、任立、燕宏远译，商务印书馆2009年版，第49页。

② 丹尼尔·贝尔：《意识形态的终结——50年代政治观念衰微之考察》，张国清译，江苏人民出版社2001年版，第418页。

为一个经典作家。当今，无论是朋友还是敌人都同样承认，《历史与阶级意识》一书的出版是马克思逝世之后马克思主义哲学史上最重要的事件。"①赫勒强调《历史与阶级意识》的当代意义，她指出，尽管卢卡奇对这部著作进行了自我否定，但是，"这部著作时至今日一直被人们视作卢卡奇理论活动的范式性表达"②。布达佩斯学派最核心成员费赫尔、赫勒、马尔库什和瓦伊达等人，都高度评价《历史与阶级意识》，他们强调这部著作对他们一生的理论活动所产生的影响，"从我们哲学生涯的童年时代起，我们就追寻一种'实践哲学'。在此无须详述这种努力与师从《历史与阶级意识》一书作者这一事实之间的关系，我们从未像卢卡奇那样拒斥这部代表作"③。

在这个问题上，其他东欧新马克思主义理论家与布达佩斯学派成员有着共同的见解，他们大多数人都强调卢卡奇《历史与阶级意识》基本思想理论对他们形成自己的理论的巨大影响。例如，南斯拉夫实践派代表人物弗兰尼茨基在其著名的《马克思主义史》中指出，卢卡奇是一个创造性的马克思主义者，在20世纪马克思主义发展中占据重要的地位，"卢卡奇无疑是20世纪最重要的马克思主义理论家之一。他的著作《历史与阶级意识》，是在时代和人这一哲学问题方面取得的最深刻的思想突破之一"④。弗兰尼茨基特别分析了《历史与阶级意识》中所表述的创造性思想的重要性和当代价值："卢卡奇的伟大功绩在于他发扬了马克思的某些基本的思想成就。特别是在分析异化、物化以及现代社会的这一基本结构现象对阶级意识和个人意识的作用方面，他抓住了马克思主义的中心问题之一，同时也抓住了当代世界和人的实质性问题之一。他所抓住的问题，如果不加以解决，任何一个无产阶级革命实际上都不能完成

---

① 阿格妮丝·赫勒：《卢卡奇再评价》，衣俊卿等译，黑龙江大学出版社2011年版，第97页。

② 同上书，第229页。

③ 同上书，第170页。

④ 普雷德拉格·弗兰尼茨基：《马克思主义史》第二卷，胡文建、李嘉恩、杨达洲等译，黑龙江大学出版社2015年版，第334页。

自己的历史任务。"①波兰新马克思主义代表人物科拉科夫斯基也充分肯定了《历史与阶级意识》对自己的深刻影响，他认为，尽管卢卡奇自己不断否定这部代表作，但是，"无论怎样，在他的全部著作中，这部著作是带来最多争议并在马克思主义运动中留下了最深刻影响的一部"②。科拉科夫斯基肯定了卢卡奇思想的创造性，"无疑，卢卡奇是一位杰出的马克思学说的解释家。他以与前一代马克思主义者完全不同的方式再现马克思学说，为此做出了巨大的努力……我认为，卢卡奇明确地阐述了一种对于马克思哲学的崭新的、正确的解释；由此看来，他的成就是毋庸置疑的"③。从这些论述可以理解，为什么我们多次强调卢卡奇在20世纪独特的历史地位，强调他是西方马克思主义的创始人和东欧新马克思主义的直接奠基人。

通过上述阐述，我们从西方马克思主义和东欧新马克思主义对卢卡奇思想的直接传承明确揭示了卢卡奇对20世纪马克思主义理论演变所产生的重大的、直接的影响，并且我们可以确证，卢卡奇的这一理论影响主要来自他的《历史与阶级意识》，我们现在需要做的是进一步揭示《历史与阶级意识》影响20世纪马克思主义理论发展的主要思想导向和理论内涵。限于篇幅和主题的需要，我们在这里只能非常简要地概括卢卡奇《历史与阶级意识》所倡导的主客体统一的辩证法的几个重要的理论要点。

我们要强调的第一个理论要点是卢卡奇关于人的活动和主客体统一的辩证法的理解，这也是他的马克思主义观的核心内容和基本立场。卢卡奇突破传统马克思主义（特别是第二国际的马克思主义和苏联的正统马克思主义）对经济必然性和客观规律性的过分强调，明确地把人的实践活动和主客体的统一置于马克思主义的理论核心。这是因为，在卢卡奇看来，真正构成人类历史和人类社会活动基础的是人本身，即构成人

---

① 普雷德拉格·弗兰尼茨基：《马克思主义史》第二卷，胡文建、李嘉恩、杨达洲等译，黑龙江大学出版社2015年版，第109页。

② 莱泽克·科拉科夫斯基：《马克思主义的主要流派》第三卷，唐少杰、顾维艰、宁向东等译，黑龙江大学出版社2015年版，第245页。

③ 同上书，第282-283页。

的本质规定性的劳动活动和实践，而人的这种活动是主客体统一的总体性活动，因此，历史运动的总体性是与人的活动和人的主体性密切相关的。在这个理论基点上，卢卡奇毫无疑问是在挖掘和彰显在 20 世纪马克思主义演变中常常被忽略的马克思的实践哲学理论传统。

卢卡奇在《历史与阶级意识》中明确强调："人本身作为历史辩证法的客观基础，作为历史辩证法的基础的同一的主体－客体，是以决定性的方式参与辩证过程的。"①卢卡奇把历史运动的辩证法建立在人本身，即人的实践活动基础之上，这不能不说是对传统马克思主义辩证法理解的一种根本性的改变。从这样的理论基点出发，即从主客体相互作用以及主体对客体的实践改造的角度出发，卢卡奇对自然辩证法提出了质疑，他指出，恩格斯在《反杜林论》中坚持自然辩证法的存在，但"他对最根本的相互作用，即**历史过程中的主体和客体之间的辩证关系**连提都没有提到，更不要说把它置于与它相称的方法论的中心地位了"②。卢卡奇认为，"对辩证方法来说，中心问题乃是**改变现实**"③。他在这里主要是强调人的劳动或人的实践对于人的世界而言的基础性地位。在他看来，与恩格斯不同，马克思较少在纯粹的、自在的自然的意义上谈论辩证法，相反，马克思的兴奋点主要在于人的存在，因此倾向于把辩证法同人的对象化劳动结合起来。马克思强调，黑格尔哲学的"真正诞生地和秘密"在于《精神现象学》，因为在这里，"黑格尔把人的自我产生看作一个过程，把对象化看作失去对象，看作外化和这种外化的扬弃；因而，他抓住了劳动的本质，把对象性的人、现实的因而是真正的人理解为他自己的劳动的结果"④。

与上述理解密切相关，卢卡奇从总体性的角度来阐述主体与客体相互作用、相互统一的辩证法，他把人的活动和建立在人的活动之上的历史进程理解为总体性的过程。因此，当卢卡奇强调总体性原则的优先性

---

① 卢卡奇：《历史与阶级意识》，杜章智、任立、燕宏远译，商务印书馆 2009 年版，第 289 页。

② 同上书，第 51 页。

③ 同上。

④ 《马克思恩格斯全集》第 42 卷，人民出版社 1979 年版，第 163 页。

时，他也不是在一般意义上强调事物的普遍的、有机的联系，而是强调建立在人的对象性活动基础之上、以人的主体性为核心的总体性，即人作为主体与客体的统一体的总体性。卢卡奇指出，"只有当进行设定的主体本身是一个总体时，对象的总体才能加以设定；所以，为了进行自我思考，只有不得不把对象作为总体来思考时，才能设定对象的总体"①。所以，在这种意义上，卢卡奇所强调的总体性的辩证法也就是主客体统一的辩证法、关于人的存在的辩证法。

我们要强调的第二个理论要点是卢卡奇关于物化现象和物化意识的批判。如前所述，对资本主义的拒斥和批判贯穿于卢卡奇思想发展的始终。接受马克思主义之后，卢卡奇超越了早期浪漫主义时期对于资本主义文化的文学和美学批判，他对资本主义的批判也在不断深化，不仅对资本主义进行了政治批判和经济批判，还在更深层次上对资本主义条件下发达工业社会普遍的物化现象、物化结构和物化意识进行了深刻的文化批判。众所周知，卢卡奇是在马克思《1844 年经济学哲学手稿》正式发表之前，通过韦伯、西美尔等人的理论和对《资本论》中商品拜物教理论的研究而形成关于物化和物化意识的理论的。这充分展现了卢卡奇独有的理论创造力，所以，到 1932 年马克思的《1844 年经济学哲学手稿》及其异化理论得以发表时，人们普遍承认卢卡奇物化理论的深刻性，并且许多进步知识分子正是通过卢卡奇的物化理论而真正接受了马克思的异化理论。

应当看到，物化理论是我们在发达工业和发达资本主义条件下阐发主客体统一的辩证法不可或缺的理论维度。如上所述，卢卡奇把人类历史的运行视作一个总体性的进程，而历史的总体性是建立在人的存在、人的活动、人的主客体统一的总体性基础之上的。而在当代，资本主义商品经济所具有的拜物教本性导致了物化现象的产生，并且使物化现象不断加剧，不断走向普遍。卢卡奇认为，马克思在《资本论》中所描述的商品拜物教现象正是现代人所面对的物化现象，物化普遍化的要害是它

---

① 卢卡奇：《历史与阶级意识》，杜章智、任立、燕宏远译，商务印书馆 2009 年版，第81 页。

使商品结构中物的关系掩盖了人的关系，使人的关系变成了一种物的关系，进而使人的主体性萎缩或消解，使人的活动的总体性变得支离破碎。卢卡奇指出："商品结构的本质已被多次强调指出过。它的基础是，人与人之间的关系获得物的性质，并从而获得一种'幽灵般的对象性'，这种对象性以其严格的、仿佛十全十美和合理的自律性（Eigengesetzlichkeit）掩盖着它的基本本质，即人与人之间关系的所有痕迹。"[①]当商品成为普遍现象，商品结构渗透到社会的所有方面时，物化现象就开始成为普遍的现象。物化的要害就在于：它使人的活动的结果或人的创造物变成某种自律的，并反过来统治人和支配人的力量。用卢卡奇的话来说，由于物化现象的出现，"人自己的活动，人自己的劳动，作为某种客观的东西，某种不依赖于人的东西，某种通过异于人的自律性来控制人的东西，同人相对立"[②]。

在卢卡奇看来，资本主义商品经济条件下的物化不是一种附带的、外在的、无足轻重的社会现象，而是一种渗透到社会生活和人的存在所有方面的结构性力量，一种异化的结构。他指出，物的关系取代人的关系、物对人的统治的现象在主观和客观等所有方面都有体现，"这种情况既发生在客观方面，也发生在主观方面。在客观方面是产生出一个由现成的物以及物与物之间关系构成的世界（即商品及其在市场上的运动的世界），它的规律虽然逐渐被人们所认识，但是即使在这种情况下还是作为无法制服的、由自身发生作用的力量同人们相对立。因此，虽然个人能为自己的利益而利用对这种规律的认识，但他也不可能通过自己的活动改变现实过程本身。在主观方面——在商品经济充分发展的地方——人的活动同人本身相对立地被客体化，变成一种商品，这种商品服从社会的自然规律的异于人的客观性，它正如变为商品的任何消费品一样，必然不依赖于人而进行自己的运动"[③]。卢卡奇不仅揭示了物化结构的客观和主观方面的表现，而且还从多方面展示了在普遍物化结构统

---

① 卢卡奇：《历史与阶级意识》，杜章智、任立、燕宏远译，商务印书馆2009年版，第149页。
② 同上书，第152-153页。
③ 同上书，第153页。

治的条件下，人的总体性的活动变得支离破碎的状况：如人的数字化和抽象化，即劳动者被整合到建立在基于被计算和能被计算的合理化原则之上的生产与社会的机械体系之中，变成了抽象的数字，失去了主体性和能动性；主体的客体化，即人由生产过程和社会历史运动的自由自觉的主体沦为被动的、消极的客体或追随者，人的个性、特性、主体创造性理所当然地被生产过程的理性原则所排斥；人的原子化，即在完全是按照精确的理性原则组织起来的生产过程和社会过程中，人与人之间的有机联系被割断，人与人之间变成各自孤立的、被动的原子；等等。

卢卡奇认为，物化结构统治的深化和物化现象普遍化的更为致命的后果是物化的内化，即非批判的物化意识的产生。所谓物化意识是指人自觉地或非批判地认同外在的物化现象和物化结构的意识状态，当物化的结构逐步积淀到人们的思想结构之中时，人从意识上缺乏超越这种物化结构的倾向，反而将这种物化结构当作外在的规律和人的本来命运而加以遵循与服从，由此，人丧失了具有批判性和超越性的主体性维度。卢卡奇指出，"正像资本主义制度不断地在更高的阶段上从经济方面生产和再生产自身一样，在资本主义发展的过程中，物化结构越来越深入地、注定地、决定性地沉浸入人的意识里"①。当我们跟随着卢卡奇的思想逻辑，从物化现象、物化结构，深入物化意识时，可以清楚地看到这一理论问题的重要性和所蕴含的现实革命性。从物化结构和物化意识的视角来揭示当代人的生存境遇，我们会发现，卢卡奇的思想不仅从理论上凸显了马克思学说关于人的存在和历史发展的认识的深刻性，而且还从实践层面揭示了无产阶级革命运动的艰巨性。无论是作为个体的个人，还是作为群体的无产阶级，都不仅面临着现实的经济剥削、政治压迫和阶级统治，而且面临着普遍的物化结构和物化意识的统治与操控，因此，仅凭政治革命意义上的无产阶级运动，并不能实现真正的人的解放和自由人的共同体的创立，马克思意义上的真正的革命应当包括人自身的解放，即人扬弃异化和物化，恢复自由和主体创造性，成为主客体

---

① 卢卡奇：《历史与阶级意识》，杜章智、任立、燕宏远译，商务印书馆 2009 年版，第161 页。

统一的总体性存在。而这也是无产阶级革命和社会主义运动不可或缺的内涵。

因此，我们要强调的第三个理论要点就是，卢卡奇关于以无产阶级阶级意识的生成为核心的意识革命和由作为历史进程的"统一的主体与客体"的无产阶级所承载的总体性革命，即真正意义上的人的解放的构想。这里包含着两层基本的含义：要解决物化的增强对人的普遍操控，单纯的经济变革和政治革命都无法奏效，必须呼唤一种以人的存在方式根本变革（即从根本上扬弃异化和物化）为基础的总体革命，也就是说，这是一种依赖于人扬弃异化、反抗物化的自觉意识来推动的革命；虽然现代大工业把无产阶级锻造成一种有组织的革命力量，但是由于物化结构和物化意识的普遍增强，工人首当其冲地成为物化统治的牺牲品，成为缺乏反抗物化意识的单向度的人，因此，必须唤醒无产阶级的阶级意识，使之成为历史的自觉的"主体−客体"，成为反抗物化的革命力量，因此，这种总体革命就表现为以无产阶级阶级意识的觉醒为核心的意识革命。

卢卡奇认为，前资本主义时期没有真正意义上自觉的阶级，所以不可能有自觉的阶级意识，即人不可能真正把握人在历史进程中的"统一的主体与客体"的地位；资产阶级是第一个自觉的、真正的阶级，但它特有的地位和利益使其无法超越物化，无法形成关于社会总体性的阶级意识；只有无产阶级才能形成真正的总体观念，即自觉的阶级意识，这是由它特殊的历史地位决定的，它既是物化的彻底牺牲者，又是扬弃物化的根本力量。但是，在卢卡奇看来，无产阶级并非在任何时候都对自己的这种特殊历史地位有自觉的阶级意识，相反，在发达的资本主义商品经济条件下，物化的生存状态和物化意识已经成为所有现代人的共同命运，但首先是工人，即无产阶级的命运，因为工人首先是在市场上被"自由"出卖的劳动力商品。卢卡奇指出："工人的命运成为整个社会的普遍命运；这种命运的普遍性的确是工厂劳动过程在这个方向上发展的前提。因为只有当'自由的'工人产生了，他能够把他的劳动力作为'属于'他的商品，作为他'拥有'的物自由地放到市场上出卖时，劳动过程的合理机械化才是可能的。"①这样一来，工人也难逃被物化操控的命运，"随着劳动过程越来越合理化和机械化，工人的活动越来越多地失去自己的主动性，变成一种**直观**的态度，从而越来越失去意志"②。因此，要唤醒无产阶级自觉的阶级意识，推动意识革命，是十分艰难的历史任务。

卢卡奇认为，无产阶级阶级意识的实质是关于无产阶级作为社会历史进程的"统一的主体与客体"地位的自觉意识，也就是无产阶级不能停留于客观上呈现出的实际的历史主客体的统一体，而是要对自己的这种历史地位有自觉的意识，从而承担起打破物化结构、变革现存社会结构的使命。卢卡奇反复强调无产阶级自觉的阶级意识对于无产阶级革命和人的解放的极端重要性，"'自由王国''人类史前史'的结束恰恰意味着，人与人的具体关系，即物化开始把它的力量交还给人。这一过程越是接近它的目标，无产阶级关于自己的历史使命的意识，即它的阶级意识的作用也就越重要；阶级意识也就必然越强烈地、越直接地决定着它的每一次行动……当最后的经济危机击中资本主义时，**革命的命运（以及与此相关联的是人类的命运）要取决于无产阶级在阶级意识形态上的成熟程度，即取决于它的阶级意识**"③。

卢卡奇不仅高度重视无产阶级阶级意识的重要性，还具体探讨实施以无产阶级的内在转变、自我教育或阶级意识的生成为主要内涵的意识革命。在谈到无产阶级的内在转变，即走向觉醒的问题时，卢卡奇认为，"今天它就是一个对于整个阶级来说的真正现实的问题，即无产阶级内在转变的问题，它向自己客观的历史使命阶段发展的问题。这是一个意识形态的危机，只有它的解决才能使世界经济危机的实际解决成为可能"④。进而，卢卡奇把无产阶级的内在转变问题视作无产阶级的"自我教育"问题。无产阶级在一个物化的世界中要形成超越物化的自觉意

① 卢卡奇：《历史与阶级意识》，杜章智、任立、燕宏远译，商务印书馆2009年版，第158页。
② 同上书，第156页。
③ 同上书，第133—134页。
④ 同上书，第146页。

识，必须经历艰难的和艰巨的自我教育的过程。"无产阶级的自我教育是无产阶级使自己在革命方面成熟起来的漫长而艰巨的过程，一个国家的资本主义和资产阶级文化越发达，这个过程就越艰难，因为无产阶级受到资本主义生活方式的意识形态污染就越严重。"①无产阶级只有经过艰巨和漫长的"自我教育"而实现基本存在方式的内在转变，才能成长为具有自觉的阶级意识的活动主体。

从上述关于卢卡奇主客体统一的辩证法思想的基本概括中，不难看出，卢卡奇在这里的确提出和建构了一种不同于第二国际理论家的和苏联的"正统马克思主义"。卢卡奇对马克思主义的理解突出强调了人的存在和人的活动在历史进程中的能动作用和主体创造性，不再把人类历史简单理解为一种"自然历史过程"。毫无疑问，这样一种哲学思想、这样一种社会历史理论包含着丰富的伦理思想，或者说，这样的哲学理论为伦理学的建构提供了重要的理论基础和可能的理论空间。我们至少可以从以下几点来揭示卢卡奇主客体统一的辩证法的内在伦理维度。

首先，卢卡奇主客体统一的辩证法为人的道德主体性的确立奠定了重要的理论基础。在马克思的实践哲学视域中，人类历史不再是服从盲目的经济必然性的自然历史进程，也不再是单纯由阶级冲突和利益争夺构成的一般政治活动，而是建立在人的实践活动基础之上的主客体统一的进程，也是人追求价值和创造意义的过程。在这种意义上，人不是历史进程的被动追随者和随波逐流者，而是自由自觉的和创造性的实践活动主体，并且也必然是自觉的道德主体，是追求更高的价值和更美好生活的自由个体。

其次，卢卡奇主客体统一的辩证法也是一种针对现代性危机的深刻文化批判理论，它为现代主体扬弃异化、超越物化提供了重要的道德依据和伦理支撑。打破物化结构对人的普遍操控和物化意识对人的全面渗透，并不简单是某种服从必然的客观规律的进程，而是依赖于人的道德主体性的自觉，依赖于对人的物化结构和物化意识（特别是拜物教人格）

① 卢卡奇：《历史与阶级意识》，杜章智、任立、燕宏远译，商务印书馆 2009 年版，第365 页。

自觉的道德批判，依赖于人对非异化的美好生活的道德追求。因此，在现代历史条件下，深刻的文化批判也必然表现为彻底的伦理批判。

最后，卢卡奇主客体统一的辩证法并不只是强调个体的主体性和道德批判性，而是高度重视无产阶级自觉的阶级意识在历史演变中的重要作用，特别是重视这种自觉的意识革命对于反抗普遍的物化统治的独特作用。正是在这种意义上，卢卡奇无论在无产阶级革命时期，还是在社会主义发展和改革时期，都在探索一种保证和支撑新的社会机制与社会生活健康发展的集体伦理，如革命伦理或者民主政治伦理等。

三、实践建构：伦理批判和道德建设双重维度的开启

卢卡奇用物化批判理论和主客体统一的辩证法思想对马克思主义做了重新解读，凸显了马克思学说的人道主义文化批判的基本特征，由此揭示和确立了马克思学说的内在伦理维度。然而，卢卡奇关于马克思主义伦理思想的阐发并没有停留于一般的理论探索层面，而是进一步转入实践建构的层面。众所周知，从亚里士多德开始，伦理学就被定义为一种关乎人的正当行为规范的实践性学科，卢卡奇继承了这一实践哲学传统，在从理论上解决了马克思主义伦理维度的可能性问题的基础上，他结合人类社会发展所面临的历史困境，积极展开马克思主义伦理思想的实践建构。

从写作《历史与阶级意识》开始，也即从接受马克思主义、参加无产阶级革命运动开始，卢卡奇关于马克思主义伦理思想的实践建构主要集中于两个方面：一方面是对自己所投身的无产阶级革命运动和社会主义实践的合法性进行伦理反思和判断；另一方面则是结合具体的革命实践探索来推动具体的道德建设，其中包括无产阶级的革命伦理建设和社会主义的民主政治伦理建设。因此，卢卡奇实际上是从伦理批判和道德建设两个方面开启了马克思学说伦理思想的实践维度。

(一) 关于革命运动的伦理反思

如前所述，卢卡奇从自己的理论生涯伊始，就在美学和文学批评的视野中展开了对资本主义物化的文化批判，用人类的道德良知和道德力量去反抗罪恶时代的各种罪孽，因此，卢卡奇关于物化、商品拜物教等的批判，本质上就属于一种伦理批判。在 1918 年底加入共产党，接受马克思主义之后，卢卡奇的伦理批判视野更多地聚焦于对他所投身于其中的无产阶级革命运动和社会主义实践的伦理反思。

必须看到，卢卡奇率先自觉地开始关于资本主义条件下普遍物化结构的人道主义文化反思和伦理批判，这已经是对 20 世纪人类思想演进和理论发展产生重大影响的理论发现，但是，他关于无产阶级革命运动和社会主义实践的伦理反思，则是更具深刻性、更具难度的理论突破。这不仅在于，只有对无产阶级革命运动和社会主义实践的合法性做出前提性的伦理反思，才有可能为未来社会建构一种具有新伦理原则的生活秩序，而且还在于，这种针对无产阶级革命运动和社会主义实践的伦理反思，实质上代表着对传统马克思主义 (或者正统马克思主义) 社会历史理论的一种重大的改变，或者代表着对马克思学说的一种重新解读。如前所述，在当时占正统地位的马克思主义理论中，基本上没有伦理反思和道德判断的地位：第二国际理论家大多强调经济决定论，列宁主义和苏联马克思主义强调经济基础对上层建筑的决定作用，它们都把马克思所设想的无产阶级革命和人类解放运动视作一种按照铁的历史规律发生的客观进程，人的能动作用不过是体现为对这种规律性和必然性的认知与服从。显而易见，如果要对俄国十月革命所代表的无产阶级革命运动做出某种伦理反思，就必然要改变上述所谓正统马克思主义的社会历史观。而卢卡奇所阐述的主客体统一的辩证法就代表着一种对马克思实践哲学和社会历史理论本质精神的回归：一方面，卢卡奇并不否认经济因素等在人类历史进程中的基础地位，以及这些客观的因素所形成的社会历史发展的大的趋势；另一方面，卢卡奇充分肯定了人的伦理判断和价值追求，特别是无产阶级自觉的阶级意识在体现为主客体统一进程的人类历史发展(特别是人类解放运动)中不可或缺的地位。

对于这一根本性的理论问题,卢卡奇是非常清楚和非常重视的,他在《策略与伦理》中特别质疑了当时占正统地位的马克思主义理解缺少伦理维度的弊端。在他看来,这个理论缺陷体现了马克思主义中黑格尔遗产的危险方面,黑格尔所强调的以绝对理念为核心的客观唯心主义的社会历史理论,从根本上否定了人的主体性和历史发展的道德维度。"黑格尔的体系是缺少伦理学的;在他的著作中,伦理学被由物质的、精神的和社会的价值所构成的体系所取代,他的社会哲学在这一体系中达到顶点。在本质上,马克思主义已经采取了这种形式的伦理学(例如,正如我们在考茨基的著作中所看到的),只是假定了不同于黑格尔的其他'价值',而没有提出诸如追求正确的社会'价值'、正确的社会目标——不管行为的内在动机如何——是否因此而内在地具有伦理性的问题,尽管很明显,伦理问题只能从这些正确的社会目标开始。那些否定在这一点上产生的伦理后果的人,也就否定了其伦理可能性,并与良心和责任这些最原始的、普遍的心理学事实相冲突。"[1]针对当时流行的马克思主义理论体系缺少伦理维度的问题,卢卡奇在《历史与阶级意识》中做了非常有针对性的理论阐释。他把人类社会的历史运动,特别是无产阶级革命运动理解为主客体自觉统一的历史进程,由此凸显了人的价值追求、伦理判断,特别是无产阶级阶级意识在推动社会历史发展和人类解放运动方面的重要作用。卢卡奇还特别强调了这种自觉的阶级意识所具有的伦理内涵。他明确指出,"这种阶级意识是无产阶级的'伦理学',是无产阶级的理论和实践的统一,是无产阶级解放斗争的经济必然性辩证地变为自由的地方"[2]。

在卢卡奇那里,对以俄国十月革命为代表的无产阶级革命运动进行一种深刻的伦理反思,不仅直接体现出重新阐述并完善马克思社会历史理论和无产阶级革命学说的理论需要,更是代表着卢卡奇当时解决自己

---

[1] Georg Lukács, *Political Writings, 1919—1929: The Question of Parliamentarianism and Other Essays*, London: NLB, 1972, pp. 6–7.

[2] 卢卡奇:《历史与阶级意识》,杜章智、任立、燕宏远译,商务印书馆 2009 年版,第98 页。

面对十月革命和布尔什维主义所经历的深刻伦理冲突的现实需要。俄国十月革命的发生和马克思主义现实影响力的不断增强，对卢卡奇和当时许多立志改变不合理的现存世界的青年产生了很大的吸引力，让他们看到通过政治实践和革命行动真实地改变现存世界的可能性。对于最终选择了马克思主义并投身无产阶级革命运动这一重大抉择，卢卡奇从来没有后悔，他在自传中曾提到，"成长为共产党人的确是我一生中最大的转折，最大的发展成就"①。但是，卢卡奇坦承，他在最终下决心接受马克思主义和加入共产党之前，曾有过一个犹豫不决的时期。这种犹豫不决主要来自他所经历的伦理冲突，卢卡奇在谈到自己当时写的《策略与伦理》一文时指出，"我在这里提出了伦理冲突的问题，即一个人的行为可能不符合伦理，然而是正确的"②。

卢卡奇在这里所说的"伦理冲突"主要是由指导十月革命的布尔什维主义的暴力革命观引发的。如前所述，卢卡奇一直反对战争，他在前马克思主义的浪漫主义阶段主张通过审美和文学来恢复人的总体性；十月革命所开启的无产阶级革命让卢卡奇看到了现实地改变不合理的现存世界的可能性，然而，十月革命所依赖的暴力手段又与他一直秉承的反对战争、反对暴力的伦理立场相矛盾。因此，在十月革命期间，卢卡奇虽然拥护革命，但是并没有特别积极地参与这场革命。他在自传中说道："在整个十月革命期间，我的行动都是如此。我的确拥护革命，但我没有起任何积极作用，因为除了小小的星期日社以外，我绝对没有任何联系，只是在革命胜利以后，当由于共产党人的登场而产生的问题开始使人们感到兴趣的时候，我才变得积极起来。我必须承认，而且有文献可以证明，我只是经过某些犹豫以后才加入共产党的。这是很奇怪的，然而在实际中常常有这种事情。虽然我非常清楚暴力在历史中的积极作用，虽然我对雅各宾党人从未有过任何指责的意思，可是，当暴力的问题突然出现在面前，当需要决定我是否应当用自己的行动来促进暴力的

---

① 杜章智：《卢卡奇自传》，李渚青、莫立知译，社会科学文献出版社 1986 年版，第 35 页。

② 同上书，第 88 页。

时候，理论和实践就不能结合在一起了。只有在 11 月间经历了某种内在冲突过程，我才能在 12 月中旬加入共产党。"①

面对这样的伦理冲突，卢卡奇于 1918 年底写作并发表了《作为一个道德问题的布尔什维主义》一文，两个月后他又发表了《策略与伦理》一文。这两篇论文展现了卢卡奇面对这一伦理冲突的犹豫不决和最终解决问题、下定决心投身无产阶级革命运动的心路历程。在这里，卢卡奇首先把布尔什维主义和十月革命视作一个道德问题，而不单纯是一个服从外在必然性的客观历史事件。

在《作为一个道德问题的布尔什维主义》一文中，卢卡奇具体分析了人们在这场无产阶级革命运动中所面临的伦理冲突。他认为，马克思学说包含着社会学和历史哲学两个构成要素：一是基于社会学的事实分析所形成的阶级斗争理论；二是基于未来理想社会追求的社会主义理论。在他看来，与基于事实判断的阶级斗争理论不同，"社会主义是马克思历史哲学的理想化的假设：它是一个即将到来的世界秩序的**伦理目标**"②。这样一来，无产阶级革命运动就包含着复杂的内涵：毫无疑问，这一革命包含着基于社会现实和历史条件而展开的无产阶级推翻资产阶级的现实斗争，但是，如果仅仅停留于此，并不能真正实现马克思所设想的人类解放和自由人的共同体，因为，正如资产阶级的阶级斗争胜利的结果所表明的那样，无产阶级的解放并不一定意味着一切阶级统治的终结，也可能是使以前的被压迫者变成新的被压迫阶级。在卢卡奇看来，要避免这一历史情形，就必须超越一般的阶级斗争，而追求实现社会主义的伦理目标。"对于一种超越由单纯的社会学描述和法则支配社会现实的世界秩序的**追求**，即对一种民主的世界秩序的追求，是一个真正自由的世界的绝对前提。"③但是，令卢卡奇纠结和犹豫不决的是革命策略选择方面的艰难及其道德困境：如果我们想利用已经具备的历史条件和给定的可能性来用暴力推翻资产阶级的统治，迅速实现我们的革命

① 杜章智：《卢卡奇自传》，李渚青、莫立知译，社会科学文献出版社 1986 年版，第 89 页。
② Georg Lukács, Bolshevism as a Moral Problem, in *Social Research*, Autumn 1977, vol. 44, No. 3, p. 420.
③ Ibid.

目标，那么我们就必须接受独裁、恐怖以及与之相伴的阶级压迫，用无产阶级的压迫来取代现有的阶级压迫，并寄希望于无产阶级的压迫可以永远终结阶级压迫(实际上并没有什么能够保证一定如此)；而如果我们决定用真正民主的手段来实现新的世界秩序，那么我们就会冒着使人类解放无限延宕的危险。显然，布尔什维主义选择的是前一种道路，它抓住了历史机遇，通过革命暴力手段迅速推翻现有的阶级统治。但是，在卢卡奇看来，布尔什维主义依旧面临着很大的道德困境，"布尔什维主义依赖于这样的形而上学假设，即恶能够产生善，或者，如在陀思妥耶夫斯基的《罪与罚》中拉祖米辛(Razumikhin)所说的那样，我们有可能通过撒谎的方式来获得真理"①。对此，卢卡奇并不认同，他认为，在布尔什维主义立场的根基之处，有一个无法解决的道德问题。

然而，经过一段犹豫不决的时期，卢卡奇在发表《作为一个道德问题的布尔什维主义》两个月之后写的《策略与伦理》中，设法解决了无产阶级革命运动的伦理合法性问题。他的解决思路是结合人类历史发展的不同阶段，具体分析手段(策略)与目的之间的复杂关系，从而论证无产阶级革命运动和社会主义实践探索的伦理内涵。卢卡奇认为，策略就是政治上活跃的团体实现其所宣称的目标的手段，是连接终极目标与现实的纽带。然而，从终极目标与社会现实的关系来看，有两类不同的终极目标：一类指向特定社会现实中的某个时刻；一类指向超越社会现实的某个时刻。卢卡奇认为，这两类终极目标有着根本的区别：指向特定社会现实中的某个时刻的目标属于内在的终极目标，它把现存的法律秩序视为给定的原则而接受下来并加以维护；而指向超越社会现实的某个时刻的目标属于超越的终极目标，它把现存的法律秩序视为需要超越和推翻的纯粹现实和真正权力。卢卡奇断言："每一个本质上具有革命性的目标都否认了现在和过去的法律秩序的道德存在理由和历史的-哲学的正当性。"②无产阶级革命的目标毫无疑问是超越现存社会制度和体系，

---

① Georg Lukács, Bolshevism as a Moral Problem, in *Social Research*, Autumn 1977, vol. 44, No. 3, p. 424.

② Georg Lukács, *Political Writings, 1919—1929: The Question of Parliamentarianism and Other Essays*, London: NLB, 1972, p. 4.

"它指向一个不同于以往所有社会的社会秩序的诞生，在这个社会秩序中既不知道有压迫者，也不知道有被压迫者。为了终结使人的尊严受到侮辱的经济依赖时代，必须像马克思所说的那样，打破盲目的经济强制力量，代之以更高的、更符合人的尊严的力量"①。

基于对两类不同的终极目标的区分，卢卡奇进一步划分了与这两类不同目标相关联的手段(策略)的不同性质。对于那些旨在维护现存社会秩序的目标而言，所运用的法律等手段和策略主要是以一种实用主义的方式，采取法定的现实政治的形式，而这些制度则成为目的本身。在这种情况下，无论是策略还是社会秩序和制度，都是现成给定的，而手段是外在或者异在于目标的。而社会主义的终极目标只有通过超越当代社会的经济、法律和社会限制，通过摧毁这个社会来实现，因此，手段并不异在于目标，而是使目标更接近自我实现，换言之，无产阶级的阶级斗争在这种意义上既是目标本身，又是目标的实现。基于这种理解，卢卡奇认为，对于衡量和确定正确的社会主义行动、正确的策略的标准而言，"**唯一**有效的尺度是，特定情况下的行动**方式**是否服务于实现作为社会主义运动本质的这一目标。因此，既然服务于这一终极目标的不是性质上完全不同的手段，相反，手段本身就意味着向这一目标的进步，那么，凡是把这一历史的-哲学的过程提升到意识和现实层面的手段都应被认为是合法有效的，而凡是使这种意识神秘化的手段——例如接受现存法律秩序，接受"历史"发展的连续性，更不用说接受无产阶级**暂时的物质利益**——都应被拒绝"②。在这种意义上，卢卡奇不再一般性地拒绝暴力，相反，对于包括暴力手段在内的阶级斗争都要结合着无产阶级革命和人类解放的最终目标来加以权衡。"无产阶级的阶级斗争不仅仅是一场阶级斗争(如果是的话，它的确会**被现实政治**所完全支配)，而是人类解放自己的手段，是**人的**历史真正开始的手段。"③这样一来，卢卡奇通过手段和目的相互关系的辩证法，解决了自己所面临的"伦理冲

---

① Georg Lukács, *Political Writings, 1919—1929: The Question of Parliamentarianism and Other Essays*, London: NLB, 1972, p. 5.

② Ibid. , pp. 5-6.

③ Ibid. , p. 6.

突"。也就是说，不仅社会主义的最高价值，即它所追求的未来的新世界和新秩序本身是一个伦理目标，而且社会主义运动策略，即无产阶级阶级斗争策略的选择也具有道德内涵。用他的话来说，"由此看来，根据上述分析我们也发现了伦理问题的答案，即坚持正确的策略本身就是伦理的"①。

必须承认，严格说来，卢卡奇上述关于无产阶级革命运动的伦理反思并没有彻底地、十分有说服力地解决无产阶级暴力革命在伦理上的合法有效性问题，其中存在着很严重的理论缺陷和导致消极实践后果的隐患，后来的无产阶级革命运动和社会主义实践也在这方面给了我们足够沉重的历史教训。尽管如此，就我们的研究主题而言，卢卡奇所建立的这一手段和目的的辩证法的确在那个时期解决了他所面临的深刻的伦理冲突，也为他具体地探讨社会主义的新伦理和新道德的建设，奠定了理论前提。

(二) 无产阶级的革命伦理建设

如前所述，卢卡奇于 1918 年底至 1919 年初在《作为一个道德问题的布尔什维主义》和《策略与伦理》等文章中，对无产阶级的革命运动进行了伦理反思，揭示和论证了这一革命行动的伦理合法性和社会主义的伦理内涵；紧接着，他于 1919 年至 1920 年又先后发表了《道德在共产主义生产中的作用》和《共产党的道德使命》等文章，具体探讨无产阶级革命运动和社会主义实践条件下的道德建设问题。卢卡奇进一步阐述了社会历史转变的道德内涵，确立了道德自由在未来新社会中的行为调节作用，并且揭示了无产阶级革命伦理的具体内涵。

首先，卢卡奇从马克思关于人类解放的理论和自由人的共同体的构想出发，阐述了人类社会形态转变，特别是从阶级社会向未来共产主义转变的丰富内涵，他明确地把道德转变同经济、政治变革等一道确定为无产阶级革命的内涵。卢卡奇断言："新的共产主义政党应该是革命的

---

① Georg Lukács, *Political Writings, 1919—1929: The Question of Parliamentarianism and Other Essays*, London: NLB, 1972, p. 6.

阶级斗争的最纯粹的表达，是对资产阶级社会的超越。然而，从旧社会向新社会的过渡，**不仅是一种经济和制度的转变，同时也是一种道德的转变**。"①

当卢卡奇把道德转变或者新道德建设确定为马克思所设想的人类解放的重要内涵时，道德就不是简单的人的行为和社会活动的某种手段，而是人的存在和社会运行内在不可或缺的重要方式和基本内涵。卢卡奇在这里也充分体现了他对马克思社会历史理论的基本理解，即从实践哲学的视角把人类社会发展和人类历史运动理解为主客体统一的辩证运动。一方面，卢卡奇拒斥那种经济决定论和机械决定论的马克思主义观，反对把无产阶级革命运动和人类解放运动理解为完全不受人的主体和人的行为影响的纯客观的必然进程；另一方面，卢卡奇也反对那种幻想社会变革只能通过人的内在改造来实现的小资产阶级乌托邦主义。在卢卡奇看来，从旧社会向新社会的转变或过渡，特别是马克思所设想的人类解放，无疑是一种客观的历史运动，同时也是由人的自由和道德力量推动的历史活动。他指出，"我们坚持认为，从旧社会向新社会的过渡是客观经济力量和规律的一种必然结果。然而，就其客观必然性而言，这种过渡恰恰是从奴役和物化向自由和人性的过渡。为此，**不能把自由简单地看作一种成果、一种历史发展的结果。在这种发展中，必定会出现一个时刻，那时，自由本身就成为推动力量之一**。它作为一种推动力量的意义必定会不断加强，直到它能完全掌管对已经变得合乎人性的社会的领导权的那个时刻的到来，那时'人类的史前史'走向终结，人类的真正历史能够开始"②。

其次，卢卡奇不仅把道德的转变视为人类解放的重要内涵之一，而且进一步强调道德的自由（freedom of morality）在未来的新社会秩序，即作为"自由人的共同体"的共产主义中的重要作用，即道德的自由将取代法律的强制而成为人的行为和社会运行的主要调节力量。用卢卡奇的话

---

① Georg Lukács, *Political Writings, 1919—1929: The Question of Parliamentarianism and Other Essays*, London: NLB, 1972, p. 66.

② Ibid. , pp. 66-67.

来说："共产主义的最终目标是建立这样一个社会，在这个社会里，道德的自由将取代法律的强制以调节所有行为。"①

　　关于道德的自由在未来社会中的重要作用，卢卡奇是通过对阶级划分和阶级斗争在人类社会历史中的变迁的分析而揭示和确定的。他认为，人的本性是否允许将一个社会建立在一种道德秩序的基础之上，取决于阶级划分和阶级斗争是否终结。"只要社会中还存在着阶级，道德的力量就不可能变得有效，即使人们可以给出绝对肯定的答案。"②卢卡奇对此做了这样的分析，如果一个社会被划分为几个阶级，或者说社会中不同的人类群体的利益不尽相同，那么对人的行为的调节就不可避免地会与占主导地位的群体的利益发生冲突，也包括阶级利益的冲突，在这种情况下，只要存在着不同的阶级，就不可避免地要由法律的强制性来完成调节社会行为的功能。卢卡奇还指出，不同群体、不同阶级利益的冲突，特别是个人利益与阶级利益的冲突，在资本主义条件下变得异常尖锐，因为生产的无政府状态、生产的不断革命化、基于追逐利润的生产等构成了资本主义社会的前提条件，这种状况使个人利益和阶级利益从一开始就不可能在一个阶级内和谐地统一起来，只能依靠法律的强制来维持某种妥协和平衡。与此相反，这种个人利益与阶级利益相互冲突的情形在无产阶级革命运动中和社会主义实践中将不复存在，按照马克思的设想，人类解放运动最终要消灭阶级，并且使国家走向消亡，在未来的自由人的联合体，即共产主义条件下，个体的行为和个体相互的关系不再需要外在的强制性的法律来调节，而是作为自由的个体通过道德选择加以调节。按照卢卡奇的理解，即便在向共产主义过渡的时期，也就是还存在着无产阶级专政的时期，也不存在个人利益与群体利益、阶级利益的冲突。相反，在这种条件下，个人的利益会自觉地服从阶级利益，因为无产阶级没有自己的特殊利益，它的阶级利益的实现，就是要带来"人类社会的救赎"。因而，卢卡奇断言："只有对无产阶级而言，

---

　　① Georg Lukács, *Political Writings, 1919—1929: The Question of Parliamentarianism and Other Essays*, London: NLB, 1972, p. 48.

　　② Ibid.

团结，即个人利益对集体利益的服从，才会与个人的、被正确理解的利益相吻合。这种社会可能性现在是存在的，因为所有属于无产阶级的个人都可以在不损害个人利益的情况下服从于本阶级的利益。"①

最后，基于上述关于道德转变和无产阶级的阶级道德在人类社会转变中的重要地位与在未来社会中的重要作用的分析，卢卡奇结合列宁高度赞扬的"共产主义星期六义务劳动"这一创举具体阐述了无产阶级革命伦理的内涵。在基本特征和规定性上，卢卡奇把无产阶级革命伦理确定为一种自觉的集体主义和利他主义道德。他认为，这种新的道德精神会在很大程度上影响甚至决定未来社会的发展方向。需要指出的是，卢卡奇在这里所理解的集体主义道德并不是无产阶级个体在外在强制力量影响下的一种被迫的、消极的行为，而是一种自主选择的、带有自我牺牲的一种道德精神。在这里，卢卡奇继承了自己早期浪漫主义时期关于"第二伦理"（个体的伦理）与"第一伦理"（普遍的社会伦理）之间辩证关系的理解，只是他现在不再从审美和文学的角度来强调个体的心灵体验，而是突出无产阶级个体对于阶级利益的自觉认同和自主选择。

卢卡奇充分肯定了列宁《伟大的创举》中关于"共产主义星期六义务劳动"的价值和意义的论述。列宁强调，"'共产主义星期六义务劳动'之所以具有巨大的历史意义，是因为它向我们表明了工人自觉自愿提高劳动生产率、过渡到新的劳动纪律、创造社会主义的经济条件和生活条件的首创精神"②。列宁特别突出强调了这一在极其艰苦的历史条件下所展开的义务劳动的精神内涵和道德力量，他认为这些忍饥挨饿的工人，不顾饥饿、疲乏和衰弱，积极实行共产主义星期六义务劳动，他们不领任何报酬自愿加班工作，极大地提高了劳动生产率。列宁认为，这是"极伟大的英雄主义"③。卢卡奇认为，从列宁的阐述中我们可以清楚地看出，这一独特的劳动动员方式的意义更多地不在于经济成果上，而在于

---

① Georg Lukács, *Political Writings, 1919—1929: The Question of Parliamentarianism and Other Essays*, London: NLB, 1972, p. 50.

② 《列宁选集》第 4 卷，人民出版社 2012 年版，第 13 页。

③ 同上书，第 16 页。

它所展示出的新的道德精神。他指出，"关于共产主义星期六，即苏联共产党自己所采取的劳动动员方式，人们经常从许多不同的角度加以讨论。可以理解的是，人们一直把重心放在其实际的和可能的经济成果上。但是，不管这些成果多么重要，共产主义星期六及其诞生的可能性和形式具有进一步的重要意义，这种意义可以使我们远远超出它们的直接经济成果"①。概而言之，卢卡奇认为，从这一具有共产主义性质的历史活动中，我们可以把握未来社会秩序条件下的新道德的雏形和基本特征。"作为由资本主义经济秩序向社会主义经济秩序过渡的最初的'种子'，作为'从必然王国向自由王国飞跃'的起点，共产主义星期六**无论如何都不是苏维埃政府的制度措施，而是共产党的道德行为**。"②

我们可以根据卢卡奇关于无产阶级革命伦理观的阐述，来概括和揭示未来社会的道德自由，以及新道德精神、新伦理生活方式的基本特征。像论述其他的重要问题一样，卢卡奇在阐述道德在未来社会中的作用时，也同样坚持了主客体统一的原则，这就体现为他关于"第二伦理"和"第一伦理"的辩证关系的理解。卢卡奇并没有完全否定西方伦理思想传统中强调一般的、普遍的伦理（即卢卡奇所说的"第一伦理"）的传统，他所阐述的无产阶级的革命伦理和阶级伦理在本质上及在内涵上是一种集体主义的伦理，而不是一种个体主义的伦理，但是，他没有把这种具有普遍性的伦理作为一种对主体的一般的外在强制力量，他在阐述无产阶级革命伦理时凸显了个体的道德主体性，肯定了主体的内在良知和心灵体验，把个体的伦理（他所定义的"第二伦理"）理解为个体作为自由的道德主体对于道德原则的自主选择和自觉服从，从另一个角度说，就是个体的利益对阶级的利益的自觉服从。具体说来，我们可以关注其中的两个特点。

一是卢卡奇强调道德的自由对法律的强制的替代。在卢卡奇看来，无产阶级革命时代的个体利益与阶级利益不再冲突，因此，个体会通过

---

① Georg Lukács, *Political Writings, 1919—1929: The Question of Parliamentarianism and Other Essays*, London: NLB, 1972, p. 65.

② Ibid. , p. 66.

对以历史的主客体统一为核心的阶级意识的自觉认知，而自主地、自由地选择无产阶级的集体主义革命伦理。他认为，随着无产阶级革命运动的发展，"完全基于私利的行为与纯粹道德之间的鸿沟被阶级道德所弥合，这种阶级道德将把人类带入一个新的精神时代，一个如恩格斯所说的'自由王国'。但我要重复的是：这种发展不是盲目的社会力量自动的必然的结果——它必须是工人阶级自由决定的结果……每一个无产者能正确地评估这些利益，那么他的个人利益将会强化社会。重要的是要正确理解这些利益，获得能使人能将倾向、情感和一时的奇想服从于自己的真正利益的那种道德力量"①。

二是卢卡奇强调无产阶级的每一个个体在面对自己的阶级利益时应当具有的献身精神和自我牺牲精神。在卢卡奇那里，无产阶级的个体对集体主义道德认同和自觉践行，是以个人利益和阶级利益本质上的一致为前提和基础的。然而，这种利益上的一致并不是自然地或自发地给定的，而是要通过每一个个体的积极的和主动的行动和献身来实现的。具体说来，卢卡奇强调，"个人利益和阶级利益的交汇点实际上是以生产的增长、生产力的提高和劳动纪律的相应加强为特征的。没有这些东西，无产阶级就不能存活；没有它们，无产阶级的阶级霸权就会消失——没有它们(即使我们不考虑这种阶级脱位会给所有无产者带来的灾难性后果)，任何一个人都不能全面发展，甚至无法作为一个个体"②。因此，卢卡奇认为，每一个个体和整个无产阶级实际上都面临着选择：要么是个人能够认识到，他们只有自愿加强劳动纪律，从而提高生产力，才能帮助自己，才能保证阶级的利益；要么是在他们作为个人没有能力这样做的情况下，就要建立一种能够履行这一必要职能的机构，为自己创造一种法律秩序，以迫使它的各个成员按照自己的阶级利益行事，在这种意义上，无产阶级甚至对自己实行专政。虽然这种带有强制性的机构可能会随着国家的消亡而消亡，但是也可能在复杂的历史

---

① Georg Lukács, *Political Writings, 1919—1929: The Question of Parliamentarianism and Other Essays*, London: NLB, 1972, pp. 50–51.

② Ibid. , p. 51.

条件下给未来带来巨大的危险。总而言之，无产阶级的阶级利益和人类解放的历史使命都要求无产阶级的每一个个体都能够自觉地践行这种具有奉献精神和自我牺牲精神的集体主义与利他主义伦理道德。因此，卢卡奇强调，"劳动纪律问题并不只是涉及无产阶级的经济生活；它也是一个道德问题。这反过来又使我们清楚地看到，马克思和恩格斯关于自由时代始于无产阶级夺取政权的论断是多么正确。进步已不再受社会盲目力量的规律支配，而是由无产阶级的自主决定来掌控。社会发展所采取的方向取决于无产阶级的自我意识、精神和道德品质、判断力和利他主义"①。

(三) 社会主义的民主政治伦理建设

卢卡奇关于未来社会的道德建设和伦理建设的探讨，贯穿他的全部思想历程。如果说 20 世纪 20 年代卢卡奇关于无产阶级革命伦理或阶级伦理的探讨具有特殊时效性，是卢卡奇针对无产阶级革命运动期间道德建设和道德作用的分析，那么关于社会主义民主政治伦理建设的探索，则是卢卡奇毕生追求的目标，是关系到人类社会未来发展的根本性问题之一。在卢卡奇看来，社会主义社会政治、经济和文化的健康发展，不能长期依靠某种政治动员和社会运动，而必须诉诸制度建设和文化建设，而社会主义民主毫无疑问是社会主义的根本制度。在卢卡奇看来，民主政治不仅仅是一种工具性的制度，而且是一种关乎每一个主体的存在和发展的基本方式，因而也是一种新的文化和伦理，是支撑未来社会，即自由人的共同体的最重要的社会机理。

卢卡奇高度重视和一贯坚持社会主义的民主政治。在短暂的匈牙利无产阶级革命运动失败后，卢卡奇同匈牙利共产党的许多领导人一道流亡到维也纳。他于 1928—1929 年为即将召开的匈牙利共产党第二次代表大会草拟了一份被称为"勃鲁姆提纲"的无产阶级民主政治建设的纲领。卢卡奇不同意一般性地谈论无产阶级专政，而是强调马克思关于人民民

---

① Georg Lukács, *Political Writings, 1919—1929: The Question of Parliamentarianism and Other Essays*, London: NLB, 1972, p. 52.

主的设想，他认为社会主义是从人民民主中产生出来的。当时在匈牙利共产党内存在着极端激进的宗派主义，这种思潮主张立即建立无产阶级专政。卢卡奇反对这种宗派主义，他指出："我企图通过恢复和采用列宁 1905 年的口号——工农民主专政——在第六次共产国际代表大会的路线中找到一个缺口，借以使匈牙利党采取更现实的政策。"①但是，卢卡奇没有成功，他遭到了党的谴责，并被赶出了中央委员会。卢卡奇虽然当时迫于压力做了自我批评，但是他始终坚信自己是绝对正确的。这也成为卢卡奇后来一直坚持的立场。到了 1945 年，卢卡奇从莫斯科回国后，继续关注社会主义的民主化问题，他积极参与了党内围绕着民主问题的争论。卢卡奇认为，"按照我的观点——这个观点可以追溯到勃鲁姆提纲——人民民主是社会主义的一种形式，社会主义是从民主中产生出来的。按反对的观点，人民民主从一开始就是一种专政，从一开始就是那种在铁托事件以后发展成的斯大林主义的形式"②。卢卡奇还特别强调，他所主张的人民民主，既不同于社会民主党的观点，也不同于斯大林主义的专政："我是一种特殊的激进匈牙利共产党人，就是说我在共产主义内部鼓吹民主。但是我从来不同意社会民主党人所希望的对专政思想的削弱。我站在两个阵营之间。我不同情社会民主党人，我也不同情那些想用专政的方法实现共产主义的人。"③

尽管卢卡奇对他早期设想的社会主义民主建设的理念坚信不疑，但是，他也充分意识到这一构想在具体社会主义实践中所面临的巨大现实困难。他直到去世，都在持续关注这一问题。卢卡奇在 1969 年答南斯拉夫《七日》周刊记者问时指出，与马克思的设想不同，无产阶级革命没有在发达国家中发生，而是在经济相对落后的国度中发生，虽然苏联的经济已经获得很大发展，但是还没有达到足以支撑社会主义正常和健康发展的程度，各社会主义国家都面临着"怎么办"的问题。他强调，"我曾说这个问题只能用实行社会主义民主来解决。新的经济发展和从非民

---

① 杜章智：《卢卡奇自传》，李渚青、莫立知译，社会科学文献出版社 1986 年版，第 300 页。

② 同上书，第 167 页。

③ 同上书，第 180 页。

主的斯大林主义制度向社会主义民主过渡的问题是一揽子的问题。一个不解决，另一个也不可能解决"①。到了 1970 年，卢卡奇在差不多是自己生前最后一次接受的采访，即答英国《新左派评论》记者问中指出，社会主义民主问题依旧没得到解决——社会主义民主是唯物主义的，要建立在物质基础之上，但是，单纯的经济发展不出民主来，这是一个艰巨的历史任务。卢卡奇认为，"社会主义民主的问题是一个很现实的问题，它还没有得到解决。因为它必须是唯物主义的民主，而不是唯心主义的民主……社会主义只能有**物质的**基础，而这种物质的基础是建立在新经济的建设之上的。但我必须补充说明一点，经济发展本身决不会产生出社会主义……由于社会主义经济并不像典型的资本主义社会那样自发地生产和再生产出适合于它的人，社会主义民主的职能正是**教育**社会主义社会的成员适应社会主义"②。正是基于对世界无产阶级革命和社会主义实践的现实发展状况的这种分析，卢卡奇晚年拖着病残的身躯，写下了著名的《民主化的进程》，集中探讨了社会主义民主政治的发展，以及社会主义民主政治的伦理建设问题。

卢卡奇在《民主化的进程》中讨论社会主义民主问题的出发点在于：真正的社会主义民主，既不同于资产阶级民主，也不同于斯大林的社会主义体制。这一新型的民主在其本质精神上体现了马克思所强调的人类历史发展的主客体统一的原则，在其本质和形态上并不是社会主义实践的一种单纯的手段或者向未来社会转变的一种单纯的策略，而是与社会主义人类解放运动和社会主义实践的目标内在统一的，因而包含着其他类型民主所不具有的丰富内涵。

卢卡奇坚持认为，资产阶级民主不是社会主义民主的选项之一。他认为，虽然资产阶级民主的诞生体现了人类历史的一种进步，但是，资产阶级民主具有虚伪性和对民众的操控性等缺陷与弊端。"从表面上看，民主化是资本主义的完善，也是资本主义在普遍意义上的展开。然而，

---

① 杜章智：《卢卡奇自传》，李渚青、莫立知译，社会科学文献出版社 1986 年版，第 285-286 页。

② 同上书，第 291-292 页。

什么是它的继续巩固和拓展的新的社会内容呢？从表面上看，直接的力量是已经成为完全资本主义的市场的微妙的操纵。"①在资本主义条件下，商品拜物教和市场经济的机制导致了人的抽象化，导致了经济必然性对人的操控，而资产阶级虚伪的民主并没有使人成为一种自由自觉的类存在。"尽管一种真正社会化的人会在资本主义社会展开(它本身也是人的类存在的一种发展)，但同时，这是一个只能通过内在的不可分解的矛盾保持进展的社会。由于经济的必然性，在这一社会中人自身不能把自己提升到真正的类存在及本质的人的存在。"②卢卡奇认为，真正的民主应当确立人的相互依赖，但是，资产阶级民主却导致了人与人的相互异化。"'社会'意味着由人类创造的人的相互依赖，而它在今日资本主义达到的这种实践和技术的现实化的高峰之前从未如是。同时，资本主义又是矛盾的，因为那些客观地生产和再生产这种物质所依赖的社会经济力量，并不创造人与人之间的完全的联系。恰恰相反，它创造了人与人之间的分离。"③在这种条件下，资产阶级民主并没有真正创造或者保证每一个人的自由和平等，相反，人与人的分离、人的类生活与物质生活的矛盾，导致了利己主义的行为模式和价值盛行。"这种利己的行为模式在社会上必然的普遍化，导致公民的理想世界在实践中逐渐成为资产阶级利己主义的一种单纯的工具。"④

卢卡奇不仅拒绝把资产阶级民主作为社会主义民主建设的选项，同时也从根本上否定了斯大林主义的社会主义模式。现有的社会主义实践和社会现实都起源于斯大林统治时期苏联确立的各种制度和相应的理论。卢卡奇肯定了俄国十月革命的历史地位，以及苏联等社会主义实践取得的一些成就，但是，他强调，现有的社会主义实践均不是在马克思恩格斯设想的发达国家发生的，都不具备他们所设想的经济基础和社会条件，所以都属于"非经典的社会主义建设"。卢卡奇认为，列宁对于俄国的经济落后和文化落后有清醒的认识，他在推动社会主义经济建设的

---

① 卢卡奇：《民主化的进程》，张翼星、夏璐译，中国人民大学出版社 2015 年版，第 21 页。
② 同上书，第 20 页。
③ 同上。
④ 同上书，第 22 页。

同时，一直强调社会主义民主建设的重要性。但是，后来列宁的继承者斯大林和其他领导人并没有坚持和继承列宁"关于社会主义建设必须通过加强和发展社会主义民主来保证的炽烈愿望"①。相反，按照斯大林主义原则建立起来的苏联社会主义模式，经济上全盘走向计划经济，政治上越来越走向权力集中，用经济发展排斥了民主政治建设，把经济建设与民主政治完全割裂开来，"把全部精力集中在工业增长上，并以这种方式来建设社会主义，而完全忽视社会主义的民主问题"②。因此，斯大林主义完全隔断了马克思学说的西方人道主义传统，否定了个体存在的价值和人的自由，把"民主"当作一种口号和操控人的手段。因此，卢卡奇断言，斯大林主义也绝不是社会主义民主的选项，不仅如此，"斯大林主义的存在，是社会主义领域内部社会主义民主化兴起的最大障碍。它同样是国际合作和全体人民一致努力与马克思的真正方法复兴的主要障碍"③。

通过对资产阶级民主和斯大林主义的弊端的分析，卢卡奇认为，真正的社会主义民主建设必须从根本上加以改变，必须实现重要的转变：民主的定位要从手段、策略和形式转向社会革命与发展的目的本身；民主关注的核心要从经济的价值转向人的价值，从社会体制的变革转向人的生存方式的改变。我们可以从以下两个方面来理解卢卡奇社会主义民主思想的实质，及其重要的伦理内涵。

一方面，卢卡奇认为，真正的社会主义民主建设充分体现了人类历史发展的主客体统一的辩证法。按照马克思的社会历史理论，人类社会的发展既符合客观的历史发展趋势，又依靠人的主体性和能动性的发挥，是客观的社会机制运行与人的能动活动相互作用的结果。同理，社会主义民主建设也体现了主客体统一的辩证法，民主既是一种客观的政治体制，也是一种人的自觉活动方式和存在方式。因此，与历史上各种抑制人的能动性和创造性的体制不同，社会主义民主建设的核心是解放

---

① 卢卡奇：《民主化的进程》，张翼星、夏璐译，中国人民大学出版社2015年版，第43页。
② 同上书，第52页。
③ 同上书，第101页。

和发挥人的能动性、主体性和创造性。

卢卡奇认为，在某种意义上，资本主义市场机制比历史上其他体制更能够激发人的劳动的能动性，但是，人的能动性也只是体现为劳动者运用不断改善的工具和新的劳动方式创造更多的价值，主要是剩余价值，而人自身的自由和全面发展并不是资产阶级民主关注的重点。而社会主义民主不仅关注通过劳动者的创造性来推动社会经济发展，而且特别关注人自身的全面发展和主体性、能动性的发挥，关注人与人交往的合理化。卢卡奇这样描绘作为主客体统一进程的社会主义民主建设："社会客观性的规律不能被中止，但社会的发展在总体上是作为客观的事物与主观自觉的人类活动之间的相互作用过程而展开的。社会主义民主把人看作一种能动的创造者，这是人的类存在的真实性质，因为在日常实践中他是被迫活动的；同时，也把对象化的和人类劳动的客观产品，转变成人自己自觉创造和充满着目的的对象。社会主义民主是容许客观性的政治体制，不违背固有的客观规律，成为自觉活动的人的有目的的构想的一种工具。它是自觉性和自我规定性对盲目客观性的征服。作为自我规定性的胜利，社会主义民主把人的邻居、人的伙伴，由作为自身实践的障碍转变为一种必不可少的和积极的共事者与互助者。"①

在卢卡奇看来，要真正把人看作和提升为能动的创造者与自由的个体，就必须破除经济决定论的魔咒。人类社会的发展离不开必要的经济基础，但是，经济发展本身不是目的而是手段，是服务于人的自由和全面发展的手段。因此，必须要让能动的人控制经济，而不允许盲目的经济力量对人的操控。这也是社会主义民主要扬弃普遍的物化和异化的题中应有之义。卢卡奇指出，"在当代资本主义社会，经济发展仍然是首要的，劳动者仍像以前那样，必须面对生产的客观条件而牺牲自己。马克思关注的则不同：不是让经济控制人类，而是生产过程向着有价值的方面调节，并且尊重人性的本质。人类的需要必须支配客观的东西。这样一种目的和它在实践中的实现，要求把人性的需要置于经济规律之上；这并不改变如下事实，即为了完成这一点，高度发展的经济仍然是

---

① 卢卡奇：《民主化的进程》，张翼星、夏璐译，中国人民大学出版社2015年版，第59页。

一种前提(一种基础,如马克思所说)"①。

另一方面,卢卡奇认为,真正的社会主义民主不仅要在社会生产领域和社会共同活动中发挥与提升人的能动性和创造性,使人成为自由的和创造性的主体,而且要引领每一个个体在日常生活领域中从自在自发走向自由自觉,在微观层面上实现人自身的存在方式的革命。在卢卡奇看来,人不仅是经济领域和政治领域的社会存在,他首先是日常生活领域的存在。日常生活领域的重要性就体现在它代表着个体自身的再生产,如果没有个体的再生产,整个社会的再生产则是不可能的。然而,人类与生俱来的衣食住行、饮食男女等日常生活领域往往呈现为一个自在自发的对象化领域,个体在日常生活中的存在往往是自在自发的或者被动的存在。因此,卢卡奇认为,人的解放不仅包含着宏观层面的社会体制变革和社会运行方式创新,而且包含着微观层面的人的存在方式变革和人自身的解放,这也是社会主义民主的主要目标和核心内涵。只有每一个日常生活个体从自在自发的主体转变为自由自觉的主体,转变为自主规范自己的行为和建构与他人合理交往关系的自由的道德主体,马克思所设想的"自由王国",即自由人的共同体才能真正确立。在这种意义上,社会主义民主既是一种新型的政治体制,也是一种新的存在方式和伦理秩序。

卢卡奇在《审美特性》等著作中开启了马克思主义社会历史理论视域中的日常生活批判,这一理论探讨深刻影响了布达佩斯学派和其他东欧新马克思主义流派的理论发展。在《民主化的进程》中,卢卡奇特别批判了资产阶级民主忽略人的日常存在,导致人的日常生活与社会生活分离、人与公民分离的弊端,而强调了日常生活批判,即日常生活人道化的立场。他指出,"与资产阶级民主的公民—理想主义,即一种开始于资产阶级革命制高点上的理想,相比较而言,社会主义的主体是日常存在中的人的物质生活。资产阶级社会把个人二元地划分为人与公民,而社会主义强调日常生活,则不是要把它当作物质的人的经典化,即二元

---

① 卢卡奇:《民主化的进程》,张翼星、夏璐译,中国人民大学出版社 2015 年版,第 75 页。

论的一部分。社会主义民主把在自由王国中超越这种二元论看作它的任务"①。在卢卡奇看来，这种以人的自由自觉的存在方式和自由的道德主体性为核心的日常生活人道化是社会主义民主的重要内涵和价值目标，它关乎着共产主义能否获得真正的存在基础。"人的这样一种内在变化，没有日常生活外部世界的改组，就不能够实现。不论物质生产自身是否发展到一种高水平，除非日常生活不仅成为做出政治决策的场所，而且成为社会存在的基础，否则共产主义社会就不会出现。"②

卢卡奇进一步把这种以日常生活人道化为重要内涵的社会主义民主建设的价值目标定义为"新人类"的出现，把个体的自由自觉的道德主体性和人作为道德主体的"自我教育"作为社会主义民主运行的重要方式，这样就把未来社会的新伦理道德与新型的民主政治有机地统一起来。卢卡奇认为，人性的人化和社会主义新人的培育，是社会主义民主政治的核心内容。"置于历史的议事日程上的问题，涉及人性的人化过程。社会主义革命涉及一个较低的社会结构转变为一个较高的社会结构，以及一种新的人类社会在这个较高的社会结构的基础上出现等过程。通过一种新的社会环境的生产，这种新型的人类的存在，这种社会主义的新人，通过社会主义人性的自动实践的手段，将有可能创立人类相互依存与合作的新形式。"③这种以新人类的自由选择与合理交往为重要内涵的新的合作形式，显然就是马克思所设想的自由人的共同体。

需要特别强调指出的是，在卢卡奇看来，这种新型的人类和新形式合作的基本方式是自由的道德主体的自我教育和自主选择。卢卡奇指出，"就某种意义来说，社会主义就是通过人的意识或社会自我规定来掌握控制人类的进化。意识有一种特性，即它可通过教育而代代相传。这种人的自我教育的动因——世界历史的术语自我教育，是对马克思主义意义上的真正的人的存在而言的——便是社会主义民主……在马克思看来，经济的世界(必然的领域)从来不是人类自我创造的唯一基础。马

---

① 卢卡奇：《民主化的进程》，张翼星、夏璐译，中国人民大学出版社2015年版，第78页。
② 同上书，第96页。
③ 同上书，第88页。

克思把人的意识的自我创造看作'自由王国'。他进一步把'自由王国'的本质内容看作人的力量的发展，它是作为自身目的之自为的价值"①。

显而易见，卢卡奇在晚年的《民主化的进程》中又回到了他在俄国十月革命之后的一个基本的设想，即在未来的共产主义社会，道德的自由将取代法律的强制而成为社会的主要调节力量。二者所不同的是，卢卡奇在这里为这种由道德的自由而自觉地调节的自由人的共同体，建立在作为一种社会运行制度，同时也是作为人的基本存在方式和新的道德秩序的社会主义民主政治的坚实基础之上。这样一来，卢卡奇关于"第二伦理"和"第一伦理"的辩证法思想也获得了更扎实的理论依据和现实的可能性。

四、卢卡奇伦理思想的理论建树及内在的张力与开放的视野

在阐述了卢卡奇关于马克思主义伦理思想的理论阐释和社会主义道德建设的理论建构之后，在具体探讨东欧新马克思主义主要流派和理论家的伦理思想之前，我们有必要十分概括地从整体上揭示一下卢卡奇伦理思想探索的理论建树，及其对后来的新马克思主义理论家的理论影响。

正如我们在梳理西方伦理思想的演变和马克思主义理论发展中关于伦理思想的争论时强调的那样，在广义的哲学思想演进中，伦理学或伦理思想占有重要的地位，但是，伦理学或伦理思想本身的发展也会导致自身与狭义的哲学，即形而上学之间产生复杂的关系和内在张力。这种情形同样适用于马克思主义本身的演变。无论是作为一种实践性的哲学，还是作为一种革命性的社会历史理论，马克思主义与伦理学的关系都不是一个简单的理论问题，而考虑到马克思主义理论在不同国度的革命实践中践行时遭遇的各种复杂的社会历史条件，这种关系就更为复

---

① 卢卡奇：《民主化的进程》，张翼星、夏璐译，中国人民大学出版社 2015 年版，第 33 页。

杂。在这种意义上，卢卡奇从俄国十月革命时期起，一直到晚年这半个多世纪关于马克思主义伦理思想的不懈探讨，的确为我们提供了关于马克思主义伦理思想和社会主义道德建设十分独特的、丰富的理论建树。

卢卡奇关于马克思主义伦理思想的阐述和理论建构，其最核心的理论建树和最突出的理论特点就体现在"第二伦理"（个体伦理）与"第一伦理"（阶级伦理、革命政治伦理）的辩证法上。尽管卢卡奇自己并没有常常使用"第二伦理"和"第一伦理"这一对范畴来概括自己关于马克思主义和社会主义的伦理道德问题的理论，但是，从他的论述中不难看出，"第二伦理"和"第一伦理"的辩证法的确能够展现他的伦理思想最基本的特征和价值追求，而且这个基本思想对于 20 世纪马克思主义伦理思想的演变和发展也的确产生了重要的影响。

从基本的理论，即伦理思想的层面来看，"第二伦理"和"第一伦理"的辩证法建立在人类历史发展的主客体统一的辩证法基础之上，充分体现了人的实践和价值追求与社会历史发展趋势的相互作用机制，因此，具有坚实的思想依据和理论根基。反过来说，卢卡奇关于"第二伦理"和"第一伦理"的辩证法思想也丰富了我们关于马克思的实践哲学和社会历史理论的理解，使马克思关于人的解放的思想和关于未来自由人共同体的理论构想具有更丰富具体，也更有针对性的阐述和建构。

从现实的实践，即道德建设的层面来看，"第二伦理"和"第一伦理"的辩证法的提出比较准确地抓住了无产阶级革命运动和社会主义实践在新型道德秩序和新的道德伦理建设方面所面临的复杂的历史任务和现实困难。这一辩证法一方面承认社会历史的客观发展趋势和规定性，这体现为其所理解的无产阶级和社会主义的伦理道德在核心精神上属于一种集体主义和利他主义，体现为其对阶级伦理和革命伦理的坚持；另一方面，它没有把这种具有集体主义规定性的阶级伦理和革命伦理变成一种外在于人的、抑制人的主体性的普遍的强制性伦理规范，而是将之作为自觉的道德主体的个性伦理追求和自主道德选择。卢卡奇以此在实践的层面上努力追求主客体的统一、群体和个体的统一。

然而，也正是这一"第二伦理"和"第一伦理"的辩证法带来了卢卡奇伦理思想的内在张力，使他面临着很多理论层面和现实层面的难题，其中最主要的是伦理的普遍性和道德选择的个体性之间的张力。任何一种道德伦理规范，包括无产阶级的革命伦理或者阶级伦理，无论是以人的解放还是自由人的共同体为核心，只要作为一种基本的伦理，就必然具有普遍性。在这种境遇下，如果我们为了实践主体或者生活主体的能动性和创造性而弱化了伦理的普遍性，则有可能抑制伦理和道德的规范对于新社会秩序的建构力量；而如果我们强化了伦理规范的普遍性而约束了主体的选择性和能动性，则有可能抑制人作为自由的道德主体的创造性和对社会实践的推动力。对于这一难题，卢卡奇的解决办法是强调个人必须有自觉的阶级意识，个人的道德选择要承担绝对的责任。不仅如此，卢卡奇强调，道德选择是艰难的，人也可能，甚至有必要为了更新的理念、更高的目标、更好的共同体而自我牺牲。不难看出，卢卡奇的理论在这里存在着缺陷，至少是脆弱的地方，因为并没有什么力量能够绝对保证这种更高的目标和更好的共同体是善的和可能的，现实的进程中不乏以集体的名义牺牲个体的教训。所以，卢卡奇的"第二伦理"和"第一伦理"的辩证法还面临着诸多的理论难题和现实困难。

然而，在某种意义上，正是在"第二伦理"和"第一伦理"的辩证法的内在张力或矛盾中，包含着从不同角度、不同层面进一步挖掘马克思学说的伦理思想资源，并针对不断变化的人的存在境遇而进一步发展马克思学说的伦理维度的潜在的可能性。对于东欧新马克思主义理论家来说，正是卢卡奇这种充满内在理论张力和潜在的理论可能性的伦理思想，为他们在新的历史条件下建构和发展马克思学说的伦理维度提供了多维的、开放的理论视野。

首先，卢卡奇以马克思的实践哲学所包含的主客体统一的辩证法为理论基础而阐述的"第二伦理"和"第一伦理"辩证关系的思想，为东欧新马克思主义阐述马克思主义的伦理思想奠定了基本的理论立场，这就是人道主义的价值立场。这一人道主义马克思主义立场构成了东欧新马克思主义各个流派的基本理论立场，也是他们阐述马克思主义伦理思想的理论基点，特别是南斯拉夫实践派哲学家，他们在这方面的理论重点就是建构马克思主义人道主义伦理学。

其次，卢卡奇基于马克思的实践哲学和人道主义立场，对现代社会，特别是发达资本主义条件下普遍物化和理性操控等道德危机所做的深刻的伦理批判，开启了东欧新马克思主义对现代性危机的伦理批判视野。几乎所有东欧新马克思主义理论家都关注这一重大的伦理批判主题，而以波兰新马克思主义和捷克斯洛伐克新马克思主义理论家最为突出。

最后，卢卡奇关于"第二伦理"和"第一伦理"的辩证法的理论阐述，虽然包含着许多内在的理论张力，但是，他所提出的"第二伦理"，即个体伦理范畴，对自由自觉的主体(自觉的道德主体)的能动性、创造性和选择性进行了比较深入的理论探讨。这种理论建构直接推动了东欧新马克思主义理论家关于个体的道德选择与个性伦理的理论建构。特别是布达佩斯学派理论家和波兰新马克思主义理论家，他们不仅一般性地阐述了个性伦理的思想，而且特别有现实针对性地探讨了后现代境遇中个体重拾道德力量的可能性，从而极大地深化了关于现代性危机的批判。

第二章　马克思主义的人道主义伦理学

——南斯拉夫实践派伦理思想

在东欧新马克思主义各流派中，南斯拉夫实践派具有独特性。首先，实践派是中东欧地区最早产生的新马克思主义流派。这是由历史条件造成的，南斯拉夫是社会主义阵营中最早与苏联发生冲突，并且最早探索社会主义改革的国家，实践派就是这一改革的直接的理论产物。其次，南斯拉夫实践派是整个20世纪人数最多的新马克思主义流派，其代表人物，除了我们在前文已经提及的彼得洛维奇、马尔科维奇、弗兰尼茨基、坎格尔加和斯托扬诺维奇外，还有考拉奇（Veljko Korać）、日沃基奇（Miladin Životić）、哥鲁波维奇（Zagorka Golubović）、达迪奇（Ljubomir Tadić）、波什尼亚克（Branko Bošnjak）、苏佩克（Rudi Supek）、格尔里奇（Danko Grlić）、苏特里奇（Vanja Sutlić）、达米尼扬诺维奇（Milan Damnjanović），以及后来退出实践派的别约维奇（Danilo Pejović）等。最后，实践派是最早走向国际的东欧新马克思主义流派，他们于20世纪60年代中期至70年代中期创办的著名的《实践》杂志和科尔丘拉夏令学园，是那个时期东西方马克思主义理论家开展直接理论交流的规模最大、影响力最大的国际性思想理论平台。

就基本理论立场和价值定位而言，实践派哲学家的理论与其他东欧新马克思主义流派的理论一样，都属于人道主义的马克思主义，相比之下，实践派哲学家对于这一人道主义的马克思主义的理论基础，即马克思的实践哲学构想做了更为详细的阐述和理论建构。他们最直接的理论来源和思想资源就是青年马克思的早期思想，主要是马克思的实践哲学和异化理论。在某种意义上，正是卢卡奇通过主客体统一的辩证法对马克思学说所做的人道主义阐释，影响和推动了实践派哲学家对马克思人道主义理论立场的继承。这种影响体现在实践派哲学思想的各个方面，包括他们对马克思主义人道主义伦理思想的阐发。因此，为了更好地理解实践派关于马克思学说的内在伦理思想维度的理解，我们有必要从他们"回到马克思"，在当代历史条件下从实践哲学的系统建构入手，理解他们关于马克思主义伦理思想理解的深层理论基础。

一、实践哲学的建构与马克思主义伦理学的可能性

在东欧新马克思主义各流派和代表人物之中，实践派哲学家关于马克思学说和马克思主义伦理思想维度的自觉探讨更为系统和全面。不可否认，其他东欧新马克思主义理论家在思考道德伦理问题和开展现实的道德批判时，也很重视马克思的思想资源，但是，他们大多数人更加关注现实的伦理批判主题，而没有系统地展开理论问题的探讨。实践派哲学家从20世纪50年代初就开始系统研究马克思的异化理论和实践哲学，并且结合当代人类社会历史现实比较系统地阐发了具有鲜明人道主义批判意识的实践哲学理论，因此，他们在关于马克思主义伦理思想的探讨中，能够更加深入地进入20世纪马克思主义演进中关于伦理学争论的整个问题域之中，对于马克思主义与伦理学的关系问题所做的理论思考也更为全面。其中，马尔科维奇、坎格尔加、斯托扬诺维奇等人最为突出，他们关于马克思主义伦理思想维度的探讨直接从马克思主义是否具有伦理学这一问题入手。他们不仅深入地挖掘了马克思学说中的伦理思想资源，而且还在哲学与科学、人道主义与科学主义的分野之中来把握马克思主义伦理学的可能性问题。

(一) 关于马克思学说的伦理思想资源的文本学研究

如前所述，关于马克思主义是否有伦理学的争论，关于马克思主义是伦理学的还是非伦理学的、是道德主义的还是非道德主义的理论争论由来已久，在第二国际理论家的时代就已经非常清晰地展开。理论家们

对这个问题的思考和争论是从不同方面和不同视角展开的。而其中涉及一个最为基础的问题是文本学问题，即讨论马克思主义是否有伦理学或者是否可能有伦理学，首先要研究马克思本人（包括恩格斯）的论述中是否有直接支持伦理学立场的文本。回顾 20 世纪关于马克思主义伦理学问题的各种争论，可以发现不少学者已经对马克思学说是否具有伦理思想维度进行了文本学的考证。实践派哲学家斯托扬诺维奇对此做了进一步的专门梳理。

斯托扬诺维奇认为，在 20 世纪的理论争论中，涉及马克思主义伦理学的可能性问题，理论家们——既包括马克思主义理论家，也包括非马克思主义理论家——非常鲜明地划分为两个基本的阵营：一个阵营强调马克思学说是非伦理学的或反伦理学的，或者认为对马克思的著作不适合做伦理学的解释，其中包括维尔纳·桑巴特（Werner Sombart）、贝内德托·克罗齐（Benedeto Croce）、卡尔·考茨基、麦克斯·阿德勒（Max Adler）、鲁道夫·希法亭（Rudolph Hilferding）、一些新康德主义者、列宁、吕西安·戈德曼（Lucien Goldman）等；另一个阵营认为可以对马克思学说做伦理学的解释，其中包括爱德华·伯恩施坦、马克西米利安·吕贝尔（Maximillian Rubel）、卡尔·波普（Karl Popper）、约翰·刘易斯（John Lewis）和尤金·卡门卡（Eugene Kamenka）等。这两个阵营的理论家在阐述自己的理论立场时都找到了马克思本人的一些论述和文本作为支撑。

斯托扬诺维奇指出，那些不主张对马克思学说做伦理学解释的理论家，通常引用的马克思的文本主要有四段。第一段是马克思、恩格斯在《德意志意识形态》中的一段论述："共产主义对我们来说不是应当确立的**状况**，不是现实应当与之相适应的**理想**。我们所称为共产主义的是那种消灭现存状况的**现实的**运动。"[1]第二段也是马克思、恩格斯在《德意志意识形态》中的一段论述："共产主义者根本不进行任何**道德**说教，施蒂纳却大量地进行道德的说教。共产主义者不向人们提出道德上的要求，例如你们应该彼此互爱呀，不要做利己主义者呀，等等；相反，他

---

① 《马克思恩格斯文集》第 1 卷，人民出版社 2009 年版，第 539 页。

们清楚地知道，无论利己主义还是自我牺牲，都是一定条件下个人自我实现的一种必要形式。"①第三段是马克思、恩格斯在《共产党宣言》中的一段论述，他们指出，对于无产阶级而言，"法律、道德、宗教在他们看来全都是资产阶级偏见，隐藏在这些偏见后面的全都是资产阶级利益"②。第四段是马克思、恩格斯在《神圣家族》中的一段论述："**道德**就是'**行动上的软弱无力**'。它一和恶习斗争，就遭到失败。而鲁道夫甚至还没有提高到至少是建立在**人类尊严**这种意识之上的独立道德的观点。相反，他的道德是建立在人类软弱无力这种意识之上的。他是**神学道德**的代表。"③

同样，对于另一理论阵营所依据的马克思文本，斯托扬诺维奇也梳理了人们常常引用的支持马克思学说有伦理学的立场的四段文本。第一段是马克思在《"莱茵观察家"的共产主义》中的一段论述："基督教的社会原则颂扬怯懦、自卑、自甘屈辱、顺从驯服，总之，颂扬愚民的各种特点，但对不希望把自己当愚民看待的无产阶级来说，勇敢、自尊、自豪感和独立感比面包还要重要。"④第二段是马克思在《国际工人协会成立宣言》中的一段论述，在这里马克思曾经提到"私人关系间应该遵循的那种简单的道德和正义的准则"⑤。第三段是马克思的《关于费尔巴哈的提纲》中的第十条提纲："旧唯物主义的立脚点是市民社会，新唯物主义的立脚点则是人类社会或社会的人类。"⑥第四段是马克思、恩格斯在《共产党宣言》中的一段著名论述："代替那存在着阶级和阶级对立的资产阶级旧社会的，将是这样一个联合体，在那里，每个人的自由发展是一切人的自由发展的条件。"⑦斯托扬诺维奇认为，除了这四段比较集中的论述，"马克思著作中充满了伦理学的语言。例如，在《共产党宣言》中，马克思非常频繁地使用下列术语：'赤裸裸的利害关系'和'冷酷无

---

① 《马克思恩格斯全集》第3卷，人民出版社1960年版，第275页。
② 《马克思恩格斯文集》第2卷，人民出版社2009年版，第42页。
③ 《马克思恩格斯全集》第2卷，人民出版社1957年版，第255-256页。
④ 《马克思恩格斯全集》第4卷，人民出版社1958年版，第218页。
⑤ 《马克思恩格斯文集》第3卷，人民出版社2009年版，第14页。
⑥ 《马克思恩格斯文集》第1卷，人民出版社2009年版，第502页。
⑦ 《马克思恩格斯文集》第2卷，人民出版社2009年版，第53页。

情的"现金交易"''压迫''人的尊严被降格为交换价值''无耻的、直接的、露骨的剥削''无情''资本的现代压迫''从属''工人群众是奴隶'等。假如有人说这些主要是马克思的政治著作,而不是他的科学著作,我可以很容易地引用《资本论》来给出应答"①。

毫无疑问,对马克思学说中的伦理思想资源进行文本学的研究,无论对于我们把握马克思主义的伦理思想维度,还是全面理解马克思的学说,都具有重要的价值。但是,通过斯托扬诺维奇对上述文献的分析,我们也不难看出,这种单纯的文本学研究还是有其局限性,无法从根本上解决马克思主义是否有伦理学的问题。

首先,通过上述文献梳理和文本分析可以看出,马克思学说中并不包含着系统的伦理思想或道德理论,马克思只是在他的哲学批判、政治批判和经济学批判中,偶尔使用伦理道德术语,或者运用道德谴责和伦理批判的方式。不仅如此,即便从这些伦理道德术语和伦理道德批判本身,也很难清晰地确定马克思学说与伦理学的真实关系,所以才会出现20世纪众多马克思主义理论家,无论是认为马克思主义拥有自己的伦理学,还是坚持马克思主义是反伦理学的或者非伦理学的理论家都能在马克思的具体论述中找到有利于自己的理论立场的文献和文本。因此,关于马克思主义伦理学的可能性问题的解决,不能停留于一般的文本分析,必须深入哲学理论和伦理学,特别是马克思学说的理论定位的基本问题之中。

其次,如果从马克思学说的基本理论定位来探讨马克思主义伦理学的可能性问题,则我们面临的根本问题是科学与哲学、科学与伦理学之间的张力问题。我们知道,在古希腊那里,这样的张力是基本不存在的:一方面,关注理性、理念、知识的科学和形而上学在很大程度上是水乳交融的,这构成了亚里士多德所定义的理论知识(理论哲学);另一方面,关注人的行为规范、德性、幸福的伦理学也同样是从"知识即美德"的理性立场出发,这构成了与理论知识(理论哲学)并不冲突的实践

---

① Svetozar, Stojanović, Marx's Theory of Ethics, in Nicholas Lobkowicz (ed.), *Marx and the Western World*, South Bend: University of Notre Dame Press, 1967, p. 163.

知识(实践哲学)。然而，人类进入现代社会后，科学、形而上学、伦理学，或者理论哲学和实践哲学之间的张力、冲突或复杂的交织日益显著：一方面是以现代实验科学为依托的日益普遍化的理性主义，它把科学变成排斥个性和个体自由的普遍性领域，而且这种客观必然性和普遍性还常常蚕食了哲学和社会历史理论领域；另一方面则是以个体的自由和创造性为核心的人道主义，它成为伦理学、价值论等众多实践学科(实践哲学)的主导精神。这种张力和冲突在涉及马克思学说的解读和马克思主义的伦理思想维度的建构时，就出现十分复杂的情形和既相互交叉又相互冲突的理论解读：一种比较常见的情形是把马克思学说定位于强调客观必然性和普遍性，并且超越了哲学的"真正的实证科学"，由此强调马克思主义是反伦理学的或者非伦理学的；第二种情形也是把马克思学说定位于强调客观必然性和普遍性的科学，解读为"经济决定论"，由此认为马克思学说本身没有伦理学但是它需要伦理学，所以伯恩施坦主张从新康德主义那里引入伦理学；第三种情形同样把马克思学说定位于强调客观必然性和普遍性的科学，解读为"经济决定论"，但认为作为实证科学的马克思学说有自己的伦理学，其做法最典型地体现在考茨基那里，他把伦理学本身也变为一种服从普遍规律的科学，甚至引入达尔文进化论来解读作为被经济基础决定的、包括伦理道德在内的上层建筑；第四种情形与上述三种均不同，它强调，无论是以人的解放为宗旨的马克思学说，还是作为实践哲学的伦理学，都不是那种强调客观必然性和普遍性的实证科学，马克思学说本质上是以人的自由自觉的实践活动为核心的实践哲学，它内在地就包含着人道主义伦理学的维度。

实践派哲学家所持的就是这第四种理论立场，他们反对把马克思学说解读为一种排斥人的自由和创造性的实证科学，因此也拒斥作为科学的马克思主义伦理学，他们系统地阐发了以马克思的实践哲学和异化理论为基础的人道主义伦理学思想。因此，为了真正理解实践派哲学家关于马克思主义的人道主义伦理学的阐述，我们必须超越一般的文本解读的层次，回到基本的哲学立场和理论定位，即实践派的实践哲学理论。

(二)关于马克思实践哲学的系统阐释

我们曾多次强调,与西方马克思主义理论流派和理论家相比,东欧新马克思主义对马克思学说,特别是马克思的实践哲学做了更为深刻、更为系统的阐述。而在东欧新马克思主义理论流派中,南斯拉夫实践派哲学家对马克思实践哲学和异化理论的阐述与理论建构,在时间上最早、在理论内容上最为深刻。我们简要地提炼和概括实践派关于马克思实践哲学的理论阐述,不仅可以为理解和把握实践派所理解的马克思主义人道主义伦理学提供重要的理论基础,也有助于我们更加深入地把握其他东欧新马克思主义理论流派伦理批判思想的理论前提和理论背景。

应当指出的是,实践派对马克思实践哲学的阐发是一种高度自觉的和团队合作的学术活动,是他们自始至终的理论定位和价值追求,这一点从实践派发展进程中一些重要的学术活动(学术组织)和历史事件中可以清楚地看到。例如,在东欧新马克思主义理论家中,实践派哲学家最早、最系统地研究青年马克思的实践哲学和异化理论,1953年,由弗兰尼茨基编译的包括马克思的《1844年经济学哲学手稿》在内的塞尔维亚文版的《马克思恩格斯早期著作》就已经出版;1961年,在南斯拉夫哲学学会组织的主题为"实践、主体、客体和反映"的年会,即布莱德会议上,一批具有人道主义倾向的年轻哲学家分别比较系统地重新阐述了马克思关于人、实践、自由、决定论、历史、社会、个性、辩证法、真理、异化、扬弃异化等重要哲学问题和哲学范畴,自觉地奠定了人道主义的马克思主义,即实践哲学的一般理论基础,这标志着一个新马克思主义理论流派,即实践派的诞生;1963—1974年,由实践派主办的《实践》杂志和科尔丘拉夏令学园组织了一系列国际性新马克思主义理论家的学术研讨会和学术交流活动,布洛赫、马尔库塞、弗洛姆、戈德曼等西方马克思主义著名理论家,以及所有东欧新马克思主义理论家都先后出席了。通过这些积极的、大规模的学术交流,实践派哲学家,以及其他新马克思主义理论家从不同侧面阐发的马克思实践哲学和异化理论已经成为东西方新马克思主义共同的理论基础或者理论前提。可以说,实践派哲学家继承了从亚里士多德到马克思的实践哲学传统，他们既在文德尔班所说的"理论问题"层面上建构起以自由自觉的实践为核心的哲学立场，又在"实践问题"层面上充分彰显了植根于人的自由和创造性的人道主义批判精神。我们可以从以下几个方面——围绕着实践、异化和革命三个核心范畴——简要地概括一下实践派所建构的实践哲学的基本构想。

第一，关于实践的基础地位和多重维度的系统阐发。如何理解和阐释实践范畴的地位和意义，是关系到实践派的实践哲学能否成立的核心问题。在实践派哲学家看来，实践是人类社会和历史存在的基础，不仅是马克思哲学的理论基石，也是马克思实现哲学革命的核心范畴。应当承认，各种马克思主义理论，包括苏联正统马克思主义，都很重视实践范畴。但是，在传统辩证唯物主义教科书体系中，实践范畴只是展示了自己的一个理论维度，即只是作为与人的认识（理论）相对应的认识论范畴而存在。苏联哲学教科书体系所依赖的基石是物质或自然，及其客观规律性和必然性，人的认识和实践活动都是由前者决定的。实践派哲学家也承认实践范畴所具有的认识论意义，但是他们并没有停留于这一理论维度，并且不接受反映论意义上的实践范畴。在他们看来，实践具有更加多维的、更加重要的意义，它在马克思的哲学中展示出更多的理论维度，特别是人本学的维度和本体论（或存在论）的维度。

首先，对人的存在和人的本质而言，实践是把人和其他动物区分开来的本质性活动，是通过多维的层面展示人的活动的整体性结构，因而，可以把实践理解为人的基本生存论结构或者人的存在的本体论结构。彼得洛维奇断言，马克思在自己的著作中就是这样理解并实践的，他"把实践解释为一种普遍的-创造性的自我创造活动，是人用以改变和创造他的世界和他自身的活动"①。对实践的这种理解，凸显了人的自由和创造性，"将实践阐释为一种普遍的-创造性的自我创造活动就包含着

———

① 加约·彼得洛维奇：《二十世纪中叶的马克思——一位南斯拉夫哲学家重释卡尔·马克思的著作》，姜海波译，黑龙江大学出版社 2015 年版，第 68 页。

自由的选择与有意识的活动"①。彼得洛维奇认为，这样实践就成为历史进步的推动力，其他动物只是适应和改变环境，而人能够通过创造性活动，有目的地改变世界及其自身。这样一来，只有人拥有历史，而且是不断开放、不断超越的历史。"正是因为人是实践和历史，他也是未来。如果人的本性是创造和自我创造的活动，通过这些活动，人历史地创造着他的世界和他自身，并且，如果他希望成为人，他就永远不能中断自我创造的过程。"②

其次，对于人的世界和人类社会历史而言，实践是基础性的和根基性的存在，具有某种本体论的意义。例如，坎格尔加认为，**"人的本质既非精神也非物质**……而是为其创造所有人之可能性的人的历史性活动。同样，世界的统一性(由于对人而言只存在人的、历史性的世界)，一方面，**不在于**上帝、精神或**精神性**，另一方面也不在于**其物质性**，而在于人的**创造性活动，在于实践**"③。当实践派强调实践构成了人的社会存在和社会生活的基础或基石时，他们并非否定自然或物质的基础性地位及其客观的规律性，而是要说明，无论是自在的自然还是与人无关的物质性都不会直接成为人的存在和人的社会的现实基础，这些要素只有参与到具有创造性的自由自觉的实践活动之中，才会真实地发生作用；同时，由于这些客观因素的参与，人的自由自觉的实践活动才不会表现为随心所欲的纯主观活动，而是既服从客观制约性又体现主体创造性的主客体统一的过程，而且无论是生产力和生产关系的矛盾运动，还是人的社会关系的生成和历史演变，或是人的精神创造和理论建构，都是在人的现实实践活动中作为主客体统一的过程而展开的。正是由于这种能够改变和创造世界和自我的实践活动作为人的本质，作为人的存在的根基，才使人具有了自由和创造性，才使人不同于作为自在自然未分化的组成部分的其他动物。实践派哲学家认为，在这样的意义上来理解实

---

① 加约·彼得洛维奇：《二十世纪中叶的马克思——一位南斯拉夫哲学家重释卡尔·马克思的著作》，姜海波译，黑龙江大学出版社 2015 年版，第 68 页。

② 同上书，第 69 页。

③ Milan Kangrga, *Etički problem u djelu Karla Marxa*, Beograd: Nolit, 1980, pp. 220–221.

践，完全符合马克思学说的精神。因为在马克思看来，**"整个所谓世界历史**不外是人通过人的劳动而诞生的过程，是自然界对人来说的生成过程"①。正如我们前文已经引证的那样，即便是非常重视自然辩证法的恩格斯，也充分意识到是人的实践活动构成了人类活动与人类社会的直接的和现实的基础："人的思维的最本质的和最切近的基础，正是**人所引起的自然界的变化**，而不仅仅是自然界本身。"②

第二，关于异化的实质，即人的自我异化的深刻揭示。异化是马克思学说的核心范畴之一，是马克思关于人和实践的基本理解的不可或缺的组成部分。实践派哲学家认为，异化是人的活动独有的现象，无论是异化的可能性还是异化的现实都来自人本身的规定性，来自人的本质活动。其他动物那里不存在异化现象，因为它们是自发地服从客观必然性的存在，它们的活动就是自在自然本身运动的组成部分，并不构成对自在自然及其运行机制的改变，也就不会面临着自己的活动和活动的产物与自己相分离和分裂的问题。而人区别于其他动物的最本质的特征就在于他是这样一种存在：他通过自由自觉的实践活动去改变和创造自然、世界和人本身。这种独特的对象化活动及其成果既可能是对人的自由和创造性的彰显与确证，也可能是对人的自由和创造性的背离与否定，因此，人类历史常常是自我创造和自我否定相交织的过程，而且在现代性的条件下，随着人的自觉性和创造性的增强，异化现象在某种条件下也会呈现加剧的态势。所以不断地扬弃异化本身也就是人的创造性的实践活动的重要组成部分。实践派哲学家普遍重视异化问题，他们关于异化理论最主要的理论建树一方面体现为对异化的实质的深刻揭示；另一方面表现为自觉地用马克思异化理论全方位地批判现代社会的各种异化现象。

根据上述关于人与其他动物的活动方式和本质特征的区分，实践派哲学家认为，在人的存在和人的历史中，异化不是某种附带的、枝节性的现象，而是与人的本质活动密不可分的实质性要素或者结构性因素，

---

① 《马克思恩格斯文集》第1卷，人民出版社2009年版，第196页。
② 《马克思恩格斯文集》第9卷，人民出版社2009年版，第483页。

所以应当在人的活动结构中、在人的本质中，而不是在人之外揭示人的自我异化的根源和基础。在这种意义上，无论是劳动产品的异化、劳动活动的异化，还是人与人之间的异化，在实质上、在本质上，都是人的自我异化。彼得洛维奇详细分析了马克思所论述的四种异化形式，或者异化的四个特征。他认为，我们要理解马克思异化理论的精髓，就不能停留于这种异化形式的描绘，异化形式的数量多少并不重要，马克思也可以列举异化的三个或五个特征来代替四个特征。重要的是要把握异化的实质是人的自我异化，而这意味着人与自身相异化，也就是说，生产活动的异化、人的一般本质的异化，以及生产结果的异化和人与人之间的异化，在本质上都是人与自身相异化，都是人与其人性相异化。彼得洛维奇还特别阐述了自我异化的具体含义："在这种情况下，一个自我异化的人，实际上就不是本质上的人，一个其实际存在不符合其人的本质的人。同样，一个自我异化的社会，就是一个其实际存在并不符合人类社会的真正本质的社会。"①从关于异化的实质这种深刻理解出发，彼得洛维奇认为，人作为自由自觉的实践存在，当然具有消除个人异化和社会异化的能力与可能性，但是，这种扬弃异化不是可以借助外力或者某种组织形式一劳永逸地、一次性地根除所有异化的某种具体的历史任务，而是呈现为人的实践活动的不断展开，呈现人的自由和创造性与异化现象、异化结构不断抗争的过程，是一个开放的过程。无论是对个体异化的消除，还是对社会异化的扬弃，都离不开人的实践活动的批判性和超越性，而这也正是人的本质活动所彰显的重要的存在意义和价值。"创建一种使个人能够扬弃异化，甚至刺激扬弃异化的个人早日出现的社会体系是有可能的，但是要组织一个能够自动产生这样的个人的社会却是不可能的。一个非异化的个人是一个能进行自由的创造性的实践的人，而自由的创造性，却不是外界能作为礼物给予任何人或者能强使他接受的。一个个人只有通过他自己的活动才能得到自由。"②

---

① 加约·彼得洛维奇：《二十世纪中叶的马克思——一位南斯拉夫哲学家重释卡尔·马克思的著作》，姜海波译，黑龙江大学出版社 2015 年版，第 127 页。

② 同上书，第 132—133 页。

在充分认识现代异化的深度和严重性的基础上，实践派哲学家特别强调马克思异化理论的当代意义，围绕着扬弃异化这个核心，发展起系统的社会批判理论，把批判的锋芒指向一切异化现象和异化力量。在他们看来，以越来越趋于普遍化的理性为背景，现代异化现象已不再局限于马克思所揭示的劳动产品和劳动活动本身，而是成为全方位压抑人、统治人、操控人的普遍异化力量。实践派在对各种现代异化现象的普遍批判中，特别集中揭示三个方面的异化力量：一是在社会劳动分工发展的特定历史阶段所建构的凌驾于社会之上、由少数人执掌的一种社会机构和力量，其特点是把人们划分为那些进行决策的人和那些只能服从并依据这些决策从事活动的人，这是一种典型的异化的政治，其突出表现是官僚制的强化；二是马克思和恩格斯在《德意志意识形态》中所批判的建立在物质生产和精神生产分工基础之上，代表着经济上占统治地位的阶级的观点、价值和思维方式总和的意识形态，这是一种异化世界的异化了的意识，其要害是使人们认同现存体制和现存社会结构，从而使异化的世界永恒化与合理化；三是以现代技术飞速发展为背景的、具有操控功能的技术理性，它在提高劳动生产率、改善工作条件和生活条件的同时，也以一种"技术分工"限制人的自由和全面发展，使人更加片面，成为自律运转的机器系统的附属品或组成部分，而技术本身却成为一种失控的自律发展的力量和衡量一切的最高标准。

第三，对革命内涵的重新解读和对社会主义本质的理解。传统马克思主义，特别是苏联正统马克思主义把人类社会发展以及无产阶级革命理解为服从客观必然性和普遍规律的社会进程，因此，革命主要体现为政权更迭，一种推翻旧政权的暴力革命。实践派则认为，根据马克思的理解，人类社会发展主要是人的创造性的实践活动的展开过程，在这一实践进程中，人不仅在确证自己的本质力量的意义上改变和创造世界和人自身，也会遭遇人的自我异化，因此，无产阶级革命和社会主义的确立就不仅仅要解决现代社会的阶级冲突，而且要解决人的普遍异化这一更加严重、更加困难的问题。在这种意义上，对于马克思学说中另外两个核心范畴——革命和社会主义——的理解都要突破一般的政治含义，要深入人的存在结构和人的本质活动中去把握。

实践派哲学家认为，马克思所设想的革命不局限于一般意义上的政治革命，尤其不等于一般的暴力夺取政权。马克思很早就指出政治解放只是革命的一种特殊形式，还不是真正意义的人的解放，因为它本身并不必定导致社会关系和人本身的根本变化。而且，如果不能从根本上扬弃普遍的异化，那么无论是这一政治革命本身，还是其结果，即新确立的无产阶级革命政权和社会主义体制，在一定条件下，都可能走向反面，由手段变成目的本身，从而断送社会主义革命。在这种意义上，实践派哲学家认为，马克思所设想的革命包含着双重基本内涵：对社会形态的根本改变和对人的存在方式的根本改变。彼得洛维奇认为，"彻底变革现存社会，消灭一切剥削关系，不可能仅仅是对社会结构的改建。没有人的改变就不可能有社会结构的变革。变革社会和造就新型的人只有作为同一进程的两个方面才是可能的。因而，只把'革命'术语用于这一统一进程的一个方面是不合理的。'革命'是人和社会彻底变革的标识。充分意义上的革命，即社会主义革命，要扬弃自我异化，创造真正的人道的社会和属人的人"①。

基于对革命内涵的这种更加深刻的理解，实践派哲学家认为，无论是这种革命的进程，还是社会主义和共产主义的生成，都不是外在于人的、独立的、纯粹服从客观规律的进程，而是作为人的自由的和创造性的实践活动的内在组成部分或者内在维度。因此，革命和社会主义或共产主义都是一个激发人的内在创造力、扬弃各种压抑人的自由和阻碍人的全面发展的异化力量的开放的进程。彼得洛维奇认为，由于人的超越性本质和异化的永恒性，革命本身不是一种暂时的历史现象，而是人的存在方式本身的打开，是人之自由的和创造性的存在方式的最高形式，因为革命是充满创造性的历史进程。因此，不应把社会主义设想为未来某种给定的状态，它本质上是一个开放的永不完结的过程。彼得洛维奇断言："人如果想要充分地实现自己的可能性而继续存在，那么就应当把社会主义革命设想为一个永不完结的过程，只有革命地生存，人才能

---

① Gajo Petrović, *Mišljenje revolucije*, Zagreb: Naprijed, 1978, p. 64.

实现其本质。"①在这种意义上，社会主义的实质与核心是人道主义，是"实践的人道主义"，是"人道主义的生成"。换言之，"共产主义在多大程度上作为人道主义，也就是在多大程度上作为共产主义"②。正是在这种意义上，实践派哲学家一般都把自治当作人道主义的社会主义的重要形式。

这样一来，实践派哲学家就通过马克思关于人、实践、异化、革命、社会主义几个核心范畴的阐释而建构一种比较系统的实践哲学思想，一种人道主义批判理论。彼得洛维奇认为，这样的理解和概括是符合马克思的思想的，不仅符合青年马克思的思想，也符合马克思后期的经济学理论。"马克思的《1844年经济学哲学手稿》的基本思想是：人是自由的和有创造性的实践存在，而在当代世界中，人却与他的人的本质相异化，但是当代社会中人的自我异化的激进形式，又创造了与自我异化斗争、实现消除异化的社会主义、实现自由人的自由联合的现实条件。同时，这也是《政治经济学批判大纲》的指导思想。"③可以说，有了这样的理论基础和理论前提，我们就能够更加深入地理解实践派的伦理思想，理解他们为什么把马克思的伦理思想解读为一种具有强烈批判意识的人道主义伦理思想。

(三) 理论定位：人道的，而非科学的马克思主义伦理学

基于上述分析，实践派哲学家认为马克思学说有其重要的伦理思想维度。那么为什么会有不少理论家坚持认为马克思学说是非伦理学的或反伦理学的？斯托扬诺维奇认为，马克思学说包含着丰富的伦理思想资源，但是马克思本人并没有刻意关注或者有意凸显自己理论中的伦理内涵。他认为，这种状况与马克思的理论兴奋点和关注点，即社会的变革和人的真实解放有直接的关系，基于对科学的信任和对社会主义不可避

---

① Gajo Petrović, *Mišljenje revolucije*, Zagreb: Naprijed, 1978, pp. 75–76.

② Ibid. , p. 182.

③ 加约·彼得洛维奇：《二十世纪中叶的马克思——一位南斯拉夫哲学家重释卡尔·马克思的著作》，姜海波译，黑龙江大学出版社 2015 年版，第 35 页。

免性的强调，马克思反对单独用道德因素和精神要素来说明社会的变迁，反对用单一的道德标准来衡量历史的进步，因此，马克思的理论只是反道德说教的，而不是反道德的。具体说来，马克思"没有把希望寄托在道德说教上，而是坚持认为需要改变导致不道德的社会条件；为了得到关于这些条件的认知，他投身于对现存社会现实及其支持力量、演变趋势和规律、最终变化的可能性和载体等的科学研究。这是揭示现存的不道德秩序形成的原因的唯一途径"①。斯托扬诺维奇认为，在这种背景下，对马克思而言，揭示现实历史趋势要比依据道德标准进行伦理批判更为紧迫，"马克思首先要努力说明，社会主义取代资本主义既具有必然性也具有合法性。对他来说，对资本主义现实的伦理学批判只是第二位的。而且，在伦理学上为作为他的事业的社会主义的合法性提供**清楚明白**的证明对他来说是最不重要的"②。

通过上述分析，斯托扬诺维奇认为，正是这些叙述策略上的因素，以及马克思关于道德因素和历史现实因素、道德变革和社会变革理论阐述中的某些张力误导了一些理论家，使他们得出了马克思理论的反道德或非道德性质的错误结论。在这种意义上，实践派哲学家充分肯定马克思学说包含着丰富的思想资源。斯托扬诺维奇断言："马克思最根本的理想是一种自由的、社会化的、创造性的、全面的、完整的、自主的和有尊严的人格。其具体的内涵体现为他的这些观点：异化的消除、社会的特别是阶级的不平等的废除、国家的消亡等。简言之，在我看来，马克思的著作中包含着丰富的人道主义的-伦理学的内涵，可以而且应该用来发展一种规范伦理学。"③问题在于，如何能把马克思并没有刻意地阐述或者不想特别凸显的这些思想理论资源充分地挖掘出来，并合理地建构起马克思学说自觉的伦理思想维度。这显然是一项十分艰巨的理论任务。在这里，我们首先要强调一个理论出发点或者理论基点，即在实践派看来，只有在马克思的实践哲学或者人道主义理论立场上，而不是

---

① Svetozar, Stojanović, Marx's Theory of Ethics, in Nicholas Lobkowicz (ed.), *Marx and the Western World*, South Bend: University of Notre Dame Press, 1967, p. 166.

② Ibid.

③ Ibid., p. 164.

在实证科学的立场上，才能深刻阐发马克思的伦理思想。

对于科学的马克思主义伦理学的拒斥是实践派所有哲学家共同的理论立场。从上述斯托扬诺维奇对马克思著作丰富的伦理思想资源的概括，就可以看出他所坚持的明确的人道主义定位和导向。在他看来，无论是马克思学说本身，还是马克思学说的伦理思想维度，都不能按照实证科学的精神来加以解读和"剪裁"，也就是不能把它们解读为排除了人的因素、强调客观必然性和普遍规律性的实证科学。不可否认，马克思高度重视现代科学及其普遍的理性精神，但是，马克思在阐述哲学和社会历史理论时，并没有把科学理解为与价值无关的、与人的存在无关的理论学科，相反，马克思始终强调必然性和应然性、客观性和主观性的统一。"当然，马克思相信他自己的学说具有科学性，但据此绝不能得出这一学说没有伦理色彩的结论。关键在于马克思没有把'科学'理解为'与价值无关的'（value-free）理智活动，这是某些马克思学家在谈论'科学'时所坚持的观点。马克思从来没有在认知陈述和价值陈述之间进行某种区分，因为这种区分会把价值陈述置于科学王国之外。我们绝不应忽视这样的事实，马克思是黑格尔的学生，而且黑格尔拒绝接受康德的二元论，因为他坚信是（the Is）和应是（the Ought）、实然（of Sein）和应然（Sollen）的统一。"[1]

关于伦理学不能是实证意义上的科学，以及作为科学的马克思主义伦理学是不可能的观点，实践派哲学家坎格尔加做了比较多和比较详细的探讨。他于 1963 年就出版了《卡尔·马克思著作中的伦理学问题》一书，这本著作是实践派哲学家最有影响的伦理学著作。坎格尔加这部伦理学著作的重点不是具体阐述马克思学说的具体道德原则或者伦理规范，而是从总体上来把握马克思主义与伦理学的关系问题。他分别探讨了康德的道德哲学和黑格尔的伦理思想，最终落脚到马克思主义伦理学的可能性问题。

首先，坎格尔加认为，迄今为止马克思主义理论家关于马克思学说

---

[1] Svetozar Stoyanović, *Between Ideals and Reality*, New York: Oxford University Press, 1973, p. 142.

和马克思主义的伦理思想的争论还主要停留于伦理学的具体问题框架中，缺乏对伦理学的总体反思，缺乏对伦理学和哲学关系的总体反思。他认为，在这一理论争论中，从大的方面来看，主要有两种对立的观点：一方面，很多马克思主义者明确地尝试去证明，马克思主义也有自己的伦理学，存在着某些不同于资产阶级伦理原则和规范的马克思主义的伦理原则和规范，甚至还有人尝试把整个马克思主义本身等同于伦理学；另一方面，也有不少马克思主义理论家坚持认为马克思主义伦理学是不可能的。坎格尔加认为，直到今天我们还在这两个极端之间的圈子里打转转，然而，无论是肯定马克思主义伦理学的理论家，还是否定马克思主义伦理学的理论家，都停留于在伦理学框架内去寻找是否有支持马克思主义伦理学的资源，而没有跳出伦理学具体问题和理论框架，从总体上思考马克思主义的伦理学问题。坎格尔加认为，在这种意义上，我们首先应当思考的问题是马克思主义伦理学是否可能的问题，与此相关的还有马克思的伦理学是否可能的问题，也就是在马克思的思想视域中伦理学是否可能的问题。而解决马克思主义伦理学的可能性问题的主要难题或者核心问题是"伦理学的科学性问题"。坎格尔加认为，这个根本问题，即伦理学是否是科学的问题，是一个悬而未决的问题，一个在理论界富有争议的问题。因此，坎格尔加强调，"这里谈论的不是关于**作为人的对象性关系**的真实的伦理学和主体的道德行为，而是关于**科学（或哲学）**与伦理学和道德行为的**关系**问题"①。

其次，关于伦理学和科学的关系问题，或者伦理学是否具有科学性的问题，坎格尔加的回答非常明确：科学原则不适合对伦理现象的把握，而伦理学也不具有科学性，不可能作为一门实证意义上的科学。一方面，坎格尔加强调，严格意义上的科学原则是对已经存在的东西或给定的东西的解释和描述，而不适合把握改变现存的实践。对此，坎格尔加做了详细的阐述，他指出，"这种科学的原则正是由于**作为科学的原则不仅不适用于道德实践而且也不适用于作为改变世界和使人自身人道化的真正的人的实践**，这些科学的原则的存在只是用于理解、解释或者

---

① Milan Kangrga, *Etički problem u djelu Karla Marxa*, Beograd: Nolit, 1980, str. 272.

理论的沉思性的'反映'。这样一来，这些科学原则只是反思、解释和描述已经存在的东西，而**无论如何都无法成为改变现存的方式**，因为理论总是只趋向于观察已经给定的东西，而对于思考所有那些**尚未给定的东西**缺少兴趣，因而所有那些对尚未存在的东西的渴求对'具有精确性的'科学而言都是纯粹的做梦，是'逻辑上无法证实的'愿望、渴求、纯粹的激情，这些东西'没有任何自己的根基的'，**因为它们在当下和现存中没有根基**，因而在科学理论的探索中也没有根基"①。因此，科学原则不仅只关注给定的和现存的东西，而且把一切现实问题，包括人的存在的真正本质和真实性的问题，都转变为真实的认识问题，由此，它把实践变成了认知的意识之外的东西。而在另一方面，伦理学的关注点不是对现存的和给定的东西的描述，而是指向尚未存在的和应当存在的东西，它强调改变现实和创造世界，因此，伦理学不是科学，或者说，作为科学的伦理学是不可能的。坎格尔加指出，"与这种把现存视作'真理'的科学的认知相反，还存在着另外的或者相反的观点，**伦理学的**观点从自己的方面提出了推翻和消灭现存的诉求（假设），因此，它不是，也不愿意只是谈论业已存在的东西，而主要是谈论**应当存在的东西**。科学无法讨论应当存在的东西，因为这些东西尚未存在，科学的对象只能存在于业已存在和曾经存在的东西的视域之中，停留于现存的'坚实的土壤'之中，应当存在的东西无法科学地建立，这从科学的角度是可以理解的，而由此推论，伦理学——**是不可能的！**或者换言之，伦理学**的确是可能的**，但不是作为科学，而是作为某种其他不同的东西，因而它能够探索和寻找自己的根基和领域——**在科学之外**"②。

最后，依据上述关于作为一种科学的伦理学是不可能的论证，坎格尔加明确地断言：作为科学的马克思主义伦理学也是不可能的；进而，马克思主义的伦理学是可能的，但只有作为改变现存的实践哲学，只有作为指向尚未存在和应该存在的东西的人道主义理论，才是可能的。如上所述，伦理学强调对现存的改变和对更加人性的东西的追求，那么，

---

① Milan Kangrga, *Etički problem u djelu Karla Marxa*, Beograd: Nolit, 1980, str. 274.

② Ibid. , str. 276-277.

马克思学说和马克思主义作为一种彻底改变现存世界、追求人的自由和全面发展的实践哲学，更不可能停留于对现存的非批判的认知。坎格尔加在《卡尔·马克思著作中的伦理学问题》一书中，分别讨论了康德的伦理学、黑格尔的伦理学和马克思的伦理思想。他认为，康德的道德哲学作为古典形式的伦理学，其关注的核心是"人作为道德的存在"；黑格尔的伦理学作为对道德性和伦理的哲学把握，其关注的核心是"人作为哲学的存在"；马克思的伦理思想关注的核心是"人作为历史的-实践的存在"，因而它不可能是一种关于现存的科学认识论，而一定是一种改变现存的实践哲学。坎格尔加指出，"由此我们可以确认，作为一种科学的马克思主义伦理学是不可能的，或者，换一种说法也是一样的，一种关于道德或者道德关系的客观的(马克思主义的)理论是不可能的。我们已经认识到，关于伦理学的这种不可能性**正是从科学本身的立场出发**加以确证、阐述和论证的"①。当然，坎格尔加也注意到，在马克思主义理论家中的确有一种尝试，即按照科学的、认识论的原则，把所有关于道德和伦理规范的认知整合为一种理论体系，形成一种科学的道德理论，以及进一步划分出道德社会学、道德心理学、道德社会心理学、规范伦理学等具体的学科。坎格尔加并没有完全否认相关的理论努力，但是，他认为，这种与人的真实存在无关的"抽象的和苍白的、学究式的和学院派的、无生命的和无活力的"道德理论，不是马克思主义的伦理学，从马克思主义的立场来看，这些理论是空洞无物的。

坎格尔加通过上述比较详细的论证，非常明确地表达了关于马克思主义伦理学可能性问题的基本理论立场：马克思并没有彻底拒斥伦理学思想，马克思主义的伦理学是可能的；马克思主义的伦理学不可能是一种实证意义上的科学，而是一种建立在实践哲学基础之上的人道主义伦理思想。实践派的其他代表人物，如马尔科维奇、斯托扬诺维奇也完全赞同这一基本的理论立场。有了这样的一个理论前提和理论基础，接下来的任务就是如何阐明马克思的实践哲学为伦理学所奠定的基础，并且在这一基础之上阐发人道主义伦理学的基本思想和理论观点。

---

① Milan Kangrga, *Etički problem u djelu Karla Marxa*, Beograd：Nolit, 1980, str. 280.

二、马克思的人道主义和道德的实践基础

在确定了马克思主义伦理思想是以马克思的实践哲学和人道主义价值理想为理论根基的人道主义伦理学之后，实践派哲学家首先对马克思的实践哲学和马克思倡导的人道主义本身做了进一步的阐述，因为无论是人道主义，还是实践哲学，都存在不同的理论类型和不同的阐述，我们只有把握了马克思实践哲学和人道主义的基本规定性，才能理解和准确把握这一理论学说内在地包含的独特的人道主义伦理思想维度。正如斯托扬诺维奇所说："马克思继承和占有了此前人道主义伦理的丰富思想资源，那些伟大的民主革命理想和其他事物一起，正是在这些思想中找到了它们的道路，并且使这些思想激进化，使之发展并具体化。"[①]

(一) 马克思的人道主义及其伦理思想内涵

在实践派哲学家中，对于马克思的人道主义探讨最多的理论家是马尔科维奇。他早在 20 世纪 60 年代就发表了专门阐述马克思的人道主义思想的专著《人道主义和辩证法》，此后在《实践的辩证法》《当代的马克思——论人道主义共产主义》《从富裕到实践——哲学与社会批判》等著作中，继续从多方面阐发马克思的人道主义思想和理想价值。在讨论马克思的人道主义辩证法时，马尔科维奇还特别强调，很多传统马克思主义理论家过分强调马克思理论中关于客观必然性和普遍规律的思想，而忽视了马克思关于人的自由和实践方面的丰富思想，甚至有的理论家把马克思学说解读为一种经济决定论，并且从决定论的立场出发来排除选择自由和道德责任等观点，从而否认马克思主义哲学框架内存在伦理学的可能性。马尔科维奇对此做了严厉的批评，他指出，"令人痛心的是，甚至今天的一些马克思主义者也无视马克思著作中如此丰富的所有细微差别、限定条件、反面实例，都根本不提及马克思的早期手稿，而这些

---

① Svetozar Stoyanović, *Between Ideals and Reality*, New York: Oxford University Press, 1973, p. 152.

手稿为他的整个哲学奠定了足够宽广的人道主义基础"①。因此，马尔科维奇主张从马克思的《1844 年经济学哲学手稿》《关于费尔巴哈的提纲》《德意志意识形态》，以及后来的许多著作所包含的丰富的人道主义思想和理论观点出发来阐述马克思学说的伦理维度。

首先，马尔科维奇梳理了关于道德和价值问题的几种有代表性的理论立场。他认为，在人类思想史上，以及在当今的思想界和理论界，围绕着道德和价值的整体把握有不同的，甚至相互冲突的理解和阐述，其中最主要的张力和冲突体现在关于道德和价值的相对主义立场和绝对主义立场之间。因此，他认为，必须对这些不同的理论阐述和理论立场进行比较，在此基础上确立马克思的人道主义及其伦理思想的基本理论定位。

马尔科维奇认为，在相对主义和绝对主义的理论立场中，最有影响力的主要四种。第一种是静态的、非历史的相对主义，它通常出现在各种经验主义、实用主义或结构主义的理论之中，按照这一理论立场，每一个特定的社会、每一种文明都有一套调节人与人之间的关系，形成必要的社会凝聚力的规则体系。且这些规则系统是不同的、不可通约的道德范式，换言之，道德体系是不能比较的，所有道德上的"善""正确""应该"或"真实"的概念都是相对于特定体系而言的，评价一种道德比另一种"更好"是没有意义的。第二种是康德哲学式的或现象学式的绝对主义（absolutism），它从一种关于人及其实践理性的超验概念出发，认为有某种非历史的和自主的善良意志、某种普遍的道德法则，即"绝对命令"为所有的道德规范提供基础。第三种是以黑格尔为代表的历史绝对主义，其认为，一个家庭、一个民族、一个文明内部的任何特定的道德秩序，以及作为一种意识形式的道德本身，都只是绝对精神发展的客观阶段。这种绝对精神的基本假设意味着历史的缺失，意味着在未来不可能创造新的道德形式，所有真正的发展都发生在过去。第四种是第二国际和第三国际正统马克思主义主张的一种历史的，却是相对主义的道德

---

① Mihailo Marković, *Marxist Humanism and Ethics*, *Science & Society*, Winter, 1963, vol. 27, No. 1, p. 12.

观。根据这种道德观，道德在历史上有一个真正的发展。从客观的角度来看，历史——不仅是过去，而且是未来——是社会生产力的增长过程，是日益丰富和自由的社会经济形态的演替。但是从更主观的角度看，历史是一部阶级斗争的历史，每个阶级都有自己的植根于本阶级的客观物质生活条件的道德。这种过度强调人的阶级性、不愿看到每一个个体和阶级中普遍的人的因素，又会导致向相对主义的回返。

马尔科维奇认为，马克思本人的理论立场不同于上述任何一种相对主义或者绝对主义的道德观，当然，在某种意义上，马克思本人对第二国际和第三国际正统马克思主义的决定论理论解释负有很大的责任，因为马克思非常重视经济基础的作用，例如，他在《关于费尔巴哈的提纲》中强调，"人的本质不是单个人所固有的抽象物，在其现实性上，它是一切社会关系的总和"[1]。但是，马尔科维奇认为，这并不是马克思思想的全部，相反，马克思阐述了一种更为深刻的人道主义哲学思想，他将人理解为一种实践的存在，这种实践的存在超越了任何预想的限制，创造着人自己的历史、自己的物质生活条件、社会形态和道德。由此，马克思超越了上述几种道德和价值立场的冲突与对立，"为提出一种人道主义的、真正历史的、超越了要么是错误的绝对主义要么是错误的相对主义困境的道德观做了根本性的贡献"[2]。

其次，马尔科维奇阐述了马克思的人道主义的基本理论内涵和价值追求。他在一篇题为《马克思主义人道主义与伦理学》的论文[3]中，为了阐发马克思主义的人道主义伦理学思想，首先对马克思的人道主义理论内涵做了基本的表述。马尔科维奇概括了 14 点内容，我们可以把他的概括概括为几个方面。其一，同其他各种人道主义哲学一样，马克思哲学的核心问题是"人在宇宙中的位置"，它一方面展现为人与自然的关系，另一方面展现为人与他人（人与社会）的关系。其二，关于人的问题

---

[1] 《马克思恩格斯文集》第 1 卷，人民出版社 2009 年版，第 501 页。

[2] Mihailo Marković, Historical Praxis as the Ground of Morality, in Morris B. Storer. (ed.) *Humanist Ethics: Dialogue on Basics*, New York: Prometheus Books, 1980, p. 37.

[3] 参见 Mihailo Marković, Marxist Humanism and Ethics, *Science & Society*, Winter, 1963, vol. 27, No. 1, pp. 1–22.

的核心是实践，人的基本特征是相对自由的实践活动，是从事创造性工作、对周围环境进行有目的的改造的能力。其三，在实践中，人和对象的关系体现为两方面：一方面，有目的的实践概念意味着，存在一个独立于人及其心灵的对象世界，存在着稳定的、有规律的对象；另一方面，人通过对这些对象的实践经验而认识和把握这些对象，并且，为了理解这个世界，人不只对这个世界进行思考和描述，而且根据自己的需要建构了原本并不存在的、他计划创造的对象的概念。其四，各种社会现象是物质因素（如经济结构、社会分层、政治和法律制度）和文化因素（如科学、艺术、宗教、道德）不断相互作用的结果，在大多数情况下，社会物质生活的发展起着决定性的作用，至少是间接地起着决定性的作用。其五，自然和社会过程都受某种规律的调节，然而，由于这些规律是在排除了任何偶然事件和人类自由的任何可能性的意义上提炼与抽象出来的，因而它们并不是严格的，而应当被解释为某种趋势，是物和生命有机体最可能的行为模式。其六，社会现象和社会生活的基础性，以及自然过程和社会过程的趋势性并不否定人的自由和创造，生活在一个既有秩序又有偶然的世界里，人能够作为一个自由的主体来行动，人既要意识到外在的和内在的决定性因素的存在，又要抵制外部的和内部的强力，并做出最符合其基本信念和价值观的决定。其七，尽管科学和技术取得了各种各样的成就，但当代人类的状况远未令人满意，人们还处于普遍的异化之中，这就意味着，他无法控制自己通过体力和脑力劳动生产的产品，不可能参与自由选择的、具有创造性的工作，而是将所有丰富的生活还原为占有物品的虚假需求，此外还意味着他与其他人疏远，面临着剥削、嫉妒和仇恨的社会关系，而不是相互的信任和爱。①

　　基于上述分析，马尔科维奇对马克思人道主义的理解既凸显了作为人的本质活动的实践所具有的自由自觉性和目的性，也强调了人的实践活动的价值追求，即对异化和一切外部的与内部的强力进行抵制和扬

　　① 参见 Mihailo Marković, Marxist Humanism and Ethics, *Science & Society*, Winter, 1963, vol. 27, No. 1, pp. 2–5。

弃。因此，这种以人为核心的实践哲学和异化理论构成了马克思人道主义的理论基础。马尔科维奇概括道："总之，异化意味着从人所能成为的和所应成为的一切中分离出来。因而，人道主义观点表达的最高价值是：消灭异化，彻底摆脱一切形式的奴役和贫困，包括政治的与生态的、物质的与精神的、外部的与内部的奴役和贫困。"①

最后，依据上述关于马克思人道主义基本理论内涵和价值追求的阐述，通过对马克思关于决定论、经济基础、阶级等问题的理论的重新解读，马尔科维奇认为，马克思主义的道德观既不是那种极端的相对主义，也不是那种极端的绝对主义，而是呈现出决定性和人的自由、人的活动的合规律性和合目的性（创造性）辩证统一的理论特征。如前所述，道德观上的相对主义和绝对主义的冲突在马克思主义理论中直接体现为伦理学和历史唯物主义之间的张力和冲突。那些把历史唯物主义解释为决定论，特别是经济决定论的理论家，强调道德具有被经济基础决定的特征和具有阶级性，这种决定论的概念本身就排除了选择自由、道德判断和道德责任。马尔科维奇认为，这种所谓伦理学和历史唯物主义之间的冲突在马克思的人道主义语境中实际上是不存在的，是可以轻松解决的矛盾。他重点从四个方面解决这个所谓的冲突。

一是应当辩证地、合理地理解马克思的决定论观点。在他看来，马克思主义的决定论概念的意义比通常的决定论立场更为灵活，因为马克思把社会规律仅仅视为趋势。虽然这些规律限制了人类活动的可能性，但仍然留下了几种或多或少具有可能性的选择。人们要通过自己的实践活动来选择和实现其中的一种可能性或另一种可能性。因此，"对马克思来说，人是一种积极的、相对自由的存在（在部分受物质决定、部分受历史决定的范围内是自由的）。只要他对各种运行的、相互中和的因素的认识和控制能力得到了提升，这种自由就会增加。因此，一个正常的成年人毫无疑问是对自己的行为负有道德责任的，他在行动之前对各

① Mihailo Marković, Marxist Humanism and Ethics, *Science & Society*, Winter, 1963, vol. 27, No. 1, p. 5.

种可能的选择及对后果的认识越多，就越是如此"①。

二是应当辩证地、合理地理解马克思关于经济决定性的思想。马尔科维奇认为，马克思的历史唯物主义并不是一种经济决定论。连比较重视自然辩证法和客观必然性的恩格斯也反对经济决定论。恩格斯在晚年最后几封通信中表示，他担心马克思和他本人对经济因素重要性的强调被人们误解了。恩格斯强调，所谓经济因素的决定作用是有限定的：一方面，经济因素只是在归根结底的意义上是决定性的社会因素，它直接或间接地决定着其他一切社会现象；另一方面，各种形式的社会上层建筑有其自身的、相对独立的发展逻辑，并且能够反过来影响生产力和生产方式的发展。因此，马尔科维奇认为，那种认为马克思赞成将道德价值与经济利益统一起来的观点是愚蠢的。事实上，"在马克思看来，一定程度的物质财富只是一种手段，是摆脱其他一切形式的人类苦难的一种必要条件。他的最终目标是每一个个人都过上自由的、创造性的生活，他们在感觉和精神上是富足的，而不仅仅在物质商品数量上是富足的"②。在关于决定论的问题上，斯托扬诺维奇也认为马克思学说并非经济决定论。在他看来，马克思的确承认历史发展中的决定性因素，有时候在强调社会规律的不可避免性时还带有某种严格决定论的特征，但是，从总体上看，马克思的学说是一种"温和的决定论形式"，它并不否认人的自由和创造性，而只是把社会规律理解为人的实践活动和历史进程中的某种"趋势"。因此，斯托扬诺维奇断言："伴随着对历史决定论的理解，马克思也为人类实践、自由和自我实现留下了一席之地。"③

三是应当辩证地、合理地理解马克思关于道德的阶级性的观点。马尔科维奇认为，马克思之所以强调道德的阶级性，主要是出于批判他那个时代以自然权利为核心的现行道德理想的实践需要。他的论点是：每个社会中盛行的道德都反映了统治阶级的利益，并充当着使其存在条件

① Mihailo Marković, Marxist Humanism and Ethics, *Science & Society*, Winter, 1963, vol. 27, No. 1, p. 13.

② Ibid.

③ Svetozar Stoyanović, *Between Ideals and Reality*, New York: Oxford University Press, 1973, p. 145.

合理化的手段。但是，马克思学说并没有把人的本质仅仅归结为阶级性，也没有彻底否认人类具有某种超越阶级限制的伦理道德，例如，他在《资本论》中批判边沁的功利主义时，就强调，要想根据效用原则来评价人的一切行为、运动和关系，等等，就首先要研究人的一般本性，然后要研究在每个时代历史地发生了变化的人的本性。同样，恩格斯在《反杜林论》中，在谈论道德领域的永恒真理时曾断言，这些永恒真理是非常罕见的，但它们是存在的。因此，马尔科维奇认为，"谈论一整套超越阶级限制和时代局限，并且以各种各样的、有时是伪装的形式在道德的一切历史形式中重新出现的道德规范，是十分符合马克思主义的。这样，例如，可以有对于子女、父母、朋友、共同体的基本义务的规范；旨在摈弃撒谎、欺骗、偷窃、杀戮的规范；旨在为性关系提供某种基本秩序的规范；等等"①。

四是应当辩证地、合理地理解马克思关于政治和道德关系的思想。马尔科维奇认为，在我们这个充斥着革命和战争、焦虑不安的时代，政治活动比其他形式的文化活动更为重要，有时候人们为了实现眼前的政治目标，往往会舍弃或者否定道德要求以及法律规定、科学的客观性、艺术表达的自由等。马尔科维奇认为，马克思主义的人道主义反对使道德（以及科学、法律和艺术）永远从属于政治的做法。按照马克思的理解，被压迫的社会群体的政治解放斗争只是人类解放的一个方面，而文化革命和道德革命的重要性无疑不亚于一个社会的政治重建。"诚然，道德本身作为特定阶级利益的体现，是带有政治色彩的。但是，从另一方面看，任何一个宣称代表全人类的政党，在政治斗争中都必须遵循道德价值。它当然也不可忽视目标的道德价值和手段的道德价值之间具有多么密切的联系。高尚的目标只能由高尚的人去实现。毫无疑问，使用不好的、有损人格的手段，会导致使用手段的人道德沦丧。"②

通过上述关于马克思学说中决定论、经济决定因素、道德的阶级

---

① Mihailo Marković, Marxist Humanism and Ethics, *Science & Society*, Winter, 1963, vol. 27, No. 1, p. 14.

② Ibid., p. 17.

性、道德和政治关系的分析，马尔科维奇认为，马克思的人道主义能够很好地解决道德观上的相对主义和绝对主义的冲突，也就是说，所谓伦理学和历史唯物主义之间的相互冲突是不存在的，换言之，人道主义伦理学和历史唯物主义基本理论在本质上是一致的。按照马克思的人道主义所理解的历史唯物主义，可以为我们深刻地揭示和把握道德的基础提供重要的理论支撑。

（二）人的历史和实践构成道德的根基

通过对马克思的人道主义及其伦理思想内涵的揭示，实践派哲学家根据马克思实践哲学和异化理论的基本精神对历史唯物主义做了重新解读，消除了伦理学和传统马克思主义理解的历史唯物主义与伦理学的冲突，由此从总体上展示了马克思的人道主义所具有的伦理思想内涵和理论特征。概而言之，马克思主义道德观超越了极端相对主义和极端绝对主义的两级对立，强调决定性和人的自由、人的活动的合规律性和合目的性（创造性）的辩证统一。在实践派哲学家看来，马克思主义的人道主义伦理学之所以能够解决伦理学和哲学（形而上学）、相对主义和绝对主义之间的冲突，就在于它不是把伦理道德简单当作客观必然性的被动产物或者当作神的意志和绝对精神的命令，而是将之奠基在人类历史实践基础之上。具体说来，在马克思的人道主义看来，关于人作为一种实践的存在的思想，构成了伦理学的基础。因此，我们在总体上揭示了马克思的人道主义基本理论定位和伦理思想内涵之后，应当进一步阐述实践派哲学家关于构成道德根基的历史实践的理解。在这方面，马尔科维奇在《作为道德根基的历史实践》①一文中，对于这一问题做了比较深入和集中的探讨。我们可以概要地阐述一些马尔科维奇的基本观点。

首先，必须在人的历史之中确定道德规范和伦理学的根基，不能在人的历史之外，在自然进程或者超自然的存在中寻找人的道德的基础。马尔科维奇强调，"如果我们不想给伦理学一个神学基础，进而，如果

---

① 参见 Mihailo Marković, Historical Praxis as the Ground of Morality, in Morris B. Storer. (ed.) *Humanist Ethics: Dialogue on Basics*, New York: Prometheus Books, 1980, pp. 36-51。

我们不想把伦理学建立在一个独断地、教条地假定的绝对标准的基础上，我们就必须将人类历史作为道德的一个可能的基础"①。这是因为，人是一种独特的存在，他不是一种自在自发的、给定的，可以在某个时刻一劳永逸地完成的存在，而是呈现为一个开放的过程，呈现为不断超越的历史生成过程，因而，在某种意义上，人的历史就是人的存在本身，就是人的存在的展开过程。在这种意义上，我们必须把握人的历史和历史性的独特性，它不是简单地作为事实的集合，或者作为几个破碎的、不可通约的系统构成的系统，而是"一个有意义的过程"，一种有目的的、有价值的生命过程。这是人区别于其他动物和其他存在形式的根本之点，道德和价值就蕴含在这一进程之中，就是这一进程的内在组成部分。人在自己的存在中追求的"更好"或"更坏"不仅仅是一个主观偏好的问题，它指的是一种趋势、一个过程，而这种趋势恰恰是理解人的存在必不可少的内涵。

其次，确定将人类历史作为道德的一个可能的基础，还只是一种初步的、需要进一步深化的认识，因为，使人的历史成为可能，成为具有独特性的、包含着道德和价值追求的有意义的过程的根本要素是人的活动，即人区别于其他存在的实践，因此，正是这一作为人的本质的实践，构成了伦理道德的根基。换言之，正因为人是自由自觉的、有目的、创造性的实践存在，所以他也是具有自由选择和道德判断能力，并且具有道德责任的道德性存在。实际上，从古希腊哲学开始，很多哲学家和思想家都把道德作为实践哲学的主体内容。马尔科维奇对此做了比较详细的论证。他是这样阐述的："历史发展的首要设计是什么？对于不是作为单纯的生命有机体，而是作为**一种特别的人的**存在的人来说，哪些客观条件是他的生存和发展所必需的？历史进程中实际发生的许多东西都不属于这样的条件：饥荒、洪水、地震、屠杀、毁灭。使人类历史成为可能并成为独一无二的——在过去几千年的爆炸性发展中——是一种特殊的人类活动——实践（Praxis）。实践是**有目的的**（先有一个自觉

---

① Mihailo Marković, *Historical Praxis as the Ground of Morality*, in Morris B. Storer. (ed.) *Humanist Ethics: Dialogue on Basics*, New York: Prometheus Books, 1980, p. 38.

的目标)、**自我决定的**(在各种可能性中自主选择)、**理性的**(始终遵循某些一般原则)、**创造性的**(超越给定的形式,并把新奇的东西引入既定的行为模式)、**累积性的**(以符号的形式储存更多的信息,并把它们传递给后代,使他们能够在已经取得的成就的基础上继续发展)、**自我创造的**(在这个意义上,在接触到越来越多的信息后,在受到新的环境挑战后,年轻的人类个体发展出新的能力和新的需求)。实践是人的类特性的一种新的高级形态。"①基于这种开放的实践活动,人的诞生和人类的历史就呈现为从简单的、有机的、重复的、狭隘的、自然的世界向复杂的、文明的、不断发展的、广阔的历史世界,从需求和能力的贫乏到目标和生活表现的日益丰富,迈出的巨大一步。这样的历史进程既是一种发展的趋势,也是人的道德选择、理想目标和价值追求,"当一个人致力于支持、阻止或倒转历史中日益增长的创造力的趋势时,就会采取一种基本的**规范性**立场"②。

进而,与各种传统的伦理思想相比,这种以人的历史和人的实践作为道德根基的人道主义伦理思想,在基本的价值取向上是批判的和致力于解放的。从马尔科维奇上述关于实践的界定和分析可以看出,人的实践活动呈现出两种主要的特征和价值取向:一方面是对某些一般原则的遵循和对已有的成果的积累保存,体现出实践活动的连续性和继承性;另一方面则是对业已存在的、现存的和给定的东西的改变,对新的东西的创造和人的自我创造,体现出实践活动的否定性和超越性。正是实践的这两方面特征的交织和相互作用,使人的历史既表现为一个连续的和发展的进程,又呈现为一个不断超越的和开放的进程。与此相一致,把实践作为道德根基的人道主义伦理思想也体现出两方面的基本特征和价值追求:一方面,人遵循基本的行为规范,把实践的基本价值原则作为每个人的生活准则和行为规范;另一方面,人也会通过自由选择和有意识的批判,去超越现存的具有局限性的社会形式、行为模式、生活准则

---

① Mihailo Marković, Historical Praxis as the Ground of Morality, in Morris B. Storer. (ed.) *Humanist Ethics: Dialogue on Basics*, New York: Prometheus Books, 1980, pp. 38–39.

② Ibid. , p. 39.

和道德规范，使人从异化的力量和不合理的束缚中解放出来，获得自由和全面发展，并发挥道德的力量，去探索新的行为模式和生活准则。因此，这种人道主义伦理学是致力于批判的和解放的。马尔科维奇对此做了清楚的阐述："致力于提升历史中的创造力，将实践作为基本的价值原则，也就是主张它**应该**是普遍可及的，应该成为每个人的生活准则。这还意味着，鼓励人们去发现既定社会形态、制度和行为模式的根本局限性；意味着尝试和探索新的隐藏着的可能性，一种关于不同的、更丰富的、更复杂的、自我实现的生活的可能性，并以理想的形式将它们表达出来，并研究实现这些可能性的策略。这种伦理取向显然是致力于**批判的和解放的**。"[①]在阐述人道主义的伦理取向时，马尔科维奇还指出，要批判和防止两种不健康的伦理取向：一是因循守旧、维持现状的态度，这种取向为现实辩护，用接受力替代创造性，阻止人们对已有的社会形态和生活模式的改变，抵制解放的取向；二是对历史采取倒退的规范态度，致力于倒转历史趋势，恢复已被破坏和超越的主奴等级制社会关系，把奴性当作创造性的替代品，这种取向一方面强调以征服和统治为荣，另一方面强调以服从和耐心地、忠诚地忍受为荣的道德观。

马尔科维奇还进一步具体阐述了人是实践的存在、人应该是实践的存在，人应该是体现了实践原则和规范立场的道德性的存在，他从几个方面说明了人道主义伦理取向和价值追求的含义。第一，与传统唯物主义和经验主义的观点不同，人不仅是外在的自然和社会力量的反映，是教育的产物，是被特定经济结构决定的上层建筑，而且具有主体性，他在特定状况的制约下创造他自己，重塑他的环境，改变以一定规律存在的条件，教育教育者。换言之，作为一个实践的存在，作为一个道德的主体，"人不是仅仅被设想为一种自我意识，而且被构想为一个主体–客体（subject-object），他不仅受现存精神文化性质的制约，而且受物质生产水平和社会制度性质的制约。然而，正因为他既有主观方面又有客观方面，既有精神力量又有物质力量，所以他不仅能够理解自己的局限

---

① Mihailo Marković, Historical Praxis as the Ground of Morality, in Morris B. Storer. (ed.) *Humanist Ethics: Dialogue on Basics*, New York: Prometheus Books, 1980, p. 39.

性，而且能够在实践中克服这些局限性"①。第二，人是一个现实的、经验的存在，他在自己的存在中会面对着给定的、被加诸自己的规范、义务和责任。但是，人作为实践的存在，并不只是被动地接受和遵循给定的和现成的规范，而且也具有自由的选择能力和制定道德规范的能力。"如果一种伦理学理论只是将完全脱离经验现实、不以任何经验现实为依据的规范强加于人，那么它将变得毫无意义。当然，利用复杂的操纵手段和野蛮的力量可以把某些义务和责任强加给一个共同体，但真正的道德不能以这种方式产生。它必须是自主的，而且只有现实的(个人或集体)主体才能为自己制定道德法则。另一方面，从规范的本质的角度来看，道德规范绝不只是对现实存在的反映。就像每一种实践活动一样，道德始于对现实经验存在的局限性的认识，始于对我们习惯的、常规的活动方式的局限性的认识……道德包含着在不同的选项中进行的有意识的、自由的选择，这种选择超越了我们现实存在的、直接的、自私的需求——它表达了我们潜在生命的长远需求和倾向。"②第三，肯定了人的道德选择的自由和创造性，也就肯定了每个人都是独立的和独特的个体，都有自己的道德评价，并且为自己的道德选择和道德评价承担道德责任。毫无疑问，人是一个特殊的社会存在，人属于一个家庭，属于一个职业群体、阶级、民族、种族、世代、文明，人只有在一个共同体中，才成为一个人，才能把自己的能力发挥出来，并占有许多前人创造并积累下来的知识、技能和文化，发展出许多社会需要，如归属、分享、被认同和尊重，等等。但是，必须强调的是，"无论是在现实性还是在潜在性方面，人首先是一个独特的个人，他有着极为独特的能力、力量和禀赋"③。这毫无疑问是人作为实践的存在、作为道德的主体的基本规定性。

---

① Mihailo Marković, Historical Praxis as the Ground of Morality, in Morris B. Storer. (ed.) *Humanist Ethics: Dialogue on Basics*, New York: Prometheus Books, 1980, p. 40.

② Ibid., pp. 40-41.

③ Ibid., p. 41.

三、马克思人道主义伦理学的
基本思想和理论特征

以上我们阐述了实践派哲学家关于马克思实践哲学和异化理论的阐发、关于马克思主义的伦理学可能性问题的讨论，以及关于马克思主义伦理学的人道主义理论立场和道德的历史实践基础等几个方面的重要理论内容，在此基础上，我们要更加具体地展示他们关于马克思人道主义伦理学基本理论内涵和理论特征的讨论，只有揭示了这些更为具体的理论内涵，关于实践派伦理批判思想的阐述才能够真正落到实处。

（一）马克思人道主义伦理学的基本理论内涵

道德作为一整套约束社会共同体成员行为的规则（规范、标准），以及一整套实际的行为习惯，在古往今来各民族的历史中都是普遍存在的文化现象，因而，关于伦理道德的研究是社会学、心理学、民族学、历史学、文化学等众多学科共同关注的重要课题和领域。马尔科维奇认为，不同的学科对道德研究的侧重点和视角有所不同，例如，心理学研究的是人类道德行为的心理机制；人类学描述和解释实际存在于各种共同体之中的道德体系；社会学研究一定道德的社会条件；历史学研究一定时代道德的形成、发展和消失等。与这些学科相比，哲学不是从某一个视角或某一个方面，而是从整体的高度研究道德，包括道德的形式、维度、关系等。同时，哲学对道德的研究不仅包括对道德现象的描述和解释，而且包括对道德现象的评价和批判。在这种意义上，伦理学作为研究道德现象的哲学学科，具有丰富的理论内涵，承担着重要的研究任务。马尔科维奇指出，"伦理学既有理论任务，又有实践任务。伦理学的理论任务是：澄清道德话语的基本概念，确立道德评价的一般标准和解决道德问题的方法，解释道德与其他各种社会现象的关系，研究各种道德学说的哲学前提和适用条件。伦理学的实践任务是，通过批判现存的道德和提出适合于特定时代人类社会的道德理想，来促进人类生活在道德上的完善"①。

实践派哲学家以及其他东欧新马克思主义理论家关于马克思主义伦理思想的研究都具有丰富的内容，既涵盖了伦理学的理论任务，也涵盖了伦理学的实践任务。需要特别指出的是，在实践派哲学家和其他东欧新马克思主义理论家那里，伦理学的理论任务的解决和实践任务的解决并不是分立和分离的，而是有机地交织在一起的。这些理论家从马克思所强调的实践的超越性和创造性，以及人道主义的批判性出发，不仅在承载伦理学的实践任务，即在应用伦理学的层面上，从不同侧面批判和超越现存的道德和伦理，而且在对道德现象的理论研究中，也没有停留于一般的理论描述和解释，而是从扬弃异化的人道主义立场出发，对于现代性背景下的道德现象和伦理关系做了批判性的理论阐释。

首先，关于伦理学的基本问题的思考。尽管实践派哲学家更加关注对现存异化世界道德结构的批判和超越，但是，实践派哲学家也像其他伦理学家一样，思考和探讨了一般伦理学的基本问题，包括对伦理学的基本概念的解释、元伦理学和规范伦理学的一些基本问题的思考等。在这方面，马尔科维奇做了比较多的研究。例如，他专门探讨了价值和道德价值、"善""应该"等基本伦理学范畴、伦理判断的特征、解决道德问题的方法等几个重要的伦理学基本问题。其一，价值概念是哲学的基本范畴之一，伦理学、美学、政治学、法学等学科的基本概念都是价值概念。而道德价值的特殊性在于，它们引导和约束个体和群体的行为，构成了整个人类或非常大的群体(整个共同体、社会阶级)相对稳定的行为模式；道德价值主要是满足人对社会和谐、协调，以及社会认可某些类型的行为和阻止其他类型的行为的需要。其二，最常用来表达道德价值的是"善""正确""应该"等术语，这些术语都有一个共同的意义内核，它们的不同之处仅在于："当我们将某一行为定性为'善'时，强调的是所讨论的对象(行为)的品质；当我们称其为'正确的'时，强调的是它与从公认的道德准则衍生而来的规则相符合；而在说'应该'做某事时，强

---

① Mihailo Marković, Marxist Humanism and Ethics, *Science & Society*, Winter, 1963, vol. 27, No. 1, p. 5.

调的是行动,而且我们试图直接地(而不仅仅是像以前的情况那样间接地)鼓励某种实践活动。"①其三,与认知判断等其他陈述相比,伦理判断强调把意义的不同维度(描述性、情感性、规定性)综合起来在总体上加以把握,具体说来,伦理判断既涉及我们赞同与否、我们的责任感和内疚感等心理过程,又涉及一种特殊的社会、文化对象,表达与之相关的道德价值,还具有一种特定的实践功能,即试图唤起别人的认同感和责任感,鼓励或劝阻人们以一定的方式行事。其四,解决道德问题的方式是一个复杂的、困难的问题。一些伦理学家基于社会的阶级分化、利益冲突、道德价值和道德观点分歧而认为道德问题的解决在原则上是不可能的。马尔科维奇认为,马克思主义伦理学不能如此简单地断言道德问题原则上无解,虽然存在着基于阶级、利益和观念的道德冲突,但是,如果人们诉诸道德经验,探讨道德判断所导致的后果,还是可以发现人们潜在的道德态度上的一些一致性。因此,马尔科维奇认为,"在决定道德问题时,这种直接的道德经验所起的作用与观察在决定认知问题时所起的作用相类似。诚然,直接的道德经验要更为多变。但由此并不能得出推论,认为我们应该低估一致性的程度,直接道德经验中的一致性要比抽象的口头声明的领域中的一致性大得多。无论如何,在解决基本原则上有分歧的对手之间的道德问题时,诉诸道德经验是迄今为止最有希望的方法"②。

其次,马克思人道主义伦理思想的核心是扬弃异化。虽然实践派哲学家重视研究伦理学的基本理论范畴和基本理论问题,但是,他们更加关注的是如何从根本上改变和变革现存的世界和现存的道德问题,因为在他们看来,现存的世界是一个普遍异化和物化的世界,是一个否定人的自由和压抑人的创造性的社会,因此,也是一个文化异化和道德危机的不合理的世界。实践派哲学家认为,在当今的历史条件下,马克思人道主义伦理学的核心任务就是要消除异化,而要消除异化,就要重新激

---

① Mihailo Marković, Marxist Humanism and Ethics, *Science & Society*, Winter, 1963, vol. 27, No. 1, p. 8.

② Ibid. , p. 11.

发人的道德力量，恢复人的自由，使人真正成为自由自觉的实践的存在。如前所述，坎格尔加在《卡尔·马克思著作中的伦理学问题》一书中，就强调马克思人道主义伦理学的核心是"人作为历史的-实践的存在"，他对马克思的全部伦理思想的阐发都是围绕着如何消除异化，恢复人的实践的自由的和创造性的本性而展开的。斯托扬诺维奇也非常明确地强调："马克思著作的人道主义伦理学基础由扬弃异化、自由、社会平等和正义、消灭剥削、消灭社会阶级、国家消亡、创建生产者自治联合体等概念组成。如今，任何绕开这些价值观念的社会政治伦理学都不能令人满意。"[1]关于马克思人道主义伦理学的理论核心和根本任务，马尔科维奇依据马克思实践哲学和异化理论做了比较深入的阐述。他明确强调马克思人道主义的核心概念是消灭异化。异化不是人从某一具体的给定的东西的异化，而是从自己的本质活动的异化，它意味着人不能成为人所能成为和应该成为的存在，即自由的、创造性的、充分发展的、社会化的存在。因此，异化是现代人的生存所面临的本质性的、根本性的危机和困境，这种异化体现在人的存在和社会存在的方方面面，包括道德也处于异化之中。所以，马尔科维奇认为，必须更加深入地理解人的自由自觉的实践活动的运行机制和丰富内涵，进而揭示人如何从自己的本质异化，即人的自我异化的机制和途径，并且把握道德异化的问题，唯其如此，才可能找到人消除异化、重新成为一个自由自觉的实践主体和道德主体的途径。

为了能够有针对性地确定马克思人道主义伦理学在消灭异化这一关乎人的解放的历史运动中的重要地位和重要责任，马尔科维奇首先详细解析了作为人的本质的实践活动的主要方面和主要内涵。我们可以引用马尔科维奇关于实践的一段比较长的阐述来理解实践是如何构成了人的本质规定性，并展开了人的存在的各个方面。他指出，"人实际上是一种实践的存在。他倾向于改变他周围的环境，而各种境况决定他的活动形式是创造性的还是破坏性的，或者只是枯燥的例行工作。人实际上是

---

① Svetozar Stoyanović, *Between Ideals and Reality*, New York: Oxford University Press, 1973, p. 152.

一种理性的存在；他的行为是有目的的，并且他有理由相信他所做的事情会导致预期的结果(尽管他可能是错的，或者他的愿望可能是坏的)。此外，他实际上是一种社会性的存在。他只能生活在社会中，即便当他的利益与社会整体的利益发生最尖锐的冲突时，他也会尝试通过各种理性化的方式——政治的、伦理的、哲学的等方式——至少使它们获得暂时的统一。创造意识形态不是为了欺骗他人，而是真心希望社会能够合法化。进而，在对现实的人的本质的任何描述中，都可以补充一点，即人是一种快速发展的存在。他一直发展自己的知识，他使用越来越适当的物质对象来满足自己的需要，他发展起越来越复杂的文化需要，他创造出越来越复杂和有效的组织形式，等等。最后，事实上，人始终是自由的(在相当有限的意义上)。很难想象有哪种人类社会，在其中，人们——至少在某些情况下——还不知道行动的可能性不止一种，还没有从选择的强制性力量中解放出来"[1]。

从马尔科维奇上述关于人的实践的详细描述中，我们一方面可以清楚地看到人的实践活动对于人的存在和社会存在各个方面所具有的创造潜能，另一方面也不难看出，实践活动的各个方面，无论是对环境的改变、理性的存在、社会的存在，还是对意识形态和知识的创造与发展，尽管目的和意图都是丰富和完善人的存在、社会存在和人类文明，确证和展示人的创造性的本质力量，但是，在每一个方面都存在着走向反面，其结果事与愿违的可能性，都存在着转变为否定人的自由和创造性的异化状态的可能性。这就使我们更加深刻地认识到异化可能达到的深度和广度，以及异化问题对于现代人的存在的严重性和严峻性。马尔科维奇在这里除了阐释马克思的《1844年经济学哲学手稿》关于四种异化形式的理论分析外，还从不同的方面进一步展示出人从自己的本质性的实践活动自我异化的可能性和具体的异化渠道。例如，人无法控制他自己的物质和精神活动的产物，其劳动创造的金钱、财富、教会、国家、政治组织等产物不是满足他的需要的手段，而是变成目的本身，变成一

---

[1] Mihailo Marković, Marxist Humanism and Ethics, *Science & Society*, Winter, 1963, vol. 27, No. 1, pp. 18–19.

种凌驾于他之上的陌生的、未知的力量，一种奴役他而不是由他支配的
力量；人不是参与创造性、激励性的工作，不是履行自己所能履行的各
种社会职能，而是为了获得物质生活资料受动性地生存，被迫在枯燥的
自动化工作中耗费自己的全部能力；人无法实现他的各种潜能，无法发
展和实现各种更精致的需求，其存在仍是片面的、贫乏的、动物式的，
他仍然停留在满足其动物的基本需要的水平上，他的需要是吃、睡、性
满足和最原始的娱乐活动；人在为更多的财产和权力而斗争的过程中，
与他的同伴相疏离，相应地，剥削、猜忌、冲突、嫉妒、仇恨支配着人
与他人的关系；等等。①

在上述关于人的实践的基本结构和各个方面的解析和关于人的自我
异化的种种表现形式的揭示中，马尔科维奇已经在很多方面透露了马克
思人道主义伦理学核心任务的内涵。以此为基础，马尔科维奇还专门揭
示了作为人的自我异化的内在组成部分的道德的异化，探讨扬弃异
化（包括扬弃道德的异化）的途径。马尔科维奇在揭示了人的自我异化的
主要方面之后，进一步指出，"所有这些趋势在道德层面上都促成了一
种狭隘的道德，这种道德是被用来论证有限的、基本上是自私自利的生
活方式的合理性和正当性。为了给这种道德一个更广阔的客观基础，人
们会在想象的超越力量中，在上帝身上，而不是在人身上寻找它的根
源。但是，异化的人基本上是一个利己主义者，因而他永远不会遵守教
会强加于他的约束性道德；他往往是一个伪君子，一个严重的人格分裂
者"②。马尔科维奇关于道德异化的阐释包含两个相互关联的主要方面：
一是道德作为伦理规范体系本身走向异化，从作为调节、引导人的恰当
和好的行为方式的美德与善的目的降格为替现状辩护的抽象体系和束缚
人的发展的外在力量；二是个人作为道德主体开始走向异化，人不再是
改变现实，创造新的可能性，对一切不合理的和异化的存在进行道德谴
责与伦理批判的自由自觉的实践主体和拥有良知的道德主体，而是变成

①　参见 Mihailo Marković, Marxist Humanism and Ethics, *Science & Society*, Winter, 1963, vol. 27, No. 1, p. 20。

②　Mihailo Marković, Marxist Humanism and Ethics, *Science & Society*, Winter, 1963, vol. 27, No. 1, p. 20.

马尔科维奇所说的自私自利的人格分裂者和利己主义者。关于道德批判的更多内涵的展示，我们将在后边阐述马克思人道主义伦理思想的实践性和批判性时再具体展开，在这里，我们可以引证马尔科维奇关于消灭异化，包括扬弃道德异化的一段理论概括，来进一步说明马克思人道主义伦理学的理论核心，即消灭异化的含义。他指出，按照马克思的理解，"未来的人应该把自己从对外部自然需要的依赖中和从盲目的社会力量——自己的产品——对自己的奴役中解放出来。未来的人应该发展他的实践活动的创造性形式，把自己从强加于他的、使他受屈辱的劳动中解放出来。他应该停止对物质产品和人的生命的摧毁，这种摧毁尤其发生在战争时期。他应该使他的个人利益与其他人以及整个社会的利益和谐统一。他不应该有任何经济、政治和文化特权——这意味着废除阶级差别和种姓差别，尽管这并不意味着个人之间的完全平等。未来的人不应该剥削他人；换言之，他永远不应该把一个人视为手段，而应该永远将其视为目的。他不应该努力去**占有**尽可能多的东西，而应该努力**成为**尽可能全面的人，尽可能丰富的人。因此，他寻求发展他自己所有的潜能，他所有的人类感觉，并在与世界的各种联系中确证他的个性"①。

　　最后，以实践为普遍的原则和最高的善，探索基于理想的实践共同体的基本道德价值。如果说马尔科维奇关于马克思人道主义伦理学的核心是消灭异化的思想，主要着眼于对现存社会的异化，包括道德的异化的批判，那么，他基于理想的实践共同体的视角所阐发的基本道德价值则更多着眼于对人的未来存在状态和道德状态的展望。显然，马尔科维奇所说的"理想的实践共同体"就相当于马克思、恩格斯在《共产党宣言》中所构想的取代现存阶级社会的未来社会形态——自由人的联合体，即每个人的自由发展构成了所有人的自由发展的前提的联合体，而自由人的联合体必然是以自由自觉的、创造性的实践为基础的。所以，马尔科维奇的未来的理想的实践共同体是以实践为普遍原则的，他指出，"一旦我们确定了人的特殊本性及其历史的构成，我们下一步将是设计一个

---

① Mihailo Marković, Marxist Humanism and Ethics, *Science & Society*, Winter, 1963, vol. 27, No. 1, p. 21.

理想的社会，在这个社会中，实践将成为普遍的原则，也就是说，每个人都有平等的机会以有目的的、自我决定的、合理的、创造性的方式行事"①。因此，马尔科维奇断言，所有的善都以实践这一最高的内在的善为基础和前提。"实践是最高的内在的善。相应地，所有那些能在特定的历史情境中最大限度地将人的潜能转化为自由地进行创造性的、合理的活动的情形都是善的。"②

需要指出的是，马尔科维奇虽然要描绘这个理想社会的基本道德价值，但他并没有像空想社会主义者那样在头脑中为未来社会制定一套具体的伦理规范和道德价值，实际上，马尔科维奇、坎格尔加、斯托扬诺维奇和其他实践派哲学家都一致认为，马克思并不是要为未来社会创立一种新道德或道德秩序，他只是要对现存社会和现存的抽象化道德进行批判。因此，这种基于理想的实践共同体的基本道德价值也就蕴藏在马克思人道主义伦理学的核心任务，即消灭异化之中。具体说来，马尔科维奇把未来更加合理的社会称为"理想的实践共同体"，这本身就凸显了人的实践的创造性和超越性，因此，他从理想的实践共同体的角度所探讨的基本道德价值也不是着眼于某些具体的道德规范和某种伦理体系，而是人作为扬弃了异化、摆脱了抽象化道德体系束缚的自由和创造性的个体，其本身所具有的和被实践所激发的道德力量和价值追求。在马尔科维奇以上所描述的"每个人都有平等的机会以有目的的、自我决定的、合理的、创造性的方式行事"的存在状态中，显而易见就包含着来自实践本身的基本道德价值。所以，马尔科维奇断言："理想的实践共同体趋向于充分实现历史上明显合乎人性的一切，而关于这种理想的实践共同体的愿景，就构成了我们当前异化社会的伦理学基础。"③

马尔科维奇从理想的实践共同体的角度讨论的基本道德价值包含很多内容，我们可以从中抽出几个要点简要介绍。其一，马克思人道主义伦理学按照实践原则来阐释和理解一种建立在变革现存社会和消灭异化

---

① Mihailo Marković, Historical Praxis as the Ground of Morality, in Morris B. Storer. (ed.) *Humanist Ethics: Dialogue on Basics*, New York: Prometheus Books, 1980, p. 42.

② Ibid. , p. 48.

③ Ibid. , p. 44.

基础之上的新的幸福理念和美好生活理念。马尔科维奇认为，现存社会条件下的各种伦理学体系，如功利主义伦理学等，无论是多么地不公正，它们大多与已经存在的道德相吻合，并与既定的社会安排相适应。即便是强调个人绝对自由的存在主义伦理学也不是对现存道德和现存社会秩序的否定，而是一种逃避主义。而以理想的实践共同体为基础的基本道德价值则是以彻底变革现存社会，使现存世界革命化为前提。需要指出的是，这种新的幸福理念和美好生活理念并不会简单地否定或者抛弃人类历史实践和人类精神文明发展中积累的善的理念和道德价值，而是要对这些道德价值进行批判性的重新评估、重新阐释，并赋予其新的意义。用马尔科维奇的话来说："以实践概念为基础的人道主义伦理学构想出一种需要彻底变革社会才能达到的幸福理念、美好生活的理念。每一个人都应该能够作为实践的存在而生活，这包含着经济、政治和文化的解放，最大可能的创造性，社会的团结等极具革命性的道德诉求。各种伦理学理论所赞美的基本美德和终极目的，大多都能在这一语境下找到自己的位置和新的意义。"①例如，柏拉图论述的智慧、勇气、节制和正义等四大美德将不再与一种沉思的理性有关，而是与一种根据人的能力和需要塑造世界的实践理性活动相关；格劳秀斯的自然道德法作为一套基于人的普遍本质的规则，将不再表现为抽象的、静态的概念，而是被重新做动态的解读，展示出人以理性的、创造的能力的发展为内涵的自我实现和自我完善。其二，马克思人道主义伦理学坚持个人与社会的相互统一，扬弃主观主义道德观和客观主义道德观的相互冲突和对立，它主张在理想的实践共同体的条件下，一方面肯定人的社会性，即人对共同体的归属感，另一方面尊重个人的自主性和完整性。马尔科维奇指出，"我们在这里面临着一个困境：一种极端**主观主义**的道德观依赖于个人主体的自私自利和自我保存，而另一种对立的**客观主义**道德观则认为道德服从于上帝，或服从于国家（国家本身就是绝对精神的一种客观形式），或服从于抽象的社会利益。为了解决这个困境，我们必须

---

① Mihailo Marković, Historical Praxis as the Ground of Morality, in Morris B. Storer. (ed.) *Humanist Ethics: Dialogue on Basics*, New York: Prometheus Books, 1980, p. 45.

假定人既是一个独特的个人，又是一种社会存在，他真正地关心某些一般需要，但决不放弃个人的自主性和完整性。作为社会化的结果，一个人使这个共同体的价值内在化；除非他与其他成员共同成长、交流、互动，否则一个人永远发展不出任何道德意识。然而，作为一个实践的存在，人具有批判性的自我意识这种独特的能力。因此，他可以确信，在现行的道德中存在着某些一般的局限性，他不应该总是遵守这种道德的规范。他可能是错的，并成为社会的弃儿。但他也可能是正确的，并通过他的离经叛道的道德行为促成新的更优秀的道德的出现"①。进而，以马克思人道主义伦理学关于个人与社会相统一的道德原则为依据，马尔科维奇也重新反思了传统社会主义的价值观，主张在肯定个人对共同体的归属的前提下，凸显个人的完整性在道德价值中的重要位置。他认为，这种理想的实践共同体的基本道德价值中包含和继承了各种传统社会主义的因素，要求共同体的每个成员都应对社会必要劳动做出他自己的贡献，并坚持团结、互助，以及救助弱者、穷人、老人、病人的原则。但是，马尔科维奇也指出，传统社会主义伦理学中存在着一个必须填补的空白，即对有关个人自主、完整、内心和谐等道德问题的忽视。在他看来，没有个人的解放，社会就不可能获得真正的解放，因此，社会主义道德必须允许这样的可能性，即"个人的完整性在道德价值中被置于非常高的位置"。这就是说，个人的道德自主性不仅体现在自主的选择行为，而且也包括个人具有超越社会限制和创造新的可能性的道德权利。当然，这就要求个人必须承担风险，恪守自己的道德哲学。需要说明的是，反对那种要求个人无条件地、被动地服从社会的集体主义道德观，并不是主张极端的个人主义。恰恰相反，这种在基本道德价值上凸显个人完整性的原则，一方面强调个体对于自主选择的道德责任，另一方面要求个人对他人的关注和肯定，要求为每一个个体的实践活动，为每一个个体的潜能的实现创造最大限度的有利条件。马尔科维奇认为，这种基于平等主体的自主活动的道德价值能够有效地使利己主义和

---

① Mihailo Marković, Historical Praxis as the Ground of Morality, in Morris B. Storer. (ed.) *Humanist Ethics: Dialogue on Basics*, New York: Prometheus Books, 1980, p. 46.

利他主义相互协调，成为一个统一体，而这真正体现了人的自由自觉的实践活动的原则。所以，马尔科维奇指出，"通过分析可以看到，这一原则依据的恰恰是实践的概念；它既强调人们不应放弃自己的生命，也强调人们不应虐待和无视他人。它并不强求对每个人的爱，但赞同对他人的基本尊重和同情，并意识到他人的需要"①。

(二) 马克思人道主义伦理学的实践性和批判性

在对南斯拉夫实践派关于马克思人道主义伦理学的基本内容做了概括性阐述之后，我们进一步集中揭示这一伦理思想的实践性和批判性的基本特征。需要指出的是，实践性和批判性不只是马克思人道主义伦理学的理论特征，也是其基本的理论定位和道德价值追求。我们在阐述这一伦理思想的基本理论内涵时反复强调，在实践派哲学家看来，马克思伦理思想的关注点并不是要创立一种新的道德和新的伦理体系，而是要根本变革不合理的现存社会和与之相适应的异化的伦理道德。实践派哲学家由此把扬弃异化作为马克思人道主义伦理学的核心，并且强调实践是最高的内在的善。关于伦理思想的这种阐发本身已经鲜明地展示出马克思主义伦理思想的实践定位。在这种意义上，马克思学说回到了亚里士多德为伦理学确定的位置，即实践哲学。然而，这还不是问题的全部，其他很多伦理学也会赞同亚里士多德关于伦理学与形而上学的划分，把自己的伦理思想定位于实践哲学。应当说，马克思人道主义伦理学所强调的实践哲学与其他伦理学的主要区别在于：马克思没有把实践哲学仅仅局限于关于人的行为规范和道德价值的道德哲学，没有停留于用一般的、普遍的美德和幸福生活追求来引导和调节个体的行为，以及个体与群体的关系，而是深刻揭示导致人的实践活动和人的道德行为全面异化的社会机制，使现存世界革命化。因此，马克思人道主义的实践哲学比任何其他哲学和其他伦理思想都具有更鲜明的超越性、批判性和革命性。

① Mihailo Marković, Historical Praxis as the Ground of Morality, in Morris B. Storer. (ed.) *Humanist Ethics: Dialogue on Basics*, New York: Prometheus Books, 1980, pp. 47-48.

首先，在伦理思想的总体理论建构和现实批判方面，马克思人道主义伦理学的实践性和批判性主要体现在两个大的方面：一是对不合理的社会现实的批判；二是对现代道德的异化本质的批判。这两个方面的批判指向一个共同的目标，即推翻一切不合理的社会关系和异化力量，包括抽象化的道德体系对人的自由的压抑和对人的创造性的束缚，向人性的尺度回归。

从我们上述关于实践派哲学家的实践哲学构想和人道主义伦理学思想的阐发不难看出，变革社会现实，使现存世界革命化，消灭异化，恢复人的实践的自由自觉性和创造性，是贯穿于他们所有理论之中的核心思想。同样，对现存道德的批判和对人道的伦理的重建也是社会变革的内在组成部分。斯托扬诺维奇认为，马克思并不反对道德，但是他反对道德说教或者理论中的伦理主义。也就是说，马克思并没有把希望寄托在道德说教上，并没有想通过道德变革本身来解决全部道德危机和社会危机问题，而是坚持认为需要改变引发道德危机的社会条件。因此，斯托扬诺维奇指出，"因为不相信道德说教的功效，马克思坚持认为需要对导致不道德的社会状况进行彻底变革。他的人道主义既不是道德化的，甚至也不是以道德为主的，尽管它确实包含着道德的维度；相反，它是实践的和革命的。这种人道主义力图揭示非人道的社会秩序的起因，并不把结果放在关注的首要位置上，不像仍保持着天真和软弱无力的乌托邦社会主义那样"①。坎格尔加同样认为，对马克思而言，离开现实的实践变革而构造道德规范体系或者伦理思想体系，是不切实际的道德说教，而真正体现人性关系的、植根于人的自由自觉的创造性活动的道德立场应当把对现实及其道德的改变、废除和超越作为必要的和首要的任务，这样的道德立场必须"**反对**现存的、给定的和特定的社会现实，从而使道德的基础建立在实际存在和应当存在之间的矛盾或张力之上"②。这是真正的伦理道德立场的一种可能性和现实的(理论的和实践

---

① Svetozar Stoyanović, *Between Ideals and Reality*, New York: Oxford University Press, 1973, pp. 143-144.

② Milan Kangrga, Socializam i etika, *Praxis*, 4-6. 1966, str. 480.

的)前提，只有这种诉诸变革社会现实的道德立场才能走向这一思想的积极的实现。

对现实的批判和对异化的道德的批判、社会变革和道德变革是相互交织、紧密相连的。实践派哲学家认为，马克思之所以强调对社会现实批判的优先性，并非不重视道德的作用，而是因为，在现实历史条件下，道德关系本身与不合理的和异化的社会关系相适应，也变成异化的关系。马克思之所以要使现存的社会状态革命化，是因为"在这种现存社会状态中，由于异化已经成为根本性的前提，所以社会关系并非直接地和清晰地作为人性的关系而出现，而是作为道德关系而出现，并且，正是这些(社会的)关系凌驾在个体之上，而不是个体驾驭这些(外在于他们的、拜物教的、物化的)关系"①。这里所说的凌驾于个体之上的道德关系就是指道德的异化。具体说来，道德的异化主要体现在道德从人自觉地选择和追求的美德与幸福生活，变成外在的普遍化的抽象的力量，变成束缚人、统治人的异化力量。坎格尔加在分析黑格尔和马克思关于个人利益(个人兴趣)和普遍利益(普遍兴趣)关系的思想时指出，虽然黑格尔也清楚意识到个人的兴趣和激情，以及道德行为对于成就伟大事业的重要性，但是，黑格尔还是偏重于强调那种普遍兴趣(利益)的抽象性和非能动性。这样黑格尔所理解的道德本身就呈现出自相矛盾性，这种行动要求实现道德，但是与此同时又偏爱这种抽象的普遍性，为了责任而强调责任，排斥和废除了主体的真实的生命力，结果这种普遍的抽象的道德规范和道德关系就成为束缚人的外在力量。黑格尔的这种观点正是现实社会的道德异化的真实写照。而在马克思看来，私人利益和普遍利益之间、个人兴趣和普遍兴趣之间、作为私人的人和作为普遍的人之间的对立只是表面的。而且，马克思特别强调，必须反对任何外在的普遍的抽象化的道德关系对个人的束缚和压抑。坎格尔加指出，"如果人们想要通过那种其自身已经作为某种神奇的存在的抽象道德来理解和引领社会主义，用这种普遍的、客观的和必然的规律性排除人，甚至反对人，反对人的利益和真正的思想，那么我们必须提醒人们注意：马

---

① Milan Kangrga, Socializam i etika, *Praxis*, 4–6. 1966, str. 480–481.

克思在讨论社会主义和共产主义时，事先已经预测到这种道德根本不具备历史的可能性"①。

通过上述关于马克思强调变革社会现实和批判抽象道德的理论分析，我们可以更好地理解马克思人道主义的道德立场。实践派哲学家反复强调，马克思致力于批判现存的道德，因为这种道德变成一种束缚人的抽象化的异化力量，但是，马克思并没有去创立任何一种新的所谓"社会主义的"或"共产主义的"道德，马克思已经克服和超越了那种纯粹的道德主义的途径，也反对道德虚无主义的抽象极端。具体说来，马克思完全超越了利己主义与自我牺牲、主观主义与客观主义、个人主义与集体主义、宗教与无神论、乐观主义与悲观主义、决定论与非决定论、人性本善与人性本恶、道德主义与非道德主义、因循守旧与打破墨守成规等二元对立的道德立场。马克思用实践的普遍原则和实践所代表的最高的善作为基本的道德立场，他把进行自主道德选择的个体就理解为实践的主体。这样一来，"马克思把自己的思想提升到这样的高度，在这个层次上，对马克思而言，存在着这样的可能性，即作为革命的-批判的活动的历史**实践**本身就成为道德立场（在这一立场中，道德的肯定形式和否定形式都会成为问题），在异化的人的世界中，这一实践本身就显现为真正的历史的和思想的基础、根源、尺度和限度"②。这样一来，与黑格尔在封闭的理论体系和绝对知识的哲学视域中解决存在与思维的统一、存在与需要的统一、是与应该的统一等关乎哲学和伦理学理论基础问题的做法不同，马克思是基于体现了人的超越性和创造性的开放的实践活动来解决这些既作为重大的理论问题，也作为重大的历史实践问题的难题。坎格尔加认为，"对马克思而言，存在与需要的统一正是那种划时代的-批判的立场，这一批判立场汇集了人的思想和可能性世界之中的历史的-人类的本质精神，由此这种需要通过自己的活动而从抽象性回到了存在，同其分立的、特殊的伦理-道德理论领域一起构成另一种不同的或者自由的，而不是业已存在的真正的和原初的历史可能

① Milan Kangrga, Socializam i etika, *Praxis*, 4-6. 1966, str. 484.
② Ibid. , str. 481.

性。由此，正是这种需要与存在相结合，成为那种杰出的人类的历史萌芽，那种否定性的、辩证的力量，具有原动力的和不安宁的，任何时候都不会满足于自己和他人的精神，那种对一切的开放性，对在作为人类在时空中创新的人的存在和人的世界之中的所有一切的开放性。这同时也是向所有作为人性的尺度的东西的'回归'"①。总而言之，这种依据人性的尺度而展开的实践的和批判的道德价值就构成了马克思人道主义伦理学的基本特征和理论定位。

　　进而，在直面现存人类社会和人的生存方方面面的重大问题的层面上，或者说在应用伦理学的视域中，马克思人道主义伦理思想的实践性和批判性更是充分地显现无疑。无论是马克思本人，还是受他的人道主义价值追求所鼓舞的当代新马克思主义理论家，都时刻把人类的命运、人类社会的发展、人类的困境、文明的危机等置于自己的理论视野之中。尤其在现代性危机日益深重的当代，马克思人道主义伦理学拥有着广阔的理论创造空间，面临着越来越多的重大课题。同样，实践派哲学家也不仅在总体上高度关注变革社会现实和批判抽象伦理道德的课题，而且他们的伦理思考也十分自觉地关注应用伦理学层面的各种现实问题。需要指出的是，同那些致力于按照知识学的理论范式去创立和构造关乎人类社会各个主要方面的应用伦理学的理论家的做法不同，实践派哲学家并没有去创立某种知识论体系的政治伦理、经济理论、科技伦理、生态伦理，等等，而是致力于对人类社会和人的存在的各个方面的困境和危机的伦理批判；进而，他们的伦理批判并不是单纯的道德主义的立场，而是作为基于马克思实践哲学和异化理论之上的文化批判理论和社会批判理论的有机组成部分。因此，实践派哲学家和其他东欧新马克思主义理论家的伦理批判思想往往呈现为更加丰富和更加厚重的文化批判和社会批判理论。

　　我们在阐述实践派哲学家回到马克思，通过对实践哲学和异化理论的阐发而复兴马克思主义人道主义精神时，曾经简要地介绍了实践派哲学家围绕着消灭异化这一核心而发展和展开的多维度、多视角的社会批

---

① Milan Kangrga, Socializam i etika, *Praxis*, 4-6. 1966, str. 485.

判理论。例如，他们对以官僚制的强化为核心的政治异化的批判；对致力于使现存异化世界永恒化的意识形态的批判；对技术异化和技术理性操控性的批判；等等。实践派哲学家在这些批判主题以及其他方面的社会批判和文化批判主题的阐发中，实际上已经包含着丰富的伦理批判的思想。在这里，关于人的道德责任的思考和伦理批判，已经构成他们的社会批判理论和文化批判理论的不可或缺的组成部分。限于篇幅，我们在这里无法具体展示实践派哲学家的社会批判和文化批判理论之中的伦理批判内涵。我们可以通过一个具体的理论分析案例，即马尔科维奇在涉及技术理性和技术异化批判主题时关于科学家的道德责任的阐发，来具体展示实践派的伦理批判思想的丰富性。

马尔科维奇同其他实践派哲学家一样，高度关注现代科学技术发展对于人类社会和人类文明的全方位的深刻影响。毫无疑问，科学技术，特别是现代实验科学和技术的飞速发展，从根本上改变了人类社会的运行方式和人们的生活方式。现代社会无法离开科学技术所提供的生产方式、物质财富、生活基础等而存在，现代社会就建立在现代科学技术的基础之上。然而，现代科学技术在给人类带来无数福音和福利的同时，也通过对人与自然关系的破坏、某些技术的非人道的应用、技术理性对人的操控等而对个体的自由和社会的存在构成威胁。马尔科维奇认为，在科学家之中，一种关于科学研究具有价值无涉和伦理中立性的观念或原则根深蒂固地存在，很多科学家强调，导致科学技术异化的根源应当在技术应用中而不是在科学研究和技术发明中寻找。马尔科维奇承认，要扬弃科学技术的异化，必须变革现存的社会制度和滥用科学的机制，但是，他并不认为科学家的活动完全是价值无涉和伦理中立的。相反，他认为，包括自然科学家和社会科学家在内的科学家对于科学技术的异化有着重要的道德责任，或者对于防止科学技术异化有着不可推卸的道德义务。因此，马尔科维奇强调，要在科学，特别是社会科学中发展起一种自觉的批判的伦理学，以便能够唤醒科学家的道德责任意识和伦理批判精神。

马尔科维奇认为，人文社会科学在科学技术的健康发展方面承载着特殊的责任，社会科学家对待现存社会体制、主导性意识形态和科学技术的态度方面，实际上有着极其不同的价值立场，可以粗略地分为辩护者、中立者和批判者三种基本的立场。具体说来，"至少下列三种可供选择的观点是对社会科学家开放的：（1）为给定的社会中的官方意识形态担当辩护者；（2）试图只是以认知规范为指导进行研究，并把任何一种伦理原则或经济的、政治的和文化的渴望降为背景；（3）根据一种普遍的人道主义观点从事批判的研究"①。马尔科维奇承认，在现代科学技术飞速发展的背景下，排斥价值内涵的实证科学精神对于人类精神产生了普遍的影响，甚至哲学中不少有影响的分支也呈现实证化的趋势，因此，人文社会科学中对现存社会体制和科学技术研究机制的辩护立场或者价值无涉的中立立场还是有很大的市场的。不过，马尔科维奇也强调，人类的哲学史、文化史，以及其他人文学科的发展积累了丰富的人道主义思想资源，面对日益异化和物化的不合理的社会现实，在人文社会科学中包含着强有力的人道主义批判意识。他认为，这种批判的社会科学的伦理学不仅有助于形成一种抵御科学滥用和技术异化的社会文化氛围，也有助于唤醒和激活科学家的道德责任感和伦理批判精神。马尔科维奇指出，虽然在科学家之中，很多人躲避到纯科学的价值中立的保护伞之下，也有人被资助者所摆布成为一种特殊的商品、知识和理智技能的所有者，但是，还有很多科学家在压迫性的社会中保持自己的道德良知，默默地拒斥把科学技术商品化的官方价值体系，更有像爱因斯坦那样抵制科学的滥用、反对发展核武器的勇敢的科学家。马尔科维奇强调，应当在科学家和科学研究中培育和普及这种旨在反对科学滥用和技术异化的人道主义伦理观。他从两个方面概括了这种人道主义伦理观所承载的使命：其一，"最紧迫的任务是用所有手段来压制并消除现存的、非人道的技术。这首先意味着为裁军和一种新的反污染的技术而奋斗"；其二，"更宽泛的任务是对反对现存知识的滥用承担义务，因为那些创

---

① 米哈伊洛·马尔科维奇：《当代的马克思——论人道主义共产主义》，曲跃厚译，黑龙江大学出版社 2011 年版，第 103 页。

造知识的人不仅具有一切权利，而且有责任关心其实际的应用"①。依据这样的人道主义伦理观，马尔科维奇多维度、多层次地阐述了科学家的道德责任，主要体现在三个方面：保证不参与、不推动科学的滥用；自觉地抵制科学的滥用；培养下一代科学家的道德责任。

马尔科维奇强调，面对滥用科学和知识与发展非人道的技术的问题，如果一个科学家已经充分意识到这种研究的目的而又参加这种研究，那他显然是不道德的。马尔科维奇强调，"在这些情况中，拒绝服务乃是一个学者的道德义务。只有当他在针对人性的各种犯罪的科学准备中，在违反人权时，或者在对人渴望自由和发展之有条理的心理学解构中拒绝成为一个同谋（accomplice）时，他才能维护其道德完美并避免理智堕落"②。

对于科学和知识的滥用，对于非人道的技术的发展，拒绝参加是一个科学家最起码的道德责任的体现，然而，还需要更多的努力，需要发展出自觉地抵御科学和知识滥用的"职业叛逆（professional disobedience）"精神。马尔科维奇认为，这种职业叛逆可以采取两种形式：一是依靠组织起来的力量，如科学家们将其自身组织成各种学会以促进知识，组织成类似商会的各种协会以维护其职业利益，并且保护那些由于其伦理态度而受到迫害的学者，特别是因揭露这样一些罪行而受害的学者；二是要依靠科学家的勇气和反抗精神，一个科学家如果能够依靠集体的力量而不是孤军反抗固然很好，"但是，即使人是孤立的，也必须做出道德的决定。伦理规范完全是社会的，而决定采取与之相符合的行动并承担这种行动所包括的所有风险却是个别的和纯自主的"③。

除了其作为知识和技术的生产者的责任外，科学家们还有一种作为教育者要培育下一代人的科学素养和道德责任感的特殊职责。马尔科维奇断言，"那些只能传递信息和传授常规技能的教师，在不远的将来可

---

① 米哈伊洛·马尔科维奇：《当代的马克思——论人道主义共产主义》，曲跃厚译，黑龙江大学出版社 2011 年版，第 109 页。
② 同上书，第 109–110 页。
③ 同上书，第 110 页。

能成为多余的人：他们将集体地被教学机器所替代。而具有人道主义伦理精神的科学家和教师除了培养学生的科学方法和特殊兴趣外，还应该突出对知识的创造性解释和对意义的哲学性阐发，特别要"唤醒学生的理智好奇心，拓宽其精神视野，发展其批判思维的能力"[1]。

从上述关于马克思实践哲学和异化理论的阐发、关于马克思主义伦理学可能性的论证、关于马克思人道主义伦理学为道德所提供的历史实践根基的阐述、关于马克思人道主义伦理学基本内涵和理论特征的概括等四个方面可以看出，实践派哲学家的确对马克思学说和马克思主义伦理批判思想维度做了比较全面的阐发，并且提出了一种具有说服力的和可能的马克思主义伦理学理论类型。这样的研究，不仅对于我们深刻把握且在新的历史条件下更加全面地阐发马克思学说的伦理思想维度，具有重要的启迪和借鉴意义，而且对于我们更加深入地理解马克思学说本身，更加全面地凸显马克思学说的当代价值，也具有不可忽视的价值。我们将在对东欧新马克思主义各流派的伦理思想做出基本阐述之后的理论总结中，再具体回到这些重要的理论思考。

---

① 米哈伊洛·马尔科维奇：《当代的马克思——论人道主义共产主义》，曲跃厚译，黑龙江大学出版社 2011 年版，第 112 页。

第三章 以好人和好公民为核心的
个性伦理学

——匈牙利布达佩斯学派伦理思想

如果说卢卡奇对南斯拉夫实践派，以及其他东欧新马克思主义理论流派的影响主要体现在宏观理论的层面，如人道主义马克思主义的理论立场和价值取向，以及马克思学说的人道主义伦理思想维度等，那么，他对布达佩斯学派的理论影响则更为直接、更为深入、更为全面。由卢卡奇的弟子和在其直接影响下成长起来的年轻学者组成的布达佩斯学派，长期追随着卢卡奇开展理论研究，他们关于青年马克思人道主义思想的阐发，对于发达资本主义全方位的文化批判，对于社会主义改革理论与实践的积极探索，都与卢卡奇的影响有密切的关系。这种影响在伦理思想的建构、伦理批判思想的阐发方面尤为突出。卢卡奇曾明确断言，他是出于伦理学而选择了共产主义，并且由于自己的伦理观而转向了马克思主义，卢卡奇的伦理思想内在于他的全部理论探索之中。因而，在布达佩斯学派成员中，无论是专注于道德理论建构的赫勒，还是致力于文化现代性批判的马尔库什、致力于对雅各宾专政和法西斯主义的政治哲学批判的费赫尔和瓦伊达，其思想理论都包含着丰富的伦理批判思想维度。

具体说来，在东欧新马克思主义主要流派中，南斯拉夫实践派主要侧重于对马克思人道主义伦理批判思想的系统阐发，波兰新马克思主义和捷克斯洛伐克新马克思主义主要致力于现代性危机和普遍物化条件下的道德危机批判，而布达佩斯学派的伦理批判思想不仅包括上述理论内涵，而且还包含新的历史条件下道德建设的探索。这后一方面的理论探索显然是受卢卡奇晚年关于社会主义民主化进程中的新道德秩序建设思想的影响。但是，布达佩斯学派极大地拓宽了卢卡奇这一研究的理论视野，他们没有停留于(或者并不热衷于)对未来的自由人共同体的新道德和新伦理的理论预想，而是直面深陷现代性危机之中的男男女女的存在状态，探讨他们如何重拾道德力量，在后现代语境中通过自由和自主的选择而成为自觉的道德人，也就是赫勒所致力于建构的"好人伦理学"或者"个性伦理学"。最为难能可贵的是，布达佩斯学派并不是一般地、笼统地阐述这种以好人和好公民为核心的个性伦理学思想，而是寻求在个人生活和社会生活的全部领域——从日常生活领域到政治活动领域，从自在的对象化领域到自为的对象化领域和自在自为的对象化领域——确立以自由的选择和个性道德为核心的个性伦理学思想。

一、布达佩斯学派伦理思想的
丰富内涵与多重维度

如前所述，在卢卡奇的理论影响和直接指导下，布达佩斯学派所有成员的理论中都包含着丰富的伦理思想，尽管并非所有成员都撰写伦理学著作，但是他们的各种批判理论中毫无疑问都包含着重要的伦理批判维度。这构成了这一学派的重要的理论特征，把握这一点，一方面有助于我们更加全面地理解布达佩斯学派的理论建树；另一方面有助于我们更加深刻地理解赫勒关于好人的伦理思想作为布达佩斯学派最具代表性的伦理思想建树所具有的独特价值。在具体阐述个性伦理学的具体内容之前，我们先简要地展示布达佩斯学派成员伦理批判思想的理论内涵和主要维度。

(一) 以双重独特的历史体验为深刻底蕴的伦理思想研究

赫勒与其他布达佩斯学派成员高度重视道德的力量和伦理批判思想的价值，无疑得益于他们的导师卢卡奇的理论影响。然而，伦理学本质上是关于个人行为和社会规范的实践性理论，这一点从亚里士多德开始就已经非常明晰。在这种意义上，除了理论动机外，布达佩斯学派伦理

思想的形成和发展还有更为深刻的实践原因，这就是中东欧地区独特的历史文化土壤和这些理论加亲身经历的特殊的历史体验。在某种意义上，卢卡奇反复强调自己是出于伦理学的原因而选择了马克思主义和革命实践，也与中东欧地区这种厚重的历史文化土壤和独特的历史体验直接相关。我们在本书导论中已经阐述了东欧新马克思主义理论中深藏的中东欧各民族独特的历史体验，特别强调了其中的双重历史体验：一是关于第二次世界大战及其现代西方理性文明深刻危机，即现代性危机的直接的和刻骨铭心的体验；二是对社会主义实践和社会主义改革曲折历史进程的直接参与和充满波折的个体遭遇。我们特别强调，正是这双重历史体验把个体的自由、个体的独立、个体的尊严和社会的公平正义作为重大的道德问题和伦理困境凸显出来。在布达佩斯学派的理论形成中，我们同样可以看到这些独特的历史体验的深刻烙印。

当西方现代性的深刻危机通过世界大战和大屠杀的残暴形式展现出来，面对这样一种带有邪恶性质的历史力量的任性肆虐和对人性的肆意蹂躏，具有正义感和道德良知的理论家无法仅仅用某种客观的规律来加以冷静的揭示，而必然会用人类的道德良知来加以拷问，用深刻的伦理批判来加以反思。20世纪很多深刻的思想家，如阿伦特、鲍曼等人，都倾向于从现代性的机制出发揭示现代西方文明的危机特征与现代极权主义的罪恶根源，并且在人性反思的层面上，把这一现代性批判落脚于道德层面。东欧新马克思主义理论家在这方面的体验更为深刻，因为众所周知，大规模的反犹和种族灭绝就发生在中东欧这片土地上，这里曾经是集中营林立的死亡之地。布达佩斯学派领军人物赫勒在这方面就有着刻骨铭心的亲身体验。众所周知，她的家庭和亲友有着大屠杀的直接经历，她的父亲死于奥斯威辛集中营，她本人和母亲侥幸地逃过了劫难，幸存下来。纳粹之恶，以及那种正午的黑暗是对人类良知和道德责任的一种拷问和鞭挞。对此，赫勒非常清楚，她在1998年的一次访谈中，带着沉重的历史责任感专门谈到了这一点。她强调："我的著述是我的整个生活。我是以我的大屠杀的经历开始的。我的父亲被杀害了，我许多孩童时期的朋友也被杀害了。因此，这种经历对我的整个生活，特别是我的著述，产生了巨大的影响。我一直关注这样的问题：这一切怎么可能发生？我怎么能理解这样的事情？并且，这一大屠杀的经历又同我在极权主义政权下的经历相联结。这给我的灵魂思索和关于世界的探讨提出了相似的问题：这怎么可能发生？人们怎么能这样行事？因此，我不得不探寻关于道德的所有问题：什么是善和恶的本质？对于罪行我能够做什么？关于道德和邪恶的根源我能认清什么？那就是我的首要的质问。我的另一个质询是一个社会问题：什么样的世界会产生这一罪恶？什么样的世界会容许这样的事情发生？关于现代性的一切都是什么？我们能够期望救赎吗？因此，正是这样一些想法从一开始就一直强烈地引起我的兴趣。并且我感到作为一个幸存者我有一种债要偿还。所以，对我而言，写作道德哲学和历史哲学就是一种我作为一个幸存者向那些没有能够幸存的人偿债的方式。因此，在这种意义上我的哲学成为一种牺牲，但是，这是给我带来喜悦的一种牺牲。而且这并不矛盾，我可以真诚地说，我整个的生命都是一种我用来偿债的牺牲，与此同时我享受着哲学创作。"①

与关于现代性危机的特殊历史体验一样，另一种特殊的历史体验，即关于社会主义改革曲折进程的痛苦体验，进一步促使东欧新马克思主义理论家从道德哲学和伦理批判的视角去审视人类历史进程的演进。相比之下，这后一种历史体验更为独特，因为世界上很多地区的新马克思主义理论家都没有像东欧新马克思主义理论家那样，直接经历和体验过社会主义的实践和改革实验。对于东欧新马克思主义理论家而言，他们这种关于社会主义的现实体验具有丰富的、充满张力和矛盾的内涵，既有确立和发展社会主义体制与社会模式的实践体验，又有挣脱苏联模式的社会主义改革探索。以计划经济体制和权力高度集中的政治体制为基本特征的社会主义体制，与马克思的社会主义民主政治的构想越来越远，个体的自由、个性和创造性得不到保证，甚至被压抑。更为严重的是，在日益集中的官僚体制的控制下，开始出现各种无个性的忠诚、盲

---

① The essence is good but all the appearace is evil——An Interview with Agnes Heller by Csaba Polony, *Left Curve*, Oakland (Dec 31, 1998): 15.

目的服从、虚假的谎言、奴役式的幸福等道德异化现象。

　　针对苏联模式的社会主义背离社会主义民主和自由价值的这种现实困境，东欧新马克思主义在探索社会主义改革时，绝不会仅仅停留于经济体制层面的改革，而必然要提升到政治体制改革的层面，特别是用蕴含着伦理精神和道德判断的文化批判，来推动真正的社会主义民主制和以人的自由和价值为核心的新道德秩序。正是基于这样的考量，布达佩斯学派成员费赫尔、赫勒和瓦伊达在合著的《对需要的专政》①，以及瓦伊达在《国家与社会主义——政治论文集》②等著作中，不仅从政治哲学的视角对现存社会主义体制的改革进行了理论探索，而且从伦理反思和文化批判的高度对现存社会主义实践进行了伦理反思。例如，瓦伊达认为，不仅在资本主义社会存在着民主与自由缺失的问题，现存社会主义也存在着同样的问题，因而呈现为一种现代性的政治危机和道德危机。他分析道："人们已经意识到，工人不能再为资本家工作，而在国有企业中，也没有拥有比以前更多的自由，去决定生产什么和怎样生产……而且，正是由于自由权利被收回，因此工人更加缺少自由：自由工会也不是被设计用来限制财产权的，或者去干预生产什么和怎样生产的问题，但是没有自由工会，工人的自由就更加受限了。"③因此，在瓦伊达看来，只有彻底改变现有的体制，推动以人道主义价值为核心的新的道德建设，才可能真正实现社会主义的民主和自由。"人道主义价值——特别是自由的价值，它同样是由原初的社会主义理念所激发的——的渐进发展，只能通过结构的彻底改变来达到了。"④在这里，社会主义实践和社会主义改革不再是一个单纯的政治问题或者经济问题，而同时也是一个十分重要的道德问题和伦理问题。正因为如此，赫勒特别强调，苏联模式的社会主义是一个以依附和统领关系为基础的社会，它通过"对

　　① 参见 Ferenc Fehér, Ágnes Heller and György Márkus, *Dictatorship over Needs*, Oxford: Basil Blackwell, 1983。
　　② 参见米哈伊·瓦伊达：《国家与社会主义——政治论文集》，杜红艳译，黑龙江大学出版社 2015 年版。
　　③ 米哈伊·瓦伊达：《国家与社会主义——政治论文集》，杜红艳译，黑龙江大学出版社 2015 年版，第 5 页。
　　④ 同上书，第 3 页。

需要的专政"限制或者压抑人的个性和自由，也排除了价值讨论、善恶区分、商谈等民主形式，结果导致了政治与道德相背离，缺乏伦理合法性。因此，赫勒在通过自己的道德理论三部曲来建构和阐述"个性伦理学"时，特别把自由和"做真实的自己"视作好人或道德个性的旨归。

通过上述关于东欧新马克思主义理论家们所具有的双重独特的历史体验的分析，我们不难理解为什么布达佩斯学派成员以及其他东欧新马克思主义理论家的理论建树中具有丰富的伦理思想内涵。其中，赫勒最具代表性，她在跟随卢卡奇读书的时候，就开始把自己的研究方向定位于伦理学。她认为，"单个人与社会的关系问题"①是哲学伦理学的核心问题，是关乎人的存在和社会发展的根本性问题。基于这样的理解，赫勒开设了伦理学讲座，并动手写作关于伦理学的著作。最初卢卡奇建议赫勒写列宁的伦理学，赫勒没有采纳这一建议，而是写了关于车尔尼雪夫斯基伦理观的论文，并且计划写作自己的一般伦理学，她后来还写了《亚里士多德伦理学与古代精神》一书。赫勒认为，她在早期关于道德自主性、责任、道德规范、"应该"与"是"的关系、行为意图及其后果的困境、目的-手段关系、道德习惯和性格，以及善与恶、美德与恶行、道德价值和道德判断的研究已经奠定了自己后来的道德理论研究的基础。②赫勒在 20 世纪 60 年代末写作了著名的《日常生活》，她通过"自在的对象化领域""自为的对象化领域"和"自在自为的对象化领域"等重要理论范畴，建构其日常生活人道化理论。在这里，赫勒坚持卢卡奇晚年把民主化作为一种日常的存在方式和新道德秩序的理论导向，把道德作为日常生活人道化的重要内涵加以讨论，还特别强调和凸显了个性和道德个性的独特价值。关于个体自由和个性道德的思想贯穿于赫勒的全部理论研究之中，她后来通过"道德理论三部曲"(《一般伦理学》《道德哲学》和《个性伦理学》)而建构起来的"个性伦理学"(或"好人伦理学")也是以这一基本思想为核心的。

----

① Ágnes Heller, *A short history of my philosophy*, Laham: Lexington Books, 2011, p. 10.

② 参见 Ágnes Heller, *A short history of my philosophy*, Laham：Lexington Books, 2011, p. 14-15。

　　赫勒除了聚焦于个体存在和日常生活领域来建构关于"好人存在，好人何以可能"的个性伦理学外，还通过《羞愧的力量》和《超越正义》等著作的写作进入了政治生活领域的伦理学问题，开启了政治哲学视域中的伦理思想维度。尽管随着理性化进程的深化，政治等社会活动领域越来越通过法律规范来加以调节，但是赫勒认为，社会的和政治的规范与规则本身就具有道德的内涵，如正义规范的道德内涵就是善，因此，政治规范本身就是一个道德问题①。布达佩斯学派其他成员虽然没有专门写作关于伦理思想研究的著作，但是，他们的理论研究（特别是他们的政治哲学研究）中包含着丰富的伦理内涵。如费赫尔与赫勒合著的《后现代政治状况》中用了大量篇幅讨论《超越正义》中关于动态正义的伦理思想的内涵，他们强调，动态正义诉诸现代性的两个终极的普遍价值——自由和生命，并且主张重构现代民主政治的普遍价值体系，包括自由、生命、平等、理性，等等，以此来引导公民从事政治活动。再如，作为布达佩斯学派的集体成果，由费赫尔、赫勒和瓦伊达写作的《对需要的专政》针对苏联模式的社会主义体制缺少合理的伦理内涵的问题，表达了建构真正的民主政治的立场。他们强调，"我们的意图，我们在实践中所致力于的东西，是一个新的、民主的和社会主义的世界秩序，后两个形容词在某种意义上是同义反复的，因为我们不能想象没有民主的社会主义"②。如前所述，按照卢卡奇的理解，这样的民主政治也是一种新的道德秩序，是人的一种新的存在方式。此外，费赫尔、瓦伊达等人在自己的政治哲学研究中，也阐述了清晰的人道主义伦理批判思想。费赫尔在《被冻结的革命——论雅各宾主义》一书，以及在其主编的专门文集《法国大革命与现代性的诞生》③中通过对法国大革命的分析，特别是通过对雅各宾主义政权模式从民主共和走向恐怖专政的深刻研究来揭示极

---

① 参见阿格妮丝·赫勒：《超越正义》，文长春译，黑龙江大学出版社2011年版，第234页。
② Ferenc Fehér, Ágnes Heller and György Márkus, *Dictatorship over Needs*, Oxford: Basil Blackwell, 1983, p. xii.
③ 参见费伦茨·费赫尔：《被冻结的革命——论雅各宾主义》，刘振怡、曹丽新译，黑龙江大学出版社2014年版；费伦茨·费赫尔：《法国大革命与现代性的诞生》，罗跃军译，黑龙江大学出版社2010年版。

权主义的产生。他特别批判了雅各宾专政的所谓"德性共和国"（或"美德共和国"）用"道德专制"进行政治教化，背弃了自由和民主的做法。这些思想中包含着关于真正的民主和道德建设的内涵。瓦伊达则直接致力于现代性的大屠杀机制的道德批判，他在《作为群众运动的法西斯主义》①中不仅对法西斯主义的主体——小资产阶级——做了细致的微观政治分析，而且还对法西斯主义的反平等、反民主、反自由的非理性主义意识形态进行了深刻的道德批判。

通过上述简要概括，可以看出，布达佩斯学派伦理批判思想具有很丰富的内涵，并且展开了多维的理论视角，涉及个体活动和社会活动的各个主要层面。在深刻把握和具体阐发布达佩斯学派最具代表性的伦理思想，也是他们全部伦理思想的核心思想，即个性伦理学之前，我们先简要概括他们伦理思想的主要理论维度，特别是个体伦理和政治伦理两个主要的理论维度。

（二）个体伦理和政治伦理双重理论维度的开启

我们可以从不同的侧面展示布达佩斯学派伦理思想的丰富内涵。例如，从研究主题或理论针对性来看，这些理论家主要关注的问题，既包括个体的恰当行为规范和合理的人际交往关系，也包括政治生活和社会运行的公平正义；既包括人类社会道德结构变迁的理论分析，也包括现代性背景下道德危机的批判；既包括对传统权威社会的道德反抗，也包括对后现代语境中个性道德力量的激发；既包括对当下社会运行道德调节作用的现实分析，也包括关于未来人类共同体的新道德秩序的理论预想；等等。而就我们从总体上把握和理解布达佩斯学派伦理批判思想而言，最为重要的是了解他们关于个体生活和社会活动领域中道德现象、道德结构、道德功能、道德状况的基本认知和理论把握。具体说来，道德虽然是关于个人的恰当行为的规范，但是，它关乎人与人之间的和谐交往，以及人与社会的有机联系，道德结成的是人与人、人与社会的伦

---

① 参见米哈伊·瓦伊达：《作为群众运动的法西斯主义》，孙建茵译，黑龙江大学出版社2015年版。

理关系，这种关系关乎整个社会的建构和合理运行。在这种意义上，道德理论和伦理思想所研究的最主要的领域是个人活动和社会活动（特别是社会政治活动）之中的美德。布达佩斯学派伦理思想的着力点也正是体现在这两个领域：日常生活领域（或者说生活世界）中以道德个性为核心的个体伦理和社会－政治生活中以民主政治为基础的政治伦理。由于道德主要体现为个人行为与社会规范之间的伦理关系，因此，个体伦理和政治伦理原本就处于内在不可分割的有机统一之中。

首先，研究布达佩斯学派的出发点是要准确把握他们对道德的基本定位。具体说来，道德作为个人的恰当行为的规范，并不是一个独立的存在领域，也不是外在的意识形态，而是内在于个体活动和社会活动所有领域的人际关系。因此，我们要基于个人的和社会的不同活动领域来综合理解与把握道德现象和道德的作用。

关于道德的这一基本认识是赫勒反复强调的理论要点。她在《日常生活》中讨论自在的类本质对象化领域，即日常生活领域中道德所发挥的组织作用时，一开始就强调要澄清两点："首先，我并未把道德视作一个分离的或独立的领域，而是内在于所有领域的人际关系。其次，不能把道德视作意识形态。我们将看到，道德包含有意识形态要素，意识形态被投射到和勾勒到道德之上：首先是那些提供了关于道德的全面阐述——狭义上的伦理体系的融贯的理论；进而是成文的或口头留传的，设计出给定社会的道德指导路线的道德戒律。正是后者在日常生活的组织中起着决定性作用，虽然，在个体那里，前者也不会没有影响。然而，道德首先是在行为中、在决策中和在发动行动的态度中表现出来的实践关系。"①不仅如此，当赫勒在《超越正义》中，从日常生活领域的道德转而进入政治活动领域的伦理问题时，她强调了同样的问题，即道德并不是一个独立的领域或独立的场域，而是内在于所有社会活动领域之中的人际关系和社会关系。赫勒指出："如果道德是人与人之间被内化的关系，如果社会整合是通过内化发生的，那么社会整合的各种形式都包含了道德成分，但**道德并不构成一个场域**。相反，从社会场域中的实

---

① 阿格妮丝·赫勒：《日常生活》，衣俊卿译，黑龙江大学出版社 2010 年版，第 68 页。

践要求内化这个角度看，**每个社会场域都是道德的**。"①

应当说，把道德定位于个人的和社会的各个活动领域的内在关系是符合人类文化特征的。在研究文化现象时，人们也面临着类似的问题。很多研究者容易把文化作为政治领域、经济领域，以及生活世界之外的某种独立的领域或者现象，或者只关注精神层面的自觉文化形态，而实际上，对于个人的存在和社会运行最为重要的是内在于生活世界和社会活动各个领域之中的作为基本的存在模式和活动机理的文化。道德和伦理关系作为文化的核心要素之一，毫无疑问体现了文化的这种内化的本质规定性。正如赫勒所言："可以把道德定义为'个人'的态度和决策同价值和规范期望之间的实践关系。由于这一关系是每一社会领域的特征，道德可以出现于所有种类的人际关系中。"②准确地把握道德的这种基本定位，一方面，有助于我们通过各种不同活动领域来全面地把握每一时代的基本道德规范及其作用机制；另一方面，也有助于我们通过各个领域道德规范及其作用机制更加深刻地把握特定时代个人的行为方式和社会的运行机制。不仅如此，深刻的道德理论，不仅要把握个人的和社会的各个主要领域的道德状况，而且要善于把握各个领域的伦理关系，因此，要特别把个体伦理和政治伦理结合起来加以理解。

其次，按照布达佩斯学派的伦理思想，我们不仅要把个体活动和社会活动领域的伦理关系，如个体伦理和社会政治伦理结合起来，内在统一地加以把握，而且要历史地看待这些领域的道德结构和伦理关系的变迁，以及这种变迁给人类社会发展带来的问题和挑战，从而找到走出特定时代道德危机的途径，以及在新的历史条件下重建新的道德秩序和伦理关系，重新激活人类道德力量的途径。在布达佩斯学派看来，最为重要的是，一方面要认识到，人类社会的现代化进程不仅带来了文明的进步，也带来了现代性的危机，并且这种危机也深刻地表现为人类道德结构的变迁和传统道德的困境；另一方面，尽管有现代性危机背景下的道德困境和道德危机，但是，道德作为人的恰当行为的规范和合理的伦理

---

① 阿格妮丝·赫勒：《超越正义》，文长春译，黑龙江大学出版社 2011 年版，第 286 页。

② 阿格妮丝·赫勒：《日常生活》，衣俊卿译，黑龙江大学出版社 2010 年版，第 68 页。

关系依旧在个人生活和社会政治生活中具有不可或缺的地位，关键是我们要有效地克服现代人和现代社会的道德困境。在布达佩斯学派成员看来，摆脱道德异化和道德冲突的出路，在于激发现代个体自觉的道德选择和存在选择的能力，推动具有道德个性的自觉的道德主体的生成。

在布达佩斯学派看来，道德作为人的恰当行为的基本规范，作为被内化的人际关系，是人类社会不可或缺的文化条件。然而，在不同历史时代，例如，在现代社会和传统社会，道德规范对人的行为的约束方式是不同的，这是因为，随着人类社会结构的变迁，道德结构也在发生着深刻的变迁；而道德结构变迁要比道德规范内容的变化对人的行为和社会运行产生更大的影响。我们在这里先不具体展开关于道德结构变迁的分析①，而是简要概括现代社会道德规范的地位和活动方式的变化。迄今为止，从传统经验社会向现代理性社会的转型是人类社会经历过的最深刻的转型。现代性的生成给个人生存和社会运行都带来深刻的变化：个体开始摆脱传统等级、阶层、性别等约束，变得越来越自由、越来越有个性；社会的运行开始越来越走向理性化和法制化。在这种背景下，道德规范在个人存在和社会运行中的作用与活动方式都发生了很大的变化。

一方面，从个体存在来看，现代社会的行为规范与传统社会的行为规范相比，在作用机制等方面发生了根本性的变化。在传统社会，个体与社会整体处于基本未分化的状态，每个人都受所处的社会等级和性别分工所形成的行为规范约束，赫勒指出，"在传统社会中，道德规范、美德和规则既按照阶层分化的线索进行划分，又根据每一社会阶层中的两种性别进行划分"②。在这种情况下，个人往往严格遵循阶层和性别分工规定的行为规范，没有选择的空间和自由。在现代社会，个体开始摆脱传统社会整体的束缚，在很大程度上成为自由的个体，人的个性开始生成，同时，道德个性或个性化的道德也开始生成，每一个个体可以按

---

① 关于道德结构的变迁，我们将在后面阐述个性伦理学的具体内涵时展开分析。

② 阿格妮丝·赫勒：《一般伦理学》，孔明安、马新晶译，黑龙江大学出版社2015年版，第170页。

照自己的理解去选择相应的道德规范，与伦理规则之间形成一种自觉的实践关系。与此相适应，现代社会的劳动分工取代了传统社会的等级划分，道德结构也随之发生了很大的变化，道德规范不再受等级和性别划分等约束，变得普遍化，但同时不同领域的规范和规则也开始变得多元化和个体化。用赫勒的话来说："对劳动的功能性划分取代阶层分化的模式，不仅导致了领域之间的道德划分，而且导致了日常生活领域**伦理**的多元化。"①这样的道德结构也为个体进行自主的道德选择提供了可能的空间，赫勒在写作《日常生活》时就已经发现了这一点，她指出，随着抽象规范结构和具体规范结构的分化，随着道德规范的普遍化、多元化和个体化，个体具有很大的道德自由，"对每个人来说，发现并接受这种差异，即内在化一个规范体系，同时拒绝另一个规范体系的可能性都是可以达到的。"②

另一方面，从社会活动领域，特别是政治活动领域来看，现代社会的运行机制与传统社会的运行机制相比，也相应地发生了很大的变化。具体说来，以不断创新的科学和日益发达的理性为背景的现代社会，其社会政治活动的运行越来越依赖于日益完善的科层制和日益发达的法律体系，而道德的成分在逐步减弱。我们在上文中曾引用了赫勒在《超越正义》中关于道德不是一个独立的领域，而是内化于社会场域和活动领域之中的观点，在那里，赫勒认为，每个社会场域都是道德的，都具有道德的成分。但是，赫勒接着也明确地指出，在不同的历史时期，各个社会场域和活动领域的道德成分是不同的，在现代性的背景下，社会场域内在的道德成分呈减少的趋势。她指出，一般说来，"内化的程度越深，这些实践所要求的内化就越强烈，道德的一面就越明显。如果我们用很抽象的方式进行思考，并且无视历史的特殊性，我们就可以粗略地认为，**如果一个场域越来越变得不同于**其他场域，那么将会发生两种相反的发展趋势：道德成分要么越来越多，要么越来越少。在现代，出现

① 阿格妮丝·赫勒：《一般伦理学》，孔明安、马新晶译，黑龙江大学出版社2015年版，第192页。
② 阿格妮丝·赫勒：《日常生活》，衣俊卿译，黑龙江大学出版社2010年版，第70页。

后者的趋势显而易见"①。

现代性背景下道德结构和道德规范作用的上述变化的确对个体存在和社会运行构成了严重的挑战：一方面，它使个体面临着不同领域、不同层面道德规范的相互冲突，会在很大程度上削弱人际交往的道德凝聚力，赫勒将这种状况称为道德的异化；另一方面，它使社会政治活动和公共活动领域的道德内涵和道德力量走向削弱与萎缩，而缺少了这种道德力量的自觉约束，人类社会会在某种特殊条件下被盲目的理性力量推向危机，甚至是类似大屠杀的文明灾难。然而，赫勒认为，我们不应当完全消极地看待道德结构的这种转变，实际上，在现代性条件下，无论在个体存在领域还是社会存在领域，道德规范并没有消失，真正发生变化的只是道德规范的作用方式，即道德规范从传统社会中使个体完全服从于社会整体或共同体的那种"强伦理"转变为现代社会的一种发挥引导作用的"弱伦理"。赫勒指出，就个体的日常存在而言，"我们所有现代人都是生活在一个弱伦理的松散之网中——但仍然是一种伦理"②。同样，政治领域和社会公共领域的理性化逻辑也并没有完全排除道德规范的作用，"政治需要政治美德，后者或许大体上与道德美德是一致的，但也有可能与道德美德不同，或有时是矛盾的。但是，恰恰是政治美德指引，而且也应该指引着政治行为"③。

不仅如此，赫勒还认为，现代性背景下不同活动领域道德规范的普遍化、多元化和个体化发展趋势，在给个体存在带来困惑，使伦理的约束作用变弱的同时，也给个体提供了真正成为自觉的道德主体的可能性。赫勒断言，"日常道德的多元化是一种资产"，当我们"保持了**道德的多元化的时候，才具有解放的潜力**"，才能够"做出（出于善的）存在的

---

① 阿格妮丝·赫勒：《超越正义》，文长春译，黑龙江大学出版社 2011 年版，第 286—287 页。

② 阿格尼丝·赫勒：《现代性理论》，李瑞华译，商务印书馆 2005 年版，第 298 页。

③ 阿格妮丝·赫勒：《一般伦理学》，孔明安、马新晶译，黑龙江大学出版社 2015 年版，第 175 页。

选择"。① 具体说来，在赫勒看来，在传统社会条件下，强伦理会使每一个人无条件地、没有选择地屈从于社会整体（自己所属的社会等级），在这种情况下，个体的自由个性尚未生成，人尚不是自觉的道德主体。在现代社会条件下，由于个体已经开始成为一个自由的、自主的个体，这种自由自觉的主体面对多样化、个体化的道德规范，可以对自己的存在做自主的选择，由此形成了自觉的道德个性或个性化的道德。在赫勒看来，尽管在现代不再有按照整齐划一的标准和规范来衡量的道德楷模，但是，人们依旧可以相信，在人群中可以辨认出好人的存在，只不过人们要作为自觉的道德主体，通过自觉的生存选择，而成为好人。这种具有道德个性的好人，不仅是日常生活领域道德力量的来源，也是由政治美德引导的社会政治活动领域的基础性的伦理条件。

最后，现代社会道德规范多元化和个体化背景下自觉的道德个性的生成，无论对于个体伦理的培育，还是对于政治伦理的优化，无论对于日常生活的变革，还是对于社会政治生活的创新，都具有重要的推动作用。这种自觉的道德个性把个体存在与社会运行，把日常生活领域和社会生活领域有机地结合起来。一方面，个体通过自觉的和自主的存在选择，成为具有道德个性的好人，为自在自发的日常生活人道化和民主化提供了重要的伦理条件；另一方面，个体通过自己选择成为正直的人，自觉地实现最佳的道德合理性，推动真正民主和自由的政治社会，即最佳的可能的社会政治世界的建构，为所有人的"良善生活"提供重要的道德力量。正如赫勒在《日常生活》结语的最后一句话所说的那样："正是历史——人们自觉选择的和按人们的设计铸造的历史——可以使所有人都把自己的日常生活变成'为他们自己的存在'，并且把地球变成所有人的真正家园。"②

关于现代道德结构变迁背景下传统自发的、被动的道德主体向现代自主选择的自由的、自觉的道德主体，即"好人"的转变，是我们理解现

---

① 阿格妮丝·赫勒：《一般伦理学》，孔明安、马新晶译，黑龙江大学出版社 2015 年版，第 193 页。

② 阿格妮丝·赫勒：《日常生活》，衣俊卿译，黑龙江大学出版社 2010 年版，第 258 页。

代性语境中全部道德问题的核心，也是我们把握和理解赫勒全部道德理论的核心，我们将在后面更加具体地展开。与个体伦理的变化同步，社会政治伦理也在现代性背景下经历了类似的转变，对此赫勒在《超越正义》等著作中做了专门的研究，并对社会政治伦理的未来走向和人类社会的价值追求做了深入的探讨。赫勒曾明确说过，《超越正义》这部关于正义理论研究的著作具有独特性，"它的位置处于伦理学和历史哲学的交叉点上"①。赫勒正是在这一理论中把个体伦理和政治伦理的理解统一起来，同时也是把自己的道德理论和历史哲学(包括微观政治哲学)统一起来。因此，我们在这里简要地概述赫勒《超越正义》的基本思想，揭示社会政治伦理的现代变迁轨迹，有助于我们更深刻地理解赫勒以具有道德个性的好人为核心的个性伦理学思想。

赫勒强调正义概念在社会政治生活中的重要性，因为即便在愈发理性化和法制化的现代政治生活中，正义问题依旧具有重要的道德内涵，哈贝马斯也承认，在传统的政治伦理中，唯有正义问题还存在。赫勒认为，在传统的前现代社会政治生活中，占支配地位的是一种完备的政治范式，它表现为一种适合所有社会成员的静态的或形式的正义概念。"形式的正义概念是指应用于特定社会群体的各种规范和规则能够连续地、持之以恒地适用于该社会群体内的每个成员。"②也就是说，在静态社会中，一旦规范和规则被视为理所当然的，它们就具有了正义性，是不容置疑的。而在现代社会中，随着道德规范的多元化和个性化，正义的范式也由形式的或完备的正义转向了动态的或不完备的正义。不存在一种被每个民族、每种文化、每种生活方式都视为正义的社会蓝图，即便在同一个社会和同一个文化中，关于一种规范是否正义也会存在着分歧。赫勒认为，在动态的社会中，正义并不取决于或者体现为某一种或某些规范和规则，而是由最普遍的价值决定的。"在现代，所有的原则或准则都来源于这两个普遍的价值：自由和生命。"③赫勒断言，在现代

---

① Ágnes Heller, *A short history of my philosophy*, Laham: Lexington Books, 2011, p. 64.
② 阿格妮丝·赫勒:《超越正义》，文长春译，黑龙江大学出版社 2011 年版，第 5 页。
③ 同上书，第 127 页。

性中，只有这两个普遍的价值，即自由和生命构成了人类的终极价值，它们不是从正义推论出来的，正相反，一个社会(或宪法)只要能确保公民的生命和自由，它就被定义为正义的。在正义的概念中，正义必须诉诸自由和生命的实质性价值。

这样一来，动态的正义就从实质的规范变为程序性的规范，也就是说，现代社会政治生活中的正义是通过对话、商谈而达成的，是一种程序正义。赫勒和费赫尔在《后现代政治状况》中明确指出："对话是一个用双方一致同意的理性讨论解决价值冲突的过程。在现代社会中，作为一个每个人都求助于自由和生活的普遍价值的价值对话的结果，只有当每个相关人士都把它们作为正义的接受下来，规范和规则才会被视为正义的。这是程序正义的思想。"[①]进而，从这样的理解出发，正义——无论是静态正义还是动态正义——本身都不是人类社会追求的价值目标，充其量也只是实现更高的价值目标的手段，在这种意义上，赫勒认为，真正自由和民主的社会是"超越正义"的，是呈现为一种多元化的良善生活(the good life)的理想的生活世界图景。这种良善生活世界的基础是一种最佳的社会-政治生活，它体现为人道化的日常生活与民主化的社会-政治生活相互交融。赫勒指出，"人人的生命机会平等，人人平等自由，最佳的可能的社会-政治世界的规则思想也可以作为一个目标来构想。然而，这个目标仍然是一种手段。最佳的可能的社会-政治世界的目标是值得追求的，因为它是所有人的良善生活成为可能的条件。不作为手段的唯一目标就是所有人的良善生活。**正义的目标是超越正义**"[②]。

赫勒强调指出，良善生活不是某种给定的状态，而是自觉的主体的生成状态，是人的存在选择。正是在这种意义上，赫勒把良善生活概括为三个主要的方面："成为一个诚实的人、把某些天赋发展成为才能(我们能意识到的最好的天赋)以及形成密切的个人联系。"[③]在这种意义上，赫勒特别强调"存在的选择"(the existential choice)对于良善生活的决定

---

① 阿格妮丝·赫勒、费伦茨·费赫尔：《后现代政治状况》，王海洋译，黑龙江大学出版社2011年版，第147页。

② 阿格妮丝·赫勒：《超越正义》，文长春译，黑龙江大学出版社2011年版，第337页。

③ 同上书，第333页。

性作用，而进行存在选择的是"正直的人"（the righteous person）或"诚实的人"（the honest person）。一方面，赫勒强调，我们要自觉地选择自己成为正直的人，成为道德的人，"在一个道德多元化的领域里，如果我们**选择自己**成为诚实的人，就可以实现**最大的**道德合理性。现代性中道德的每一个理性方面都是遵循着**存在的抉择**"①。显而易见，这种存在的选择本质上是道德的选择，所以赫勒强调："如果一个人已经选择他（她）自己成为一个诚实的人，成为一个由实践理性引导的人，成为一个宁愿蒙受冤屈也不做不公正之事的人，那么这种抉择可以是成功的。"②另一方面，这种对良善生活的存在选择也是与他人合作和团结的选择。赫勒分析道：在一个多元化的时代，"一种对一个人有益的生活方式可能对另一个人无益。生活方式真正多元化的前提是每个人的生活都能美好。**在最佳的可能的社会−政治世界里，良善生活完全取决于个人的存在选择和基本选择**。但是，即便每个人的良善生活都是独一无二的，即便良善生活依赖于存在选择和基本选择，它不是，也不可能是一种'孤独的事业'。良善生活的三个方面全都植根于'**团结**'"③。

分析至此，我们清楚地看到，赫勒关于社会−政治领域的伦理分析与她关于日常生活领域的道德建构在本质上是内在统一或者合一的，在这里进行存在选择、追求良善生活的道德主体——正直的人、诚实的人或好公民——都具有好人的特质，或者在某种意义上就是好人。因此，赫勒曾明确断言："良善生活的主体是好人（正直的人）。"④因此，我们不难看出，尽管布达佩斯学派的伦理思想在不同的维度展开，但是落脚点都是以好人为核心的个性伦理的建构，都是在唤醒后现代境遇中的好人和好公民的个性道德力量与道德责任。

---

① Ágnes Heller, *Beyond Justice*, New York: Basil Blackwell, 1987, p. 289.
② Ibid. , p. 291.
③ Ibid. , p. 324.
④ Ibid. , p. 274.

二、道德结构变迁与现代人的道德困境

道德问题本质上是人的问题，这是赫勒毕生关注的问题，因此，道德理论在赫勒的全部思想中占据最为重要的地位。20世纪八九十年代，赫勒写出著名的道德理论三部曲：《一般伦理学》《道德哲学》和《个性伦理学》。赫勒反复强调，这三部著作是一个统一的整体，是关于同一种道德理论或道德哲学不同方面的阐述。具体说来，道德哲学总是涉及三方面，即解释的（interpretative）方面、规范的（normative）方面和教育的（自我教育的）或教化的（therapeutic）的方面。而《一般伦理学》《道德哲学》和《个性伦理学》就对应着赫勒的道德理论的这三个基本的方面。更为重要的是，赫勒强调，《一般伦理学》《道德哲学》和《个性伦理学》是她的道德理论的三个部分，它们都围绕着同一个核心问题："所提出的这个基本问题如下：'**好人存在——他们何以可能？**'在第一部分，将会从**理论理性的立场**（也即参与观察者的立场）来回答这一问题，在第二部分将会从**实践理性的立场**（也即当代世界的参与成员的立场）来回答该问题，在第三部分，将会从**人类个体作为一个整体的立场**（也即追求善的生活的个体的立场）来回答这个问题。"①

因此，如前所述，赫勒的道德理论是一种以具有自觉的道德个性的好人为核心的个性伦理学。为了能够比较集中地阐述赫勒的个性伦理学，我们在这里不去分别展开这三部著作的具体内容，而是把它们作为一个关于"好人存在——他们何以可能？"这一核心道德问题的理论整体加以把握。我们先从人的境况入手，来揭示道德的产生，并且从历史演变的角度，揭示道德结构的历史变迁，以及这一变迁在现代性背景下给现代人带来的道德困境。这一理论分析，将为我们把握赫勒关于人通过自觉的存在选择而成为好人、成为自觉的道德主体这一核心思想，提供基本的理论基础。

---

① 阿格妮丝·赫勒：《一般伦理学》，孔明安、马新晶译，黑龙江大学出版社2015年版，第9页。

(一)人的境况与道德规范的生成

研究道德问题，首先要确定一个理论出发点。在赫勒看来，研究道德问题不能从"人性"（human nature）的概念入手，因为无论从自然系统来看，还是从社会系统来看，都不存在着某种给定的、现成的人的本质或本性。人的本质规定性是在人的实践活动和历史活动中逐步生成和展开的，道德关乎个人行为与社会规范之间的实践关系，它与人的本质规定性一样，都是历史地生成和建构起来的。赫勒在《日常生活》中就非常明确地谈到这一点，她指出，"如果我们断言，道德表达了个体的个人同社会-类的规范期望的要求之间的关系，我们是强调这一关系的两极：一方面是社会-类的规范期望，另一方面是个人的关系。无论我们谈论多少关于个性对社会-类的规范期望的'简单服从'，事实是，不经过斗争就不可能获得这一服从：如果人要符合施加于他和为他所接受的要求，他就必须'控制自己'。同时，无论（从个性的观点）'个人'如何原始，同其'本能'的斗争都将具有某些'个体性'的痕迹——只是由于个体存在的排他主义天赋相互间差异极大"①。显而易见，赫勒在这里强调的是，人与人之间、人与社会规范之间的伦理关系是在历史的决定性和人的自我决定性的交互作用中建立起来的，这里充分体现了主客体的交互作用。为了能够揭示道德规范的建构和人与社会伦理关系的生成机制，赫勒用"人的境况"（the human condition）这个概念，取代了人们通常使用的"人性"的概念，作为道德规范和规则生成的场域或者条件。在赫勒看来，人的境况与其他生物有很大的不同，他无法凭借先天的本能而自在自发地生存，必须在个人行为与社会规范之间建立起一种互动的实践关系，人才可能存在下去，道德的起源就植根于人的这种特殊的境况。

赫勒认为，人的境况始于人之诞生的偶然性。在这里，赫勒使用了存在主义常用的"被抛入"的概念来形容人之诞生的偶然性境况。她非常清晰地描述了这种境况：**"每个人都是通过偶然性的诞生而被抛入某个独特的社会之中的。通过某一个人的祖先而孕育出的某个先天的独特个**

---

① 阿格妮丝·赫勒：《日常生活》，衣俊卿译，黑龙江大学出版社2010年版，第70页。

体，其本身就是偶然性的。这个人被抛入这个或那个先天的社会中也是偶然性的。在某个胚胎的基因形成中，并不存在其注定'被抛入'某个先天的**特定**社会之中的情形；只不过，个体注定是被抛入某个先天的社会中的。因此，作为**偶然性**的命运是双重性的。将偶然性转换为决定性（determination）和自我决定性（self-determination），这恰好就是'在一个独特的世界中成长'的全部内涵。我将此两种先天之物的'衔接'命名为'历史性'。"①从赫勒的这段论述中，可以清楚地看到每一个人诞生的偶然性命运，而且这种偶然性是非常深度的，因为它体现在两个方面，呈现出两种偶然性：一是个人通过"被抛入"而诞生的偶然性；二是某一个人具体"被抛入"的是哪一个特定的社会条件中，也是一种偶然性。这双重偶然性就像哲学人类学所说的那样，使人成为一种"未特定化的"存在。具体说来，作为被偶然地抛入某一偶然社会环境中的个人，不可能像某些动物那样凭借先天本能而成功地存续下来。因此，赫勒强调，个人必须把这种偶然性转化为决定性和自我决定性，也就是同社会规范和规则建立起某种关系，才可能存续下来。道德、价值、意义，乃至整个文化就是在人的这种特殊境况中历史地生成的。

人的境况始于人之诞生的偶然性，而展开于社会规范替代本能规范的过程。人的境况也就是人之存在的特殊环境和条件，由于人的诞生的偶然性，他无法凭借本能规范和规则而生存，必须逐步用社会规范来替代本能规范。赫勒在《一般伦理学》中从人的类（整体）到个体，把社会规范替代本能规范的过程，即"人的境况"的生成和展开，描绘为三个连续的步骤，或者三个相互连接的过程。

首先，经过人的自我驯化，用以替代本能规范的社会规范得以形成，"人的境况"得以基本确立。

赫勒认为，从人类整体来说，这种社会规范对本能规范的替代经历了人的生命比较漫长的自我驯化（self-domesticated）的过程，最终形成了由社会规范形塑的人的境况，或者人的存在条件。赫勒强调指出，"人

---

① 阿格妮丝·赫勒：《一般伦理学》，孔明安、马新晶译，黑龙江大学出版社2015年版，第25页。

的时间是历史时间。在自我驯化这一时期，**本能的规范被社会规范所替代**。当这一替代完成之后，'人的境况'开始了，或用另一种方式说，在其抽象的不定性中，社会规范就是人的境况，因为它既规定了'人的境况'的潜能，也规定了'人的境况'的限度——也即人自身的潜能及其有限性。由于社会规范是自我创造的（人是自我驯化的），因此，一切独特的社会规范都是可以被其他的规范所改变和替代的。社会规范经历了结构转型"①。

其次，每一个体都要经历着遗传先验（先天的基因）和社会先验（先天的社会性）的"联结"或"嵌接"，这样一来，"人的境况"就具体化为两种先验的历史裂缝中的历史性的决定性和自我决定性。换言之，对于每一个个体而言，两种先验的联结既具有历史的决定性，也具有某种自我决定性。

赫勒认为，对于每一个被偶然地抛入的个体来说，存在着两种先验。其一是遗传先验，每一个个体都有自己独特的先天基因，用赫勒的话来说，"每个人都是**一般的**先天遗传的案例。但是，每个人都是独一无二的；每个婴儿生来都是独特的、**个体的**和先天遗传的；根本就不存在两个完全一样的个体，甚至对于一对相同的双胞胎也是如此"②。其二是社会先验，赫勒认为，同不存在两个完全相同的个体一样，也不存在两个完全相同的社会，而每一个个体的诞生都会被偶然性抛入某一个社会之中。"我们是人，那是由于我们生来就拥有'人的程序'，是由于我们是在人之中，是通过人，而且是在伴随着人，并在与人的交往中被抚养长大的。我们首先通过逐渐了解，并实践社会规范及社会准则而成为既定社会中的一员。社会规范推进并塑造着我们的思维、行动和行为。当然，我们不仅了解社会规范，而且，这一了解处于这些规范的**框架之中**，并在这些规范的**指导之下**进行。'知道什么'，并且'知道为什么'，由于这些都根植于语言、风俗和人类加工品之中，由于它们都是受话

---

① 阿格妮丝·赫勒：《一般伦理学》，孔明安、马新晶译，黑龙江大学出版社2015年版，第21页。

② 同上书，第25页。

语、行为和交往调节的，所以它们就提供了我们个体经验的视域。"①

如前所述，每个人都是通过偶然的诞生而被抛入某个独特的社会之中，而为了在特定社会中能够生存和存续，每一个个体都要同特定的社会规范建立联系，都要用社会规范来替代本能的规范，而这一替代过程，也就是每一个人的存在境况的确立，就具体体现为其遗传先验(先天的基因)和社会先验(先天的社会性)的"联结"或"嵌接"。用赫勒的话来说，"凡是我们所指的**后天的**(个人的经验)一切东西都是如下**两种先天之物**相结合的结果：先天的**遗传之物**与先天的**社会之物**(这二者都是先于经验的'给定'之物)"②。然而，这种"相结合"、这种联结并不是两种先验的简单合一，或者二者的统一体，更不可能出现两种先验的完整统一体，更多的是两种先天之物的不完全的"衔接"。赫勒从两个方面分析这一问题：一方面，没有任何东西被"书写"或编码到一般的先天基因中，它注定了某个人属于某个先天的独特社会，实际上每一个新生婴儿都是在某个先天社会中适应人类生活的，然而，通常先天基因是始终如一的，但先天社会性则各不相同，而且是不断变化的，因此很难出现完全的适应；另一方面，个体的先天基因是独特的，并非所有先天的个体基因都同样或完全能适应某个先天的独特社会，总会有些人容易适应，另一些人不容易适应。这说明，在社会规范替代本能规范的过程中，或者说个体适应特定社会的规范的过程中，既具有某种来自先验的决定性的东西，也包含着某种自我决定性和个体差异性。因此，赫勒断言，"**可以把'人的境况'具体化为在历史裂缝的条件下，历史性的决定性和自我决定性**"③。

最后，赫勒进一步强调，可以进一步把"人的境况"具体化为"在张力中生活"，并且这一"在张力中生活"的历史性对于人类社会和人类文明具有重要的意义。在某种意义上，两种先验(两个先天之物)无法完全

---

① 阿格妮丝·赫勒：《一般伦理学》，孔明安、马新晶译，黑龙江大学出版社2015年版，第24页。
② 同上书，第24~25页。
③ 同上书，第26页。

结合或链接并非消极的现象，因为从两种先验的裂缝和张力中，进一步形成了同一社会条件下的个体差异性和主体创造性，后者已经不是先验的张力，而是人的存在的历史性张力。这一"在张力中生活"的历史性会推动主体能动性和创造性的增长与发挥，推动意义、价值和文化的创造，以及社会的变迁和更新，并且在某种意义上有助于避免和防止"单向度的人"和僵化的社会体系的形成。

在赫勒看来，虽然理论上并不排除两种先验（"先天的遗传"和"先天的社会性"）的完全结合或联结，但事实上，两个先天之物的完全联结并非经常发生或者很难发生，因为即使细微的差异也会导致某种张力，而且这一差异越大，所体验的张力就越大。赫勒指出，这里所说的张力已经不是先天遗传与先天的社会性之间的张力，而是个体后天的历史性之间的张力。进而，这种张力会导致主体性发达程度的差异，这会成为意义、价值的源泉，成为文化创造和社会变迁的推动力。"比历史性的平均张力更大的张力可以导致'主体的匮乏'（subjective deficit）和'主体剩余'（subjective surplus）。如果其他条件得以满足，那么主体剩余是文化剩余创造的持续源泉，并能被有意义的世界观所吸收，正像它有助于社会生活模式的变迁（改变）那样。"①换言之，在存在着历史性的张力的前提下，社会的道德规范和规则不仅会有效地约束个体的行为，也会在一定的条件下推动社会的创造和发展。

正是基于这样的考量，赫勒具体分析了通过两种先验的联结而形成"人的境况"的重要性，以及两种先验之间不完全联结的文化价值，也论证了我们与这一历史性张力生活在一起的必要性。"如果不将如下两个先天之物'结合'在一起，那么既不存在自我，也不存在社会。然而这样完整的'链接'概率极低。一个完全链接的自我（Self）是**单向度的**，一个把所有自我完全链接起来的社会将是一个不能变化的社会（其特征将由有意义的合法的世界观的匮乏而体现）。历史性充满了张力。这一张力的质、量及其特征各不相同，但却总是存在的。因此，**可以进一步把**

---

① 阿格妮丝·赫勒：《一般伦理学》，孔明安、马新晶译，黑龙江大学出版社 2015 年版，第 27 页。

'人的境况'具体化为'在张力中生活'。我们注定是与这一张力生活在一起的。我们徒劳地试图摆脱这一张力。我们也尽力充分地利用这一张力。"①

综上，赫勒分析了人的诞生的"被抛入"状态和偶然性的命运，先天的遗传和先天的社会的复杂链接，社会规范对本能的规范的替代，以"在张力中生活"的历史性为规定性的"人的境况"的展开。这种详细而周密的理论分析，深刻揭示了道德的生成和以人的行为规范和规则构成的道德伦理体系的形成。这一理论分析不但有助于我们了解道德和伦理的产生，而且有助于我们更深入地理解人类社会的运行机制。因为在赫勒看来，道德和伦理不仅仅关乎个人的存在，更关乎共同体和社会的运行，伦理的重要性就在于它构成了世界的条件和意义的来源。

赫勒在《超越正义》中就非常明确地强调了道德和伦理对于人类社会存在和人类文明发展的极端重要性，"不存在规范和规则的地方，也没有制度、没有共同体、没有人际关系、没有人类存在"②。在《一般伦理学》中，赫勒更加充分地展开"伦理是世界的条件"这一重要思想，她强调指出，"伦理是世界的条件。没有伦理，化学物质或组织可以照样存在，但如果没有伦理，那么就没有**世界**。'世界'并不是无生命和有生命之物的数量总和，而是所有这些东西的**意义**，而且这些意义是由人构成的，因为只有人通过意义与**所有其他身体**，包括非人的身体相维系。然而，意义是由规范（norms）和规则（rules）所提供的。信仰体系、'在手'的知识，以及宇宙知识，都植根于同样的规范和规则，并由它们所调节。这些规范和规则调节着恰当的行为"③。赫勒进一步阐述了伦理对于意义的产生的重要性，"我们'拥有'一个世界，乃因为我们是受规范和规则调节的，并不是受本能调节的。遵守规则是'完全正确的'，破坏规则是完全错误的。'完全正确'意味着'好'；'完全错误'意味着'坏'。

---

① 阿格妮丝·赫勒：《一般伦理学》，孔明安、马新晶译，黑龙江大学出版社 2015 年版，第 27 页。

② 阿格妮丝·赫勒：《超越正义》，文长春译，黑龙江大学出版社 2011 年版，第 238 页。

③ 阿格妮丝·赫勒：《一般伦理学》，孔明安、马新晶译，黑龙江大学出版社 2015 年版，第 39-40 页。

这一事实，即社会规范已替换了本能的规范这一事实意味着有了好和坏。由于不存在没有规范和规则的**世界**，而且，规范和规则的存在就相当于好（遵守）与坏（违背）之间的区分，**而善与恶（伦理）之间的区分就是世界的条件**"①。这也就是说，在赫勒看来，作为人的正当行为的规范和规则的伦理承载着世界的意义，伦理是人类世界意义的来源之一。每一个个体必须与社会的规范和规则建立起伦理关系，这不仅关乎人能够有意义地生存，也关乎人对世界的意义的创造。

（二）道德结构变迁及其对现代人和现代社会的影响

在以"人的境况"为出发点揭示了道德和伦理的生成机制的前提下，赫勒在《一般伦理学》和《道德哲学》等著作中，分别阐述了人的行为规范和规则的内涵及其分类、意愿行为、道德自律、行为后果和道德责任、道德权威、存在选择，道德选择中的认知与行动，以及日常的美德、机构的规则、普遍的准则等，由此系统地建构起伦理理论体系，并且比较详细地阐述了人的行为和道德实践。从本书的主题和研究重点出发，我们在这里不准备从知识论或者理论体系的角度详细展开赫勒这些具体的理论建树，而是围绕着赫勒伦理思想和道德理论中的历史维度从上述理论体系中选取相关内容，集中探讨道德结构在人类历史进程中的变迁，及其对人的存在和社会生活的影响，特别要揭示身处现代性危机和道德冲突之中的个体如何通过存在的选择而自觉地成为自由的道德主体，也即赫勒所说的"好人"，并且以此重新激活当代人类社会的道德潜能和道德力量。从这样的理论视角出发，我们特别应当关注赫勒关于人类道德结构两次历史变迁的理论，通过具体阐述这两次结构变迁的具体内容，以及分析道德结构变迁对现代社会和现代人的多维影响，我们可以清晰地展示出现代人的道德境况，从而为阐述赫勒关于好人何以存在的道德理论奠定前提性基础。

赫勒关于道德结构历史变迁的理论阐述是从"好人存在"这一前提出

---

① 阿格妮丝·赫勒：《一般伦理学》，孔明安、马新晶译，黑龙江大学出版社 2015 年版，第 40 页。

发的。在她看来，"好人存在"这一陈述性假设，是不言自明的，不需要加以理论论证的，因为，如果没有"好人存在"，也就不会有道德哲学（道德理论）存在的理由。进而，赫勒又把"好人存在"这一道德理论的前提分解为两个相关的问题：一个是带有普遍性的老问题，即"好人存在——他们何以可能？"；另一个是具体的问题，是某个普遍模式的特殊化的问题，即"好人**现在**存在着——他们**现在**何以可能？"[1]赫勒之所以对这一问题进行分解，就在于她引入了理解道德问题的历史维度，即道德是一种经历着历史变化的社会现象。由于道德在经历着变化，有时候是很深刻的变化，所以人们在不同的历史时期，会重复地面对着"好人现在何以可能"的问题。赫勒进而在道德的各种变化中区分出根本性的变化。她认为，虽然道德规范、美德和观念的内容总是会发生变化，它们在现代性中也经历着变化，但是，最根本的道德变化不是道德规范、美德和观念的这些具体变化，而是道德结构本身的变化。赫勒认为，迄今为止，人类经历的和正在经历的这种意义上的道德结构本身的变化主要有两次，她这样概括这两次道德结构变迁的内容："总而言之，人们可以区分出道德的**两次**基本的结构变化。第一次是 3000 多年前特定文明世界中发生的人类行为中的羞耻规范（the regulation of shame）与良心规范（the regulation of conscience）的区分。第二次是我们这个时代不久前发生的道德的普遍化、多元化和个体化。"[2]我们可以分别探讨一下这两次道德结构变迁的主要内涵。

道德结构第一次变迁的意义在于它确立了上千年传统社会的基本道德结构，即由主体的道德品行和客体的道德规范、伦理规范构成的道德结构，道德表现为个体与伦理的关系。如前所述，人作为被抛入的偶然性存在，用社会规范来替代本能的规范，确立起人的境况或者存在的基本条件，使人成为一种道德的存在。但是，在相当长的时期，人作为道德的存在，更多地体现为个体对社会整体的被动的服从，而第一次道德

---

① 参见阿格妮丝·赫勒：《一般伦理学》，孔明安、马新晶译，黑龙江大学出版社 2015年版，第 11 页。

② Ágnes Heller, *General ethics*, New York: Basil Blackwell, 1988, p. 8.

结构变迁的核心内容是道德的主体方面或者说主体意义上的道德开始出现。赫勒借用黑格尔的术语来描绘第一次道德结构的变迁，强调道德包含了两种成分，即客体的伦理和主体的道德品行。"经历第一个结构变迁之后，可以把道德描述为个体与**伦理**的关系，在此，'个体关系'代表了道德品行，而**伦理**则代表了具体的/抽象的规范和具体的/抽象的价值(抽象规范和价值也包括普遍的规范和价值)的同一性和非同一性的认同。"①赫勒认为，第一次道德结构的变迁包含很多内容，而最为核心的、具有标志性的内涵主要体现在两个方面：一是随着主体的道德感，即良心的出现而产生的内在的道德权威与外在的道德权威的分化；二是抽象的规范和价值从具体的规范和价值中提升出来。我们可以简要地阐述一下这两个方面的基本内涵。

首先，第一次道德结构变迁是伴随着主体意义上的道德，即良心的出现而发生的，由此，个体除了面对外在的道德权威而生成的"羞愧"的道德感外，开始有了一定程度上的自主的道德判断，能够在一定程度上自己反思和判断自己的行为正确与否，并监督自己主动改正错误，这时候开始使人产生一种发自内在的道德权威，即良心的道德感。

在某种意义上，人类的历史越是向前追溯，外在的习俗和规范等对个体的外在约束相对而言就越强。在这种条件下，个体往往被严格束缚在自己所属的阶层，个人的行为是否恰当，个人是否服从于外在的规范和人们的评价，这种外在的评价、约束和注释就构成了外在的道德权威。因此，赫勒认为，如果人们在没有任何选择或者双重性质的反思的情况下，就服从所属群体或者共同体的每一条具体规范，那么道德权威就完全是外在的。在这种情况下，"每个人都以共同体的名义言说，个人是该共同体的一个代表。因此，**道德判断**就栖居于**他者的眼中**。这一陈述看似是隐喻的，实则不然。这些目光伴随你所有的行动和活动；它们停留在你身上，注视着你的一举一动。你处于这种注视的范围内，正如他人也在你的注视范围之中一样。如果你做了不应该做的事，如果你

---

① 阿格妮丝·赫勒：《一般伦理学》，孔明安、马新晶译，黑龙江大学出版社2015年版，第58-59页。

未能做你应该做的事，他者的眼神就会使你感到**羞愧**。羞愧是最为折磨人和最令人感到羞辱的感觉之一。当感到羞愧的时候，你很想逃开，躲到地下，消失——所有这一切都是为了**使自己摆脱这种注视**。羞愧是一种情感（就像生气、恐惧、厌恶），也是我们能想到的唯一与生俱来的道德感觉"①。在赫勒看来，随着人类社会的发展，这种单纯由外在的规范和权威引发的羞愧感不足以决定人们的道德行为，因为在高度文明的传统社会，规范、美德和价值都或多或少存在加以解释的可能性，在这种情况下，往往需要道德主体具有一定的认知和反思，即内在的权威才可能引发个人的道德行动。例如，即使每个人都能接受勇气、虔诚、节制、智慧和正义是主要美德，幸福是至善，等等，但也仍然存在在道德上很重要的问题：什么是真正的勇气？什么构成了幸福？我们必须确定真正的勇气是什么才能变得勇敢，以便因时因地勇敢地行动。赫勒指出，"我们以相同程度介入了内在权威和外在权威之中。对内在道德权威的介入，被称作**良心**（conscience）。良心是与羞愧类似的一种**感情**，但与羞愧相比，它与情绪化性情和引导性感觉（orientative feeling）的关系更为密切。而它坚持为什么的理性。'良心'这一术语与**知识**（con-scientia）相关，表明讨论中的道德情感被赋予了理性。对外在权威的介入在本质上是**反应式的**，因为它是在对'他者的眼神'的赞成或否定的反应中出现的……然而，良心不是可见的；它是内在的**声音**。它对我们言说，警告我们，给我们提供建议；它奖励和惩罚我们。在它的警告和建议中，良心是一种引导性的感觉。我们的良心逐字逐句地对我们言说，如果我们听而不闻，就会感到**痛苦**，而且这种痛苦相较于肉体上的疼痛是更加折磨人的一种痛苦。另一方面，如果我们留意到自己的良心，听从它，我们就会感受到**愉悦**、满足、幸福、平静、安宁，等等"②。可见，随着良心的出现，道德权威从外在向内在的深化，人与社会规范和规则之间的伦理关系、人对道德规范的认知和遵循，等等，都呈现出越

---

① 阿格妮丝·赫勒：《一般伦理学》，孔明安、马新晶译，黑龙江大学出版社2015年版，第118—119页。
② 同上书，第121—122页。

来越丰富的内涵。

其次，与主体意义上的道德，即良心的出现密切相关的是，在第一次道德结构的变迁中，规范和规则体系与结构也发生了内在的分化，抽象规范和规则开始从具体的规范和规则中提升出来，形成了由两类规范和规则组成的规范体系。

如前所述，在传统社会中，特别是相对不发达的早期传统社会中，社会完全是按照等级和性别区分的，不同的阶层或团体往往有各自相对不同的具体习惯和规范。由于不同阶层和等级之间的界限比较严格，各阶层的成员只要不假思索地遵循各自的具体规范和规则，就可以成功地生存下去，而不需要对规范进行反思。随着交往的扩大和社会流动的增加，一些抽象的规范开始从各个等级的具体规范中抽象出来，提升和分化出来，就开始形成了抽象规范与具体规范之间的张力结构，个体不仅可以继续按照特定的具体规范生存，也可以通过抽象规范和价值的引导而行动。这样，个人在一定程度上对不同规范的选择和解释就是可能的，因为在抽象规范体系和具体规范体系之间存在着差异和张力。如前所述，赫勒在《日常生活》中就阐明了这种差异和张力，她指出，"每一社会都基本通过两种要求结构来活动：一个是抽象规范结构，另一个是具体规范结构，二者极少一致，它们的差异常常尖锐化为矛盾。我们将看到，人们在整体上倾向于遵循具体规范，并为之引导，但他们也将抽象规范内在化，而常常没有注意到它们之间的差异，更不必说是矛盾了。然而，对每个人来说，发现并接受这种差异，即内在化一个规范体系，同时拒绝另一个规范体系的可能性都是可以达到的"[①]。这就意味着，个体可以依据抽象规范的精神和价值，以道德的理由重新解释和选择给定的具体规范，而这种反思，也是主体意义上的道德，即良心和内在的道德权威形成的途径。

道德结构的第二次变迁发生于我们时代新近的过去，是伴随着现代性的诞生而出现的，我们至今仍处于这一道德结构变化之中。赫勒认为，道德结构第二次变迁的核心是"道德的普遍化、多元化和个体化"，

---

① 阿格妮丝·赫勒：《日常生活》，衣俊卿译，黑龙江大学出版社 2010 年版，第 70 页。

而这种深刻变化是通过打破传统社会等级化的道德结构对个体的严重束缚，道德在不同存在领域——自在的对象化领域、自为的对象化领域和自在自为的对象化领域——中形成分化而发生的。其结果，一方面开始形成对所有个体都具有普遍性的道德精神，另一方面则形成了越来越多元化的道德规范体系，而个体的道德行为越来越具有自主的和选择的特征，即具有个体化的特征。道德结构的这种深刻的变化对于人的存在和社会运行的影响是双面性的：它既给我们这些存在于现代性危机之中的个体和社会带来了严重的道德冲突和价值困惑，也给我们现代的个体自主地进行存在的选择，成为具有道德个性的自觉的道德主体，即赫勒所说的"好人"提供了可能性。

赫勒在《日常生活》中就用人的对象化活动所形成的不同领域来描绘人类社会的基本结构，其中她特别强调了三个主要的对象化领域：其中，以个体的再生产为主要内涵的日常生活领域被界定为"自在的对象化领域"（the sphere of objectivations in itself），为生活提供意义的精神生产或文化领域被界定为"自为的类本质领域"（the sphere of objectivations for itself），而社会的经济、政治诸制度领域则被界定为"自在自为的对象化领域"（the sphere of objectivations in-and-for-itself）。赫勒认为，几乎在所有的人类社会中，都存在着这三个基本的对象化领域，而且每一个对象化领域都有具有道德内涵，即具有各自的伦理规范和规则。具体说来，作为"自在的对象化"的日常生活领域内的规范和规则是"异质性的"，它们"调节着行动模式、言语和日常行动模式"；"自为的对象化领域"中的规范和规则往往具有同质性，"它们证明现存的社会秩序并使之合法化，使人的生活充满意义"①；"自在自为的对象化"的制度化领域由日常制度之外的政治、法律、再生产以及其他制度构成，这一领域及其所包含的具体制度领域都有各自的规范和规则体系。在赫勒看来，无论这些对象化领域相互间有多少差异，它们都离不开伦理规范和规则的调节。"**所有领域**的规范和规则，同时也是**伦理**规范和规则：即它们被

---

① 阿格妮丝·赫勒：《一般伦理学》，孔明安、马新晶译，黑龙江大学出版社2015年版，第173页。

认为是道德的，或者，至少包含着强烈的道德方面。然而，所有领域的人类实践都服从伦理判断。简言之，所有领域都包含着**共同的民族精神**。甚至在希腊城邦国家，特别是在那些领域分化极为广泛的民主国家，这些领域仍通过共同的民族精神联系起来。"①

赫勒所描述的道德结构的第二次变迁就具体蕴藏于这三个对象化领域总体的变化趋势和不断走向细化的领域划分之中。赫勒是这样概括伴随着人类社会从传统向现代走来的领域分化的发展趋势的："我已对三个领域做出了区分：日常生活领域（自在的对象化领域）、有意义的和意义呈现的世界观领域（自为的对象化领域）和社会结构领域（自在自为的对象化领域）。日常生活领域不能进一步分化：它只能逐渐衰败下去。然而，自为的对象化领域能够——而且确实已经——被进一步划分（划分为美学、宗教、科学和哲学等分领域），而且，这也同样适用于自在自为的对象化领域，这一领域被划分为经济和政治两个分领域。人们也可以区分出法律领域。"②具体分析，可以发现，在传统的等级制社会中，最为发达的是日常生活领域，大多数个体被以等级和性别等为划分准则的外在行为规范和伦理规则所束缚，他们主要是作为自在自发的日常活动主体而生存，很少有机会与"自为的对象化领域"和制度化领域中的规范与规则建立起实践关系。随着科学技术和人类理性的发展与发达，科学、哲学、美学、艺术等自觉的人类精神活动也越来越发达，逐步取代了传统宗教的社会组织和调节作用，创造美的事物的过程、理论思考模式、内在知识的议题、宏大叙事等，以及日益理性化和科层化的政治、法律、经济、再生产等制度领域等日益发达，并且向越来越多的个体开放。在这种背景下，传统日常生活的领域逐步萎缩，大多数个体被等级和性别等规范和规则被动束缚的状态也随之被打破，而越来越走向分化和细化的精神领域与制度化领域的规范和规则也越来越向所有的个体开放，个体的自由或者自主性也体现在人们有机会通过自主的选择与各个

---

① 阿格妮丝·赫勒：《一般伦理学》，孔明安、马新晶译，黑龙江大学出版社2015年版，第174页。

② 同上书，第180-181页。

领域的伦理规范和规则建立起实践关系。正是在人类社会通过领域分化而实现向现代社会转型的进程中，道德开始呈现出赫勒所说的普遍化、多元化和个体化的特征。其一是道德的普遍化，主要体现在各个对象化领域都被有意义的世界观、共同的民族精神和价值所渗透，"只要领域的各个部分只是**大体上**得以呈现，那么就有一个主导性的世界观渗透其中，并且正是这一世界观为生活提供了意义，也包括日常生活。这正是之所以存在**共同民族精神**的原因所在。价值、规范和美德在一个或另一个社会阶层中得以分享，并在所有的活动形式中都应该加以遵守"①。其二是道德的多元化，主要体现在各个领域都形成了自己特定的伦理规范和规则类型，"领域划分以及它们逐渐增加的独立性，在每一个领域内都带来了特定的**伦理**类型。在特殊领域内遵守的规范和规则，在其他领域内则无法遵守，并且即使在其他领域可以遵守，也不应该去遵守"②。赫勒认为，这种道德的多元化不仅体现在不同的对象化领域的划分中，也体现在各个对象化领域内在的细化之中，例如，"对劳动的功能性划分取代阶层分化的模式，不仅导致了领域之间的道德划分，而且导致了日常生活领域**伦理**的多元化"③。其三是道德的个体化，体现在有个性的自由个体可以通过自主的选择而与多元化的道德规范和伦理规则建立起个体化的实践关系。"个人的相对自主权完全有赖于下述事实，即**不是所有**内在领域的规范和规则(也不是所有特殊制度的规范和规则)都必须被这个人看作理所当然的。如果不是对这些规范和规则的内在领域的专属性做出改变的话，那么个人和群体总是能够做出改变某些规则和规范的请求。"④

显而易见，人类社会结构，即对象化领域的结构的这种转型，以及道德结构的第二次变迁，都是十分深刻的历史变迁，它们对现代性背景下的个体存在和社会运行都将产生深刻的影响。在某种意义上，这两次

---

① 阿格妮丝·赫勒：《一般伦理学》，孔明安、马新晶译，黑龙江大学出版社2015年版，第181页。
② 同上书，第176页。
③ 同上书，第192页。
④ 同上书，第180页。

道德结构的变迁，特别是道德结构的第二次变迁对个人和社会所产生的深刻影响，构成了现代人的道德境况。而这种道德境况，正是个性道德和个性伦理生成的现实条件，因此，我们必须准确地把握由于道德结构变迁而形成的现代人道德境况的基本特征。

首先，在道德的多元化和个体化的背景下，道德的约束力发生了很大的改变：从某种意义上的强伦理变为一种弱伦理。如前所述，赫勒认为，在现代性条件下，无论在个体存在领域还是社会存在领域，道德规范并没有消失，但是道德规范的作用方式，特别是道德的约束力发生了改变，道德规范从传统社会中使个体完全服从于社会或共同体的那种"强伦理"转变为现代社会的一种发挥引导作用的"弱伦理"。赫勒在《现代性理论》中首先是在讨论不同的共同体（社群）时使用了强伦理（dense ethos）和弱伦理（weak ethos）的概念①。她指出，"在一个像现代世界这样的多元主义人类世界中，有些社群有着强伦理，有些社群有着弱伦理。宗教社群通常以强伦理为特征，那些处在总是受到死敌威胁时期的共和国也是如此。而那些完全靠他们在其中行使职能的各种机构'聚拢'的人群组织，则有着弱伦理"②。然而，赫勒的这种区分也非常适合我们关于传统社会和现代社会的道德约束力的分析。如前所述，在前现代的等级社会，伦理规范和规则是以出身、性别、社会地位为划分标准，每个个体为了能够在某个共同体中生存下去，就必须严格遵循特定规范和规则的外在约束，完全接受外在道德权威的支配，在某种意义上这些规范和规则表现为一种对于个人的统治力量和压迫力量。毫无疑问，传统社会的道德约束力典型地表现为一种"强伦理"。赫勒认为，经过道德结构的第二次变迁，在道德的多元化和个体化的背景下，"生活在一个强伦理之网中如今较以前更少见……我们所有现代人都是生活在一个弱伦

---

① 在这里赫勒使用的"强伦理"（dense ethos）和"弱伦理"（weak ethos）也可以考虑译为"浓厚的民族精神"（浓厚的伦理风气）和"微弱的民族精神"（微弱的伦理风气）。"ethos"往往特指一个民族或者共同体所共有的民族精神、特有的精神气质或者伦理风气等，所以，《一般伦理学》中所强调的渗透到所有对象化领域中的共同的伦理精神（"common ethos"）也被译作"共同的民族精神"。考虑到这里在讨论的是不同共同体或不同时代的道德的约束力，所以我们继续采用《现代性理论》中关于"强伦理"和"弱伦理"的译法。

② 阿格尼丝·赫勒：《现代性理论》，李瑞华译，商务印书馆2005年版，第297页。

理的松散之网中"①。而且，即便我们在这个弱伦理的松散之网中，有时候也会进入某个道德约束力较强的场域，但是，总体上，无论哪个场域或者地方的规范和规则都不构成传统社会那种个体不可摆脱的强约束力。例如，赫勒举了一个例子："同一个人可以居住在一个有着强伦理的社群（比如，一个基布兹），而在一个有着弱伦理的场所（比如，一个连锁店）工作。但是同时，在那些有着弱伦理的地方（一个连锁店），存在着一个准则与规范之网。确实，如果一个人离开工作场所，他也就把那些准则/规范留在了身后。"②

其次，与道德约束力的减弱趋势——从传统社会的"强伦理"向现代社会的"弱伦理"的转变——相伴随的是道德多元化和个体化背景下的道德冲突和道德困境，以及道德结构变迁引发的关于现代道德和伦理状况认知上的困惑和冲突。由道德多元化引发的道德冲突体现在很多方面。一方面，道德的冲突可以体现为人类社会转型和道德结构变迁过程中新旧价值体系的冲突。赫勒指出，"在大动荡的时代，新的价值和美德侵蚀着旧的价值和美德，直到达至一种'非此即彼'的情况（这是价值选择）。但即使那时，旧价值和新价值的持有者都会诉诸他们各自的共同体，或者有代表性的他者。他们将自己置于**他们自己的伦理**的规范世界中，有时是非常彻底的"③。赫勒认为，这种新旧价值的冲突是很深刻的，也会持续很久，有时候即便原有的规范已经变成一种"唯名论的"东西，也会在一定程度上被人们固守，并且还存在着公然否定他者的规范和外围团体的规范，把这些规范说成缺乏道德本质的"纯粹名称"等做法。另一方面，道德的冲突会体现在抽象规范与具体规范之间。道德结构的第一次变迁就开始出现抽象规范与具体规范之间的分化，而伴随着现代社会的领域分化和细化，道德结构的第二次变迁使抽象规范与具体规范之间的分化进一步加深，其中的差异会形成各种张力结构和道德冲

---

① 阿格尼丝·赫勒：《现代性理论》，李瑞华译，商务印书馆 2005 年版，第 298 页。
② 同上书，第 297 页。
③ 阿格妮丝·赫勒：《一般伦理学》，孔明安、马新晶译，黑龙江大学出版社 2015 年版，第 125 页。

突。赫勒指出，道德结构两次变迁的共同结果可以描述如下："一方面，**伦理**包括了具体的规范和习俗，另一方面，抽象的规范、美德规范和抽象价值伴随，并充满了张力。**通过个体与恰当行动的规范和规则之间的差异**，展现并使人们意识到了具体规范与抽象规范、具体价值与抽象价值、礼仪化的行为与美德规范之间的同一性和非同一性的认同。"①赫勒还揭示了规范和规则之中更多的具体差异、分化和张力与冲突。例如，赫勒把伦理意义上的善（good）与恶（bad）之间的区分定义为对所有人和社会具有普遍性的"价值取向的首要范畴"，而把神圣的和亵渎的、好的和坏的、正确的和错误的、真的和假的、有益的和有害的、合适的和不合适的、美的和丑的、快乐的和悲伤的等界定为"价值取向的次属范畴"，而当"价值取向的首要范畴"体现于这些"价值取向的次属范畴"之中时，它们之间既有一致性，也有差异性。②赫勒还对现代性背景下的规范（norm）与规则（rule）做了区分，她认为，对规则的遵守要求更为严格，"规则的应用并没有为机动灵活留下什么空间，或者，如果说留下一点空间，那么这一空间的面积也很小"③；而对规范的遵守则相对宽松和灵活一些，"规范应用在某些方面则与规则应用不同。规范是人们既不**完全**遵守，也不**完全**违反的惯例，但人们程度不同地依之而践行"④。上述这些涉及规范和规则方面的差异与区分，都会在一定程度上导致道德规范和规则方面的张力，甚至是冲突。

不仅如此，现代性语境中的道德冲突还更加深刻、更为严重地表现在人们关于道德的认知和道德态度上，在这种情况下会出现各种思潮和价值的冲突与混乱，甚至出现道德相对主义和道德虚无主义的倾向。道德约束力的减弱、各种道德冲突和道德困境，在相当程度上呈现为现代社会的道德滑坡和伦理失效，也引发了人们关于道德状况的评判和关于

---

① 阿格妮丝·赫勒：《一般伦理学》，孔明安、马新晶译，黑龙江大学出版社 2015 年版，第 58 页。

② 参见阿格妮丝·赫勒：《一般伦理学》，孔明安、马新晶译，黑龙江大学出版社 2015 年版，第 40、43 页。

③ 阿格妮丝·赫勒：《一般伦理学》，孔明安、马新晶译，黑龙江大学出版社 2015 年版，第 41 页。

④ 同上。

道德本身的信念的激烈的观念冲突。赫勒在《道德哲学》中曾探讨了道德哲学在不同时代的处境的变化。她认为，在传统社会，道德哲学是给人提供道德建议的。由于传统社会的哲学家在总体上是一位参与型的旁观者，"他的基本价值、美德形象、道德信条等与他所在群体中的其他成员相同，尤其与这个群体中大多数有德行的成员相同"，所以他能够建立起哲学的道德权威。① 而现代的哲学家面对着同时生活在多种多样具体规范中的男男女女们，他们分享着诸多的职业以及职业道德规范，但是他们并不分享着彼此的家庭、宗教和公民的伦理，因此，哲学家不可能提供这种一般性的指导方针，在这种情况下，道德哲学充其量"能够呈现与某些行业中的一些人生活直接相关，而与其他人生活无关的道德选项、规则以及建议"②。而实际上，道德哲学家们连这一点也无法做到，赫勒与费赫尔在《后现代政治状况》之中讨论"现代性的道德状况"时发现，不同的哲学学派形成了各种不同的微型共同体，它们关于道德状况的不同价值判断和具体道德劝告本身就构成了严重的道德冲突和道德危机。他们指出，"今天，我们有很多微型共同体（micro community），每个共同体都说着不同的语言，好像它们来自不同的世界。一个学派所指的道德症状（moral symptoms），与另一个微型共同体所主题化的道德症状没有任何相似性"③。他们具体分析了虚无主义、普遍主义的理性主义和某种意义上的实用主义这三种相互冲突的道德话语和价值判断。其中，道德虚无主义认为，"不再有任何有效的准则；美德已经消失了；一方面，人们以工具的方式工作，同时在另一方面，他们适合了外在制度的角色和要求，而毫无内在的道德动机"④；普遍主义的理性主义则高度肯定现代理性社会，"把这个自我同一（self-same）的世界看作道德发展的顶峰，因为普遍的规范话语和道德理性战胜了非理性的束缚、压制

---

① 阿格妮丝·赫勒：《道德哲学》，王秀敏译，黑龙江大学出版社 2014 年版，第 3 页。
② 同上书，第 4 页。
③ 阿格妮丝·赫勒、费伦茨·费赫尔：《后现代政治状况》，王海洋译，黑龙江大学出版社 2011 年版，第 52 页。
④ 同上。

和伦理监护"①；而带有某种实用主义特征的道德理论从根本上把虚无主义和普遍主义的理性主义作为与现实道德状况无关的空话加以拒斥，它"要求自由民主制保持一种非常健康有活力的道德生活，这种道德生活是稍微有点以自我为中心的、适度实用主义的，可是当提到**具体**关于正义和非正义的决定时，也是以公共问题为导向的"②。这些观念和价值的冲突充分展现了现代性危机背景下道德冲突的严重性。

最后，我们把道德结构变迁的影响从道德约束力的减弱和道德的冲突转向个体本人，可以发现这种道德冲突对于个人存在的影响也是十分深刻的，它在很大程度上改变了个体的境况，即个体的存在条件。一方面，现代个体是自由的，但由此他也是没有根基的；同前现代个体一样，现代个体也是由于偶然性的出生而"被抛入"的存在，但是，前现代的个体是被抛入特定的社会阶层之中，偶然性转变为他的命运，特定社会等级的规范和规则成为他的境况和存在根基，而现代个体则是"被抛入自由之中的存在"，偶然性成了他后天的境况，他没有给定的和确定的根基，面对着多样性的领域和多元化的规范体系，他可能变成一种异化的孤独个体；但另一方面，这种出生的偶然性和后天存在的偶然性境况也为现代主体自主的存在选择和自由的道德个性的生成提供了可能性，使个体选择自己之所是。在这种背景下，我们才可能在个性伦理学的视域中回答赫勒关于"好人**现在**存在着——他们**现在**何以可能?"的问题。

在赫勒看来，无论是传统社会的个体，还是现代社会的个体，都是一种"被抛入"的偶然的存在，但是，他们的后天境况和存在条件根本不同。她曾生动形象地用邮寄信件来说明二者的不同："前现代人就像信一样被随意扔进一个信箱之中，在那里所有的信被扔进同一个信箱，写着相似的地址——他们被设想到达命运的相同位置……现代的人也和被随意扔进不同信箱中的信相似，但是没有地址被写到他们身上：他们没

---

① 阿格妮丝·赫勒、费伦茨·费赫尔：《后现代政治状况》，王海洋译，黑龙江大学出版社 2011 年版，第 52 页。

② 同上书，第 53 页。

有目的地。可以这么讲，这些信需要它们自己去确认它们自己的目的地。它们成为它们自己的派送员，或者其他的派送员将会拿着它们从一个地址到另一个地址，而它们中没有一个将派往合适的目的地。这个信封是空白的。这意味着会被扔进自由或虚无之中。"①具体说，在传统的等级社会中，每一个人都会偶然地出生于一个特定的阶层，"出生的偶然性决定了人在社会分工中的位置。人们能控制的生活方式的结构仅仅是被赋予的，因此，真正是注定的。是社会安排把偶然性转化为必然性"②。这样一来，个体被给定的社会阶层的规范体系所束缚，他没有自由，但是有确定的命运和社会位置。而在按照活动领域进行劳动分工的现代社会，每一个个体不是被抛入特定的社会位置或者活动领域之中，而是被抛入自由之中，"人被抛入的世界不再被看作已经被宿命所裁定的，而被看作偶然性的集合。人们可以像塑造他们自己一样塑造世界"③。现代人意识到偶然性就是自己的境况，他是自由的，但也是孤独的、无家可归的。如果不能够自主地塑造自己，现代人拥有的就是"一种虚无的无意义的自由"④，具体说来，"对孤独的焦虑就是对空虚的焦虑。当现代的男人和女人发现他们是孤独的，并使他们成为他们自己的时候，这种焦虑就一直蔓延着；它仅仅取决于他们是否成为一切。自由是诅咒的名称。自由也是无限可能性的名称。无限什么也不是，因为它就是自由"⑤。

毫无疑问，这种不可逃避的偶然性的境况和挥之不去的孤独感与焦虑感构成了现代个体严重的生存窘境和道德困境。这种境况很像弗洛姆所分析的现代人"逃避自由"的心理机制：在近现代，人的个体化进程使人的自由不断增长，但同时也使个体的孤独感不断增强；在这种境遇

①　阿格妮丝·赫勒：《碎片化的历史哲学》，赵海峰、高来源、范为译，黑龙江大学出版社2015年版，第31页。
②　阿格妮丝·赫勒、费伦茨·费赫尔：《后现代政治状况》，王海洋译，黑龙江大学出版社2011年版，第19—20页
③　同上书，第21页。
④　阿格妮丝·赫勒：《碎片化的历史哲学》，赵海峰、高来源、范为译，黑龙江大学出版社2015年版，第40页。
⑤　同上书，第29页。

中，个体可能会由于对孤独的恐惧而倾向于逃避构成自己本质规定性的自由，而屈从于某种整体和权威，以获得安全感。赫勒也充分认识到现代道德冲突所造成的现代个体的道德困境：一方面，现代个体可能陷入上述所分析的道德虚无主义的困境中，在没有"上帝"，没有根基，没有任何有效的准则的世界中展开自己孤独的、无根基的存在；另一方面，现代个体也可能在商品拜物教的物化结构中，凭借自己的特性——即自己的物化人格或排他主义情感、观点、动机等——而展开自己带有某种功利主义、利己主义色彩的生活。赫勒在《日常生活》中曾专门剖析了现代人的这种物化特性，她指出，"人总是以特定的、把自身作为起始的观点来理解他生于其中的世界；并根据这同一观点来寻求操纵这一世界。他借以发现世界的过程是以他的**自我**为中心的"[①]。但是，赫勒坚定地认为，现代个体并非必然会停留于道德虚无主义和功利主义的存在状态，道德的多元化和个体化，特别是现代个体的自由和个性为每一个个体的存在选择提供了可能的空间，使人们可以自觉地、自主地同普遍的伦理精神、具体的道德规范和规则等建立起自觉的实践关系，从而发展起以好人和好公民为核心的个性道德与个性伦理。换言之，我们必须清醒地看到，现代人的存在状况和社会的道德状况最终取决于道德主体，取决于作为自觉的个性道德主体的现代男男女女们的道德选择和道德实践。

三、存在的选择与个性道德的生成

赫勒关于"人的境况"和道德结构变迁的理论分析，深刻揭示了道德在人类历史演进和人类社会运行中的重要作用：一方面，人与其他动物最根本的区别在于，人不再凭借先天的本能而生存，在这种意义上，道德和伦理规范就为人的生存和社会运行提供了不可或缺的条件；另一方面，道德结构在现代性背景下发生了深刻的变迁，呈现出道德普遍化、多元化和个体化的趋势，这种变化使个体无法再凭借着给定的规范和规

---

① 阿格妮丝·赫勒：《日常生活》，衣俊卿译，黑龙江大学出版社 2010 年版，第 9 页。

则的引导和约束而存在，的确在很大程度上给现代人的存在带来了深刻的道德冲突和存在困境，这种境况也深刻折射出现代性危机的深度。

然而，在赫勒看来，道德结构变迁所导致的道德的普遍化、多元化和个体化趋势，对人的存在和社会运行的影响也并非完全是消极的，相反，它也为现代个体的自由、个性的发展提供了更大的空间，使个体可以通过自主的和自由的选择而安排自己的生活，"做真实的自己"。因此，既然人无法完全摆脱特定的道德规范和规则而生存下去，现代个体就应当勇敢地面对"被抛入自由之中"的偶然性的境况，通过自觉的存在选择而展开自己的存在和推动社会的合理运行。在赫勒看来，通过自由自主的存在选择，人一方面可以选择使自己在日常生活中成为具有道德个性的"好人"，另一方面可以选择使自己在公共生活中成为担忧公正和不公正事情的"好公民"。这是个性伦理学的核心要旨。

(一) 现代个体的自由与存在的选择

人的存在的选择在赫勒的个性伦理学中占据基础性和前提性的位置，因为无论是成为好人，还是成为好公民，都要通过自觉的选择；而这种存在的选择之所以可能，则在于人的自由，在于生存在偶然性境况之中的现代人不可避免、不可逃避的自由。在这种意义上，现代人的自由是现代个体进行自主的存在选择的出发点，也是赫勒个性伦理学的出发点。

关于现代人的自由，赫勒首先反复强调我们要确立"自由的优先性"原则。必须看到，赫勒的自由优先性原则具有很丰富的内涵，既包含了事实陈述，也包含了价值判断。具体说来，在被动的和消极的意义上说，自由之于现代人是一种无奈，它并没有昭示出现代个体的主体性和"无所不能的"创造力，而是一种现代个体不得不孤独地面对偶然性的境况，即是说，人是由于诞生的偶然性和在社会中存在的偶然性而"被抛入自由的存在"，是一种没有根基的漂浮的存在；但是，在主动的和积极的意义上说，自由又是现代人必须珍视的最高价值，因为正是这种偶然性的境况所展开的个体自由和可能性空间，使现代个体可以通过自觉的存在选择而成为有道德个性和有价值的好人、好公民、担忧的人、正派的人、体面的人，一言以蔽之，"做真实的自己"。

关于现代人这种自由而孤独的偶然性境况，很多思想家和理论家都有清楚的认知。萨特的存在主义就是从人的"被抛入"状态和偶然性的境况来理解自由的优先性和绝对性。他认为，人命定是自由的，人不得不自由，在这种意义上，他断言"存在先于本质"，这也就是断言"自由先于本质"。具体说，自由并不是人的本质的某一种属性，而是使人的本质得以生成和成为可能的前提性条件。萨特指出，"在人那里，存在（existence）与本质的关系不同于在世间事物那里的存在与本质的关系。人的自由先于人的本质并且使人的本质成为可能，人的存在的本质悬置在人的自由之中。因此我们称为自由的东西是不可能区别于'人的实在'之**存在**（être）的。人并不是**首先**存在以便**后来**成为自由的，人的存在和他'是自由的'这两者之间没有区别"①。赫勒也是在相同或者相近的意义上理解作为人的存在前提的自由。在讨论康德政治哲学中的自由和幸福问题时，赫勒继承了康德关于自由（自律）有优先权的思想，她强调，无论面对何种情况，无论有何种其他因素的影响，我们都要把自由放在首位，只有如此，才会有其他的选择的可能性。赫勒指出，"康德的警告仍然是有效的：无论什么原因，无论什么后果，无论什么样的可能性，人们在任何条件下都不应该选择奴役，因为这不是一个选择。一旦可以选择，只选择成为自由的；所有具体的选择只能在选择自由之后做出"②。

由此，赫勒强调要把自由作为最高的价值，把人的自由和全面发展作为目的本身，这应当成为一个道德公设。在这种意义上，赫勒非常重视马克思学说关于人的自由的思想传统。她与费赫尔在研究马克思的伦理学遗产时认为，早在撰写博士论文的时候，马克思伦理学的主基调——自由和解放——就已经开始显现。对马克思而言，自由始终意味

---

① 萨特：《存在与虚无》，陈宣良等译，生活·读书·新知三联书店1987年版，第56页。
② 阿格妮丝·赫勒：《现代性能够幸存吗?》，王秀敏译，黑龙江大学出版社2012年版，第162页。

着**个人**的自由，如果没有外在的权威凌驾于个人之上，那么这个人就是自由的，为此，马克思强调人的解放，强调我们必须从经济的制约中解放出来，从国家、家庭和法的制约中解放出来，也从道德行为规范中解放出来。在马克思看来，解放不是目标，只是过程，是通往自由的运动。赫勒和费赫尔认为，马克思重新肯定了自由是最高价值。"如前所述，在所有'迄今为止的历史'中，道德价值（和美德）都与含有价值的事物（*Wertdinge*）有关，而且没有理由相信它在未来将会是或应该是其他情况。即便马克思拒绝了道德规范和原则，但他重新把自由确定为最高价值，并将自由解释为每一个个人的全面而自由的发展。这不是一种随机的选择。自由已经成为全人类的价值理念，因为它的对立面，即不自由，不能被选择作为一种价值。"①赫勒和费赫尔认为，马克思把自由重新确定为最高价值，是非常重要的理论表述，它由此确立了一个道德公设：即要把人的自由和全面发展作为目的。"对自由的这种解释为我们提供了一个**道德公设**（moral postulate），这也就是康德哲学的公设：一个人不应该把另一个人当作一种单纯的手段，因为这种行为与**每一个人**的自由而全面的发展并不成正相关。此外，异化、不自由、剥削就是苦难。马克思曾经把消除苦难作为共产主义者的**绝对命令**。"②

进而，在确立了自由的优先性原则的基础上，赫勒进一步深入探讨了自由和选择，特别是自由和存在的选择之间的本质联系。在她看来，自由不是某种认识，例如，自由不是对必然性的认识和遵从，自由在本质上是选择，是一种实践性的选择；人可以在偶然性的境况中选择自己的世界，更能够选择我自己之所是。在赫勒看来，人的这两种选择是不同的，只有人的自我选择才是真正意义上的存在的选择。

关于自由和存在的选择的内在本质联系，是很多当代思想家和理论家关注的重要问题。萨特在强调自由的优先性和绝对性时，就是在存在的选择的意义上加以理解的。他认为，人的自由就体现在存在的选择

---

① Agnes Heller, Ferenc Fehér. *The Grandeur and Twilight of Radical Universalism*, New Brunswick: Transaction Publishers, 1991, p. 139.

② Ibid. , pp. 139–140.

上，即体现为人对自己的存在和本质规定性的选择。自由的绝对性具体体现在选择的不可逃避性，人必须通过选择来实现自己的本质。人投身于或者"被抛入"这个给定的世界，必须同各种给定的自在存在打交道，必然受到各种条件和境况的制约，但是，既没有上帝也没有哪一种事物能够完全地、绝对地规定每一个个体的本质，实际上，在每一个人的面前总是摆放着各种各样的可能性，人究竟成为一个什么样的人取决于自己的设计、选择、谋划和自我塑造，这是人区别于其他动物和自在存在的根本特征。人的自由具体体现为人是一种不断地自我设计、自我选择、自我谋划、自我表现、自我造就，并不断自我否定、自我超越、自我创新的自为的存在。而且萨特还特别强调，像自由是绝对的一样，选择也是绝对的；人无法不选择，不选择也是一种选择；无论面临何种境遇，人都无法不进行选择。他指出，"说不管我们怎样选择都没有关系，这是不对的。在某种意义上，选择是可能的，但是不选择却是不可能的，我是总能够选择的，但是我必须懂得如果我不选择，那也仍旧是一种选择"①。

赫勒对自由和存在的选择的内在本质关系的理解是从现代人的偶然性境况入手的，在她看来，正是由于人的偶然性，人的双重偶然性，才有了选择(包括对世界的选择和人的自我选择)的可能性。赫勒指出，对于现代人的偶然性境况，人们有各种不同的评价，其中既有乐观的也有悲观的认知。在她看来，如果我们不敢迎接挑战，继续靠某种具有决定论色彩的叙事修补我们偶然的生存，偶然性就会使我们充满焦虑；而如果我们下决心将我们的世界视为偶然的，那么我们至少可以开始将世界理解为不仅仅是一系列的必然性，而且是诸多可能性。"一旦世界被视为偶然的，那么它就充满着可能性，是开放式的、失去内在终极目的的和不确定的。一个偶然的世界甚至可以被视为无限可能性中的一个，正如一个偶然的人是无限可能性中的一个人一样。"②在这种意义上，赫勒

---

① 让-保罗·萨特：《存在主义是一种人道主义》，周煦良、汤永宽译，上海译文出版社1988年版，第24页。

② 阿格妮丝·赫勒：《道德哲学》，王秀敏译，黑龙江大学出版社2014年版，第144页。

认为，自由并不像黑格尔所说的那样是对必然的认识，并且自由在任何
意义上都不停留在一种认识，它是一种自主的选择，而且是实践性的选
择。赫勒主要讨论了两种选择：一种是人对世界的选择；一种是人的自
我选择，即人对自己的选择。赫勒并不是在某种盲目乐观的格调上来理
解自由和选择，并没有把这种选择理解为排除决定性因素的随心所欲。
她认为，不应该把偶然性理解为决定性的"缺乏"，真实的情况在于，一
个人的生活中存在一些决定性因素，但是，这些决定性因素并不完全
地、简单地决定一个人的生活；同样，诸多决定性因素存在于社会生活
中，但这些因素并不能完全地决定世界的进程和社会生活，现代个体可
以对这些因素进行选择。赫勒把人对自己的世界的选择理解为历史的决
定性和自我决定性的结合。她指出，"我选择我**居住**的这个世界，因为
只在我**居住**的世界中我才能行动。我的自由是我'转身'的姿态，是我以
'在推动某种可能性而不是其他可能性实现的过程中，充分利用我的偶
然性、我的生活'的姿态接受偶然性挑战的姿态"①。对于自己生活于其
中的世界的选择无疑很重要，这是现代人生存的重要基础，然而，在赫
勒看来，人对于自己的世界的选择还不是存在的选择，它同人的自我选
择是不同的，人对自己的世界的选择不可能是完全的、绝对的选择，只
有人的自我选择是存在的选择，因为这是人对自己成为一个人的完全的
和绝对的选择。赫勒指出，"对我们世界的选择不是一种存在的选择。
我能**完全地**选择我自己，因为在我的选择中决不存在其他方，即使另一
方不断地出现在一种存在的选择'之前'和'之后'。在选择我自己的决定
性过程中，我决定**如我所是**（as I am）的一个人将成为**我所是的**（what I
am）。当我选择**如其所是**（as it is）的我的世界时，我对那个世界的某种
可能性做出决定并拒绝其他可能性。然而，因为一些原因，这类选择不
能成为绝对的"②。赫勒的个性伦理学重点阐述的是关于人的自我选择，
即真正意义上的存在的选择，因为存在的选择关乎现代人在偶然性的境
况中如何"做真实的自己"。

---

① 阿格妮丝·赫勒：《道德哲学》，王秀敏译，黑龙江大学出版社2014年版，第146页。
② 同上。

首先，赫勒认为，人的自我选择是最重要的、最根本的选择，它本质上是一种存在的选择，是一个人对自己的选择；存在的选择之所以重要，是因为存在的选择一旦做出，就是不可逆的、不可改变的；换言之，存在的选择是对人的生活的目的、做自己要成为的人的选择，这种生活的目的的确定就把现代人的偶然性转变为他的命运。

在赫勒看来，人的自我选择，即存在的选择对于现代个体而言，具有根本意义上的重要性。古希腊的箴言是"认识你自己"，这种认知对于被社会阶层和性别分工等固化了的传统人的存在是非常重要的。而对于生活在偶然性境况中的现代人而言，仅仅"认识自己"是不够的，现代个体必须选择自己，必须成为自己之所是，才能够"认识自己"，因此，"选择自己"应当是"认识自己"的现代对应词。在现代性的语境中，对你自己的选择就是对命运的选择，更确切地说，选择你自己等同于将你自己视为一种特定命运的一个人，因此，这种选择是根本性的选择。"对自我的选择是一种**存在的选择**，因为它是对存在的选择。存在的选择依据释义是不可逆转（irreversible）、不可更改（irrevocable）的。你不能以逆转的方式选择你的命运，因为一种可逆转的选择不是对命运的选择，依据定义也不是存在的选择。"[①]赫勒认为，这种对命运的选择具有更深刻的内涵，它体现在，由于存在的选择是不可更改的，所以它产生了人的生活的内在目标；这种生活的内在目的是生活在偶然性境况之中的现代人所缺少的，而通过存在的选择，人拥有了命运，也就拥有了或者"恢复了"生活的目的。但是，赫勒反复强调，我们无论如何不能把生活的这种内在目的与我们具体的活动目标和生活策略等混淆起来，而要把它理解为人"做真实的自己"的一种选择。赫勒指出，"一定不要把依照理性选择理论所设计的生活策略与目标和这种自我选择的生活的内在目标相混淆。存在的选择是我们对自己的选择，而不是对一种具体目标的选择，甚至不是对**特定**生活之目标的选择。没有任何可以应用的工具来实现一种存在的选择的目标。内在于存在选择的目的真正是'目的本身'。引用亚里士多德的话，它是'贯穿于我们整个生命的灵魂的活动'。在选

---

① 阿格妮丝·赫勒：《道德哲学》，王秀敏译，黑龙江大学出版社 2014 年版，第 12 页。

择自己的过程中，无论一个人存在地选择什么都是实现（*energeia*）。男男女女们存在地选择的正是这种活动，而不是最终结果，是'朝向某物的活动'，是'我们所是的活动'，是'我们成为此后我们所是的活动'。无论你选择什么，始终都是这种情况"①。赫勒认为，这种存在的选择对于现代个体十分重要，因为如果一个人不去通过存在的选择把自己的偶然性转化成命运，他就不可能成为自由的和自主的个体，就会被他人的选择所决定，成为被动的、消极的和异化的存在。"只是在存在的选择中，在选择他们自己中，现代的男男女女们才能将他们的偶然性转化成命运。如果他们未能这样做，那么他人将为他们选择。"②

其次，赫勒把存在的选择区分为两种基本的类型：依据差异性范畴（under the category of the difference）的存在的选择和依据普遍性范畴（under the category of the universal）的存在的选择。前者是人选择自己作为或者成为从事某种特别事业的人；后者是关于一个人如何做人、成为什么样的人的选择，因此，它是一种基本的道德选择。

所谓依据差异性范畴的存在的选择，是指一个人选择自己作为从事某种特别事业的人，也就是成为韦伯所说的从事某种志业（某种天职）的人。显而易见，在传统的等级制社会中，被先天地抛入和固定到某个特定阶层中的人往往不会有这种选择的机会，而生活在按照领域进行劳动分工的现代社会中的自由个体，则可以做这样的选择。在这种选择中，一个人选择自己成为差异性的和独特性的存在，通过这种选择，现代个体可以成为自己之所是，成为与众不同的存在。赫勒认为，这种依据差异性范畴所做的选择是一种存在的选择，因为无论你所选择的结果是什么，在选择你自己的过程中，你都将你的偶然性转化成了你的命运。赫勒承认这种依据差异性范畴所做的选择对于生活在偶然性境况中的现代个体的重要性，但是，她强调这种依据差异性范畴所做的选择并不是一种具有道德意义的选择，因为，没有哪种道德哲学能够证明这些将自我选择为特定天职的人，或者选择为特定事业的人比我们当中其他人在道

---

① 阿格妮丝·赫勒：《道德哲学》，王秀敏译，黑龙江大学出版社 2014 年版，第 12-13 页。
② 同上书，第 13 页。

德上更好。不仅如此，由于这种依据差异性范畴的选择所选择的是差异和与众不同，做出这样选择的人必须面对着各种外在因素、外在力量的干扰或抑制，他们自己必须作为他们所面临的福祉或者祸患、好运或者噩运的承担者。换言之，他们需要有特别的勇气去坚持自己的差异性选择，坚持自己所选择的命运。赫勒指出，"这一选择是不可更改的，这就是为什么它是存在的。正是通过这种选择，你才成为你所是的。你将永不会为此而感到后悔，因为，如果你后悔了，那你就将失去你自己。这种选择是明确的，因为你已经选择的正是你自己。然而，对于他人来说，同样的选择可能看上去是不明确的，因为你已经选择的东西是差异"①。

与依据差异性范畴的存在的选择不同，依据普遍性范畴的存在的选择完全是一种道德选择，是基于善与恶的区分而对道德本身的选择、对成为好人的选择。赫勒指出，"依据普遍的范畴选择我们自己等同于选择我们自己作为**好人**。这之所以是**一种道德选择**是因为这是对伦理道德的选择。在克尔恺郭尔的构想中，伦理地选择我们自己意味着选择我们自己作为在善恶之间做出选择的人。"②在赫勒看来，虽然依据差异性范畴的选择和依据普遍性范畴的选择都属于存在的选择，但是，二者的选择方式和选择内容是不同的，并且因此二者对个人的存在，对个人之间的关系的意义也是不同的。两种选择的区别之一在于，依据差异性范畴的选择是把进行选择的人与其他人区分开来，所选择的重点是差别，而依据普遍性范畴的选择则是"一种并不把进行选择的人与我们中的其他人分开，而是把这个人与我们连在一起的存在的选择"③，也就是说，这里选择的不是差异，而是共同的道德选择，并通过这种道德纽带把自己与他人连在一起。两种选择的区别之二在于，进行选择的人对待个体自己的确定性的态度不同，因此选择的性质也不同。赫勒分析道，我们都是特定父母的孩子，我们拥有各自特殊的童年，我们患有特定的神经官

---

① 阿格妮丝·赫勒：《道德哲学》，王秀敏译，黑龙江大学出版社 2014 年版，第 13—14 页。
② 同上书，第 16 页。
③ 同上书，第 15 页。

能症，我们生在特定的社会环境中，无论富有还是贫穷，无论受过教育还是未受教育，这些都是我们的所是，我们的确定性。在依据差异性范畴的选择中，进行选择的人往往没有完全选择自己，而是选择自己的天赋而不选择自己的弱点，选择自己的宗族而不选择自己的父母，等等，这是不完全的选择，是不能命定自己的选择。而依据普遍性范畴的选择则是完全的选择，因而是一种能够命定自己的选择，一种道德的选择。"在选择我们自己的过程中，我们选择了所有的这些确定性、环境、天赋、财富、弱点；我们选择我们的噩运以及好运——简而言之，选择我们所是的一切。因此，我们也选择我们自己作为我们**所是的**好人并选择**我们恰恰作为我们所是的**。我们选择我们所有的确定性并因此使我们自由。"①

赫勒关于自由的优先性、自由与选择的本质联系、人对自己的世界的选择和人的自我选择、两种存在的选择的分析为具体阐述生活于偶然性境况之中的现代人如何通过存在的选择而成为好人奠定了坚实的理论基础。从这一理论基点出发，我们可以具体展开赫勒个性伦理学的主要内涵：一方面是日常生活中具有道德个性的好人；一方面是公共生活中作为担忧的人的好公民。

(二) 具有道德个性的好人

我们反复强调，赫勒始终相信人类文明和人类社会拥有克服自身危机、走出困境的文化潜能，特别是人类文化精神中蕴含的道德潜能，而且她认为，道德的力量就蕴藏在个体之中。换言之，每一个文明时代，好人都存在，即便是在深陷异化和物化之中、被偶然性境况困扰的现代人那里，也同样存在着拥有内在道德力量、拥有鲜明道德个性的好人。问题是如何唤醒现代个体的良心和道德力量，使之通过自觉的和自主的存在选择而成为好人。为此，赫勒具体分析了在现代性背景下使"好人存在"成为可能的客观条件和主体资质。

首先，赫勒不仅相信"好人存在""好人现在存在"，而且从不同侧面

---

① 阿格妮丝·赫勒：《道德哲学》，王秀敏译，黑龙江大学出版社 2014 年版，第 16-17 页。

描绘了好人的基本特征和规定性。概括起来，在赫勒看来，好人是拥有自觉的和鲜明的个性，特别是道德个性，并具有自觉的道德良知的个体，也就是能够自觉地选择与同时代各种伦理规则建立起实践关系的个体；进而，具有自觉的道德个性的好人，是以正派的方式行事，优先进行道德考量的正派的人，这样的好人在任何条件下都会坚持自己的道德选择，都会正派地做事，并且能够关爱他人，对他人负责，宁愿蒙受不公正对待也不做不公正之事。因此，好人身上闪耀着个性的光芒，并且因为强烈的责任感而展示出坚韧的道德力量。

如前所述，赫勒从写作《日常生活》开始就强调个性和道德个性的价值和魅力。她认为，个性是成为"自为的存在"的个体，即具有自觉的主体性和创造性的自由个体的内在价值，正是这种内在价值使具有个性的个体拥有独特的魅力，并赋予了个体以鲜明的美。"从个性发散出某种'光辉'：个性愈是丰富，光芒愈是强烈。当然，并非只有个体可以散发这种光辉。有些个人的特性以及某些美德(美、勇敢，等等)，即使它们没有特别同发达的个体相连，也具有吸引力。然而，一般说来，这种吸引力是短暂的、偶然的，很可能只对排他主义个人具有影响。只有个性的光辉才可能产生持久的影响。美的面目特征在它们不表达个性之处丧失价值。我们的确可以断言，个性赋予美，这就在于它照亮了具有价值内涵的面孔。"[①]在赫勒看来，个性往往具有深刻的道德内涵，因为真正的个性能够自觉地建立起自己与自觉的类本质的关系，也就是能够通过自觉的选择而与各种道德规范和规则建立起自觉的实践关系。个体与道德规范和规则之间的实践关系并不是一种外在约束的关系，而是一种内在选择的关系，也就是说，真正具有个性的个体会使道德规范和道德秩序内在化，因此，真正的个性往往会体现为道德个性。"道德个性愈为发达，就愈少意味着'个人'对占统治地位(或至少是公认的)道德戒律的屈从：而它就愈加表明所谈论的个体把内在化的道德秩序转化为他自己的本质、自己的实质。即是说，他使自己天生的才能品质和倾向人道化，在自己内部创造了规范的典范。这里存在着伟大道德个性的作用：

----

① 阿格妮丝·赫勒：《日常生活》，衣俊卿译，黑龙江大学出版社2010年版，第253页。

他能把自己偶然的和现成的，不管多么单一和唯一的才能品质人道化，把它们变为他人的范例，由此而把他们（虽然依旧保持着迟钝的排他主义特性和动机）提高到类的水平上，提高到类本质的表现的水平上。"①

赫勒认为，道德个性的形成展示了存在于现代性背景中，生活于偶然性境况之中的现代个体成为真正自觉的活动主体，因为，道德个体的道德特征是由其主动地、自觉地内在化和赋予的，这样，道德秩序和道德规范不再作为外在的普遍约束力量或者强制力量，而是寓于具有道德个性的个体，即"道德个体"之中，化为个体内在的自觉性和主动性。因此，赫勒断言："每一个体均有由自己所形成的道德特征。它的精确特点主要依赖于它与之相关联的对象化的具体价值内涵。然而，必须铭记，一般说来，我们可以区分个体与所谓的道德个体，后者指其行为**有意识地**赋有道德价值内涵的个性。这并非简单地意味着，这样的个体将采取某种客观上具有积极道德价值内涵的行为，而是说，这意味着他采取这一行动的根本理由在于他认为这一行动具有积极的道德价值。我们可以说，道德个体成为道德命令的寓所。"②在赫勒看来，这种具有道德个性的个体，即"道德个体"，也就是现代偶然性境况中存在的"好人"、正派的人。这些具有道德个性的好人与道德规范和规则自觉地建立起来的实践关系，即他们所奉行的道德，在某种意义上就是个性道德，因为这种道德关系不再以普遍适用性和普遍强制力的形式表现出来，但是，这并不影响个性道德的力量，因为具有道德个性的好人的这些行为在道德水平上很容易一般化，很容易被更多的人所践行，因此，由于是发乎道德个体的内在自主性，这种个性道德比传统普遍化的伦理道德具有更大的道德力量，这些践行个性道德的好人、正派的人在道德上表现出独有的坚定性和坚韧性。赫勒强调指出，"一个正派的人宁愿蒙受冤屈也不冤枉他人，但是她或者他并不愿意蒙受委屈。一个正派的人不顾社会制裁而做正确的事情，但是她或者他并不愿意遭受社会制裁或者使其他人屈从于这样的制裁。对于一个正派的人来说，做正确的事情的确是自

---

① 阿格妮丝·赫勒：《日常生活》，衣俊卿译，黑龙江大学出版社 2010 年版，第 255 页。
② 同上书，第 83—84 页。

我实现，但是她或者他也渴望实现其他的抱负、发展其他的潜能，而当那些抱负因对正派性的存在选择而受阻时，她或者他不会感到快乐。**一个正派的人承认并直面道德困境，但在这样做的时候会感到痛苦并希望能够避免这种剧烈而沉重的道德痛苦**。这就是正派性、正派的行动和选择尽管也是目的本身，但并不完全是目的本身的原因，因为无论正派行事的那个人是谁都会**朝向**可能的最好的道德世界（the best possible moral world）行动"①。

在赫勒看来，这些践行个性道德的好人、正派的人之所以在道德上表现出独有的坚定性和坚韧性，他们宁愿蒙受冤屈也不冤枉他人，这是因为好人、正派的人是具有强烈的道德良知和责任感的自觉的道德活动主体，他们自觉地、勇敢地承担起对自己和对他人的道德责任，回应他人的诉求。在这种意义上，赫勒认为，个人的责任是个性道德、个性伦理的核心范畴。赫勒指出，"伦理学关乎个人的责任，这是对**他人**承担的责任。个人的责任是伦理学唯一的核心范畴"②。进而，赫勒还强调了对他人的这种责任的绝对性，"道德是对**他人**召唤或诉求的应答。**他人呼唤**，从内心向你提出要求。哪些他人？所有的他人：所有过去活着的，现在正活着的，以及还未出生的人"③。

综上，赫勒把好人（正派的人）界定为优先进行道德考量，具有道德个性，具有坚定的道德责任感，对自己的行为负责，对他人负责，宁愿蒙受冤屈也不冤枉他人，即便面临着社会的惩罚也要以正当的方式做正确的事情的人。赫勒说，这样的好人存在，而且在今天的偶然性境况中也存在，对此不需要特别的论证，我们从自己身边就可以看到这样的好人，看到这样的好人的好（或者善）。只是需要清楚一点，这样的好人（正派的人）不是现成地存在在那里，而是通过存在的选择而成为好人的。所以，存在的选择和好人的生成是一个统一的过程。赫勒指出，"我们都知道好人存在；我们也熟悉好人。在当前社会中是好人的这个

① Ágnes Heller, *A Philosophy of Morals*, Oxford: Basil Blackwell Ltd., 1990, pp. 220-221.
② 阿格妮丝·赫勒：《个性伦理学》，赵司空译，黑龙江大学出版社 2015 年版，第 4 页。
③ 同上书，第 5 页。

人已经存在地选择了他或者她的善，因为在一个偶然的世界中，不可能存在其他的(传统的)善。如果好人存在，那么存在的选择也存在。"①这样一来，我们现在要做的就是揭示这种存在的选择是如何发生的。为此，我们首先要确定的是这种存在的选择，即具有道德个性的好人生成的客观条件，赫勒将之称作"道德拐杖"。

其次，赫勒断言，好人现在存在，存在的选择也存在。这即是说，具有道德个性的现代个体，自觉地进行存在的选择，特别是进行依据普遍性范畴的存在选择，即优先进行道德考量的选择，然而，这种存在的选择不是凭借直觉，更不是随心所欲，而是依据现有的道德条件，用赫勒的话来说，个体的道德选择需要"拐杖"，这就是现代性条件下道德结构变迁所导致的普遍化、多元化和个体化的道德规范和规则；在赫勒看来，这种普遍化、多元化和个体化的现代道德体系内容十分丰富：既包括日常的美德，也包括领域和机构的规则，既包括各种道德规范(norms)，也包括各种道德规则(rules)，既包括普遍的引导性原则(universal orientative principle of morals)，也包括普遍的准则(universal maxim)；因此，现代个体有非常便利、非常有用的"道德拐杖"去进行自觉的存在选择。

如前所述，赫勒坚决反对极端的道德相对主义，特别是反对那种"什么都可以"的道德虚无主义，她强调，个体的存在选择绝不是任何意义上随心所欲的单纯主观活动，也不是某种意义上的直觉活动或道德冒险，而是具有客观条件的，依据各种道德拐杖而进行的主客体统一的行为。赫勒明确指出，"正当的人并不想冒道德风险；一般来说，他们更喜欢确定性而不是模糊性。这在现代也是真的。鉴于**风俗习惯**的迅速变化以及境况的日益异质化，人们经常需要普遍规范这根'拐杖'，而越来越少依靠直觉。这就是现代男男女女们希望有充裕的时间作重大决定的原因"②。赫勒认为，虽然古典的普遍性美德范畴和康德的绝对的道德戒律在现代人那里不再绝对地、无条件地生效，但是，人类文化积淀下来

---

① 阿格妮丝·赫勒：《道德哲学》，王秀敏译，黑龙江大学出版社2014年版，第263页。
② 同上书，第200页。

的各种道德范畴和道德规范还是会继续为现代人的道德选择提供一种方向性的引导，使现代个体可以自我选择成为好人。"依据普遍的范畴而做存在选择的好人现在存在着。他们通过这种选择成为他们所是的。在一个他们已经选择作为自己的栖居地的世界中，他们保持自己作为好人，同时，为了避免犯致命的错误（道德犯错），他们会设计、发现和使用他们需要的很多'拐杖'。这些拐杖是**他们的**拐杖，就我们接受它们而言，也是我们的。一般的规范、普遍的格言、抽象的价值、美德等正是这类拐杖。哲学家们通过设计这些拐杖以及通过给正当的人们提供一种理论上可接受的形式而为正当的人服务。"①

　　我们在阐述赫勒关于道德结构变迁及其后果的理论时，已经从不同侧面展示了现代个体所面对的异常丰富、异常多样的，普遍化、多元化和个体化的伦理道德规范体系。日常生活领域存在着调节日常言语和日常行动模式的异质性的、多样性的道德规范和规则，以及具有丰富内涵的日常美德；日益分化的对象化领域（包括社会活动领域或精神生产领域等）既形成了各个活动领域内在的规范和规则，也提供了有意义的世界观、共同的民族精神，以及意义和价值，这些都为现代个体自主地进行道德选择、自觉地践行道德规范，使生活充满意义，使自己成为好人，提供了必要的前提条件。赫勒不仅对不同对象化领域的道德规范和规则的多样化做了详细阐述，还对不同性质的规范和规则之间在道德约束力方面的差异做了阐述，如前所述，赫勒认为，一般说来，人们对不同活动领域的规则的遵守要求更为严格，这里没有什么自由灵活的空间，而对行为规范和惯例的遵守则相对宽松和灵活一些，人们可以完全遵守相关规范，也可以既不**完全**遵守，也不**完全**违反这些规范和惯例，等等，这些都为现代个体的道德选择提供了前提条件和充足的空间。

　　不仅如此，在赫勒看来，现代的境况给现代个体提供的"道德拐杖"更为丰富，不仅包括上述所说的多样化和个体化的道德规范和规则体系，而且还有一些对于个体的道德选择具有重要引领意义的道德原则和道德准则。在现代性的条件下，虽然这些道德原则和道德准则对于个体

---

① 阿格妮丝·赫勒：《道德哲学》，王秀敏译，黑龙江大学出版社 2014 年版，第 45 页。

的存在不具有绝对的强制性，但是，它们对于个体存在地选择成为好人、成为正派的人，具有重要的影响。在这方面，赫勒特别阐述了普遍的引导性原则和普遍的准则。一是，赫勒阐述的引导性原则的主要内涵是"照顾他人"和"照管世界"。伦理是人的恰当行为的规范，也是人与人之间的交往关系，因此，当一个人自觉地选择和践行善，那么其结果就必然包括对他人的关心和关爱。赫勒在《个性伦理学》中借维拉之口指出，"选择我们自己作为好的、正派的人是选择我们自己回到人类。好是在与他人的关系中的好。在所有这些关系中有一种绝对的关系"①。所以赫勒断言："**照顾他人：这是伦理道德的普遍的引导性的**（orientative）**原则。**"②她认为，一个好人，一个正派的人一定会照顾他人，关爱他人；而照顾他人，也就是照顾所有的生物，也就是照管世界。赫勒是这样阐述这一引导性的道德原则的："海德格尔创造了'存在的牧羊人'（shepherd of Being）这一优美的比喻。我以如下的方式解读这一比喻：已经出生在这个世界上的每个人都有照管这个世界的任务。这个世界交给人类照管。正当的人照管着（所有生物的）世界，但不是按字面意思'照管'人。更确切地说，她或者他照顾他们。正直的人是所有生物的守护者，并且就其照顾他们而言是一个好的守护者。照顾其他的人就是照管所有的生物，照管存在。存在地选择他自己或她自己的人必须学会如何照顾人。"③赫勒还具体地阐述了这条引导性的道德原则的内涵，如不要伤害他人，要尊重他人的自主性，关心他人的痛苦等。二是，关于普遍的道德准则，赫勒主要是继承了康德的道德命令：即人不是手段，而是目的。赫勒认为，在现代性语境中，绝对的道德律令一般很难存在，但是，康德的这条道德律令应当被坚守，这就是一个人永远不应把另外一个人作为纯粹的手段或工具，而应当将之作为目的。赫勒认为，康德关于手段和目的的这一条道德准则（或道德格言）在现代遭受到很多质疑，但是，我们还是要坚持这条道德准则的基本精神。当然，赫勒也考虑到

---

① 阿格妮丝·赫勒：《个性伦理学》，赵司空译，黑龙江大学出版社2015年版，第227页。
② 阿格妮丝·赫勒：《道德哲学》，王秀敏译，黑龙江大学出版社2014年版，第49页。
③ 同上书，第48—49页。

现代的男男女女是生活在一个多元化的道德世界之中，因此，现代个体在把这一条关于手段和目的的道德准则（或道德格言）作为自己的"道德拐杖"时，也会有一定程度的选择性和自主性。"这一'工具–目的'公式很好地充当了普遍的拐杖，但是必须包含附加条件，即对于'看待'和'视某人为目的'这些行为的诠释则由行动者自己斟酌（它使格言成为引导的）。如果她或他非常希望，那么行动者能给这条格言以一种非常强的诠释。最强的诠释在人类交往和联系中很可能将盛行。但是，如果最佳的选择是一种需要最弱的诠释的行动，那么就允许选择最弱的诠释应用的一种行动方式（或者机构）。"①在这种意义上，赫勒认为，在道德多元化的世界中，康德关于人是目的而不是手段的道德律令，也表现为一种引导性的道德原则。因此，赫勒依据现代道德的多元化特征，对普遍的道德准则又做了进一步的细化，例如，她区分了第一次序的道德准则和第二次序的道德准则、禁止性的道德准则和命令式的道德准则，等等。② 显而易见，上述普遍的引导性的原则和普遍的道德准则，都是个体进行存在选择的重要的"道德拐杖"。

最后，赫勒认为，现代个体通过存在的选择、道德选择而成为具有道德个性的好人，不仅需要有多元化的伦理道德规范等客观的前提条件作为自己的"道德拐杖"，还需要具备重要的主体资质。具体说来，道德选择需要现代个体的实践智慧，即区分善恶、是非的道德判断力；而良好的道德判断力的形成，需要个体具有对于道德规范和道德行为的经验反思与先验反思这双重性质的反思能力；此外，还需要个体具有与其他个体、其他道德主体对话和商谈的能力。

赫勒认为，道德是个人行为与社会规范之间的实践关系，因此，道德选择本质上是个体的实践性选择，但是，这种道德实践行为的前提包含着人的道德判断和认知，一个人只有能够正确认识和区分善与恶、是与非，能够正确判断哪种行为合乎道德规范，哪种行为不符合道德规

---

① 阿格妮丝·赫勒：《道德哲学》，王秀敏译，黑龙江大学出版社 2014 年版，第 123–124 页。

② 同上书，第 127–140 页。

范，才能够做出正确的道德选择。苏格拉底就曾提出"美德即知识"的基本观点。但是，在他看来，德性或美德这种关于绝对的和普遍的善的知识具有客观的规定性和普遍性，而身处偶然性境况之中的我们所面对的是多样化和个体化的道德，因此，今天的道德认知和道德判断显然要更为复杂、更为困难。但是，无论如何，一个人要进行道德选择，都要具备一定的道德认知能力。赫勒指出，"一个人依据普遍性的范畴存在地选择自己之前，必须对'好的、正当的、诚实的'有一种概念。这种概念就是：一个好人是愿意蒙受不公正对待而不给别人带来不公正的人，或者以另一种表达阐述同样的事情，一个好人是选择做正确的事情（遵守道德规范）而不考虑随之而来的结果的人。然而，为了做出这种存在的选择，选择者必须知道某些行动是合乎道德的，而另一些行动是不道德的。她或者他甚至必须知道某些合乎道德的行动以及其他不道德的行动"①。赫勒认为，当一个人对是与非、善与恶、道德与不道德形成了正确的认知和判断，他就会把这种判断作为自己的选择和决定而付诸具体的道德实践中，依靠这种实践智慧，即良好的道德判断力，一个人就可以使自己在行为中和实践中成为自觉的道德主体，即成为好人。赫勒指出，"一般来说，可以这么认为，正当的人一旦知道正确的规范是什么，他们的决定和行动的善将只是取决于实践智慧，即良好的道德判断力。亚里士多德，这个首次将道德决定中的实践智慧确认为理智美德的操作者的人，也例证了它运行的方式。按照释义，已经选择自己作为正当的人的偶然的男男女女们在具体的生活境况中也已选择正当地行动和决定。换句话说，对实践智慧的选择内在于对善的存在的选择中"②。

关于对是与非、善与恶、道德与不道德等做出正确的认知和判断，以及把自己的道德判断和决定付诸具体的道德实践之中的实践智慧，即良好的道德判断力，赫勒从不同的方面有很多论述。其中，赫勒比较重视的有两个方面：一是个体的双重自我反思能力；一是个体与其他个体的沟通和商谈能力。赫勒认为，虽然存在着道德拐杖，而且是多样化的

---

① 阿格妮丝·赫勒：《道德哲学》，王秀敏译，黑龙江大学出版社2014年版，第38页。
② 同上书，第197页。

道德拐杖，但是一个人是否使用道德拐杖，具体使用哪根道德拐杖，需要现代个体有自主进行道德选择的能力，即道德自律的能力，这通常体现在现代个体的双重自我反思能力。我们上述反复强调的依据普遍性范畴，借助道德拐杖来选择和决定做道德上正确的事情，这属于一种先验的自我反思。除了这种先验的自我反思，还有一种经验的自我反思，即一个人把自己的经验与其他遵守具体道德规范的行为者的经验加以比较，来确定自己的行为的道德内涵。赫勒强调，正是"这一双重性质的反思和自我反思**支配并生成了作为道德品行的自我**"①，使个体自己选择成为好人。进而，在赫勒看来，这种经验的自我反思，即把自己的经验与其他遵守道德规范的行为者的经验加以比较的反思行为，并不一定停留于反思者的内在独白，也可以体现在自我反思者与其他行为者的道德对话之中。我们反复强调，道德是个体的恰当行为与道德规范之间的一种实践关系，但是，这种实践关系的内涵，即一个人自觉的道德行为所体现出的美德，必然包含着人与他人之间的关系，以及人与社会的关系，所以，赫勒才把照顾他人和关照世界作为一条普遍的引导性的道德原则。所以，赫勒断言："存在的选择的模式本质上是**对话式的**，而且它是建立在不只是一个人而是很多人已经选择他们自己作为正当的人以及他们都以自己的方式是好的这一假设基础上。这是一个相当合理的假设……然而，这种模式并不排除**伦理**。相反，这种道德对话本身就是**伦理**的展现。"②赫勒高度重视这种平等的道德对话，因为，这不是关于伦理和道德的抽象的理论讨论或者争论，而是自主的道德主体间关于道德行为的具体讨论，因而，它属于存在的选择，特别是关于道德选择内涵的具体讨论。赫勒指出，"我们拥有道德上自律的主体，这样的主体不是抽象的而是具体的，这样的主体统一了个别和普遍，这样的主体通过与其他人不断地讨论而参与到**伦理**的生活中。最终，这种讨论将是一种真正的道德讨论，而不是组织的对于道德问题的一场理论上的商谈，因

---

① 阿格妮丝·赫勒：《一般伦理学》，孔明安、马新晶译，黑龙江大学出版社 2015 年版，第 64 页。

② 阿格妮丝·赫勒：《道德哲学》，王秀敏译，黑龙江大学出版社 2014 年版，第 36 页。

为人们为自己的行动寻求建议，而且他们从来没有想过用道德商谈代替道德决定和行动"①。

这样，赫勒就从客观的条件和主体的资质两个基本方面为我们展示现代个体如何通过自觉的道德选择而成为正派的人、诚实的人，成为有道德个性的好人。而这种意义上的存在的选择，即依据普遍性范畴的存在选择（道德选择）也是现代社会中作为担忧的人的"好公民"形成的机制和途径。

（三）作为担忧的人的好公民

赫勒的个性伦理学关注的核心是现代个体通过自觉的道德选择而成为好人，好人的存在或者好人的自觉生成对于身处现代性危机之中和深陷后现代偶然性境况之中的每个人的存在都是至关重要的，同时对于社会的健全运行也具有重要的意义。但是，赫勒认为，在一个偶然性、流动性、不确定性日益增强的世界，仅仅有日常生活中的好人或正派的人（正当的人）还不够，因为日常生活中的好人主要关心身边熟悉的人，而在无限开放、不断流动的社会中，还有许多我们所不熟悉的他人需要关心，有很多公共事务需要关照。因此，赫勒把自己的个性伦理学的理论视野进一步拓展：从日常生活中的"好人"拓展到公共生活中的"好公民"。

首先，赫勒通过对好人和好公民的对比来阐述好公民的基本特征。在她看来，好人与好公民有很多相同的品质和规定性，他们都是具有自觉的道德个性的个体，都能够与道德规范和规则建立起自觉的实践关系，因此，他们都是担忧的人。但是，虽然同为担忧的人，同为自觉的道德主体，但是他们所关心（关照）的对象和他们所担忧的事情有所不同：好人关心身边熟悉的人，而好公民则关心所有他不熟悉的人，所有陌生的他者；好人主要担忧自己和自己所熟悉的人的美德，以及各种事情和关切，好公民则担忧公共事务和公共领域中的公正或不公正、正义或不正义的事情。

---

① 阿格妮丝·赫勒：《道德哲学》，王秀敏译，黑龙江大学出版社 2014 年版，第 36 页。

赫勒把伦理关切的目光从日常生活中的好人，拓展到公共生活中的好公民，这样的理论视野具有很重要的意义。我们在阐述赫勒关于社会结构的理论时指出，她把人和社会的存在领域或者活动领域划分为"自在的对象化领域"（日常生活领域）、"自为的对象化领域"（自觉的精神活动领域)和"自在自为的对象化领域"（政治、经济等社会制度领域)。应当承认，任何历史时期，人类社会都包含这几个基本的活动领域，但是，各个活动领域在整个人类社会结构中的比例和分量是不同的。在某种意义上，传统社会是以"自在的对象化领域"，即日常生活领域为主体的社会，而现代社会则呈现出"自为的对象化领域"和"自在自为的对象化领域"愈来愈发达，并逐步压缩日常生活领域空间的趋势。在这种背景下，公共领域和公共活动的运行占据越来越重要的地位。这也是赫勒十分重视"好公民"的原因所在。她指出，对于好人的存在，我们已经无须质疑，我们已经清楚地看到，一些普遍的引导性的道德原则和丰富的"道德拐杖"在日常生活领域中引导着正派的人们，即有道德个性的好人。"这些人关心人。他们并不故意伤害任何人。他们真正顾及他人的弱点、自律、主体性道德以及苦难。因此他们关照他们熟悉的人、他们遇到的人、与他们生活在一起的人。"①赫勒认为，对此我们已经深信不疑，然而，我们还有进一步关切的问题：这些日常生活中的好人会不会关照那些他们根本不熟悉的人、那些交往不深的人，特别是完全的陌生人；换言之，在共同活动领域，有没有这样关心其他人、关心所有其他人的正派人和担忧的人。对于这一问题，赫勒的回答是肯定的。而且她认为，从人类历史很早的时期，与好人相伴随，就已经有好公民的存在。例如，赫勒阐述了亚里士多德关于古希腊好人和好公民的论述："亚里士多德将好人与好公民区分开来。好人闪耀着所有的美德，而好公民参与到国家的事务中；他是其所在的城市宪章(constitution)的典范。如果这个城市的宪章是不完善的，那么好人将不会成为最好的公民，然而，如果宪章是完善的，那么最好的人将成为最好的公民。"②亚里士多

---

① 阿格妮丝·赫勒：《道德哲学》，王秀敏译，黑龙江大学出版社2014年版，第141页。
② 同上书，第142页。

德不仅肯定了好公民的存在，而且还强调了好公民与好人的内在本质联系。在赫勒看来，好公民与好人的内在本质联系就在于，他们都是担忧的人和正派的人。

尽管如此，由于好公民要关心和关照的不是自己所熟悉的人，而是在公共领域中关心所有的其他人，因此，他的关注焦点就不再是个人的美德，而是公共的善，即社会公共领域的公正和正义。"总而言之：好公民担忧公正和不公正的事情，并且只担忧这些事情。另外，好人以他们自己的方式担忧各种各样的其他问题。一个好公民与其他人共有的价值是公正。不考虑所有其他的个人价值，好公民必须认同如下信念：公正，尽管不是**那种**至善，但肯定是最高的**公共的**善。"①赫勒还特别指出，这里所说的关照公共生活，担忧公正与不公正的事情的好公民属于政治人，但他们不是职业政治家，更不是那种所谓的"政客"。在这种意义上，赫勒对好公民的基本规定性做了阐述："一个好公民担忧这个国家（他或者她的'城市'）中的公正和不公正的事情，并参与到目的在于纠正不公正的行为中。"②在这种意义上，赫勒指出，好公民对于社会的公正和不公正的事情，以及各种不公正给人们带来的痛苦等，不仅仅怀有一颗同情心，而且是一种担忧和关照，并且是一种付诸行动（即旨在纠正不公正的事情的实践活动）的担忧和关照。进而，赫勒还认为，对公共事务的担忧，对公正和不公正事情的担忧，并不一定仅仅集中于宏大的和宏观的政治活动，而是体现在许多方面，因此，好公民担忧的事情很多："担忧的范围非常广泛。一个人可以担忧城市状况、移民法、某个人办公室中不公正的规章、乡村学校的教育状况、非洲一个地区的饥荒、遍及世界的公民权的践踏——并且同时担忧很多这样的问题。处在担忧中包括愿意'围绕它做点事儿'。这不仅仅并且应该与为形势感到悲痛以及对那些令人悲伤的事感到同情区分开来，或者与对担忧之事形成一种正确的判断区分开来。'处在担忧中'含有参与并向贫困者提供积极

---

① 阿格妮丝·赫勒：《道德哲学》，王秀敏译，黑龙江大学出版社2014年版，第175-176页。

② 同上书，第176页。

帮助的意思。"①

其次，赫勒指出，虽然按照亚里士多德的理解，在古希腊城邦中已经有好公民的存在，但是，现代社会的好公民与古典社会的好公民有很大的不同。在古希腊，公民权不是所有人都具有的一种权利，而是一种地位和特权，只有具有独特出身这种独特地位和特权的人才可能在拥有完善的宪章的条件下成为好公民；而在现代社会的偶然性境况中，公民身份和公民权利都不再是固定的地位或者特权，虽然理论上每个人都可以拥有公民权，但公民身份也可以表现为消极的，只有我们选择参与政治生活我们才可能成为积极意义上的公民，而只有自觉地、积极地选择承担公民的责任，把公民权利理解为责任，才可能成为好公民。进而，在现代条件下，公民们应当具有某些共同的公民美德，如对所有人的需要的承认和尊重、公民的勇气、团结(容忍)的美德、正义、实践智慧、理智理性，等等，而一个人要选择自己成为一个好公民，就不仅要勇于承担公民的责任，还要有特别的公民勇气，才能确保他成为一个担忧公正和不公正事情的好公民。正是在这种意义上，赫勒把存在的选择(无论是选择成为好人，还是选择成为好公民)理解为一种生命的"跳跃"，一种勇敢的纵身一跃。

关于传统社会和现代社会中人的境况的不同，赫勒从不同侧面反复探讨过。在关于公民和好公民的理解中，赫勒也坚持了这种历史的观点。她指出，古代城邦等传统社会属于等级制社会，它按照出身的等级和性别等因素把人划分为几个固定的阶层，在这种条件下，城邦公民作为自由民，享有一种固定的地位和一种特权。换言之，只有具备这种地位和特权的公民才是政治实体中的组成部分，这也就是亚里士多德所说的那样，城邦是其公民的总和。而在现代社会中，处于偶然性境况中的每一个个体都不再认为自己生来就拥有一个在摇篮中就已经确定了我们的责任的"身份"。偶然性意识使我们相信，我们只能通过选择、推动和设计决定我们的生活路径。一般说来，现代个体并不拒斥自己的偶然

---

① 阿格妮丝·赫勒：《道德哲学》，王秀敏译，黑龙江大学出版社2014年版，第149-150页。

性，因为这种"偶然性的权利"与我们是"生而自由的"有着本质的联系。在这种情况下，一个人是否使自己尚处于消极状态（不自觉状态）的公民身份或公民权利变得积极主动，主要取决于个体的选择。只有那些把这种公民的权利理解为责任，并且坚定地承担公民身份的责任的个体才能成为真正意义上的"好公民"。对此，赫勒有清楚的论述："公民身份在现代自由主义的-民主的国家中可以成为消极的情形，我们既可以选择参与政治生活也可以选择不参与的情形，权利依然是贫瘠的，没有被用作以及没有被理解为责任的情形——所有的这些都是我们偶然性的消极体现。当然，一个人可以希望，在某些条件下，大多数当代的消极公民将成为积极的。然而，我们其实不该希望每个人都成为积极的，因为这种统一性希望本身与偶然性相矛盾。在现代自由主义的-民主的国家中纯粹的公民身份本质上并不包含义务或者责任（仍然存在征兵制度的地方，男性公民服兵役是例外）。因此，公民身份的责任必须被选择，被'下决心接受'。只有好公民才将他或她的权利理解为责任。"[1]尽管赫勒清楚地理解道，我们无法要求或者希望每一个人都成为好公民，因为这种选择属于每一个人的自由，但是，她还是非常希望更多的现代个体（偶然的人）通过自觉的选择而成为好公民。因为只有好公民担忧公正与不公正的事情，以最高的公共的善（即正义）为信念，他们希望创造一个可能的最好的政治世界。换言之，只有好公民才能担当其这样的责任。"好公民之所以担忧**他们自己国家中**的公正和不公正的事情，是因为他们觉得要对他们国家中发生的一切负责，因为他们希望他们的国家有最好的（最公正的）规章、法律和社会安排。"[2]所以赫勒宣称，"一个人**应该成为**一个好公民"[3]。

通过上述关于好公民身份的选择性和好公民所承担的重要责任的分析，我们不难看出，现代个体要自觉地选择使自己成为负责任的、担忧的好公民，是要具备独特的主体资质和付出特别的努力。关于好公民应

---

① 阿格妮丝·赫勒：《道德哲学》，王秀敏译，黑龙江大学出版社2014年版，第170-171页。

② 同上书，第176-177页。

③ 同上书，第179页。

当具备的素质和条件，赫勒在不同的阐述中有很多论述。毫无疑问，选择使自己成为好人和选择使自己成为好公民，都需要能够自觉地与特定的道德规范和规则建立起实践关系，都需要具备相应的美德。而关于这一点，赫勒和费赫尔在《后现代政治状况》中专门探讨了公民伦理和公民道德，其中特别重要的是他们从六个方面阐述了"公民美德"（civic virtues）。我们可以简要地概述他们关于公民美德的阐述：第一是"彻底容忍"的公民美德，其核心是承认所有人的平等生活的机会和需要，"如果一个人同意把生命价值解释为'所有人的平等生活–机会'，那么他就应该认可**所有的人类需要**，带着对每个需要同样的认可——除了那些把他人仅当作手段来满足的需要以外"①；第二是"公民勇气"，在赫勒看来，公民勇气既是一种传统的民主美德，也是现代民主制不可或缺的公民美德，"公民勇气是为一项事业，为不公正的牺牲者，为我们相信是正确的甚至反抗压倒性不平等的意见说话"②；第三是团结的美德，这既包括一个党派、运动或者阶级团体内部实践形式的团结，也包括非实践形式的团结，它需要一个同情或移情，甚至是能延伸到所有被统治阶级和民族，乃至全体人类中的一种兄弟般的感觉，而且团结的美德与其他公民美德有紧密的关系，"团结在某种程度上作为彻底容忍或者公民勇气，是一个属于**生命品质**的美德"③；第四是"正义"的美德，"正义是最古老的公民美德，并且不需要任何重新定义"④；第五是"实践智慧"或"谨慎"，这是对所有道德行为都很重要的实践能力，"**实践智慧**，也就是行为中的正确判断，是在实践中学到的，如果学得好的话，它就会变成一个好的性格特征，也就是说，一种美德"⑤；第六是"理智德性"，它涉及一种程序正义，"现代好公民突出的理智德性，是参与理性话语的美德，是准备参与到这一话语中的美德。没人能为他自己或她自己确

---

① 阿格妮丝·赫勒、费伦茨·费赫尔：《后现代政治状况》，王海洋译，黑龙江大学出版社 2011 年版，第 97 页。
② 同上书，第 98 页。
③ 同上书，第 101 页。
④ 同上。
⑤ 同上书，第 102 页。

定善或正义的规范或规则是**什么**，正义制度是什么或者可以是什么，而且没人有权利把他/她对这些的特定观点强加给其他人"①，因而，理智德性是每一公民进入或者参与政治生活必须自己习得的一种品质或美德。

具备公民美德是好公民必备的素质，是一个人依据普遍性范畴而选择使自己承担公民身份的责任，做一个担忧的好公民所应当具备的品质。而在上述几种公民美德中，赫勒特别看重勇气。亚里士多德在阐述具体的美德时，就很重视勇敢（勇气）的美德，他认为，人经常会面对可怕的、令人恐惧的事物，勇敢的人会以境况所允许的最好方式去承受这些事物。具体说来，"勇敢的人是因一个高尚［高贵］的目的之故而承受着勇敢所要求承受的那些事物，而做出勇敢所要求做出的那些行动的"②，因此，亚里士多德认为勇敢是一种美德。他还认为，公民的勇敢是"真正的勇敢"，公民的勇敢行为是一种具有荣誉的行为。赫勒高度重视勇气这种美德，这是因为在她看来，"勇气是一种无所不包的（非理智的）美德，因为它包含着几乎所有的其他美德"③。赫勒认为，有几种主要类型的勇气，例如，公民的勇气（civic courage）、军人的勇气（military courage）、理智的勇气（intellectual courage）等，她强调公民勇气的重要性，因为在现代社会生活中，很多公共活动和运动并不需要军事美德，即军人的勇敢，而是需要公民勇气这种非暴力不合作的勇气。在很多场合，纠正各种不公正，维护他人的权益和社会的正义，都需要敢于冒险、敢于抗争的公民勇气这种美德。赫勒和费赫尔指出，"公民勇气的美德引导我们去冒险：冒着失去我们的安全位置，即我们在政治和社会组织中的成员资格的风险，冒着丧失被孤立，以及冒着使舆论对我们不利的风险。一个拥有公民勇气的人没有惹祸，他/她并不是为了反抗而反抗。他/她出于对民主的信仰，怀揣着正义终将实现，不同意见将被

---

① 阿格妮丝·赫勒、费伦茨·费赫尔：《后现代政治状况》，王海洋译，黑龙江大学出版社 2011 年版，第 102 页。

② 亚里士多德：《尼各马可伦理学》，廖申白译注，商务印书馆 2009 年版，第 86 页。

③ 阿格妮丝·赫勒：《道德哲学》，王秀敏译，黑龙江大学出版社 2014 年版，第 163 页。

其他人接受，美好的目标能有机会实现的希望行为"①。赫勒认为，无论在何种体制(包括民主体制)条件下，保持正派、反抗不合理的事情都需要公民的勇气，特别是在一些极端的情形中，如在极权主义的恐怖状态之中，对于正义的坚持和维护需要更大的公民勇气。赫勒指出，"在正常情况下，单个人的积极反抗需要**公民勇气**。这样的行为有时有严重的后果(例如，失去工作、公开羞辱等)。这就是它们是公民**勇气**的行为的原因。但是在这样的情况中，赌注通常不是一个人的生命。然而，在极权主义条件下，单个人的积极反抗或者公开介入通常暗含着横死的危险。承担这种有勇气的行为的男男女女们预先就很清楚他们的生命因其行为会受到威胁"②。

正是基于对公民勇气的这种理解，赫勒认为，人的存在的选择是生命的一种勇敢的跳跃。人无论是通过道德选择成为好人，还是成为好公民，这种选择依据的普遍范畴和各种道德规范只是为人的存在选择提供一种道德拐杖，而真正的选择及选择所带来的后果，则是个体性的。因此，人的每一次存在选择都是一种跳跃，赫勒形象地把人的这种选择比作"骰子的幸运一掷"。因此，她强调勇气在存在选择和道德选择中的重要性，"存在的选择是勇气的问题"③，"勇气是全部美德的一半。它是独立的美德并且它支持所有其他美德的实践"④。赫勒强调存在的选择中的勇气和"勇敢的姿态"，她曾用了勇敢地跃入水中的例子："基本上，要勇敢很简单。一旦一个人知道怎么做才对，这个人就会做这件事。用克尔恺郭尔的措辞，知道怎么做才对发生在瞬间：绝没有'以前'和'以后'。一个人不再考虑得与失；一个人不再想象对他自己来说将会发生什么。在'瞬间'中存在的只是这个人和永恒。你闭上眼睛，把你的手从你曾经紧握的栏杆上松开——这就行了。一旦落入水里，你就游泳。要

---

① 阿格妮丝·赫勒、费伦茨·费赫尔：《后现代政治状况》，王海洋译，黑龙江大学出版社 2011 年版，第 98 页。

② 阿格妮丝·赫勒：《道德哲学》，王秀敏译，黑龙江大学出版社 2014 年版，第 164-165 页。

③ 同上书，第 98 页。

④ 同上，第 110 页。

有勇气，要勇敢。"①

最后，在分别分析了赫勒关于具有道德个性的好人和作为担忧的人的好公民的理论构想之后，我们再回到关于赫勒的个体伦理学思想的总体把握上。可以说，通过关于好人与好公民的理论建树，赫勒和布达佩斯学派其他成员重建了卢卡奇关于第一伦理和第二伦理，即政治伦理和个体伦理相互关联的伦理思想。所不同的是，赫勒突破了卢卡奇的阶级伦理的理论视域，把伦理主体或道德活动的主体从具有自觉的阶级意识的无产阶级转变为现代性条件下的日常生活个体，即身处偶然性境况中的普通男男女女。伦理主体或道德主体转变的依据在于：经历了现代性危机的磨难，人们的历史意识发生了根本性的转变，对此，赫勒用"火车站"的隐喻来加以说明。具体说来，具有自觉的偶然性意识的现代个体不再登上永不留步的历史列车，追求一个由宏大叙事描绘的历史目标，尝试用外在的普遍性来超越自身的偶然性；具有后现代视野的现代个体选择生活于现在的火车站上，在偶然性的境况中通过存在的选择来展开自己的生活。赫勒认为，这些普普通通的男男女女才是现实的实践活动主体和道德活动主体，对于他们，不需要提供任何外在的力量、机制或者权威去安排他们的存在。他们所需要的，一方面是真正自由的和民主的政治生活环境，另一方面是作为"拐杖"的道德哲学的自觉陪伴。

赫勒关于人类道德结构变迁和道德意识的转变等问题的分析，始终是与她关于人类的历史意识的变化紧密联系在一起的。具体说来，典型的现代人与具有后现代视野的个体对待历史的态度是有很大差异的。她在《碎片化的历史哲学》中用现代人和后现代人与"火车站"的不同关系(或者火车站在他们生活中的不同含义)来展示历史意识的变化。在赫勒看来，典型的现代人的历史意识，或者典型现代性的历史意识是一种经过反思的普遍性的意识，表现为一种"世界历史意识"。这种历史意识相信人类历史就像一列永不停息地驶向未来的一个历史目标的火车，人只要乘上这列火车，就会最终超越自己的偶然性和所有困境，驶向美好

---

① 　阿格妮丝·赫勒：《道德哲学》，王秀敏译，黑龙江大学出版社 2014 年版，第 98-99 页。

的未来。在各种宏大叙事的支配下，现代人不会停留于火车站，他们不要更多的主体选择，只要登上时代的列车，就会驶向美好的未来。但是，赫勒指出，迄今为止的历史运动，给我们展示的更多的是文明的灾难。她描绘道："曾经一度，乘客们被说服确信他们在现在的火车站只只能少留片刻，因为快速列车很快就会到达。现在的乘客只需要跳上这些列车，就可以以越来越快的速度到达终点站，奔向辉煌的历史未来。从那时起，我们了解到这些意识形态幻想的列车将驶向何处，这次不是隐喻性地而是真实地：到达终点站，奥斯威辛和古拉格。"①而充分意识到这种历史进步的火车头会给人类历史和人类社会带来各种深重的文明灾难，许多人开始把选择留在火车站，把家安在火车站。也就是说，具有后现代视野的现代人不再坚持那种普遍性的世界历史意识，而是秉承一种经过反思的一般性历史意识，即后现代的历史意识，他不再试图用某种宏大叙事来逃避自己的偶然的境况，而是承认自己的偶然性境况，并在其中选择自己的存在。赫勒指出，"选择生活在火车站的人选择他们的现在——我们的确能选择我们的现在。在选择现在时，一个人不会说，这就是最好的可能的世界。他当然也不会说，这就是更糟的世界。一个人最先和首要要说的是如下的话：这是我们的世界"②。在赫勒看来，这种后现代意识并不是一种完全消极的和放弃的意识，它所承认的是我们不可克服、不可超越的偶然性境况，但是，它包含积极的内涵，因为生活"在火车站"的我们必须进行存在的选择，必须对我们的存在和我们的世界负责。"当代的后现代世界的居民（正是在这里，我第一次使用'后现代'这种表达）慢慢地了解到，他们必须在现在的火车站定居。我们就是在这里出生的，我们将在这里生活，我们也必定在这里死去。我们可以改善这个火车站，使其更适合居住，就像我们也可以把它变成地狱一样。"③正因为我们对我们自己的存在负责，他人负责，对现在这个世界负责，所以赫勒才高度重视以好人和好公民为核心的个性伦

---

① Ágnes Heller, *A short history of my philosophy*, Laham: Lexington Books, 2011, p. 97.

② 阿格妮丝·赫勒：《碎片化的历史哲学》，赵海峰、高来源、范为译，黑龙江大学出版社 2015 年版，第 296 页。

③ Ágnes Heller, *A short history of my philosophy*, Laham: Lexington Books, 2011, p. 97.

理学。

对于身处后现代的偶然性境况中的个体的生存选择，就制度化层面而言，最为重要的是建构一种凝聚着人类的共同精神（或者共同的民族精神）的，使每个人都能自主选择、自由生活的人道的、民主的政治，也就是多元化的良善生活世界。在赫勒看来，这种人道的、民主的政治社会必然具有伦理本质，在伦理的层面展示为一种可能的最好的道德世界。赫勒曾经讨论了现代伦理的两大支柱：好人和公正的宪法。她指出，亚里士多德曾提及好人和公正的宪法这两个支柱，这也是现代伦理的两个支柱。然而，现代社会不再有给定的和稳定的等级制社会结构，它是建立在自由的基础之上，因此，现代伦理的两大支柱在内涵上也具有某些变化。一方面，现代伦理的一个支柱是具有道德个性的好人，"现代伦理的一个支柱将会是一种个性伦理。把这个问题简单化：将成为她自己的那个人会是伦理的承载者"①；另一方面，现代伦理的第二个支柱是由公民自己建立的民主政治，"现代国家是由人们建立的，而且一些现代国家，主要是民主国家，依据于他们一直坚持，而且仍然坚持的信念，是由公民自己建立起来，事实上这些公民在建立行为中，并通过建立的行动才成为真正的公民"②。正因如此，赫勒强调要重建具有道德内涵，作为道德准则的民主政治原则。如前所说，赫勒专门探讨了动态正义条件下的作为最终的普遍价值，作为其他所有价值来源的"自由"和"生命"的价值，以及平等、理性等作为条件的或者作为程序的价值。赫勒认为，只有在这种真正的自由的、民主的政治社会中，在多元化的良善生活世界中，个体才可能自主地、自由地、自觉地选择成为好人和好公民。不仅如此，这种意义的好人和好公民不只是一种自觉的道德活动主体，同时也是自由和全面发展的实践主体，这是马克思所追求的人的自由和全面发展的存在状态。所以赫勒强调："人是一种整体：民主的人、道德的人和创造性的人是同一个人。作为民主的、道德的和创造

---

① 阿格妮丝·赫勒：《现代伦理的两大支柱》，王静译，载《苏州大学学报（哲学社会科学版）》2018 年第 4 期。

② 同上。

性的存在的人，同时实现所有这些理想的人，这样的一个人就是**自律的和自由的个体**"。①

从另一个角度来看，对于身处后现代的偶然性境况中的个体的生存选择，就精神层面而言，最为重要的是给他们提供必要的"道德拐杖"供他们自主选择，而不会给个体的自主性设定任何外在的限制。换言之，今天的道德哲学或者道德理论必须充分体现个性伦理学的精神，它并不需要去替任何人做具体的道德选择，而只需陪伴着正派的人，陪伴着日常生活中的好人，陪伴着公共生活中的好公民。"当前道德哲学的目标既不是对传统进行综合，也不是要避开传统。它的目标是在正派的人们的人生之路上陪伴着他们。正派的人们像每个其他的人一样过着日常生活：因此他们必须在这个框架内是正派的。正派的人们也在诸多机构内生活和行事，因此他们在这里也必须保持正派。与此相似，正派的人们献身各种事业，他们是好公民，他们在压抑中，以及在极度的政治压力和生存压力下也保持着其正派性。"②这样，自由的和民主的政治生活，即多元化的良善生活与尊重个体的道德个性的个性伦理精神，就从两个基本的方面为后现代视域中好人和好公民的存在提供了适宜的环境。

由此可见，赫勒和布达佩斯学派其他成员的个性伦理思想无论是对卢卡奇的第二伦理的思想，还是对卢卡奇关于伦理民主政治，以及在未来社会充分发挥道德的调节作用的构想，都有很大的拓展和发展，在某些方面还修正了卢卡奇的理论缺陷。当然，赫勒等人的个性伦理思想在很多方面也存在着局限性和薄弱环节，对此，我们将在后面加以具体分析。

---

① 阿格妮丝·赫勒：《激进哲学》，赵司空、孙建茵译，黑龙江大学出版社 2011 年版，第 155 页。

② Ágnes Heller, *A Philosophy of Morals*, Oxford: Basil Blackwell Ltd., 1990, p. 207.

第四章　现代性道德困境与后现代
个体伦理学

——波兰新马克思主义伦理思想

与东欧新马克思主义其他理论流派一样，波兰新马克思主义理论中也包含着丰富的伦理批判思想。在波兰，虽然没有形成实践派和布达佩斯学派这样紧密合作的学术团体和理论流派，但却不乏思想深刻富有创造力的新马克思主义理论家。科拉科夫斯基、鲍曼，以及沙夫、巴奇科等波兰新马克思主义理论家，虽然分属哲学、社会学等不同的理论学科和研究领域，但都继承了共同的思想文化传统，有着共同的人道主义价值追求，他们都把目光聚焦于我们身处其中的现代性危机，都阐述和建构了富有创建性的文化批判理论。其中，科拉科夫斯基和鲍曼从不同侧面把现代性背景下的道德危机批判作为自己理论研究的重要主题。科拉科夫斯基的《经受无穷拷问的现代性》《走向马克思主义的人道主义——关于当代左派的文集》《自由、名誉、欺骗和背叛——日常生活札记》等著作，包含着许多关于现代道德困境的伦理批判思想。而作为社会学家的鲍曼则几乎把自己的全部理论研究都集中于关于现代性危机的伦理批判。如果说《一般伦理学》《道德哲学》《个性伦理学》构成了赫勒的"道德理论三部曲"，那么，《现代性与大屠杀》《后现代伦理学》《生活在碎片之中——论后现代道德》则构成了鲍曼的"道德理论三部曲"。此外，鲍曼的《流动的现代性》《个体化社会》《共同体》《门口的陌生人》《工作、消费主义和新穷人》等著作也从不同方面开展了道德反思和伦理批判等主题研究。

从总体上看，赫勒和费赫尔等人所代表的布达佩斯学派的伦理思想与科拉科夫斯基和鲍曼等所代表的波兰新马克思主义的伦理思想都属于关于现代性危机和普遍物化条件下的道德危机批判，这一点与这些理论家共同的历史体验密切相关。如前所述，赫勒本人就有自己的父亲死于集中营的人生经历，而鲍曼则由于自己的犹太身份而几度遭遇人生的重大转折和挫折，因此，他们对以大屠杀为极端表征的现代性危机有着刻骨铭心的痛彻和高度的理论敏感，后者构成了他们的伦理批判思想共同的出发点。从基本理论结构来看，布达佩斯学派和波兰新马克思主义的道德理论和伦理批判思想都包括两个大的方面：一是对现代性境况下深重的道德困境的全面批判；二是关于后现代视域中重拾道德力量，唤醒人的道德良知和道德责任感，特别是关于后现代境况中个性道德或个体化道德生成的理论思考。所不同的是，布达佩斯学派个性伦理学的侧重点是关于现代性危机和后现代境况中具有道德个性的好人具体生成条件和机制的细致探讨，而波兰新马克思主义的个体伦理学无论是对现代人的道德困境的批判，还是对后现代的个性化伦理的呼唤，都侧重于深刻的和激进的批判，有时候近乎一种道德困境之中和道德荒漠之上的大声呼号。从历史背景上看，波兰新马克思主义道德理论的激进批判性与波兰民族在中东欧各民族中作为历史列强和现代性暴力的最大的、最惨重的牺牲品的独特历史体验密切相关。

一、作为现代性危机深刻表征的道德空虚与道德冷漠

关于现代性危机和现代道德困境的反思和批判在波兰新马克思主义理论中占据十分重要的地位，这是因为，无论总体性的现代性危机，还是具体的道德危机，本质上和根本上都是人的存在的深刻危机。在波兰新马克思主义理论家们看来，人不是外在的客观规律和历史必然性的被动追随者，而是自己的历史活动的主体，是自由自觉的和创造性的实践主体；而作为自由的实践主体，人在很大程度上是一种道德的存在，他必须通过善恶的区分和自主的道德选择而实施恰当的行为，与他人和社会建立起自觉的实践性的伦理关系。因此，无论我们要理解道德和伦理

对于人的存在的重要性，还是要分析现代个体所遭遇的严重的道德困境，都必须从人作为一种道德的存在入手展开理论分析。

(一) 人作为实践主体是一种道德的存在

如前所述，在波兰新马克思主义理论中包含着十分丰富的人道主义思想资源，这与波兰民族独特的历史体验密切相关。作为历史上长期残酷异族统治和瓜分的牺牲品、作为第二次世界大战期间现代性危机和大屠杀的直接受害者，以及作为第二次世界大战后受苏联模式和斯大林化进程严重束缚者，波兰民族，特别是其敏感的思想家和理论家有着十分强烈的反叛精神，在某种意义上，反教条主义成为波兰思想传统，特别是波兰新马克思主义理论的重要底色，而反教条、反权威、反专制思想的核心是维护民族的文化价值和个体存在的尊严与自由。如沙夫在《人的哲学》《马克思主义与人类个体》《作为社会现象的异化》等著作中，科拉科夫斯基在《走向马克思主义的人道主义——关于当代左派的文集》《马克思主义的主要流派》《自由、名誉、欺骗和背叛——日常生活札记》等著作中，都深刻阐述了马克思主义人道主义价值和人作为自由的实践主体的思想。鲍曼作为一位社会学家，虽然没有系统地阐述关于人的存在的人道主义理论，但是，他对现代性危机和现代道德困境的所有批判都渗透着强烈的人道主义价值和反教条主义精神。

首先，从青年马克思异化理论和实践哲学、卢卡奇主客体统一的辩证法的人道主义价值立场出发，波兰新马克思主义理论家都坚决反对经济决定论、机械决定论等片面强调历史必然性，而否定人的主体性和创造性的社会历史理论与哲学思想，他们把人理解为一种能动的和创造性的主体，把自由作为人的存在的最根本的规定性，并且充分肯定人作为自由自觉的和创造性的实践主体在人类社会运动中和人类历史演进中的重要地位和作用。正是这种对人在思想中和实践中创造价值和意义的主体地位的肯定，才为人的道德主体性和道德自主性的确立奠定了坚实的理论基础。

在波兰新马克思主义理论家中，沙夫对马克思主义人道主义做了最集中的阐述。尽管在 20 世纪马克思主义的理论争论中，沙夫有时被定义为与激进的新马克思主义理论家不同的正统马克思主义理论家，但是，他的确是东欧新马克思主义理论家中比较早地开始呼唤以人的个体价值、人的生活意义、个体的自由为核心的人的哲学。沙夫还在 20 世纪历史条件下对马克思的异化理论做了深入的，而且具有现实性的阐述，他不仅具体揭示了各种形式的客体异化和主体异化（人的自我异化），还具体分析了发达资本主义条件下和现存社会条件下的异化现象，并且依据对现代社会的异化和物化的批判，把个体的价值和人的自由作为马克思主义的理论核心。①

我们在这里讨论波兰新马克思主义理论家关于马克思实践哲学和人道主义的理论建树，主要是为我们阐述波兰新马克思主义伦理思想确立思想前提和理论基础。有鉴于此，我们在这里不去具体展开沙夫关于马克思主义人道主义的阐述，因为他的理论中专门讨论道德问题和伦理思想的内容相对少一些。在这一点上，我们把目光集中于科拉科夫斯基的理论阐述上。在某种意义上，科拉科夫斯基是波兰新马克思主义理论家，乃至所有东欧新马克思主义理论家中最具批判性的、最彻底的反教条主义者，他对马克思主义发展进程中许多理论流派和思想家，特别是对 20 世纪有影响的马克思主义理论家都做了深入的阐述和很激进的批判，其中他特别激烈地批判了那种僵化的、教条主义的马克思主义理论，因为这种理论见物不见人，只关注和强调外在的必然性和决定性，只重视机构和社会整体对人的决定作用，而忽视了人的主体性和创造性。科拉科夫斯基坚持 20 世纪新马克思主义和左翼激进哲学中的意识形态批判立场，他时刻警惕意识形态的自律发展会导致专制主义总体性统治的危险后果。他特别反对那种忽视人的主体选择性和创造性，完全建立在客观必然性基础之上的关于未来完善社会的技术蓝图。在他看来，这种意义上的教条主义的意识形态一旦制度化，就不是单纯的空

---

① 参见亚当·沙夫：《人的哲学》，赵海峰译，黑龙江大学出版社 2014 年版；亚当·沙夫：《马克思主义与人类个体》，杜红艳译，黑龙江大学出版社 2015 年版；亚当·沙夫：《作为社会现象的异化》，衣俊卿等译，黑龙江大学出版社 2015 年版。

想，而是一种可怕的统治力量。他断言，"一味想象我们能够为整个社会定出某种计划，能够通过人工安排来达到全社会的和谐、正义和富足，那就是对专制主义发出邀请"。因而，无所不包的教条的和僵化的意识形态是一种具有现实统治力量的乌托邦。"当人们开始宣布精神智慧的统治已初步实现，纯粹的理性已登上尘世的王位并且掌握着国家的时候，它就成为一种危险的神话。"①

科拉科夫斯基认为，要冲破这种教条主义马克思主义对人们思想的束缚与对人的主体性和创造性的压制，就要弘扬人的彻底的批判意识，重新回到马克思关于人的实践、人的自由、人的创造性和人的选择性的理解，回到人道主义关于价值和意义的理解上。科拉科夫斯基在《马克思主义的主要流派》中详细分析了马克思关于人的劳动、人的实践、异化和扬弃异化、人的自由和全面发展，以及人与世界，人与自身、人与他人之间通过实践活动达到和谐统一，即实现自由人的共同体等思想。他指出，黑格尔把人的本质与自我意识等同起来，把劳动与精神活动等同起来，马克思则是将他自己关于人的观点建立在劳动之上，劳动不再等同于自我意识，而是被理解成与自然的物质交换的现实活动。虽然人的需要的对象是独立于人而存在的，人在这些对象中显示和实现自己的本质，在这种意义上，人也是一种被动的存在。但是，在马克思看来，人是自为的存在，而不仅仅是自然的存在。如果不考虑事物是人类的对象化，那么它只是存在，它不是为人而存在。在这种意义上，马克思提出了"人化自然"的思想，他强调劳动的创造性，因为正是在劳动中，人既创造了自然这一人的创造力的对象，又创造了人本身。② 在这种意义上，科拉科夫斯基认为，自由构成了人的本质规定性，自由是与我们的人性一道赋予我们的，自由就是这种人性的根据，正是自由使得我们的存在具有了唯一性。而且，在科拉科夫斯基看来，对于自由构成了人的活动的本质性、规定性这一点，不需要特别证明，我们每一个人在自己

---

① L.柯拉科夫斯基，《意识形态和理论》，俞长彬、钱学敏译，载《哲学译丛》1980年第2期。

② 参见莱泽克·科拉科夫斯基：《马克思主义的主要流派》第一卷，唐少杰、顾维艰、宁向东等译，黑龙江大学出版社2015年版，第136-137页。

的活动中都会体验到自由，这种自由的体验对于每一个人来说都是基本的，以至自由的真实性似乎是不可否定地清楚明白的，人们没有什么理由来怀疑自由是真实的。在这种意义上，"我们确实是我们所作所为的自由的代理人，而不仅仅是存在于世界上的各种力量的工具——尽管我们理所当然地服从自然界的法则"①。通过对人的劳动、人的实践和人的自由的分析，不难看出，人不同于其他的动物，人的存在不是被动的和给定的，无论是人的现实存在基础和条件，还是人与人之间的现实联系，即社会关系，都不是现成给定的，而是通过人的实践活动历史地生成的。因此，由于自由的规定性，人的活动和人的存在就具有了鲜明的选择性和创造性。科拉科夫斯基指出，"当我们说人按其本性就是自由的，我们是说，与其他事物不同，人是能够做出选择的，人的选择完全不依赖于人的意识之外的力量，或者不是必然地由人的意识之外的力量所引起的。然而，自由不只是在既定的种种可能性之间进行选择的能力（ability）；自由还是创造相当新颖、相当难以预测的情况的那种能力（capacity）"②。

其次，当我们断言，人是自由的和自觉的实践主体，人的活动具有选择性和创造性，这就暗含着或者意味着，人不是一个由自然或者其他什么外力决定的被动的客体，而是一种自己赋予自己的活动和存在以意义的道德的存在。换言之，人是一种追求和创造价值与意义，对善与恶进行道德选择的存在，一种维护人的尊严，对他者承担责任的存在，一种在任何条件下都把人——包括自己和所有人——视作目的而不是手段的存在。

关于人是一个道德概念，人是一种道德的存在的论点，科拉科夫斯基是从康德哲学人类学的视角加以阐述的。在《经受无穷拷问的现代性》一书中，他专门写了一章"为什么我们需要康德"，核心观点是强调康德的基本道德原则在今天依旧是有效的。科拉科夫斯基指出，康德在实践

---

① 莱泽克·科拉科夫斯基：《自由、名誉、欺骗和背叛——日常生活札记》，唐少杰译，黑龙江大学出版社2011年版，第75页。
② 同上书，第73页。

理性领域中确立的道德原则，并不是人类学的或者经验的概念，而是超验的，因而具有普遍性的概念，它适用于一切具有自由意志的存在。"这意味着人类不是一个由自然产生或给定的客体，成为人不是一个动物学概念，而是一个道德的概念"①。对于人的存在而言，特别是对于人作为一种道德的存在而言，最为根本的和最为重要的是康德关于人是手段而不是目的的道德原则或者绝对命令，这关乎人的存在的尊严和社会的公正。科拉科夫斯基指出，"康德确实相信，作为被赋予理性的自由存在的人在他们的尊严方面本质上是平等的。在这一点上，他确实延续了 17 世纪自然法的理论——他是普芬道夫（Puffendorf）和格劳修斯（Grotius）的继承者——尽管他将自己的理论奠基在不同的人类学假设上。因此，他相信，所有规范，只要它们是道德的，必须被无条件地应用到每个人身上，并且存在着一些每一个人都可以提出的要求，因为所有人都应该把自己视为目的，而不是视为他人的工具"②。

与科拉科夫斯基一样，鲍曼也明确强调人是一种道德的存在，但他是从社会学的视角论述人的道德规定性的。在鲍曼看来，"人本质上是道德存在"，这也就是说，并非某种社会组织或机制把道德外在地加诸个人，而是人之为人就已经处于道德选择的状态之中，并且注定承载着责任，"面对着为他者承担责任的挑战"。道德的原初性体现在，正是这种"承担责任"构成了社会调整和个人的最初场景。鲍曼指出，"远在被教会社会地建构和提升的恰当行为的规则之前，也远在被劝诫遵从一定行为模式和摒弃其他模式之前，我们就已经处于道德选择的状态之中。这就是说，我们注定是或本质上是一种道德存在，即我们不得不面对他者的挑战，面对着为他者承担责任的挑战，处于'相依'（being-for）的状态之中。'承担责任'与其说是社会调整和个人教育的结果，不如说它构建了萌生社会调整和个人教育的原初场景，社会调整和个人教育以此为

---

① 莱泽克·科拉科夫斯基：《经受无穷拷问的现代性》，李志江译，黑龙江大学出版社 2013 年版，第 48 页。

② 同上书，第 52 页。

参照，试图重新框定和管理它"①。显而易见，鲍曼关于人最初的道德选择状态的论述，在某种意义上与赫勒关于人的"被抛入"的状态和人的偶然性境况的理解有很多相通的地方。

鲍曼认为，正是人作为一种道德存在这一道德的"原始"状况规定了道德选择，即善与恶的选择永远是个人不可推卸的选择，因而人无法摆脱道德选择的责任；同时，善与恶的选择，特别是面对着为他者承担责任的选择，永远不会是清晰的、简单的选择，而是面对着不可克服的模糊性、不可预计后果的选择，因此是伴随着永恒困惑的两难选择，是永远伴随着孤独和痛苦的选择。我们可以从两个层面对个人的道德选择境遇加以理解。一方面，人作为一种道德的存在就意味着，无论我们主动选择与否，我们面对的境况首先是一种道德的问题，我们面临的生活选择首先是道德的两难选择，以及对道德责任的承担。这就是说，无论社会赋予了个人什么样的责任，任何基于契约、利益计算或支持某项事业而赋予或要求承担的具体责任，及其相关的社会规则体系，都不可能穷尽和完全替代原始道德责任。另一方面，面对善与恶的选择，意味着要在一种矛盾纠结的状态中发现自身，这是因为，不存在规定得明确无误的、供我们现成选择的善恶标准去消除我们选择时所面对的模糊性，特别是，"对他者的责任自始至终都充满了模糊性。它没有任何明确的界限，也不容易转化为可操作的或克制着不去做的步骤。相反，它的每一步都包含着难以预见和更难事先评估的后果。这种与'相依'状况相连的模糊状态，是永恒的、无法改变的。只有取消了在道德境况下的一切'道德'的事物，它才会消失。需要特别指出的是，面对善恶选择的永恒困惑(也即'担当起自己的责任')正是道德存在的意义(唯一意义)"②。

最后，无论是关于善与恶的区分和道德选择，还是道德责任的担当，都是人发自内在的良知的一种主体性活动，与这种具有主体性的道德相对应的是具有客观性和普遍性的伦理规范体系。尽管包括伦理规范

---

① 齐格蒙·鲍曼：《生活在碎片之中——论后现代道德》，郁建兴、周俊、周莹译，学林出版社 2002 年版，"序言"第 1 页。

② 同上书，"序言"第 2-3 页。

和规则等在内的价值和意义体系不是自然给定的，而是人类的文化创造，但这些规范和规则并非个人活动的产物，而是文化创造和文化传承积淀的结果，因而，它们对个人而言具有先在性、给定性和客观约束性。这种对个人而言具有客观约束性的伦理规范在现代性背景下已经发展为理性化的和普遍性的规范和规则体系。在鲍曼和科拉科夫斯基等波兰新马克思主义理论家看来，这种具有客观性的伦理规范，对于个体存在和人类社会运行都具有十分重要的作用，这种普遍的伦理规范为个人的行为立法，使个人在一定程度上能够摆脱无法忍受的无序、孤独的境况；进而，伦理的观念旨在建立个体间相互依存和共在的关系，使道德自我彼此相互负责，自觉地为他人担责，这些都是共同体和社会运行不可或缺的文化价值基础。因此，即便在现代性危机的条件下，会发生各种道德冲突，人们会选择遵守伦理规范和准则，也可能会违背某些伦理规则，或者从另一个角度来说，这些伦理规范和准则既可能为个体的道德选择提供帮助，也可能束缚和压抑个体的自由与自主选择，但是，一个社会的存在和运行，无论如何不可能完全摆脱一切伦理规范和准则。

鲍曼对伦理规范的起源和这些规范对于人的存在和社会运行的影响，做了细致的、历史的和现实的分析。在他看来，从人类开始形成，从人类历史伊始，个人和群体就开始面对由各种无序、偶然性、不确定性构成的存在境况，因而，人注定是孤独的和无助的。从道德的视角来看，人类社会发展在不同历史阶段也在通过不同的人类发明来减缓个人面对无序、偶然性和不确定性时的孤独状况。在迄今为止的人类历史中，这样的人类发明或设计主要有两种类型。一是传统社会的宗教赎罪观念发挥着这样的作用，宗教没有办法承诺和保证一种无罪和无恶的生活，它在一定意义上现实地认同了罪的不可避免。但是，宗教可以通过回溯的方式，通过提供心理补偿来减轻错误选择的负担，它致力于通过与赎罪的许诺相联结的明确的悔罪规定来缓解痛苦。二是现代社会的理性化的道德方案，它通过理性地构想的设计，例如通过法律设计一种伦理准则，给予行为者一种确定性的引导来实际地阻止恶的发生，允诺给个人一种从罪或者罪过中解放出来的生活。因而，现代性的生成在道德层面上表现为理性化和普遍化的伦理规则的建立，以及对个人的自主的道德选择的替代。"现代方案假定：人类世界不仅可以消除罪人，而且可以消除罪本身；不仅可以消除做出错误选择的人，而且可以消除错误选择的可能性。人们或许会说，现代方案说到底是假定了一个没有道德困惑的世界；既然困惑是道德境况的本质特征，那么，由于同样原因，它也假定了人类选择与他们的道德特性的分离。这就是用伦理的规则代替自主的道德选择的实际意义。"①这样一来，现代伦理学的核心是把道德主体从进行道德选择的个人转移到一个超个人的代理机构，即理性化的伦理规则和准则。"事实上，道德关注的焦点已经从道德行为者的自我审视转移为制定伦理准则的规定和禁令的哲学/政治任务；同时'责任的责任'——即决定实际行动是否符合责任要求（超越责任要求）的责任——已经从道德主体转移为超个人的代理机构，它们被授予唯一的道德权威。"②

从鲍曼关于现代性背景下理性化的和普遍性的伦理规范和规则体系的论述，我们不难看到，现代性条件下产生严重道德危机和道德冲突的根源就在于道德主体从进行道德选择的个人转变为一个超个人的代理机构，即理性化的伦理规范和规则。但是，即便如此，克服现代道德危机和道德冲突的出路也不会是这种伦理规范和规则的简单抛弃，而在于道德伦理的重建，而在这种重建中，这种普遍性的伦理规范和规则依旧具有重要的作用。科拉科夫斯基正是在这种意义上断言我们的时代依旧需要康德。他指出，有些人指责康德所强调的道德准则或者道德决定具有超验性，无法在现实的实践理性领域获得，这是没有根据的。科拉科夫斯基指出，我们可以提出这样一个问题：假如我们没有关于善与恶、被禁止的事情和必做的事情之间的区分并不依赖于我们各自的决定，并因此它与有利和不利之间的区别并不相符这样一种信念，我们的文明能够存续下去吗？他认为，这显然是不可能的。因为，如果善恶之间的区别

① 齐格蒙·鲍曼：《生活在碎片之中——论后现代道德》，郁建兴、周俊、周莹译，学林出版社2002年版，"序言"第4页。
② 同上。

依赖于个人的任意决定，或依赖于当时的政治条件，如关乎有益还是有害的考量，那么，我们的文明就会迷失，这种与功利主义标准相符合的道德准则观念显然就等同于道德准则根本不存在的信条。因此，科拉科夫斯基指出，"从人类学的角度看，在一个传统善恶标准仍然有效、不管这些标准多么经常地被违背的社会，与一个这些标准被取消和被遗忘的社会之间存在着巨大的区别。康德的主张，即道德责任的规则不能从我们实际的行为中引申出来，且极端重要的是明白这些规则，即使我们经常违背它们，仍然是任何社会不会注定走向毁灭的先决条件。善恶不是由历史偶然事件的背景决定的，而是先于一切偶然事实，这一信念是一切有生命力的文化的先决条件"①。显而，鲍曼和科拉科夫斯基关于理性化和普遍性的伦理规范和规则的理论分析，不仅为我们更加全面地理解人是一种道德的存在提供了重要的内涵，而且为我们揭示现代性条件下道德危机和道德困境的深层机制提供了前提性的理论准备。

(二)现代性背景下的普遍道德危机

科拉科夫斯基和鲍曼对于现代人的道德危机或者道德困境的剖析是从不同侧面入手的，他们关注的重点也有所不同：科拉科夫斯基集中探讨现代社会极权主义的兴起和启蒙传统的衰落，在宏观的层面上分析人类文明精神和文化价值的危机，包括深刻的道德危机；鲍曼则集中探讨理性化背景下现代社会对个体存在的普遍操控，在比较具体的层面上揭示现代人的道德冷漠和道德盲视。但是，从基本内涵和精神上看，科拉科夫斯基和鲍曼关于现代道德危机的批判反思具有重要的共同点：他们都是从现代性本身的机制，从现代社会的内在毛病来解释现代人的道德困境的根源。关于现代性危机特征的基本把握，科拉科夫斯基使用的是"病态的现代性"的概念，而鲍曼先是使用"后现代性"，后来又使用"流动的现代性"概念。科拉科夫斯基认为，现代社会，特别是发达资本主义社会的现代性是一种摆脱了启蒙传统束缚，失控发展和疯狂扩张的

---

① 莱泽克·科拉科夫斯基：《经受无穷拷问的现代性》，李志江译，黑龙江大学出版社2013年版，第51页。

"病态的现代性"，其内在的矛盾和张力，特别是自由市场经济与国家干预的福利社会之间、自由与平等之间的内在张力和冲突机制，是现代极权主义兴起和文化价值，特别是普遍的伦理规范和规则走向衰落的内在根据。鲍曼基于"后现代性"的视角或者"流动的现代性"的视角揭示出，正是现代性自身具有的强制性和操控性的理性机制的日益发达，压抑和消解了个体的道德良知和道德选择的能力，导致现代人普遍的道德冷漠和道德空虚，而灭绝人性的大屠杀正是这种现代道德危机的直接文化后果。

我们先从科拉科夫斯基关于"病态的现代性"的批判入手。他认为，现代性以前所未有的步伐前进，但是，带给人们的并不是普遍的幸福和快乐，而是更多的痛苦、不幸和困惑，"悲哀似乎无所不在；无论我们反省生活的哪个领域，我们的自然本能就是问：它出了什么问题？而且我们确实在不断追问：上帝怎么了？民主怎么了？社会主义怎么了？艺术怎么了？性生活怎么了？家庭怎么了？经济增长怎么了？似乎我们生活在一种全面危机的感觉中"①。这种普遍的悲哀和困惑是在不断加速的现代性的急行军中涌现出来的，现代性最直接的、最显著的特征就是令人眩晕的变化速度。科拉科夫斯基很形象地描绘这种"病态的现代性"，他说道："有时在我们看来，主要不是变化的内容，而是令人目眩的变化速度让我们恐惧，并置我们于一种无尽的不安全状态中，感到没有什么是确定的和稳固的，不管什么新东西，好像都很快就会变得过时。我们中间还有一些人出生在地球上那些地方：那里没有轿车和收音机，电灯是很新奇的；在他们的一生当中，多少文学和艺术流派产生又消亡了，多少哲学和意识形态时髦兴起又衰落了，多少国家建立又毁灭了！我们都参加到了那些变化中，并且为之悲叹，因为它们看起来使我们的生活失去了任何能够安全地依赖的东西。"②鲍曼后期理论提出的"流动的现代性"在很多方面与科拉科夫斯基的"病态的现代性"有着基本相同

---

① 莱泽克·科拉科夫斯基：《经受无穷拷问的现代性》，李志江译，黑龙江大学出版社2013年版，第12页。

② 同上书，第12-13页。

的特征，都显现出现代性的深刻危机特征。

在科拉科夫斯基看来，这种日新月异的现代性虽然带来了生产、生活、社会发展的高速度和高效率，但是，这是一种病态的进步速度，它所带来的成果也是不健康的，是人类无法享用的果实。科拉科夫斯基举了一个关系到集中营和大屠杀后果的令人恐怖的真实的例子。他描述道："我听说，在一个纳粹集中营的附近，那里的土地由于无数被焚烧的牺牲者的尸体的灰烬而极其肥沃，大头菜生长得非常快，以至于它们来不及形成瓷实的头部，而是长成了一个根加上一些分开的叶子，显然这些大头菜是不能吃的。对于思考病态的进步速度，这可以作为一个比喻。"[①]显而易见，这种无法掌控的、疯狂的速度给人类带来的是灾难，是文明的毁灭，这种病态的现代性一方面摧毁了人类传统文化精神和启蒙传统所包含的丰富思想价值资源，另一方面又没有为当代人类提供可以安身立命的新的健康的文化精神和伦理价值规范。因此，现代性危机的深重后果就是对人类的道德力量和伦理价值的摧毁。

科拉科夫斯基具体阐述了"病态的现代性"所导致的现代人的道德困境和道德冲突。在他看来，疯狂的、病态的现代性给人类带来的灾难是多重的，不仅以巨大的生态和自然资源消耗造成了病态的消费社会，而且破坏了人与人之间的有机联系，特别是从根基上铲除和破坏了人类文明积累和传承的各种禁忌与各种伦理规范，从而使人类共同体趋于解体和瓦解，造成了病态的文化社会。科拉科夫斯基认为，这种道德危机和伦理危机是十分深重的，"禁忌的消失"是现代性的"最危险特征"。他指出，"各种传统的人类纽带使共同的生活成为可能，没有它们，我们的存在将仅为贪婪、恐惧所支配，而没有禁忌机制，这些人类的纽带就不大可能存在下去，可能，相信明显属于愚蠢的禁忌的效力比让它们都消失更好一些"[②]。现代性的重要内涵是用普遍性消灭特殊性和个性，用普遍化的理性原则取代这些具有天然情感纽带的各种习惯和禁忌，这种高

---

① 莱泽克·科拉科夫斯基：《经受无穷拷问的现代性》，李志江译，黑龙江大学出版社2013年版，第13页。

② 同上书，第14页。

度理性化的社会具有高效运转的特征，但是，也存在着深刻的危机，特别是现代人的道德危机和存在的价值意义的危机。"合理性和理性化威胁到了我们文明中的禁忌的存在，在这个意义上它们损害了其生存的能力。"①在这种背景下，必然是极权主义的崛起，必然是极权主义对人的自由和个性的消灭。"极权主义制度把人民视为国家机器上可以更换的部件，可以按照国家的需要被使用、抛弃或销毁，在某种意义上说，这就是合理性的一个成果。"②这种趋势的发展结果是现代性的背反，现代性的生成原本是启蒙传统的发扬光大，而现代性快速发展的结果则是启蒙传统的衰落。科拉科夫斯基指出，"由于启蒙运动的传统，我们曾经习惯于相信，人类对一个美好世界的向往所依赖的支柱——自由、正义、平等、和平、博爱、繁荣、富裕——能够在和谐的进步中一起建立起来。现在我们中很少有人能够保持这种信念并严肃地对待它"③。正是这种文明和文化危机、这种道德困境，导致了鲍曼所描绘的由现代性本身或现代性内在机制生产出来的道德冷漠和道德盲视。

关于现代人所遭遇的严重道德危机或者道德困境，在 20 世纪哲学、社会学等领域激进的批判理论家和思想家中，鲍曼做了比较详细和深入的探讨。鲍曼不但通过对于现代性内在理性化机制的分析从总体上揭示现代道德危机的基本特征，而且还具体分析现代社会普遍道德危机的深层原因和各种表现。我们在这里先从总体上把握鲍曼对于现代道德困境基本特征的理解。在上文分析鲍曼关于道德起源和伦理体系建构的理论时，我们专门阐述了鲍曼关于现代伦理规范体系的基本特征的论述。在他看来，现代性的内在逻辑是彻底的理性化，它追求普遍性，要用普遍的理性征服一切未知的存在和领域，随着理性上的普遍性和实践上的全球性的不断增长，普遍性和强制性的伦理规范取代了个体的道德选择，道德主体从进行道德选择的个人转变为一个超人的代理机构，即理性化的伦理规范体系。鲍曼认为，现代性背景下理性化和普遍化的伦理规范

---

① 莱泽克·科拉科夫斯基：《经受无穷拷问的现代性》，李志江译，黑龙江大学出版社 2013 年版，第 14 页。

② 同上。

③ 同上书，第 168 页。

体系的形成，即道德的代理机制的生成，同时也就是现代性危机和现代道德陷入危机的根本之所在。这种代理机构在一定程度上减轻了个人道德选择及其责任的压力和痛苦，然而，现代伦理规范体系的建立，表面上看是在加强个人的道德选择能力，以便个人面对道德选择的模糊性和不确定性时能够增强道德判断力，但是，实际上，现代性的理性化机制是把个人的自主选择和责任取消，交付一个普遍化的、排除道德情感的理性体系和机制，结果，不仅导致了个人的道德良知和判断力的衰落，而且导致了整个社会的道德判断和责任的无根基与漂浮状态，这正是现代道德危机之所在。鲍曼指出，"道德问题所不能'解决的'，通过计算和理性立法的努力，人类的道德生活也不能得到保证。在理性的控制之下，道德是不安全的，尽管这正是理性的代言人所允诺的。如果不剥夺使自我成为道德的自我，理性就不能帮助道德自我。使自我成为道德的自我即无根基的、非理性的、无可争论的、不可原谅的和不可估量的自我努力扩展到他者，去爱他者、去为他者活着，还有其他任何可以为他者做的事。理性将会做出正确的决定，而道德责任领先于所有正在考虑的决定，道德责任不考虑并且不能考虑任何逻辑，这种逻辑将会允许对一种正确的行为的认可。因而，道德只有在付出了自我否定和自我消耗的代价后才能被'理性化'。自从这种道德理性支持的自我被否认以后，自我显示出在道德上的无力，不能(并且不愿意)去面对大量的道德挑战和伦理规则的不协调。在理性征途的长远尽头，等待着的是道德虚无主义：道德虚无主义在其最深层的本质上并不是意味着对束缚人的伦理法典的否定，也不是意味着相对论的过错——而是真正丧失了成为道德的能力"①。

　　在鲍曼看来，正是这种普遍理性化的和抽象的现代伦理规范体系的产生导致了现代道德的深刻危机：一方面，普遍化的和抽象化的伦理规范体系，与整个现代社会各个方面的理性机制和规则一样，是按照科学的和技术的普遍规则自律运行的，它们从根本上排斥和剔除诸如道德、价值、良知等主观的和情感的因素；另一方面，个人已经被解除或者免

①　齐格蒙特·鲍曼：《后现代伦理学》，张成岗译，江苏人民出版社2002年版，第292页。

除了道德选择的责任，成为自律运行的理性化体系或者机构中的一个齿轮、零件，个人的道德判断力、道德良知和责任感即便不是根本泯灭，也处于一种休眠的状态。其结果是，现代社会在理性化机制的驱动下，呈现出普遍的"道德冷漠"和"道德盲视"，真正进入了道德空虚和道德虚无主义的时代。鲍曼认为，这种普遍化的和抽象的伦理规范体系对个体的强制性约束伴随着现代性的诞生就生成了。他特别回溯了1651年站在现代时期开端的霍布斯所发表的《利维坦》的基本观点。在霍布斯看来，处于自然状态之中，凭借本性生存的人们，由于没有使他们所有人产生敬畏的共同权力而处于一切人反对一切人的战争状态。鲍曼认为，按照霍布斯的这一判断，必须用强制性的痛苦让人们成为有道德的，也就是要用普遍的理性规范来约束人的行为。"你不能依赖人们的冲动、倾向和天性，他们的激情（那就是除了追求更好生活的激情，即将本身引向逻辑和理性的激情以外的激情）必须被根除或压制。应当教育人们——如果需要的话，强迫他们——思考，他们不应受其感情的支配。在一个道德的世界，只应听到理性的声音。一个只能听到理性的声音的世界是一个道德的世界。"①

鲍曼指出，用普遍性的理性规则来统治世界，约束每一个人的行为，是现代性的本质规定性或者基本的运行机制。在这种普遍的强制性的理性规则体系和理性化机制的形成过程中，官僚机构和商业机构发挥了重要的作用。"现代性提供两个强大的机构来达到那个目的——那就是，通过遵守规则确保道德盛行。一个是官僚机构，另一个是商业机构。这两个机构在许多方面彼此不相同，并且经常彼此冲突，但它们在一个很基本的事情上是一致的：它们都一心要消灭情感或至少禁止它们进入人们的内心。由于它们是感情的敌人，所以从它们开始作为理性的体现和理性化的工具以来就都受到欢迎。二者以自己的方式力求达到同样的效果。"②具体说来，官僚机构（官僚制）的主要方式是韦伯所阐述的

---

① 齐格蒙·鲍曼：《生活在碎片之中——论后现代道德》，郁建兴、周俊、周莹译，学林出版社2002年版，第300页。
② 同上书，第301页。

技术分工和理性命令、不可更改的程序理性、严格的纪律和不可抗拒的服从，等等；而商业机构(市场机制)的主要方式是功利性的计算、工具理性的决策、契约性的商业伦理，等等。这两种理性机构的共同作用，使一种排除个体的情感、道德良心、自主的选择和道德责任等要素的坚固的现代性(稳固的现代性)体系得以建构，伴随着的是一个道德冷漠、道德空虚、道德虚无的世界。所以，鲍曼断言，官僚制和商业联手压制了个体的道德冲动和道德选择。"官僚机构压制了道德冲动，或宣告其有罪；商业则完全将它们抛在一边。由于被每一个官僚机构所固有的极权主义趋势所吓倒，奥威尔对'一只永远践踏人类的脸的靴子'的前景拉响了警报。'永远阻止着人类的脸被人看到的眼罩'是对损害道德的种种商业行为的机智比喻。这两个战略对人们所产生的短期后果也许完全不同，然而长期后果却极为相似：日程表上去掉了道德事物、损害了行为主体的道德自主性、侵害了'为自己的行为的后果负道德责任而不论后果多么遥远和间接'这个原则。现代组织和现代商业都不提倡道德；甚至使坚定地信守道德人的生活变得艰难而无报偿。"①

不难看出，日益复杂和日益失控发展的理性技术体系、商业体系和日益膨胀的政治体制，把现代世界构造成韦伯所说的"理性铁笼"或者边沁、福柯等人所描绘的技术的"全景监狱"。这种泯灭了个体的道德良知、道德判断力和道德选择的现代性机制发展和发达到极致，就是一个使现代个体感到越来越渺小，被彻底碾压、彻底蔑视和彻底蹂躏的极权主义世界。从这种理性机制中不仅能够生成"一只永远践踏人类的脸的靴子"和"永远阻止着人类的脸被人看到的眼罩"，而且会产生超出所有历史想象的、灭绝人性的大屠杀。对大屠杀与现代性内在的本质联系的揭示，是鲍曼给人类奉献的最深刻的历史体验和最绝望的道德呐喊。

---

① 齐格蒙·鲍曼：《生活在碎片之中——论后现代道德》，郁建兴、周俊、周莹译，学林出版社2002年版，第307页。

二、大屠杀与现代性的共生：现代道德危机最极端的表达

在一定意义上，我们可以断言，当代任何人要深刻反思现代极权主义和大屠杀，都不能绕开鲍曼于 1989 年发表的著名的《现代性与大屠杀》一书。这位因为自己的犹太出身而多次在人生发展轨迹上遭受挫折的深刻的批判思想家，对于现代极权主义与现代理性文明的本质关联有着独特而深刻的体认和把握。他异常清醒、斩钉截铁地告诉世人：以奥斯威辛、古拉格为标志的集中营和大屠杀不是对现代文明和现代性机制的背离和偏差，而是以现代性为运行机制的现代文明发展到极端而产生的合乎逻辑的和必然的结果；进而，大屠杀并非只是少数非理性的和邪恶的人所犯下的罪恶，而是在一个道德冷漠和道德漠视的社会境况中很多丧失了自主道德判断和道德良知的人以直接的或间接的方式参与的，或者被卷入其中的社会罪恶。以至于鲍曼把"大屠杀"和"集中营"作为20 世纪的根本性标志。他在概括现代性诞生以来的历史进程时，借鉴了很多批判理论家的观点，把 17 世纪界定为"理性的时代"，把 19 世纪界定为"革命的时代"，而把 20 世纪界定为以快速有效的杀戮和科学化的种族灭绝为特征的"集中营的时代"①。因此，我们既要从理性和技术等视角揭示大屠杀与现代性的理性机制之间内在的本质联系，还要从伦理批判的高度来深刻把握现代道德危机的普遍和深度。

（一）大屠杀与现代性的内在本质联系

在某种意义上，可以肯定地说，断言大屠杀、集中营和现代性（现代文明）之间具有本质联系，是 20 世纪思想发展的重大突破。因为，在此之前，大多数人会把大屠杀和集中营视作现代文明偏离了正常的历史轨道，是一种历史的意外或偏差。这样的认知不仅无法深刻认识大屠杀

---

① 参见齐格蒙·鲍曼：《生活在碎片之中——论后现代道德》，郁建兴、周俊、周莹译，学林出版社 2002 年版，第 219-220 页。

和集中营的本质规定性，还会掩盖现代性的危机本质和现代文明的内在罪恶机制，从而给人类社会的未来招致更多的灭顶之灾。因此，鲍曼在《现代性与大屠杀》中花费了不少努力来批驳人们在大屠杀原因上的各种浅薄的或者有害的理解，特别是各种割断了大屠杀与现代性本质关联的流行见解。在此基础上，鲍曼多维度、多层次、令人信服地阐发了一个核心思想：大屠杀不是现代文明的"失常""背离"或者"癌变"，而是现代文明正常的和必然的结果。我们首先应当了解一下鲍曼在《现代性与大屠杀》中所批评的几种关于大屠杀问题的有害的肤浅理解或者误读。

首先，鲍曼认为，在关于大屠杀根源的理解上，最容易出现的一种误判是把大屠杀理解为一些邪恶的刽子手对无辜的和善良的人们犯下的滔天罪行。在鲍曼看来，如果不从文明的深层机制来思考现代极权主义问题，就很容易形成这样的理解。他也承认，他本人最初或者在年轻时，关于法西斯主义和大屠杀的直接印象也是如此。鲍曼在《现代性与大屠杀》的前言中，就结合自己的早期情况，对这种流行的印象和观点做了十分生动形象的描述："我与许许多多的同龄人和年轻人对大屠杀有着一样的印象：大屠杀是邪恶之徒对无辜者犯下的一次可怕罪行。整个世界分化成疯狂的刽子手和无助的受害者，还有许多其他尽其所能帮助受害者的人，虽然他们在大多数时候无能为力。在这个世界里，谋杀者之所以谋杀是因为他们疯狂、邪恶，并且为疯狂和邪恶的思想所蛊惑。受害者被屠杀是因为他们无法与荷枪实弹的强大敌人相抗衡。这个世界的其他人只能观望，他们迷惘而又痛苦，因为他们清楚只有反纳粹联盟的盟军的最后胜利才能够结束这场人间浩劫。根据所有这一切，我印象中的大屠杀就像墙上的一幅画：被加上了清晰的画框，使它从墙纸中凸显出来，强调了它和其他的家饰有多么大的不同。"[1]

不难看出，这是人们对于邪恶和罪行的朴素的和表面化的抗议和批判，它毫无疑问是一种善良的和正义的批判声音，对此鲍曼也不否认。但是，鲍曼认为，这种朴素的和善良的思想不仅无助于我们对现代极权主义的深入批判，而且还会遮蔽我们本应当具有的深刻的历史认识。特

---

① 鲍曼：《现代性与大屠杀》，杨渝东、史建华译，译林出版社 2002 年版，"前言"第 1 页。

别需要指出的是，这种关于极权主义和大屠杀的反思与批判对于人类历史的健康发展是一种有害的见解，因为它会使人类对现代性今后可能产生更多的灾难性后果失去警觉。"认为大屠杀的刽子手是我们文明的一种损伤或一个痼疾——而不是文明恐怖却合理的产物——不仅导致了自我辩解的道德安慰，而且导致了在道德和政治上失去戒备的可怕危险。"①

进而，鲍曼分析和批判了关于大屠杀的两种极端的理论解释：一种是把大屠杀缩小为犹太人的遭遇和事件；另一种是把大屠杀泛化为一种相对普遍的历史现象。这两种观点虽然相互对立，但是却有共同的效果，即都贬低、误解或者轻视大屠杀对于现代理性文明的象征性意义，或者都遮掩了大屠杀与现代文明内在机制的本质联系。因而，鲍曼对这两种理论解释做了非常细致的分析批判。对于前一种把大屠杀看作犹太人历史中的一个事件，看作仅仅发生在犹太人身上的事件的解释方式，鲍曼认为，必须指出这种观点的片面性，"大屠杀确实是一场犹太人的悲剧。尽管并不仅仅是犹太人受到了纳粹政权的'特殊处理'（在希特勒的命令下杀害的二千多万人中，有六百万是犹太人），但只有犹太人被标上了全部消灭的记号，并且在希特勒力图建立的新秩序中也没有给犹太人留下任何位置。即使这样，大屠杀并不仅仅是一个犹太人问题，也不仅仅是发生在犹太人历史中的事件。大屠杀在现代理性社会、在人类文明的高度发展阶段和人类文化成就的最高峰中酝酿和执行，从这个意义上来说，大屠杀是这一社会、文明和文化的一个问题"②。在另一种解释中，理论分析的错误在于试图淡化大屠杀迄今为止的独特性，倾向于"将大屠杀看作广泛而常见的一类社会现象中的一个极端"。在这种意义上，现代社会不仅不是导致大屠杀的根源，而且一直是努力压制和扑灭大屠杀的组织和制度。这样一来，"往最好处说，大屠杀会被置于最可怕的和最邪恶的——但仍是理论上可吸收的——种族灭绝中去；否则，大屠杀就会简单地被消融在于普遍的、人人熟悉的那类人种、文化或者

---

① 鲍曼：《现代性与大屠杀》，杨渝东、史建华译，译林出版社2002年版，"前言"第7页。
② 同上书，"前言"第5页。

种族之间的压迫与迫害当中"①。鲍曼认为，上述两个极端的理解和解释方式都割断了大屠杀与现代文明的本质联系，都是一种逃避历史责任的错误认识。

基于上述分析和解析，鲍曼认为，关于大屠杀深刻的和全面的批判必须聚焦于大屠杀和现代性的关系，揭示二者不可分割的内在关联；必须反复强调，大屠杀是现代性正常的和合乎逻辑的产物。"大屠杀是现代性所忽略、淡化或者无法解决的旧紧张同理性有效行为的强有力手段之间独一无二的一次遭遇，而这种手段又是现代进程本身的产物。即使这种遭遇是独特的，并且要求各种条件极其罕见的结合，但出现在这种遭遇中的因素仍然还是无所不在并且很'正常'。"②鲍曼认为，关于大屠杀与现代性之间的本质性联系，思想界和理论界的研究是不充分的，这是一种危险的现象，是一种非批判的历史意识，因此，必须引起社会历史理论的足够重视，无论大屠杀是何种令人恐惧的历史记忆，我们都要勇敢地直面。在这一点上，即关系到大屠杀和现代性之间的本质性联系，鲍曼为我们做了一种经典性的概括，值得我们高度重视。鲍曼指出："大屠杀弥散于我们集体记忆中的那种无言恐怖（它时常让人们产生强烈的愿望，不要去面对那场记忆）就是要令人痛苦地去怀疑大屠杀可能远不仅仅是一次失常，远不仅仅是人类进步的坦途上的一次偏离，远不仅仅是文明社会健康机体的一次癌变；简而言之，大屠杀并不是现代文明和它所代表的一切事物（或者说我们喜欢这样想）的一个对立面。我们猜想（即使我们拒绝承认），大屠杀只是揭露了现代社会的另一面，而这个社会的我们更为熟悉的那一面是非常受我们崇拜的。现在这两面都很好地、协调地依附在同一实体之上。或许我们最害怕的就是，它们不仅是一枚硬币的两面，而且每一面都不能离开另外一面而单独存在。"③

鲍曼的上述概括无疑是深刻的，他由此把大屠杀界定为"作为现代性之验证的大屠杀"。鲍曼断言："现代文明不是大屠杀的充分条件；但

---

① 鲍曼：《现代性与大屠杀》，杨渝东、史建华译，译林出版社2002年版，第3页。

② 同上书，"前言"第10页。

③ 同上书，第10页。

毫无疑问是必要条件。没有现代文明，大屠杀是不可想象的。正是现代文明化的理性世界让大屠杀变得可以想象。"①特别需要指出的是，正是支撑现代性机制的科学、技术和理性的发展使这种前所未有的大屠杀和种族灭绝成为可能。鲍曼认为，"我们在这个世纪中所学到的是，现代性不仅意味着更多地生产，更快地旅行，变得更为富有，能更加自由自在地四处行动，**它同时还意味着——它已经涉及到了——快速有效的杀戮、科学地设计和管理的种族灭绝**"②。可以说，鲍曼的《现代性与大屠杀》等著作都是这一理论命题的展开，他这方面的思想十分丰富，涉及多重维度和视角，我们无法在有限的篇幅中详细地展示，只能以点带面地略加提及几个典型的例子。

例如，鲍曼深刻地揭示了官僚制与大屠杀的本质关联。众所周知，按照严格的理性计划例行公事的官僚制，是现代性的重要的制度性维度，它带来了管理的科学化和高效率。然而，官僚制度对于效率的刻板追求和在道德上的盲视使其在一定意义上成为大屠杀的帮凶和机制，纳粹党卫军总部负责屠杀欧洲犹太人的部门被正式命名为管理与经济厅(the Section of Administration and Economy)，这就使得纳粹的大屠杀变得与其他部门的普通管理和组织活动无异的一种正常的管理和经营活动。"这样，从对'通往奥斯威辛的曲折道路'的分析中得到的最让人不安的教训就是——在最后的办法中——选择从肉体上消灭犹太人作为完成清除任务的正确方式是官僚体制的例行程序的产物：这些程序包括手段-目标计算、平衡预算、普遍规则的运用。"③因此，鲍曼断言，"作为一个复杂的有目的的运作过程，大屠杀可以作为一个现代官僚理性的范式"④。

进而，鲍曼揭示了作为一项社会工程的种族主义，这是技术理性异化条件下的现代大屠杀机制。鲍曼特别形象地用园艺学来说明这一问

① 鲍曼：《现代性与大屠杀》，杨渝东、史建华译，译林出版社2002年版，第18页。
② 齐格蒙·鲍曼：《生活在碎片之中——论后现代道德》，郁建兴、周俊、周莹译，学林出版社2002年版，第220页。
③ 鲍曼：《现代性与大屠杀》，杨渝东、史建华译，译林出版社2002年版，第23页。
④ 同上书，第198页。

题，"现代性是一个人为的秩序和宏大的社会设计的时代，是一个设计者、空想家以及——更一般而言——'园丁'的时代。园丁们把社会看成是一块需要专业设计、然后按设计的形态进行培植与修整的处女地"①。在纳粹的社会设计和普遍化的理性标准中，一些种族，例如犹太人，是不符合普遍理性标准，必须被铲除的杂草。鲍曼指出，只有在一个有完美社会设计并通过有计划且持续不懈的努力加以实施的环境中，种族主义才会盛行。鲍曼深刻揭示了纳粹所实施的作为社会工程的种族主义大屠杀，这种现代极权主义把犹太人和其他不符合其设计标准的种族视作永远的"他者"，视作"令人不快的种群从肉体上进行消灭"，视作必须铲除的杂草。"这是一个将建筑、园艺策略和医学策略结合起来的实践——即通过切除既不适合想象中的完美现实、也无法被改造以适合这种完美现实的当前现实要素，以服务于人为社会秩序的建造。在一个鼓吹具有史无前例的能力能通过在理性基础上重组人类事务以提高人类生存条件的社会里，种族主义却确信有某个人类种群无论经过多大的努力也无法融入理性秩序中去。在一个以不断突破科学、技术和文化应用上的限制著称的社会，种族主义却宣称某个种群的人存在着某些无法消除或矫正的缺陷——这使得他们可以超越于改革实践的界线，并且会这样一直延续下去。在一个宣称有着强大的训导和文化改向能力的社会，种族主义却分离出某一种群的人，任何争论或者教育手段都无法触及（因此也无法有效地教化）他们，并因而必定会保持他们永久的异质性。总而言之：在因为自我控制和自我管理的雄心而显得独特的现代社会里，种族主义却宣布存在着某一种群的人，他们顽固并死不回头地抵制所有的控制，并不受任何旨在改善的努力的影响。打个医学的比方来说：一个人可以锻炼和保持身体'健康'部分的体形，但无法阻止癌的生长。后者只有通过毁灭才能得到'改善'。"②

再如，鲍曼深刻分析了科学的异化，在现代性机制中，科学和技术成为大屠杀的帮凶。科学规划和技术设计成为大屠杀行之有效的工具和

---

① 鲍曼：《现代性与大屠杀》，杨渝东、史建华译，译林出版社 2002 年版，第 149 页。

② 同上书，第 87-88 页。

手段，并且以科学的手段和方式进行屠杀，在相当程度上可以遮蔽屠杀的非人性和非人道。在这里，科学和技术所创造的中介和距离发挥了很大的作用，远距离枪杀一个人要比杀一个我们与之接触的人容易；对一个我们只闻其声不见其人的人施加痛苦要比对一个我们看得见的人施加痛苦来得容易；而对既没有看到也没有听到的人施加酷刑，就更加容易。鲍曼断言，"或许最值得注意的是科学的失败——作为一套观念，也作为教化和训练的机构网络。现代科学中最受尊敬的原则和成就的致命潜力已经被揭露无遗。将理智从感情中解放、将理性从规范的压力中解放、将效用从道德规范中解放，在科学的一开始就已成为其战斗口号。但是，这些口号一旦被执行，它们就使得科学及其产生的大量可怕的技术应用变成了不道德力量手中温驯的工具。在使大屠杀得以持续的过程中，科学既直接地又间接地扮演了黑暗而不光彩的角色"①。

总之，鲍曼深刻地揭示了现代极权主义作为现代理性文明必然产物的机制，但是他的分析并没有停留于现代技术和理性化的机制层面，以及官僚制和商业机构等社会层面，而是进一步深入现代性的内在文化机制，特别是现代性条件下的理性伦理秩序的危机之中。因此，我们关于大屠杀和现代性内在本质联系的分析还要进一步深入大屠杀和种族灭绝所标志的最深重和最极端的道德危机的批判，即关于现代道德冷漠和道德盲视的产生机制的分析。

(二) 道德冷漠和道德盲视的社会生产

在上述理论分析中，鲍曼从作为一项社会工程的种族灭绝、否定任何差异的园艺策略、作为大屠杀工具的科学规划和技术设计等方面，在总体上对现代性和大屠杀之间的本质联系做了深刻阐述，在此基础上，鲍曼进一步在道德和责任的微观层面上具体揭示现代性和大屠杀之间的逻辑关系。在这种分析中，鲍曼对现代人的道德状况有了更为全面的认识。在他看来，纳粹所实施的种族灭绝和大屠杀与历史上发生的许多罪恶都不同，主要体现在这种大屠杀的严密组织性和巨大规模并非少数邪

---

① 鲍曼：《现代性与大屠杀》，杨渝东、史建华译，译林出版社 2002 年版，第 143-144 页。

恶的暴徒能够完成，它必须是在很多行动者的共同参与和更多的社会旁观者的审视中完成实施的。假如这一罪行只是少数邪恶的暴徒所为，那么我们面对的只是一些人的道德邪恶问题，而如果是在大量普通人的参与和见证下得以实施，那么我们面对的则无疑是一种普遍的和社会性的道德危机。鲍曼认为，在现代性背景下，一方面，普遍化和理性化的伦理规范体系取代了个人的道德选择而成为一种超个人的代理机构，另一方面，日益膨胀的理性化和科层化的官僚机构体系使每一个体转变为自律运转的技术理性体系的一个被动的要素和环节，这种社会条件使一种普遍的、社会性的道德冷漠（moral indifference）和道德盲视（moral invisibility）得以生成，这正是大屠杀深层的和社会的文化机理。

鲍曼非常清楚地确证，纳粹所实施的如此有组织、如此大规模的大屠杀和种族灭绝，并非是少数邪恶的"暴徒"完成的，而是一个有很多普通人或正常人参与和见证的系统的社会工程。他指出，在整个大屠杀的实施过程中，伴随着一种可怕的道德冷漠，包括大屠杀参与者的道德冷漠和其他旁观者的道德冷漠："没有足够的'暴徒'能如此施暴：杀害和毁灭的景象使被激发起来的人都逃离了，而绝大多数的人更愿意闭上他们的眼睛、塞住他们的耳朵，但首先是堵住他们的嘴巴。与大规模屠杀相伴的不是情绪的激越，而是死一般寂静的漠不关心。它不是公众所喜，认识公众的冷漠。这种冷漠'成为了无情地围在千千万万个脖子上的套索的一根加固绳'。种族主义首先是一项政策，其次才是一种思想。如同所有的政治行动一样，它需要组织机构、管理者和专家。就像所有的政策，种族主义的实施需要劳动分工，并将任务与即兴和自发的混乱效果相分离。这要求专家不被干扰并能够自由进行他们的任务。"[1]可见，在现代性背景下，道德冷漠和道德漠视已经不是某个或者某些个人的个体性道德现象，而是社会本身生产出来的普遍性、群体性和社会性道德现象。

鲍曼关于道德冷漠和道德漠视的社会生产的理论阐述，在很大程度上是继承了阿伦特关于"平庸的恶"的思想。20世纪很多敏锐的思想家

---

① 鲍曼：《现代性与大屠杀》，杨渝东、史建华译，译林出版社2002年版，第100-101页。

都发现，现代性背景下的很多罪恶不再是个体性的，而是群体性的和有组织的，换言之，是许多正常的人在理性和技术体系中按照理性命令自觉或不自觉、有意识或无意识地实施的。1961年2月，阿伦特出席了在耶路撒冷举行的对德国纳粹大屠杀"最终方案"主要负责人、将500万犹太人移送集中营的"死刑执行者"艾希曼的审判。令阿伦特吃惊的是，她第一眼看到的艾希曼"一点也不粗野"，完全看不出是一个负责屠杀几百万人的恶魔。随着审判的深入，阿伦特越来越认识到，艾希曼不过是极权主义官僚行政体制中间的一只单纯的齿轮，一个十分平常的、正常的职员，他对人很有礼貌，态度刻板，以至于让人感觉到他有些许惊慌。艾希曼对自己行为的辩护词和其他纳粹领导人如出一辙，"我只是听命行事"。正是通过这种观察，阿伦特意识到，支撑纳粹专制主义体制的活动主体正是这些平庸的、没有思想的、道德冷漠的、以服从为特征的正常的职员和官僚。阿伦特在做出这样的表述时，并非要为艾希曼等纳粹罪犯辩护，而是提醒人们要更加深刻地认识现代性本身的危机特征和运行机制。在这些考察中，阿伦特还发现了另外一些现象，例如，纳粹时期整个德意志民族几乎没有抵抗运动、很多知识分子和专家积极主动地效忠于纳粹体制、犹太人评议会在大屠杀期间主动配合纳粹对犹太人的屠杀，以及纳粹时期包括大屠杀受害者在内的普通人对纳粹缺少抵抗，甚至参与、帮助，或者静观、默许对犹太人的大屠杀的行为，等等。凡此种种，都从不同侧面印证了大屠杀与现代性之间的本质关联，以及现代人所遭遇的深刻的和普遍的道德危机。鲍曼高度重视阿伦特的这些理论分析，他从两个方面具体阐释了道德冷漠和道德漠视的社会生产机制。

一方面，鲍曼认为，现代性的理性化机制和官僚机构的日益发达，催生了越来越普遍、越来越严重的道德冷漠。在他看来，之所以断言大屠杀是现代性正常的和合乎逻辑的产物，就在于大屠杀是众多道德冷漠的官僚和专家与一套科学严密的组织程序相结合的产物："大屠杀使得所有被记住和承袭下来的邪恶形象都相形见绌。正由于此，大屠杀颠倒了罪恶行径以往的所有解释。它突然昭示，人类记忆中最耸人听闻的罪恶不是源自秩序的涣散，而是源自完美无缺、无可指责且未受挑战的秩序的统治。它并非一群肆无忌惮、不受管束的乌合之众所为，而是由身披制服、循规蹈矩、唯命是从，并对指令的精神和用语细致有加的人所为。我们知道，无论在何时这些人一脱掉他们的军装，就与罪恶无涉。他们的行为跟我们所有的人极其相似。他们有爱妻，有娇惯的子女，有陷入悲伤而得到他们帮助与劝慰的朋友。可难以置信的是，这些人一旦穿上制服，就用子弹、毒气杀害成千上万的其他人，或者主持这项工作。被害者也包括为他人爱妻的女人和为他人爱子的幼童。这是令人胆寒的。"①基于这样的分析，鲍曼用"技术的道德化"来揭示普遍的道德冷漠，在他看来，在日益复杂、日益膨胀的现代管理体制中，对命令的服从和对任务的完成压倒性地排除了关于行动目标和行动后果的道德考量和道德责任。"在一个官僚体系中，公务员的道德关怀从集中于行动对象的命运之上被拉了回来。它们被强制地转向另外一个方向——即将开展的工作和出色地完成这些工作。行动的'目标'过得怎样和有什么样的感受，并不重要。重要的是行动者机智、有效地完成其上司交代的任何事务。在后一个问题上，上司是最合格、最自然的权威。这种局面进一步强化了上司对其下属的控制能力。"②

另一方面，鲍曼指出，现代技术和手段的日益发达推动了距离的社会生成，从而形成了普遍的道德盲视，因为技术性的大屠杀不再体现为面对面的杀戮，行为的中介化把行为的后果推到道德视域之外，这种距离的产生消除了大屠杀活动的组织者和参与者的道德冲突。"一旦行动已有了中介，那么行动的最终结果就被置于道德驱力仍然维系着其约束性力量的、相对狭窄的交往区域之外。与此相应，对于大多数参与者和目击者来说，包含在那一具有道德意蕴的范围内的行动都是无伤大雅的，不值得从道德上来进行追究。"③在鲍曼看来，这种产生道德盲视的社会机制同产生道德冷漠的官僚机制一样，具有强大的生产力和增殖

---

① 鲍曼：《现代性与大屠杀》，杨渝东、史建华译，译林出版社 2002 年版，第 199 页。
② 同上书，第 209 页。
③ 同上书，第 254 页。

力，从而会使道德盲视和道德冷漠成为全社会普遍的道德境况。"这种社会机制有着更加邪恶的潜力，使得更大范围内的人被卷入实施种族灭绝的行动中，而这些人在此过程中从来没有主动地面对艰难的道德选择，也没有主动地面对平息良心内在反抗的需要。从来没有在道德问题上出现过斗争，因为这些行动的道德层面不是一目了然的，或者说因为这些层面有意地杜绝了被发现与被讨论。换句话说，行动的道德特征要么是不可见的，要么就是被精心掩盖了。"①

鲍曼在《现代性与大屠杀》中通篇都从不同视角对现代性背景下的这种普遍的道德冷漠进行了深刻的剖析和批判。他关于纳粹大屠杀中道德冷漠机制的分析涉及很多阶层和人群。例如，鲍曼指出，知识精英本应当是社会中最具道德判断力和道德良知的阶层，但是，"德国社会中全部已有的和组织化的精英们以一种无声的寂静伴随着隔离的过程——但从理论上讲，所有这些人本可以振臂高呼，抗议迫在眉睫的灾难，使之为世人所知"②。

鲍曼的道德抨击的深刻还体现在他把批判的锋芒直指受害者，特别是犹太人上层的一些做法，即出于自我保全或者绥靖策略而放弃道德判断和道德良知，与纳粹合作的做法。如上所述，在 20 世纪 60 年代初，当阿伦特指出犹太人评议委员会在纳粹屠犹中与纳粹的合作时，采取了比较小心谨慎的态度，但是也由此招致了来自犹太社群的激烈攻击。而鲍曼在 20 世纪 80 年代末所写的《现代性与大屠杀》则毫不犹豫地、态度鲜明地批评了受害者积极配合大屠杀的做法。他指出，"屠杀中受害者与刽子手之间的合作是难以想象的。受害者与纳粹党卫军的上层人物之间的合作是这个设计的一部分：实际上，这是大屠杀得以成功的一个关键条件"③。关于这一点，作为犹太思想家的鲍曼在《现代性与大屠杀》中毫无忌讳地反复强调。鲍曼指出，虽然有一些犹太委员拒绝与纳粹合作，有的人还选择了自杀，但是，总有一些与纳粹合作的犹太人，无论

---

① 鲍曼：《现代性与大屠杀》，杨渝东、史建华译，译林出版社 2002 年版，第 33 页。
② 同上书，第 166 页。
③ 同上书，第 31 页。

犹太人区建在哪儿，都需要犹太人在其自身的灭亡中进行合作，而从整体上说，纳粹也确实得到了这种合作。"犹太委员被安排来负责屠杀所需要的一切准备工作。他们必须提供遭到放逐的犹太人区居民的详细名单，他们必须首先进行选择，然后把这些人送上火车车厢。为防止抵抗和藏匿，犹太警察必须跟踪和发现顽固分子，强迫他们服从。一切如果顺利的话，纳粹就把自身的角色缩减为旁观者。"①尽管鲍曼也承认犹太领袖阶层与纳粹的合作是在外在压力和诱惑下进行的，的确，纳粹德国人在每一次屠犹行动之前都让犹太人相信这是最后一次，但是，即便如此，在鲍曼看来，这些犹太受害者与纳粹的合作也难逃道德的谴责和历史的责任。

通过对道德冷漠和道德盲视的社会生产机制的分析，鲍曼用纳粹的大屠杀和种族灭绝来展示现代人的道德危机之深重。在他看来，如果人类不能够有效地克服这种普遍的道德冷漠和道德盲视，那么大屠杀就远未终结，我们依旧没有走出集中营的时代。正如奥斯威辛集中营的幸存者，2002年诺贝尔文学奖得主、匈牙利著名作家凯尔泰斯·伊姆雷敏锐地揭示的那样，奥斯威辛和大屠杀的机制或者灾难基因就深藏在我们的文明深处，渗透在社会生活的各个层面，"奥斯威辛很久很久以来就一直悬而未决地浮在空中，谁知道有多久了，没准已经飘了几个世纪，如同一个经无数罪孽之光照而成熟的黑果，在伺机砸到人们的头上"②。正因为如此，现代人必须有足够的警醒意识，绝不能把大屠杀视作现代文明的一次擦枪走火、偶尔失误。必须切记，只要我们放松了警惕，把奥斯威辛和大屠杀视作我们的文明之外的偶然的东西，我们随时都会重蹈历史的覆辙。因此，在鲍曼看来，饱受现代性危机之苦的现代人，只有唤醒自己的道德良知，重拾道德的力量，才可能真正摆脱缠绕我们的道德危机和文化危机，作为自由的和自主的道德主体而存在。

---

① 鲍曼：《现代性与大屠杀》，杨渝东、史建华译，译林出版社2002年版，第183页。

② 凯尔泰斯·伊姆雷：《给未出生的孩子做安息祷告》，宋健飞译，上海译文出版社2005年版，第35页。

三、后现代境况中的个性伦理：
道德良知与绝对的责任

通过上述科拉科夫斯基关于"病态的现代性"和鲍曼关于普遍性的和理性化的伦理规范体系对个体道德选择的压抑的理论分析，特别是鲍曼关于大屠杀与现代性的内在的本质联系的深刻揭示，我们不难看出现代性的危机和现代人的道德危机之深重，这种道德困境和道德虚无的境况从根本上动摇着现代人和现代社会安身立命的基础，使现代社会有机体处于涣散和瓦解的危机状况，使现代人处于深刻的道德冲突和深深的沮丧(甚至使绝望)的心绪之中。著名神学家保罗·蒂里希曾描述了一个奇特的现象："第一次世界大战结束时一种重新开端的情绪流行，而第二次世界大战结束时则是末日感盛行。"[1]

之所以会出现蒂里希所描绘的这种看似反常的情形，是因为第二次世界大战期间的大屠杀和集中营让人类真正意识到现代性本身的危机性质，甚至得出现代性已经失败的结论，用前面我们引证的在上文提及的鲍曼的话来说，即"现代性未能成功地在三百年的短暂时光中杜绝有着几千年历史根源的仇恨和侵略"，反而使 20 世纪成为一个以"**快速有效的杀戮、科学地设计和管理的种族灭绝**"为标志的"集中营的时代"[2]。也就是说，现代人遭遇的道德冲突和道德危机是现代性的内在本质精神，即西方启蒙文化传统自身危机最深刻的表征。在这种意义上，如果人类社会不能够有效地克服西方启蒙文化传统的危机，不能够真正唤醒现代个体的道德良知，那么现代社会和现代人的存在，以及现代性本身都会遭遇灭顶之灾。因此，阿伦特、列维纳斯等思想家和理论家都十分敏锐地在道德、责任、良心、人性的深层揭示出现代人类文明的内在危机和冲突，寻找重拾道德力量和重新激活现代性文化创造力的途径。科

---

① Paul Tillich, Culture as the Expression of Ultimati Concern, in *Religion and Contemporary Western Culture*, edited by Edward Cell , New York: Abingdon Press, 1967, p. 97.

② 齐格蒙·鲍曼：《生活在碎片之中——论后现代道德》，郁建兴、周俊、周莹译，学林出版社 2002 年版，第 220 页。

拉科夫斯基和鲍曼等新马克思主义理论家同 20 世纪许多重要思想家和理论家一样，不但深刻揭示和剖析受欧洲文明精神和人类理性文化滋养的现代人的道德冷漠和道德虚无，以及这种道德危机所造成的现代文明的自我矛盾和自我毁灭，而且从后现代的视角或者从现代性自我修正的视角对现代道德的重建和欧洲精神的复兴进行深刻的探讨。鲍曼明确强调，人类必须破除现代性的宏大叙事所设定的不切实际，并且使现代人陷入深刻道德危机之中的目标，深刻揭示现代个体在后现代视域或者"流动的现代性"背景下的存在境况，探寻重拾道德力量的有效途径："在这种条件下，在现代伦理哲学和政治实践中消失的道德力量之源能够重新出现，同时它们在过去消失的原因能够被更好地理解，并且作为一种后果，社会生活'道德化'的机会会得到提高。"①

(一)多样化文化精神的恢复与道德的重建

如前所述，科拉科夫斯基关于现代人道德冲突和道德困境的剖析主要集中于对人类文明精神和文化价值演变状况的宏观的和总体的把握。在他看来，现代社会，特别是发达资本主义社会的现代性由于失控发展和疯狂扩张而成为一种"病态的现代性"，它确立了单一的和普遍化的理性文化的霸权，直接导致启蒙文化传统的中断和各种禁忌的普遍消失，其结果是现代人生活在道德的真空中或者道德的冲突中，全社会呈现出普遍的道德冷漠。正是这种深重的道德危机为现代社会的各种罪恶和文明灾难敞开了门户。与这种关于现代道德危机的认知相适应，科拉科夫斯基在探索现代人走出普遍道德困境的出路时，也在很大程度上把希望寄托在人类优秀文化传统和文化精神本身，希望能够从多样化的文化传统和文化精神中汲取精神力量和道德力量，使现代人不再生活于没有禁忌，没有道德良知和道德判断力，没有道德责任感的文化荒漠中。

当然，科拉科夫斯基从现代性反思的角度也意识到，由于培育和滋养西方现代性的启蒙文化传统在很大程度上遭到破坏，或者已经中断，甚至在文明价值上已经走向其反面，在现代社会要重拾道德力量，并且

① 齐格蒙特·鲍曼:《后现代伦理学》,张成岗译,江苏人民出版社 2002 年版,第 4 页。

通过恢复道德的力量来推动现代文明的自我治疗和治愈，是很困难的。科拉科夫斯基反复强调，现代性最危险的特征就在于"禁忌的消失"。他指出，我们没有办法简单地区别"好的"和"坏的"禁忌，从而人为地支持前者消除后者，如果我们有选择地抛弃一些禁忌而保留另外的禁忌，实际上会导致一种多米诺骨牌效应，使其他的禁忌也走向衰微。这正是现代性的危机症状，大部分性禁忌都被废弃了，理性和理性化威胁到我们文明中所有禁忌的存在，在这个意义上它们损害了人类生存的能力，导致人类的道德纽带无法存在下去。尽管如此，科拉科夫斯基并没有完全放弃恢复人类多样化文化精神和重新唤醒现代人道德良知的努力，因为道德是人之存在不可或缺的基础和条件，如果放任人类道德良知完全泯灭，个体的存在和社会的运行都将不可挽回地走向终结。科拉科夫斯基主要是从两个方面推动现代性危机背景下的道德重建的：一个是寄希望于人类文明的自我治愈机制；一个是寄希望于多样性的文化精神的复活。

首先，尽管科拉科夫斯基充分意识到现代性危机和现代文明灾难的深重性，但是，他不得不在一定程度上寄希望于人类文明具有自我反思、自我纠正的力量，也就是寄希望于人类文明内在地具有一种自我治愈的机制。

在现代道德深刻危机的条件下，人们通常相信文明有能力形成一种新的平衡，即相信人类文明有一种自我治愈的机制。对此，科拉科夫斯基的认知和态度呈现为两个方面：一方面，在科拉科夫斯基看来，人们关于文明具有自我防卫和自我治愈的机制的信念在很大程度上是靠不住的。他指出，"我们可以在这样一种观念中找到安慰：文明能够照料自己，动员起自我纠正机制，或产生一种与其成长中的危险因素做斗争的抗体。虽然导致这种观点的经验不是很可靠：毕竟我们知道，一种疾病的症状常常是机体自我治疗的尝试；我们中的大多数人死于我们身体用来抵御外界危险的自我防卫机制。抗体是可以致命的。因此自动调节的不可预测的代价也可能是在其重新获得所要追求的平衡之前杀死一种文明"①。但是，另一方面，科拉科夫斯基也承认，在现代性危机的背景下，文明的确在一定程度上启动了自我防卫和自我治愈的机制，这一点突出地体现在关于现代性的反思与现代性的生成是同步的。我们的现代性批判实际上在由工业化进程推动的现代性开始的时候就已经出现了，而且还涌现了许多伟大的现代性批判家，如维科、卢梭、托克维尔、浪漫主义者，还有胡塞尔、海德格尔、雅斯贝尔斯、法兰克福学派等。科拉科夫斯基认为，"现代性的批评，不管是文学上的还是哲学上的，尽管五花八门，都可以被看作我们文明的一种自我防卫的器官，但是迄今为止它未能阻止现代性以前所未有的步伐前进"②。对此，科拉科夫斯基表达出一种比较悲观，但是又别无他法的态度，他意识到，现代性的步伐似乎不可阻挡，已经被理性和理性化废除的各种禁忌也很难重新恢复，但是，人类只能寄希望于文明本身的这种脆弱的和不可靠的自我纠正机制，希望这种机制能够使我们在一定程度上对冲禁忌的普遍消失而导致的文明危机。"那些作为本能而不是有意识的计划树立起来的藩篱的禁忌，不可能通过理性的设计被保存下来或有选择地被保存下来。在这一领域，我们只能依靠不确定的希望，这就是希望社会自我保存的动力将强大到足以对抗禁忌的消失，而且这种对抗不是采取野蛮的形式。"③换言之，我们不可能通过恢复已经被废除的各种禁忌来恢复道德的力量，但是，我们可以探寻新的道德重建方式来克服现代道德的危机和现代理性文明的危机。

其次，虽然科拉科夫斯基没有特别清晰明白和系统地阐述克服现代道德危机和推动道德重建的新方式或新途径，但是，我们从他的多维度、多层面的文化批判理论可以看出，他关注的重点在于如何激活人类多样化的文化精神。也就是说，在科拉科夫斯基看来，虽然在已经彻底理性化或者普遍理性化的现代社会，那些古老的、传统的禁忌很难存续

---

① 莱泽克·科拉科夫斯基：《经受无穷拷问的现代性》，李志江译，黑龙江大学出版社2013年版，第11页。

② 同上书，第12页。

③ 同上书，第14页。

下去，很难发挥现实的文化约束力，但是，我们可以从被现代性的普遍理性机制压抑的多样化文化精神中恢复文化的创造力和活力，以修补现代性理性机制的危机和弊端，并且以此来唤醒和激活现代个人沉睡的道德良知，推动现代个体的道德自主和道德实践。

科拉科夫斯基作为一位深刻的批判思想家，高度重视人类文明积淀的传统文化精神，他还特别花费很大的精力开展关于神话、宗教、信仰等问题的研究，并且写下了《经受无穷拷问的现代性》《宗教：如果没有上帝……》《与魔鬼的谈话》等有影响的著作。然而，科拉科夫斯基并非作为一位神学家来关注这些宗教学的问题，他主要是关注宗教信仰，特别是对西方社会发展和西方现代化转型产生了深刻影响的基督教文化中所包含的丰富文化精神资源。科拉科夫斯基认为，导致禁忌普遍消失和道德空虚的根本原因在于现代性的内在矛盾机制。以科学技术快速发展和理性机制日益普遍化为特征和规定性的现代性，在其展开过程中一直与传统基督教为代表的信仰和价值等形成张力与矛盾。以人与人之间的信赖和情感关系为核心的信仰和道德等文化价值，与以科学和理性为核心的技术理性原本是人的实践的内在文化创造力的不同表达方式，个体和人类不可能只凭借其中的一级而健康地存在下去。然而，现代性的理性化机制具有强大的征服力量，这是一种消灭差异和个性的普遍化的征服力量，因此，现代性的发展不可避免地引发信仰、价值和理性的内在张力与冲突，特别是引发现代和传统的矛盾冲突。而当现代性发展和发达到一定程度，它就会压抑、排斥，甚至湮灭差异化的、多样化的文化信仰和文化价值，导致各种禁忌的普遍消失和道德的危机。用科拉科夫斯基的话来说，"世界变成了没有灵魂的世界，而且只有在这个假设的基础上现代科学才能展开。奇迹、神秘、神圣和恶魔对事物过程的干涉不再是可以想象的；所有后来和仍在继续的试图解决旧的基督教智慧与科学世界观之间冲突的努力，都由于这一简单的理由而注定不可信"①。因此，正是传统和现代性的失衡和断裂导致西方文化及其道德的深刻

---

① 莱泽克·科拉科夫斯基：《经受无穷拷问的现代性》，李志江译，黑龙江大学出版社2013年版，第8-9页。

危机。

科拉科夫斯基充分认识到现代性的诞生和扩展是不可避免、不可遏制的历史进程，他并未从根本上否定或拒斥现代性，并非简单倡导回到传统。科拉科夫斯基强调的是要对现代性的失控的和病态的发展进行反思和文化批判，在基本的价值立场上要反思和批判那种极端的科学理性主义或者技术理性主义的取向，要调动多样化的文化资源来修复现代性的危机。在这方面，基于西方社会和历史发展的语境，科拉科夫斯基特别强调要高度重视基督教传统中包含的文化价值和道德精神对于把现代个体从道德虚无主义的文化价值中解救出来，重新唤醒现代个体道德良知的重要性。当然，科拉科夫斯基对于基督教文化精神和传统在当代社会可能发挥的文化作用的有限性有着十分清醒的认识。首先，他非常清楚地看到，随着现代社会理性化和世俗化进程的加剧和宗教从社会生活和社会直接文化塑造的组织活动中退出，随着人们参与礼拜活动和各种宗教活动的减少，基督教的现实文化影响呈现出逐步减弱和式微的趋势，他指出，根据各种统计数据显示，"无论都市化和普通教育传播到哪里，它们总是伴随着宗教情感的衰落以及宗教冷漠的增长"①。进而，科拉科夫斯基还清楚地认识到基督教文化传统和文化精神自身的保守性和局限性，主要变现为肯定和维护现存秩序的价值取向。他指出，"无疑，神圣事物的作用因而一直是保守性的。囊括了世俗世界的现实的神圣秩序，或明或暗地从未停止宣布这样的消息：'事情就是这样的，它们不可能是别的样子。'它简单地重新肯定并且稳固了社会的结构——它的形式、它的区分系统，还有它的不正义、它的特权，以及它的制度化的压迫工具"②。不仅如此，科拉科夫斯基还认为，这种保守性是基督教文化传统的基本规定性，如果人们要询问它能否放弃这种保守性，那是一个没有意义的问题。但是，科拉科夫斯基指出，鉴于现代性本身具有打破一切现存秩序和等级制的不可遏制的征服性、超越性和流动性，我

① 莱泽克·科拉科夫斯基：《经受无穷拷问的现代性》，李志江译，黑龙江大学出版社2013年版，第67页。

② 同上书，第74页。

们需要思考的问题在于，在这种情况下，如果没有某种具有稳定性和保守性的文化约束和纽带，人类社会是否能够存续下去。因此，科拉科夫斯基强调，"要问的问题毋宁是，人类社会如何能够在缺少保守力量的情况下生存下去；换句话说，没有结构与发展之间持续的张力，人类社会如何生存下去。这一张力为生命所特有；或者由于停滞（如果只剩下保守力量），或者由于爆发（如果在结构性空缺中只剩下变化的力量），其消解将导致毁灭。"①

在这种意义上，科拉科夫斯基明确阐述了自己的价值立场，他强调恢复包括基督教传统在内的多样化的文化精神，并非要提供一种取代现代性的全能的文化精神，而是要形成一种对于现代性进行约束和修补的文化资源，因而这是一种有条件的保守精神。科拉科夫斯基强调，"我承认，我所说这一切都是要捍卫一种保守精神。但是，它是一种有条件的保守精神，不仅意识到自己的必要性，而且意识到与之对立的精神的必要性。因此可以看到，刚性和结构与变化的力量之间、传统和批评之间的张力是人类生活的一个条件"②。进而，在科拉科夫斯基看来，基督教文化传统不仅可以对现代性文化精神形成一种制约，而且还通过对神圣性和精神性的坚持，为修补专注于世俗事物的现代性的缺陷提供文化意义。他指出，"由于世俗是在与神圣相对立的意义上被定义的，其不完善性一定是内在的，并且在一定程度上是不可治愈的。文化，当其失去了神圣的意义，就失去了其全部意义"③。这里就涉及我们所关注的现代文化和现代道德危机的根本问题。科拉科夫斯基认为，当日益普遍化的现代理性精神和机制消灭了各种文化传统和文化资源的差异性与个性，专注于世俗性和功利性的现代性就会陷入一种人类可以摆脱一切限制和一切禁忌的无所不能的幻觉之中。正是这种幻觉使现代人深陷道德虚无主义的黑暗之中。"这种幻觉不仅疯狂，而且播下了灾难性绝望的种子。无处不在的尼采主义或萨特主义的妄想声称，人能够从一切东西

---

① 莱泽克·科拉科夫斯基：《经受无穷拷问的现代性》，李志江译，黑龙江大学出版社2013年版，第74—75页。
② 同上书，第76页。
③ 同上书，第77页。

中完全解放自己，从冲突中、从业已存在的意义中解放自己，所有意义都能够被任意的奇想决定，这些妄想远没有在我们面前打开神圣的自我创造的前景，而是留下我们漂浮于黑暗之中。"①

显而易见，科拉科夫斯基并非在特指的和具体的意义上谈论基督教文化传统和神圣事物(神圣的秩序)，而是在强调必须有一种能够保持现代人的道德判断力和道德良知的文化精神，以抵御现代性的普遍化理性价值对于文化价值和意义体系的破坏。在他看来，宗教作为人类历史积淀下来的文化信仰形式，是人将生活作为一种不可避免的失败接受下来，从而防止因为盲目的乐观与对文化价值和道德精神的漠视而走向虚无的方式之一。因此，"只有当一个人承认，在人类历史中继承下来的东西之外存在着意义——换句话说，只有当一个人接受了神圣的秩序，他才能够接受生活，并同时将它作为一次失败接受下来。一个将神圣扫除干净的伪善的世界将只承认两种可能：承认它本身就是空洞的幻想，或者使自己精疲力尽的当下的满足"②。显而易见，面对令人绝望的现代性文化危机和现代人的道德困境，科拉科夫斯基带着一种悲壮的情怀来呼唤现代人的道德良知，尽管他的这种文化追求明显带有很难实现的色彩和近乎空想的特征，但是，这种知其不可而为之的文化批判和价值追求本身就是人类捍卫自己文化传统和道德力量的努力。

(二)"流动的现代性"对后现代道德的双重影响

与科拉科夫斯基在比较宏观的层面上尝试从多样化人类文化精神资源的复兴中寻找重新激活道德力量、唤醒现代个体道德良知的做法有所不同，鲍曼更多的是探讨在现代性危机和普遍理性化规范对个体操控背景下唤醒人的道德良知，重拾道德力量的具体机制和途径。如前所述，在鲍曼看来，现代性危机和现代道德危机的实质是道德主体从个人转移为超个人的代理机构，普遍的理性化的伦理规范取代了个体的道德选

---

① 莱泽克·科拉科夫斯基：《经受无穷拷问的现代性》，李志江译，黑龙江大学出版社2013年版，第77页。

② 同上书，第78页。

择，从而使个体的道德判断力和道德责任萎缩或者消失。相应地，他认为，后现代道德的核心应当是个体的道德良知和道德责任的重新确立，后现代伦理学所倡导的人类文明的自我治愈机制就在于个体的道德力量和道德责任感的复兴，也就是，生活在碎片之中的后现代男女从"人为创设的伦理规范的坚硬盔甲"中解放出来，在"没有伦理规范的道德"或者"无伦理的道德"的后现代境况中使道德重新个人化。

为了重建个体化的道德或者个性道德，鲍曼在前期理论和后期理论中分别使用了"后现代性"和"流动的现代性"两个范畴。需要指出的是，尽管这两个范畴有很多差异，但是，它们都以某种方式或在某些方面代表着现代性内在的自我反思、自我修复的机制或者文化潜力，在鲍曼看来，从稳固的现代性向流动的现代性或后现代性的转变，都是现代性通过自我反思和自我批判机制而发生的转变。具体说来，现代性的自我转变对于人的存在和道德状况的影响并不是单一的或者同质的，而是双重的：一方面，流动的现代性或后现代性依旧具有现代性的很多规定性，因此会在某些方面给现代个体的存在带来新的道德困境；但另一方面，流动的现代性或后现代性的出现在一定程度上打破了稳固的现代性所锻造的压抑个体自主性的普遍化的理性规范体系，为个体的存在选择和道德主体性的确立，即为后现代视域中的道德个人化或者个性道德的生成敞开了可能性的空间。因此，为了更加全面、更为深刻地理解鲍曼关于道德重建的理论逻辑，我们需要从鲍曼关于"后现代性"和"流动的现代性"的理解入手。

鲍曼在提出"流动的现代性"这一概念之前，更多地使用的是"后现代性"，例如，他发表了《后现代伦理学》《生活在碎片之中——论后现代道德》《后现代性及其缺憾》等著作。鲍曼认为，后现代不是"时代顺序"意义上的"后"，不是作为现代性的替代物意义上的"后"，而是在认识到现代性的局限性和危机特征，以及认识到现代性的宏大承诺之不可能实现意义上的"后"，后现代视角清楚地认识到，"一种非先天的、非矛盾的道德，一种普遍的、'客观创建的'伦理学在实践上是不可能的"①。

---

① 齐格蒙特·鲍曼：《后现代伦理学》，张成岗译，江苏人民出版社 2002 年版，第 12 页。

在鲍曼看来，后现代的智慧正来自对现代性危机的深刻反思，随着现代性所追求或倚仗的绝对真理的消失，随着现代性关于一个完全消除了罪和恶的世界的宏大承诺的落空，后现代承认人类困境不可能一劳永逸地根除，承认道德选择面临的模糊性和不确定性不可能彻底消除，在这个前提下，后现代保留了现代性的宝贵成果，即对行为者的自主性的追求，重新赋予行为者以道德选择的权利和责任。鲍曼对此保持十分清醒的认识，他指出，"后现代思想清醒地认识到，在人类与社会生活中存在没有得到很好解决方案的问题，存在不能被拉直的扭曲轨道，存在语言上的犯错者大声疾呼去纠正的矛盾之外的矛盾，存在不能通过立法而消除的疑问，存在任何指令性的理性处方都不能使之缓和更不用说使之痊愈的道德痛楚。后现代思想并不期望去发现没有不确定性、风险、危险和谬误的生活中包容一切的、整体的和最终的公式，后现代思想对于许诺的任何声音都表示深深地怀疑。后现代思想很清楚每一个地方性的、特殊的和集中的治疗，当以其清晰的目标衡量时，不管有效还是无效，它所破坏的，如果不是多余的话也是与它所修复的一样多。后现代思想可以归结为这种观点，即人类困境的混乱将会存在下去。从最广泛的意义上，这就是可以称之为后现代智慧的东西"①。

在使用"后现代性"概念时，鲍曼一直强调后现代性与现代性的内在联系，他把后现代性视作现代性的自我反思阶段。例如，他在《生活在碎片之中——论后现代道德》中指出，"后现代性是足够现代的，它依靠希望就可以生存。它没有丧失现代性中喧闹的乐观主义"②。鲍曼在《现代性与矛盾性》中更加清晰地阐述了后现代性与现代性的本质联系，他强调，"后现代性并不一定意味着现代性的终结，以及对现代性的怀疑和抛弃。后现代性顶多(亦或，不过)是一颗由于并不完全喜欢自己所看到的一切并感觉到变革冲动，因而久久地、专注地、严肃地反观自身，反观自己的状况和以往行为的现代之心(modern mind)。后现代性是现代

---

① 齐格蒙特·鲍曼：《后现代伦理学》，张成岗译，江苏人民出版社 2002 年版，第 288 页。

② 齐格蒙·鲍曼：《生活在碎片之中——论后现代道德》，郁建兴、周俊、周莹译，学林出版社 2002 年版，第 20 页。

性的成年"①。

　　后来，鲍曼在《流动的现代性》《流动的生活》《流动的时代——生活于充满不确定性的年代》等著作中，用"流动的现代性"的概念替代了"后现代性"。这样做的理由并非鲍曼放弃了基于后现代视角的反思和批判，而是担心人们对后现代性的误读，担心人们会把后现代性视作完全不同于现代性或者在现代性之后出现的东西。在 20 世纪，围绕着"现代性"和"后现代性"一直存在着激烈的理论争论，尽管鲍曼和很多思想家反复强调后现代性与现代性的内在联系，强调不能把后现代性和现代性断然分割开来，但是，"后现代性"还是经常被人们误读。在这一点上，科拉科夫斯基也不赞同使用"后现代性"概念。他在《经受无穷拷问的现代性》中指出，人们对现代性本身的理解就存在着诸多争议，基于从概念的含义、理解的历史变化、内在的精神特征等多方面对"现代性"的多维审查与拷问，他认为，关于现代性本身的界定和理解就无定论，如果再加上"后现代性"，问题非但没有得到厘清，反而更加混乱了："由于对何为**现代性**并无一个明确的观念，最近我们试图通过谈论后现代（一个对**后工业社会、后资本主义**等比较陈旧的术语的扩展或模仿）来逃避这一问题。我不知道什么是后现代，以及它与前现代有什么区别，我也不觉着我应该知道这些。还有，后现代之后将是什么？是后后现代？是新后现代？还是新反现代？当我们放弃这些标签的时候，真正的问题仍然存在：为什么与现代性的经验相联系的困顿会被如此普遍地感受到？使得这一困顿充满痛苦的现代性的那些方方面面的源头究竟在何处？"②

　　显而易见，鲍曼使用"流动的现代性"概念依旧沿袭了后现代性的反思视角，正是现代性的自我反思机制和能力的存在，才使现代性自身从固定走向流动，从封闭走向开放。换言之，流动的现代性和后现代性都寻求打破稳固的现代性的普遍理性之网，打破确定性和稳定性对人的存

---

　　① 齐格蒙特·鲍曼：《现代性与矛盾性》，邵迎生译，商务印书馆 2003 年版，第 409－410 页。

　　② 莱泽克·科拉科夫斯基：《经受无穷拷问的现代性》，李志江译，黑龙江大学出版社 2013 年版，第 7 页。

在的束缚，而坚持一种不确定性、差异性和多样性的价值。鲍曼认为，早期现代性体现为一种普遍性的理性机制，它追求具有普遍约束性的秩序，具有确定性、稳定性、必然性、同一性、秩序性等特征，因此呈现为"固态的现代性"或"稳固的现代性"。塔杜什·布克辛斯基是这样概括提炼鲍曼的"稳固的现代性"的："稳固的现代性的鲜明特征是秩序、固定的标准、绝对的价值以及不争的原则占据统治地位。它大概相当于现代的早期阶段，是伴随着欧洲文艺复兴的出现而出现的。"[①]而随着稳固的现代性的普遍理性秩序被各种带有后现代特征的努力和力量所冲击与打破，现代性开始呈现出不确定性、液态化、流动性、轻便型、偶然性、多样性、差异性等特征，因此，鲍曼将之定义为"流动的现代性"。鲍曼在《流动的现代性》中特别认真辨析了"流动的现代性"的真实内涵。他指出，正如很多人指出的那样，现代性从一开始就具有瓦解传统、颠覆秩序的基本特征，关于这一点《共产党宣言》就有明确的表达。但是，鲍曼认为，这种对传统的瓦解并非真正意义上的"流动的现代性"，因为这种瓦解的目的是用一种新的、理性化的秩序替代传统社会的秩序。不仅如此，由于摆脱了传统的阻碍和束缚，这种新的理性化秩序更加稳固，对个体具有更大的约束力，更加难以颠覆和瓦解。鲍曼指出，"传统的瓦解导致经济更加摆脱了传统政治的、伦理的和文化的阻碍。它积淀出了一个新秩序，一个首先按照经济标准来界定的新秩序。这一新秩序比它所取代的旧秩序，更加'坚不可摧'，因为它不像旧秩序，它能够防止非经济行为对它的挑战"[②]。而随着现代性危机的深化，随着束缚个人自主性的普遍理性秩序被各种反抗所动摇和打破，随着享有自由的社会个体开始自主地选择和确定自己的位置，真正意义上的"流动的现代性"便开始出现了。鲍曼认为，由于社会个体的改变，现代社会要想重新建构一种稳固的秩序来取代已经动摇或者在某种程度上已经开始瓦解的早期现代性的理性化秩序，至少就目前的演变态势来看，变得愈发不

---

① 塔杜什·布克辛斯基：《齐格蒙特·鲍曼论流动的现代性时代的道德与伦理》，载《苏州大学学报（哲学社会科学版）》2017 年第 4 期。

② 齐格蒙特·鲍曼：《流动的现代性》，欧阳景根译，上海三联书店 2002 年版，第 6 页。

可能了。换言之，今天的现代性模式已经越来越具有弹性、可塑性、流动性和不确定性。"这种模式在今天具有可塑性，在一定程度上，我们的先辈没有亲历过这些模式，对它也觉得不可思议；但是，像所有的流体一样，这些模式不能长期地保持它们的形态。塑造它们的形状比保持他们的形状更为容易。固体是一次定型，并且一劳永逸。保持流体的形状要求长期予以密切注意，同时保持警惕，并付出持久的努力——甚至这种努力的成功也只是一个太早的结论。'流动的'现代性的到来，已经改变了人类的状况，否认甚至贬低这种深刻的变化都是草率的。系统性结构的遥不可及，伴随着生活非结构化的、流动的状态这一直接背景，以一种激进的方式改变了人类的状况，并且要求我们重新思考那些对人类状况进行宏大叙事时起构架作用的旧概念。"①

鲍曼在《流动的现代性》中从解放(特别是个体的解放)、个体性、时间和空间的流动、劳动中人的结合关系的改变、共同体等多个方面阐述"流动的现代性"。就总体上看，与稳固的现代性相比，流动的现代性在几个主要方面展示出新的特征：从机构上看，流动的生活表现出毫无稳定性，没有长远的目标或者模式，生活的机构和内涵都倾向于以极快的速度发生变化；就规范和价值而言，行为的价值和规范越来越成为可变的、不定的、多样性的和模糊的，"行动再无确定的道德标准，永恒的价值和目标"；就正当性而言，"流动的现代性的另外一个典型特征表现为，精神规范、价值和身份并非被固定在某个经久不变与毋庸置疑的基础之上"②。鉴于我们这里的主旨不是详细探讨现代性本身的各种具体的变化，因此我们不再更多地展开这些具体内容，而是更多地关注"流动的现代性"对于当代社会的道德状况和个体的道德境况所产生的消极的和积极的影响，即对于我们在后现代视域下追求人类社会的道德重建所带来的新的挑战和新的机遇。

我们首先循着鲍曼的思路探讨一下现代性自身的转变，即"流动的

---

① 齐格蒙特·鲍曼：《流动的现代性》，欧阳景根译，上海三联书店 2002 年版，第 12 页。
② 参见塔杜什·布克辛斯基：《齐格蒙特·鲍曼论流动的现代性时代的道德与伦理》，载《苏州大学学报(哲学社会科学版)》2017 年第 4 期。

现代性"的产生对于个体的道德主体性和社会的道德状况的消极影响。在鲍曼看来，打破稳固的现代性的确定性秩序和普遍操控，固然使人成为自由的个体，但是也使个体遭遇不确定性、偶然性的孤独境遇。"流动的现代性"背景下的个体存在状态呈现为一种"个体化社会"，然而，鲍曼所说的"个体化社会"并不是自由和全面发展的个体通过有道德选择和普遍交往建立起的有机共同体，而是原子化、碎片化的孤独个体的社会集群，因为技术分工等要素已经拆解了道德主体，泯灭了个体的道德力量；进而，这种原子化的个人已经从稳固的现代性背景下的生产者(生产主体)转变为"流动的现代性"背景下的消费者(消费主体)，因此，流动的现代性背景下的个体社会也是一个典型的"消费社会"。消费社会不像生产者社会那样，服从理性化的工作伦理，而是被一种排斥了道德选择的消费美学所支配。因此，流动的现代性虽然拆解了束缚个体的普遍理性规范体系，但是，并没有直接恢复个体的道德力量和道德主体性。

关于现代性条件下的"个体化社会"的理论反思一直是鲍曼理论研究的重要关注点之一。众所周知，现代性的诞生起源于对传统社会等级制的摧毁，个人开始从前现代固定的社会等级和身份中解放出来，这是人的"个体化"进程的开始。在鲍曼看来，现代性所推动的人的个体化的确使个体拥有了自由和存在的选择性，但是，它并不意味着真正意义上的个性解放和个体自由，相反，最初人的自由体现为可以选择出售和交换的自由劳动力。鲍曼认为，在现代技术体系和现代理性化的生产体系中，人作为技术分割的对象并没有形成完整的个性，并非作为一个自由的和独立的个体存在。相反，在技术理性条件下，个体的存在呈现出碎片化、原子化、单子化的状态，个人处于不确定性和孤独的境况之中。鲍曼指出，"像任何其他的东西一样，现代人类也是技术的对象。像任何其他东西一样，他们已经被分解(分成碎片)并且以新奇的方式被组合(作为排列或者仅仅作为碎片的集合)。并且这也不是技术一次性的成果：分割(dissembly)和重新组装(re-assembly)不断地继续着并早已成为自我推进的了，因为(技术的后果)只能是对碎片另一种重新组装的综合，只能是对新的、改进的分析不断地邀请（事实上，一种全能的压制）"①。其结果是世界成为一个原子化个体组成的碎片的集合，"作为碎片的堆积，这个世界首先被打破成碎片，然后由技术将其重新集合"②。不仅如此，当流动的现代性取代了稳固的现代性之后，个体的碎片化和不确定性更为严重，作为孤立的原子，每一个个体根本没有办法和能力左右自己的命运。鲍曼指出，"如今，不仅是个体在社会中的设置，就连个体可以获得的，并可能有望固定于其上的位置都在融化消解，几乎不能作为'生活计划'的目标。目标的这种新的好动性和脆弱性影响到我们所有的人，没有技能的和技术娴熟的、没受过教育的和受过教育的、懒惰的和辛勤工作的都不例外。通过坚持不懈地遵从目前的标准以便'支配未来'，对于这一点我们几乎根本无能为力"③。随着现代化在全球流动速度的加快和征服的空间的拓展，通过各种交流、移民等方式，我们真正生活在一个流动的、不确定的世界之中，过着日益加快碎片化进程的生活。

在鲍曼看来，这样一个建立在流动的现代性之上的世界是不可能有道德的立足之地的，道德自我在快速的、流动的不确定性中，直接成为技术的牺牲品。"道德自我是在技术牺牲品中最明显、最突出的一个。道德自我在碎片中不能并且没有生存下来。技术世界是一个由需求所绘制的世界，对快速满足的阻碍所玷污的世界，为赌徒、企业家和享乐主义者留下了空间——但是没有为道德主体留下空间。在技术的世界中，道德自我引起对理性计算的忽略、对实际应用的鄙视和对快乐感觉的冷漠，因而是一个不受欢迎的异类。"④在这样一个主体的碎片化和世界的碎片化相互交织的社会境况中，人不是作为一个完整的人而存在，世界也不是作为一个有机的共同体而存在，因此，无论是主体的道德选择，还是主体对他者的伦理关照，都不可能有立足之地或者存在的土壤，整个社会呈现出一种"道德无涉"或"道德清白"的状态。"道德主体决不会

---

① 齐格蒙特·鲍曼：《后现代伦理学》，张成岗译，江苏人民出版社2002年版，第230页。
② 同上书，第231页。
③ 齐格蒙特·鲍曼：《个体化社会》，范祥涛译，上海三联书店2002年版，第183-184页。
④ 齐格蒙特·鲍曼：《后现代伦理学》，张成岗译，江苏人民出版社2002年版，第232-233页。

遭遇世界或者其他人类的整体。生活是很多异类方法组成的一个系列，在这个系列中每一种方法都是局部的，因而像技术本身一样被授予了道德清白的称号或者倾向于宣布在道德上是清白的。"①

　　需要进一步指出的是，在鲍曼看来，流动的现代性背景下的个体化社会是与消费社会相互交织的：从人与人（个体与个体）之间的关系来看，流动的现代社会是由各种原子化的、碎片化的个体组成的个体化社会；而从个人的基本生活样态来看，流动的现代社会是由无数个体化的消费者组成的以消费主义为主导价值的消费社会。毫无疑问，生产和消费是任何社会的基本的经济活动和生活，特别是在现代社会中，生产和消费的相互促进构成了社会结构和人的存在的基础。鲍曼指出，当我们谈论消费社会时，并非在一般的意义上讨论消费问题，也不是简单地强调，随着技术进步和生产发展，消费品日益丰富，人的消费生活也更加丰富多彩。我们在这里谈到的是人类社会运行范式的一种深刻转变。具体说来，在稳固的现代性时期或者说在现代性早期，人类社会是由生产主导的社会，鲍曼将其称为"生产者社会"，人们主要以生产者的身份参与其中，每个人的消费与自己的职业和生产密切相关；而在流动的现代性时期，尽管依旧需要生产，但是随着科学技术的发达和经济的发展，大规模工业化雇佣迅速萎缩，小规模的、自由的职业群体取代了全民大生产，相应地，消费开始成为社会生活的中心，消费主导经济的发展和经济的复苏，因此，人类社会运行的主导性范式开始从"生产者社会"向"消费者社会"转变。鲍曼指出，一般说来，"'经济增长'是衡量现代社会是否正常有序运行的首要标准。在消费者社会中，与其说经济增长取决于'国家生产力'（即健康充裕的劳动力、充实的财政收入、勇往直前具有企业家精神的资本所有者和经营者），不如说取决于消费者的热情和活力。消费取代了工作，把个人动机、社会整合和系统再生产链接在一起"②。

　　鲍曼认为，这种由消费主义价值观或意识形态支配的消费社会，带

①　齐格蒙特·鲍曼：《后现代伦理学》，张成岗译，江苏人民出版社2002年版，第233页。
②　齐格蒙特·鲍曼：《工作、消费主义和新穷人》，郭楠译，上海社会科学院出版社2021年版，第33页。

来了人的存在方式的重大改变。众所周知，在前现代的传统社会中，每个人的身份和社会地位都是被自己的等级或阶层先在地固定的，现代性的产生拆解了这种给定的社会身份，每个人都可以通过职业选择在社会生产和社会活动领域自我建构自己的身份，这种工作和身份也是自己的责任，"一旦选定身份，人们就终其一生去建构这个身份，终其一生于他们的工作、职业或事业"①。而在流动的现代社会，身份都具有暂时性和多变性，对大多数人而言，身份是多重的，在大多数人的生命旅程中都散落着遗失或遗弃的各种身份，而每一个身份都是不完全的和有条件的。不仅如此，对大多数人而言，身份不仅是多变的，而且也是一种没有价值、没有责任的消费品，一切都是为了消费服务。"身份像消费品一样被占有，而占有是为了消费，所以它们终将消失。和市场上的消费品一样，对一种身份的消费不应该——不允许——熄灭对其他更新、更好身份的渴望，也不应该——不允许——妨碍人们接纳新身份的能力。"②因此，消费社会就是一个以消费为目的，以永远无法完全满足自己的欲望的无止境的消费为目的的社会。"在消费社会中，消费本身就是目的，因此它是自我推进的。传统心理学把'需要'界定为这样的一种紧张状态：一旦需要得以满足，这种紧张状态就会最终消失。在消费社会中，社会成员的需要恰恰相反，它即使在得以满足之后也不会消失——如果可能的话，它将变得更加强烈。"③在鲍曼看来，正是这种不可遏制的消费主义冲动，这种日益丰富的消费社会，具体铸造了碎片化的、原子化的个体化社会：一方面是变化多端、源源不断的消费品市场在迎合着和抚慰着每一个由于没有固定身份而处于忧虑之中的个体，"变化多端、无限创新、飘忽不定的消费品市场，可以很好地解决这类担忧。无论是耐用品，还是易耗品，从定义上来说，消费品就不打算永

---

① 齐格蒙特·鲍曼：《工作、消费主义和新穷人》，郭楠译，上海社会科学院出版社2021年版，第34页。

② 同上书，第36页。

③ 齐格蒙特·鲍曼：《被围困的社会》，郇建立译，江苏人民出版社2006年版，第173页。

久存在，不可能提供什么'终身的服务'"①；另一方面则是私人化的、个人化的消费活动，与以往的集体合作和交往性的生产活动和工作不同，"消费者恰恰相反。消费彻头彻尾是一种个人的、独立的乃至孤独的活动。这种活动通过不断地满足和唤醒、缓释和激发某种欲望实现，这种欲望通常是一种私人的、难以言表的感觉。根本不存在什么'集体消费'。在消费过程中消费者确实可能会聚在一起，但即便如此，消费的本质仍然是一种彻头彻尾孤独的、私人的生活体验"②。

在鲍曼看来，无论是个体化社会还是消费社会，都对当代人的道德状况产生了深刻的负面影响。原子化、碎片化的个体化社会（或个体主义社会）隔断了人与人之间的情感关怀和伦理关联，而消费主义、功利主义支配的消费社会和福利社会则导致普遍的道德休眠，使人成为听天由命的消费者。鲍曼在描绘现代社会各种流动的消费者时指出，人在很大程度上成为一个观光客："身临其境却又置身事外。物质上的亲近，精神上的疏远。冷淡、孤独的自由——预先免除了所有约定俗成的责任。在理想状况下，道德良心已经被喂下了一片确定无疑的安眠药。"③鲍曼指出，人类社会在从"生产者社会"转变为"消费者社会"的同时，主导性的文化精神也发生了根本的转变：从工作伦理向消费美学转变。如上所说，在生产范式支配的社会条件下，一个人要通过职业（或志业）的选择而自我构建自己的身份，并因此而服从相应的工作伦理，承担着道德责任，创造着价值和意义。而在消费社会中，身份的暂时性、不确定性和多变性则使个人摆脱了这种工作伦理及其道德责任，成为被感官体验所支配的消费者。鲍曼对此做了鲜明的对比："富有成就感的工作，能够自我实现的工作，作为人生意义的工作，作为生活核心的工作，作为骄傲、自尊、荣誉和名声的源泉的工作，简而言之，具有使命感的工作，成为少数人的特权，成为精英阶层的特有标志。其他人只能敬畏地

---

① 齐格蒙特·鲍曼：《工作、消费主义和新穷人》，郭楠译，上海社会科学院出版社2021年版，第36页。

② 同上书，第38页。

③ 齐格蒙特·鲍曼：《后现代伦理学》，张成岗译，江苏人民出版社2002年版，第286页。

远观、艳羡，只能通过低俗小说和肥皂剧来体验。他们在现实中没有机会从事这类工作，体验这种生活。"①在这种意义上，对于众多消费者而言，越来越多样化和越来越丰富的消费是一种享受，而不是折磨他们的义务或责任。因此，"消费者必须以审美趣味为导向，而不是以道德规范为导向"②。显而易见，消费社会的消费主义价值观从根基上侵蚀着人类社会的道德纽带和伦理价值。因此，鲍曼得出结论："是美学，而非伦理学，被用于整合消费者社会，确保其走在正确的道路上，并屡次拯救其于危难。伦理学赋予履行责任以最高的价值，而美学则把崇高的体验放在首位。"③

通过对个体化社会和消费社会的理论反思，鲍曼深刻揭示和批判了流动的现代性对于现代人的道德主体性和社会的道德状况的消极影响，然而，他并没有停留于此，他并没有认为流动的现代性对现代人和现代社会的道德伦理的影响完全是负面的。相反，在鲍曼看来，流动的现代性对于现代社会的道德伦理产生的最根本影响是拆除或者打破稳固的现代性所建立起来的普遍化和理性化的伦理规范体系对个人的道德主体性的束缚和代理，其结果既有可能导致个体沉浸和迷失在消费的审美体验中不能自拔，呈现出一种道德休眠和道德冷漠的生存状态，但是，也可能把道德选择和道德责任从普遍的理性代理人那里还给每一个个体，使每一个个人作为自主的道德主体而进行道德选择，承担道德责任。而这种可能性在稳固的现代性的背景下是不可能出现的。

鲍曼指出，在很多人看来，具有普遍约束性或者强制性的理性伦理体系被打破，道德也就不复存在，人们生活于一个道德虚无主义的时代。就像立法者无法想象一个没有法律的有序世界，伦理的立法者或传教士也无法想象一个没有合法伦理的道德世界。而真实的情形是，普遍化伦理时代的终结并不是道德的终结，而只是个体外在的理性道德代理人使命的终结，而道德依旧存在，并且每个人进入了可以真正开始进行

---

① 齐格蒙特·鲍曼：《工作、消费主义和新穷人》，郭楠译，上海社会科学院出版社2021年版，第44页。

② 同上书，第39-40页。

③ 同上书，第40页。

自主的道德选择、自觉地承载道德责任的时代，这是真正的道德的时代。鲍曼指出，在流动的现代性的条件下，"道德并不随着有效的按伦理原则制定的法律的死亡而消失；而是相反地，道德找回了它自己。权力支持下的伦理规则，不是保护道德标准的摇晃的骨肉不致跌碎的坚固框架；而是一个坚硬的牢笼，它阻止道德标准伸展到它真实的尺寸，阻止它通过伦理和道德——指导和保持人们相互间的和睦相处——的最终考试。一旦框架松散，它包含的内容不会消散，相反地，它们获得了巩固；除了它们内在的力量，没有什么可以依赖的。随着注意力和权威不再投向对伦理立法的关注，人们可能自由地——和被强制地——直截了当地面对他们的道德自治这一现实——这也意味着一种不能摆脱的、不可剥夺的道德责任"①。

　　鲍曼认为，为了让道德找回自我，为了唤醒道德的力量，使现代个体成为自主的道德主体，最根本的是要把道德从由普遍理性构造的伦理规范的束缚和强制中解放出来，把个体的道德主体性从理性化的道德代理人那里解放出来，使道德重新个人化。鲍曼指出，"将道德从人为创设的伦理规范的坚硬盔甲中释放出来（或者是放弃将其保留在伦理规范中的雄心），意味着将道德**重新个人化**。通常认为，人之激情太周游不定、变化无常，确保人类共同生活安全的任务太重大，以至于不能将人类共存的命运委托给人类之道德能力。我们现在认识到：这个命运也很少能够委托给其他东西；或者更准确地说，这个命运可能不能被恰当地关注（即所有提供的或者预定要提供的关注将要被证明是不现实的，或者更糟，是起阻碍作用的），除非我们将要采取的对命运的关注方式认识到了个人道德和其顽固的存在"②。鲍曼深知，无论是同传统社会与等级身份相连的前现代道德规范相比，还是同稳固的现代性铸造的普遍化的伦理体系相比，这种后现代视域的"道德重新个人化"或个体道德（个性道德）的生成都是最难达到的，有时候甚至是很渺茫的。然而，这是

---

① 齐格蒙·鲍曼：《生活在碎片之中——论后现代道德》，郁建兴、周俊、周莹译，学林出版社2002年版，第34页。

② 齐格蒙特·鲍曼：《后现代伦理学》，张成岗译，江苏人民出版社2002年版，第39页。

道德找回自我、重新兴盛起来的最后的机会，是每一个个体都必须坚持把握的机会。而维系这一希望的核心是个体的道德选择和个人责任的重新回归，因此鲍曼强调，"随着集中立法的烟雾的消散和代理权力回归当事人，这种选择明显交给了道德个人自己的策略去决定。伴随选择而来的是责任。如果选择是不可避免的，那么责任也是不可避免的"①。

（三）以道德良知和绝对的道德责任为核心的个性道德

如上所述，鲍曼等波兰新马克思主义理论家认为，随着现代性危机的深化，随着后现代视域的开启或者流动的现代性的生成，人类社会已经超越了伦理的时代，无论如何都不可能再重新建构一种具有普遍强制性的理性化的伦理规范体系。在这种流动的现代性境况中，人类如果想继续保持道德的力量，就必须激活个体的道德良知和道德判断力，使个体能够自主地进行道德选择和自觉地承担道德责任。这样，人类社会就进入了真正的道德时代，即个体化或者个性化的道德的时代。鲍曼将这种通过个体自主选择而生成的后现代道德称为"重新个性化的道德"（re-personalizing morality）②，即个性道德。在鲍曼和其他波兰新马克思主义理论家看来，个体的道德选择和个性道德的建构，核心问题是道德责任，并且这不是一般的责任，而是不可推卸的绝对的责任，是个体的道德责任；进而，这种道德责任不仅是对自己的道德良知负责，通过选择使自己成为一个道德的人，一个好人，而且要对所有的他者负责，关照所有的他者和共同体。

首先，我们都清楚地知道，面对灾难深重的 20 世纪，面对失控的现代性危机，很多敏感的思想家和理论家都在强调道德责任，特别是个体的道德良知和道德责任。尽管有的人认为，现代性条件下的很多罪恶具有团体性和集体性，应当首先考虑集体的责任。但是，更多深刻的思想家强调，无论在什么样的境遇中，道德的责任首先是个体的责任，是

---

① 齐格蒙·鲍曼：《生活在碎片之中——论后现代道德》，郁建兴、周俊、周莹译，学林出版社 2002 年版，"序言"第 7 页。

② 也有译者将"re-personalizing morality"译为"道德的重新个体化"或"道德的重新个性化"。

个体依据内在的道德良知所进行的道德选择，个体对自己的选择和自己的行为具有不可推卸、不可逃避的绝对的责任。波兰新马克思主义理论家们非常明确、非常坚定地强调个体的道德责任。

关于个体道德责任的阐述，最有影响的 20 世纪思想家应当首推阿伦特。如前所述，阿伦特在耶路撒冷法庭对纳粹战犯艾希曼的审判中，发现了平常的人或正常的人在现代社会自律运行的技术理性体系和官僚体系中通过服从命令而犯下罪恶的一个典型的例子，她将这种罪恶命名为"平庸的恶"。但是，阿伦特并没有因此而忽视艾希曼的个体道德责任。她强调，无论是服从权威或者组织的命令，还是所谓集体的共同责任，都不能免除参与其中的个人的责任。阿伦特认为，个体的责任与集体的责任之间会产生冲突，但是作为一个个体，在国家的、政治的、组织的、集体的行为中的态度和作为，即参与或者拒绝参与，都要为这一集体的行为承担个人责任。而且她坚信个人有能力基于自己的道德判断和良心良知做出这种选择，例如，越南战争中拒绝服役的人们就属于这种事例。阿伦特承认，在 20 世纪的独裁政体中，个人要做出这种选择，特别是拒绝参与类似纳粹的这种集体犯罪行为，是很艰难的，"是必须果断下决心的事情"，但是，人们还是可以"基于道德的理由"做出抵抗的决定，在纳粹期间欧洲各国拒绝与纳粹合作，参与抵抗的人的大量存在就说明了这一点。因而，阿伦特强调，西方理性文明要摆脱走向极权主义的危险和危机，就必须清醒地意识到个人责任的重要性，无论何种情况下，都不能推卸和免除个人的责任。"无论是否被告是毒品贩卖集团成员、或党卫队成员，还是其他犯罪组织或政治组织的成员；也无论他只是根据上级命令行动，还是非组织的某个个人也做完全同样的事，即使他作为使人相信不过是作为组织中的一只齿轮的角色站在法庭上时，他仍是作为个人的人格出现的，要根据他所做的事加以制裁的。"[①]

关于道德选择的个人责任问题，科拉科夫斯基有着十分清醒的认识。他在 20 世纪 70 年代所写的《历史与责任》一文，就对社会发展中的

---

① 汉娜·阿伦特等：《〈耶路撒冷的艾希曼〉：伦理的现代困境》，孙传钊编，吉林人民出版社 2010 年版，第 138 页。

个体责任做过深入的思考。在科拉科夫斯基看来，社会的制约因素和历史的决定论特征都不能免除个人的道德责任，因为个人具有道德良知、道德判断力和自由选择的能力，因此，在社会运动中，个体具有不可逃避的责任，任何外在因素都不能成为免除个体责任的理由。他强调，每一个人都是一个道德主体，真正的社会参与就是道德参与，因而，个人必须为自己的一切行为的后果负责，没有任何理由能让人免除或者推卸个人的责任："人们不能借口其行动只是特定历史进程中的片段而推卸积极的或消极的责任。士兵在道德上要对他依照上级命令而犯下的罪行负责，一个人更要对其接受其中不为人知的历史使命——想象的或现实的——而采取的行为负责。"①科拉科夫斯基列举了很多种情形，例如，人的行为受各种条件的制约，受某种必然性的驱使，接受某种上级和权威的命令等，这些都不能成为免除个人责任的借口，因为，每个人都是有自由选择能力的主体。"这意味着，我们无法为因情绪、情感或道德无效而进行的行动提供解释，我们无权将我们有意识的行动应该承担的责任转嫁到决定我们行为的任何因素上，因为在每一个场合，我们都有自由选择的能力。"②不仅如此，科拉科夫斯基的要求更为严格，他在谈到第二次世界大战期间纳粹大屠杀的罪行时指出，甚至"无知"，即不了解情况，也不能成为免除个人责任的借口或理由。他指出，"实际上，也是很重要的一点，无知并不能解除一个人的责任，因为在许多场合，我们有道德上的责任去了解情况。第二次世界大战时，有些德国人不知道集中营，这是真的。如果他们对自己的无知不承担责任，那么该由谁来负责呢？如果仅仅基于他们的公民身份，如果他们利用了属于一个统治了半个欧洲的国家的公民，他们怎样作为'正派人'呢？我们可以说他们的无知是有罪的，因为要纠正这种无知本来并不很困难。从一般意义上讲，他们不愿意了解形势，也是有罪的。这还不够。在有些场合，我们缺乏实际措施去获取做出决定所必需的信息。而一旦做出决定，又会

---

① 莱泽克·科拉科夫斯基：《走向马克思主义的人道主义——关于当代左派的文集》，姜海波译，黑龙江大学出版社 2013 年版，第 132 页。

② 同上书，第 133 页。

引起无法预料的后果，我们觉得应对结果承担责任"①。

相比之下，在 20 世纪新马克思主义理论家中，鲍曼对于现代性危机和现代道德困境的深重灾难有着最为深刻和具体的认知。他清楚地看到稳固的现代性背景下的普遍化理性机制对个性选择的排斥和对个体道德责任的代理所造成的普遍的道德冷漠，也看到了流动的现代性背景下个体化社会和消费社会对个体道德良知的催眠，他还清楚地知道在这种社会和文明境况中，要唤醒个体道德良知和重拾道德力量是多么艰难，甚至是让人感到无望的事情。但是，他依旧强调只能求助于个体的道德良知和道德责任，换言之，他认为我们只能押注于道德良知，我们别无选择。在这里，鲍曼首先判定现代人的道德良知只是被催眠，而并没有彻底泯灭。"对人类来说幸运的是（虽然对道德自我来说并不总是幸运的），道德良知——道德冲动的最终推动力和道德责任的根基——仅仅是被麻醉了而不是被切除了。但道德良知始终还在这里，可能是处于休眠状态，可能是被打昏了，有时因害羞而保持沉默——可是道德良知是可以被唤醒的，列维纳斯的功绩就在于使道德良知从酒醉的迟钝状态中清醒过来。"②基于这种判断，鲍曼强调我们要依靠和依赖道德良知的唤醒来恢复道德的力量，他指出，"我们没有其他选择，只有把赌注下在道德良知上，不管道德良知多么苍白无力，在遵守不去作恶的命令中，它也可以单独承担起灌输道德责任的任务"③。在这种意义上，鲍曼强调道德责任的绝对性和对人的存在和社会运行的绝对重要性，他将道德责任视为人类财富中最重要的瑰宝，是人不可剥夺的权利。"道德责任是人类最具私人性和最不可分割的财富，是最宝贵的人权。不能为了安全而剥夺、瓜分、抛弃、抵押或者沉淀道德责任。道德责任是无条件的和无限的，它在不能充分证明自己的不断痛苦中证明了自己。道德责任从来不为其存在寻找保证，因为从来不为其不存在寻找借口。道德责任存

---

① 莱泽克·科拉科夫斯基：《走向马克思主义的人道主义——关于当代左派的文集》，姜海波译，黑龙江大学出版社 2013 年版，第 141 页。

② 齐格蒙特·鲍曼：《后现代伦理学》，张成岗译，江苏人民出版社 2002 年版，第 293-294 页。

③ 同上。

在于任何保证和证据之前，存在于任何借口或赦免之后。"①

进而，在鲍曼等波兰新马克思主义理论家看来，我们强调要在后现代性或者流动的现代性条件下唤醒个体的道德良知和道德责任感，不仅是为了推动个人成为自觉的道德主体，在自己的行为中区分善恶，追求美德，更重要的是为了他者，为了所有我们熟悉的和陌生的他者。换言之，人不仅要为自己的存在和行为承担道德责任，而且要为所有他者担责，只有确立起对他者无条件的道德责任，真正的道德自我和道德主体性才会确立起来。在这方面，鲍曼等人继承了列维纳斯"他者伦理学"的立场，把为他人担责作为个体伦理学和个性道德的核心。他们认为，必须从根本上改变和超越把他者视为自我的对立面的现代道德立场，而真正确立起自我与他者建立起亲密关系，无条件地为他者担责的后现代道德立场。在鲍曼看来，在流动的现代性背景下，随着现代性与全球化的相互交织，现代性的经济、政治和文化在全球所有地区流动和运转，由此产生越来越多的移民、流动者、流浪者，以及日益开放的城市空间中越来越多的漫游者，在我们门口和身边聚集了越来越多暂住的和流动的陌生人。这种流动的现代性和流动的他者、流动的生活，对于后现代的个性道德提出了更高的要求，因此，鲍曼赞同列维纳斯的观点，他把后现代的个体伦理学在本质上理解为一种"他者伦理学"。

鲍曼在探讨和建构流动的现代性背景下的个体伦理学时，确立了一个基本的出发点：为他人担责标志着道德自我和道德行为的诞生，只有选择为他人负责才能使个体成为道德自我，即自主的道德主体：他指出，"我们分享着这个世界，所以不管我们愿意不愿意，都彼此影响相互的生活；我们做什么或放弃做什么都并非与他者的生活无关。这种状况已经使我们彼此互相负责，并由此已经使我们成为伦理的存在。但是，我们可以**承担**责任，或者可以不**承担**责任，因为不管我们是否知道那份责任，也不管我们是否愿意让它成为我们的责任，那份责任都是我们的。仅当承担那份责任时，自我才转变为道德的；仅仅在那时，道德

---

① 齐格蒙特·鲍曼：《后现代伦理学》，张成岗译，江苏人民出版社 2002 年版，第 295 页。

自我才开始苏醒过来；毫无疑问，这是不确定的生活。当共在（Mitsein）被提升到为他人的存在（Fürsein，'pour-être''being-for'）的水平，道德自我才产生。"①鲍曼认为，这种为他人的存在，这种对他者担责的道德立场的确立，经历了一个转变过程，因为早期现代社会，即稳固的现代性和后期现代社会，即流动的现代性或后现代性对待他者的态度是不同的。从把他者视作自我的对立面，到为他者担责任，这是现代伦理学的一种根本性的转变。

鲍曼指出，现代伦理学，即被稳固的现代性支配的现代社会的伦理学，把他者视为自我的对立面。"在现代伦理学里，他者是向自我实现进军路上的矛盾的具体化和最可怕的绊脚石。"②鲍曼认为，不同历史时代，社会对待闯入社会或共同体中的外来者（陌生人）所秉持的态度和所采取的策略是不同的。在文明时代开始之前，原始社会对待危险的外来人的策略是一种"食人性质的策略"，即把外来者吃尽、吞没或者消化掉（完全同化）。鲍曼认为，现代社会对待外来者的态度和策略不同于原始社会那种"吞没"的食人性质的策略，但是，它所采取的"吐出"的策略也同样是要把外来者和陌生人与我们隔绝开来，使之"边缘化"，被理性地控制起来。"我们将危险的载体从日常生活中吐出、抛弃；我们使他们处在社会边缘之外——要么在流放中，要么在被监视的飞地中——在那儿能将他们牢牢地监禁起来，没有希望逃走。"③这种对外来者和陌生人的理性隔离、监禁和边缘化的策略包含着十分丰富的内涵和手段：从比较温和的城市规划到最残暴的大屠杀和种族灭绝。例如，根据现代性排除一切偶然性和突发性的理性化原则，通过日益周密的理性化的城市规划，建立理性的秩序，以消除陌生人身上所有特殊的、陌生的东西。"从世界中消除一切偶然的和突发的事物——你将会消除所有反复无常和怪僻行为的根源。在这种意义上，城市规划是一场向陌生人宣战的战争——向那些使陌生人脱颖而出的未决事物，令人困惑的怪异倾向宣

---

① Zygmunt Bauman, Ethics of Individuals, *The Canadian Journal of Sociology*, 2000, vol. No. 1, p. 84.

② 齐格蒙特·鲍曼：《后现代伦理学》，张成岗译，江苏人民出版社2002年版，第98页。

③ 齐格蒙·鲍曼：《生活在碎片之中——论后现代道德》，郁建兴、周俊、周莹译，学林出版社2002年版，第204页。

战；不是一场致力于征服的战争(一种迫使陌生人人群转变为驯服而恋家的一个个熟人的行动)——而是为了消除'陌生性'。"①这种理性的秩序也可以延展为设立禁区，即把陌生人或者城市的暂住者限制在"集中集聚区"，从而形成防止新的异质性、排除陌生人的同质的空间。"许多城市暂住居民没有一个可行的策略，而且多半必须将他们可居住的(和[真正地]'公共的'——可自由到达的)空间限制到严格规划的'集中集居区'，以便最大可能地保证余下的城市居民免受限制。"②不难看出，当这种对外来者和陌生人进行区隔和理性监控的策略发展到极端，延伸到不仅把陌生人和外来者，而且把不同的文化和种族视作"现代园丁"眼中的杂草而加以铲除时，就会出现反人类、反人性的大屠杀和种族灭绝，正如我们在前文阐述鲍曼关于现代性和大屠杀理论时描绘的那样。

与边缘化和理性化监禁陌生人与外来者、漠视他者的现代伦理学不同，流动的现代性时代的后现代伦理学强调要关心他者，对他者负责，它重新建立起自我和他者之间的亲密关系，以替代被理性化的伦理规范和伦理代理人所割断了的自我与他者之间的有机联系。鲍曼认为，在这方面，列维纳斯的他者伦理学做出了突出的理论贡献，他强调伦理学优先于本体论。在列维纳斯那里，他者不再是一种牺牲品，而是道德生活的守门人，而人类的本性和人的主体性是对他者的责任。鲍曼强调后现代伦理学的核心是重新确立他者的核心地位和个体对他者的道德责任。他指出，"如果后现代是从激烈地追寻现代性的雄心所导致的盲目小径上的一种撤退，那么后现代伦理学将会是这样一种伦理学，它重新将他者作为邻居、手、脑的亲密之物接纳回道德自我坚硬的中心，从计算出的利益废墟上返回到它被逐出之地；是这样一种伦理学，它重新恢复了亲近独立的道德意义；是这样一种伦理学，在道德自我形成自身的过程中，它将他者作为至关重要的人物进行重新铸造"③。

在鲍曼看来，在流动的现代性时代确立这种为他者负责的个体伦理

---

① 齐格蒙·鲍曼：《生活在碎片之中——论后现代道德》，郁建兴、周俊、周莹译，学林出版社 2002 年版，第 143 页。

② 同上书，第 145 页。

③ 齐格蒙特·鲍曼：《后现代伦理学》，张成岗译，江苏人民出版社 2002 年版，第 98 页。

学至关重要，因为当代人类社会是由各种各样、形形色色、身份不确定或者身份多变的、川流不息的陌生人和他者组成的一个动态的世界，一个动态的社会。在这其中，存在着我们已经提及的由现代性的全球流动或者重大历史事变而催生的各种移民和流亡者，即成群结队的"门口的陌生人"；还有在文化和意义方面荒漠般的世界中"把生活变成通往意义所在地的朝圣征途"，寻求意义和身份的现代朝圣者①，以及作为现代朝圣者接班人的各种后现代"朝圣者"，例如，现代城市中穿梭于各种购物中心大街小巷的各种漫游者和流浪者、作为居无定所的永远的陌生人的流浪者、寻求各种刺激和新鲜体验的游客、热衷于个人表现和像孩子一样全身心地拥抱各种竞技活动的比赛者，等等②；此外，鲍曼还特别关注我们社会从内部制造出来的各种他者，如日益丰富的消费社会中的"新穷人"，即"有缺陷的消费者"。他指出，"和其他各类社会一样，消费者社会的穷人没有机会过上正常生活，更不用说过上幸福生活。在消费者社会中，一个人无法幸福地生活，甚至无法正常地生活，就意味着他/她是失败的消费者，或者说是有缺陷的消费者。所以，消费者社会的穷人，被社会，也被其自身定义为有瑕疵的、有缺陷的、不完美的、先天不足的消费者。简而言之，就是不合格的消费者"③。鲍曼指出，后现代的个体伦理学或者他者伦理学强调，个性道德的核心是对他者负责，这包括和拓展到所有类型的他者，从一般的他者到门口的陌生人，从后现代的漫游者和流浪者到消费社会制造的"新穷人"；进而，后现代伦理学在关照各种他者，为他者负责时，并非一种居高临下的恩赐，也不是一种对称性的互惠的交互责任，而是要把通常被视作"低劣的他者"的人提升为"优先的他者"，对他者承担无条件的、绝对的责任。

关于后现代个体伦理学所强调的对他者的绝对责任，是鲍曼一直阐

---

① 参见齐格蒙·鲍曼：《生活在碎片之中——论后现代道德》，郁建兴、周俊、周莹译，学林出版社 2002 年版，第 88—94 页。

② 参见齐格蒙·鲍曼：《生活在碎片之中——论后现代道德》，郁建兴、周俊、周莹译，学林出版社 2002 年版，第 99—109 页。

③ 齐格蒙特·鲍曼：《工作、消费主义和新穷人》，郭楠译，上海社会科学院出版社 2021 年版，第 48 页。

述和倡导的核心思想。他首先反复强调的道德自我(道德个体)与他者的伦理关系不是"共在",不是对称性的互惠关系(并不要求他者以同样的关照回报于自我),而是对他者一种无条件的和绝对的责任。鲍曼继承和阐述了列维纳斯他者伦理学的核心思想:"'共在'(being with)是对称的。而'为他者而存在'(being for)很明显是非对称的……我在为他者,而不管他者是不是在为我。可以说,他为我是他的问题,他是否为我或者他怎样'处理'这个问题一点也不影响我为他(就我为他者而言,包括我尊重他者的自治,反过来也包括我同意既不强迫别人为我,又不以任何其他形式干涉他者之自由)。"① 为了更清楚地阐释对他者绝对的和无条件的责任,鲍曼一方面强调道德自我的责任的"唯一性":对于个体而言,如此界定的对他者的绝对责任,是一种沉重的道德责任,其中包括我甘愿为他者而牺牲的责任,但是,这样一来,这种为他人负责就是一种不能普遍化、不能具有强制性的道德命令,是道德自我的自主的道德选择,因此,在鲍曼看来,正是这种责任的唯一性和非互换性把我置于道德关系之中,使我成为一个自主的道德主体。因此,鲍曼强调,"我的责任总是走在前面,总是比他者的要大"②。在鲍曼看来,流动性背景下的个性道德的主体就是这种具有道德良知、自觉选择承担道德责任的人。"做一个道德的人意味着我是我同胞的守护者。但是这也意味着不论我的同胞是否以与我一样的方式履行他兄弟般的责任,我都是他的守护者。我是我的同胞的守护者,而不管其他的同胞——真实的或者假定的——做什么或者可能做什么。"③ 另一方面,与道德自我的责任的"唯一性"相对应,鲍曼强调了他者的"优先性"。他认为,列维纳斯对现代伦理学原则最根本的颠覆就在于把曾经分配给自我的优先性给予了他者。在阐述他者的优先性时,列维纳斯特别强调他者的"面孔"的道德内涵。鲍曼继承了这一思想,他指出,既然作为道德自我,我的责任总是走在前边,我并不要求他者与我建立起对称性的互惠关系,那么,我并

---

① 齐格蒙特·鲍曼:《后现代伦理学》,张成岗译,江苏人民出版社 2002 年版,第 58 页。
② 同上书,第 60 页。
③ 同上。

不需要把他者作为一个完整的主体去对待，他者的在场本身就已经先在地确定了我与他的道德关系。具体说来，我的责任总是走在前边，他者的面孔和他者的凝视就是"一种不可抗拒的责任"，也就是说，在道德自我与他者的道德关系中，并不需要他者作为一个主体而发声，他者的面孔和他者的沉默就是对我的道德命令。鲍曼指出，"我负责注意他者的情形，但是以一种负责的方式负责，'为我的责任负责'，要求我**知道**这种情形是什么。他者对我下命令，但是我必须表达这种命令，使这种命令对我来说是能够听得到的。他者之沉默命令我代表他者说话，代表他者意味着具有他者的知识"①。显而易见，只有道德自我具有内在的道德良知和道德判断力，并且自觉地进行道德选择，才可能真正理解各种他者的沉默命令，成为真正关照他者的担忧的人和道德的人。

综上所述，不难看出，鲍曼的后现代个体伦理学把道德复兴的所有希望都押在十分脆弱的个体身上，因而，他的伦理学总给人一种虽然价值追求很美好，但是，面对冷酷的现实很难实现的悲壮感觉。其实，鲍曼在强调个体的绝对道德责任的同时，也在思考共同体复兴的可能性，但是，他也深刻地认识到在流动的现代性背景下，在原子化、碎片化的个体化社会和消费社会中共同体复兴的艰巨性。鲍曼指出，在现代性的演进过程中，总是有各种关于复兴共同体的呼声和追求。他指出，"我们现在似乎转了一圈又回到原地。共同体的观念从一心想建立无边无际的人性的现代性监禁的冷藏库中被释放出来并恢复了真正的或想象中的过去的荣光。人们现在正是将许多被丧失能力或不可置信的机构夺去的希望集中在共同体身上"②。

鲍曼认为，这种对复兴共同体的追求是完全可以理解的，因为，共同体在人类历史上有着悠久的传统，给人的总体感受也是不错的。传统社会的共同体往往具有规模小、自给自足和独特的习俗等特征，因而是一种靠兄弟般的情感和责任维系的道德共同体，它为个体提供了稳定性

① 齐格蒙特·鲍曼：《后现代伦理学》，张成岗译，江苏人民出版社2002年版，第106页。
② 齐格蒙·鲍曼：《生活在碎片之中——论后现代道德》，郁建兴、周俊、周莹译，学林出版社2002年版，第321-322页。

和确定性，使人具有家的感觉，体会到温情的情感关照。当现代性以理性化的手段颠覆了传统社会结构时，这种具有道德内涵的传统共同体也被打破。普遍化的伦理体系和理性化的社会机制形成了束缚和压制个体的坚硬盔甲，个体的道德良知和传统道德共同体的兄弟般的情感关系也同时被全面压制或者催眠。鲍曼承认在流动的现代性背景下，共同体的复兴对于个体抵御社会、官僚机构、消费社会、功利等的操控，重新唤醒道德良知，成为自主的道德主体(道德自我)具有十分重要的价值，但是，他也充分意识到在当今的历史条件下重建共同体的困难。他认为，对于我们的时代而言，共同体并不意味着是一种我们可以获得和享受的世界，而是一种乌托邦的渴望和想象。对重建共同体的渴望和追求，给我们带来了一种希望，但是，也带来了一种存在的矛盾，即个体的自由和确定性之间的矛盾。在鲍曼看来，如果我们不是停留于想象的共同体，而是追求现实的共同体，我们就可能要付出代价。"付出的代价是自由，它还有不同的说法，如'自主''自决权'或'成为自我的权利'。无论你选择什么，你将有所获得也会有所失去。失去共同体，意味着失去安全感；得到共同体，如果真的发生的话，意味着将很快失去自由。确定性和自由是两个同样珍贵和渴望的价值，它们可以或好或坏地得到平衡，但是不可能永远和谐一致，没有矛盾和冲突。无论如何，还没有为这种和谐一致发明出任何一种连傻瓜都会的诀窍。"①

尽管有上述这些矛盾纠结，以及理想和现实的冲突，但鲍曼并不否认复兴共同体的价值，以及人类追求重建共同体的努力。但是，鲍曼强调，无论涉及何种意义上的共同体，或者无论涉及何种意义上的社会整体或社会机构，都必须把个体的自由、社会的平等和对他者的责任放在首位。鲍曼强调，"如果说在这个个体的世界上存在着共同体的话，那它只可能是(而且必须是)一个用相互的、共同的关心编织起来的共同体；只可能是一个由做人的平等权利，和对根据这一权利行动的平等能力的关注和责任编织起来的共同体。"②

---

① 齐格蒙特·鲍曼：《共同体》，欧阳景根译，江苏人民出版社 2003 年版，"序曲"第 6 页。
② 同上书，第 177 页。

第五章　普遍物化时代的道德
危机与重建

——捷克斯洛伐克新马克思主义伦理思想

　　应当说，同南斯拉夫实践派、匈牙利布达佩斯学派和波兰新马克思主义相比，捷克斯洛伐克新马克思主义的兴起和发展相对而言要更为艰难。众所周知，东欧新马克思主义各个理论流派得以兴起的直接社会历史背景就是现存社会主义改革的探索。在这方面，同南斯拉夫、匈牙利和波兰等国相比，捷克斯洛伐克的社会主义改革来得比较晚，具体说来，与"苏南冲突""匈牙利事件"和"波茨南事件"等社会主义改革事件相比，1968 年爆发的布拉格之春要晚上十几年，甚至二十年。这种状况也从一个侧面反映出苏联模式和斯大林主义在捷克斯洛伐克的强大统治力与新马克思主义流派产生和发展的艰难。

　　然而，这种历史状况丝毫没有降低捷克斯洛伐克新马克思主义的理论影响力。布拉格之春虽然来得相对晚，但是它来势迅猛，一经爆发很快就引起了深刻的历史变化。同东欧其他几个国家的社会主义改革相比，以布拉格之春为代表的捷克斯洛伐克社会主义改革探索具有更大的主动性，它是由捷共中央直接发动和领导的探索适合捷克斯洛伐克国情的社会主义发展道路的一次深刻改革。这次社会主义改革有着比较充分的理论准备，卡莱尔·科西克、伊凡·斯维塔克等理论家正是在这次社会主义改革的理论探索、思想准备和积极推动的过程中阐述了关于马克思主义的人道主义思想。他们的理论探索一方面积极助推了社会主义改革的进程，另一方面则极大地提升了他们自己作为新马克思主义理论家在国际上的影响力。科西克发表了《具体的辩证法——关于人与世界问题的研究》和《现代性的危机——来自 1968 时代的评论与观察》，他以

"人在世界中的存在"和"人与宇宙的关系"为出发点和理论基点，建构了独特的人道主义马克思主义理论形态，并且对社会主义的改革进行了深入的探讨；斯维塔克在《人和他的世界——一种马克思主义观》等著作中，以人道主义为基本定位阐发了马克思关于人的理论，并对社会主义改革进行了深入的探讨。此外，捷克斯洛伐克新马克思主义还包括马赫维茨（Milan Mahovec）、普鲁哈（Milan Prùcha）等坚持人道主义马克思主义的理论家。

从总体上看，以具体的辩证法为表现形态的实践哲学、现代性批判、社会主义改革探索等构成了捷克斯洛伐克新马克思主义的主要理论建树。对于人道主义理论立场的坚持与对马克思实践哲学和异化理论的高度重视，是所有东欧新马克思主义理论家共同的理论特点，其中，科西克的具体的辩证法通过对"具体的总体"的建构和对伪具体性的批判深刻阐发了关于人和实践的哲学思想，成为当代马克思主义最有影响的实践哲学理论形态之一。这一基本的理论立场既是科西克等捷克斯洛伐克新马克思主义全部理论建树的出发点和根基，也是其伦理批判思想的理论基础。

一、人道主义传统的当代理论视野与伦理思想内蕴

同其他东欧新马克思主义理论家一样，捷克斯洛伐克新马克思主义理论家的理论立场和基本价值取向也带有鲜明的人道主义底色。他们在理论层面致力于揭示和阐述马克思学说的人道主义内涵；在现实层面上积极探讨社会主义的人道主义实践模式。如科西克文集《现代性的危机——来自1968时代的评论与观察》的英文版编者詹姆斯·H.沙特怀特（James H. Satterwhite）概括指出的那样："正如科西克所见，我们急需的是一种全新的政治，一个来自某种看待'人与历史，自然和时间，存在与真理'的新方法。这是一种世界观，别样的政治制度，恰恰是社会

主义人道主义的，其特点是以**实践**作为其核心原则。"①基于这样的人道主义马克思主义理论立场，捷克斯洛伐克新马克思主义理论家通过对当代资本主义和社会主义社会体制和文化精神的反思与批判，彰显了马克思人道主义思想的当代价值和当代理论视野，同时为他们关于当代人类社会文化危机的伦理批判奠定了坚实的理论基础。

（一）人道主义思想传统的发扬光大

在捷克斯洛伐克新马克思主义理论家看来，人道主义价值是人类文明发展积淀下来的最重要、最珍贵的文化精神，它蕴含在人类社会和各个民族的文化传统之中，因此，必须重视和发掘人道主义思想传统和理论资源。如前所述，东欧新马克思主义理论家对人道主义精神和价值的特别珍视与中东欧各民族的历史体验有着深刻的内在联系。捷克民族和斯洛伐克民族与中东欧地区其他许多民族一样，在漫长的历史时期经常处于被帝国和列强征服、统治、瓜分、奴役的历史劫难之中，这些苦难的历史体验像血脉一样存续在中东欧地区民族文化记忆之中。位于欧洲中部的捷克和斯洛伐克往往处于这些历史苦难的最深处，例如，它们在很长的历史时期内不仅处于哈布斯堡王朝的统治之下，而且还在哈布斯堡王朝主导的奥匈帝国的"二元帝国"体制中遭受其他民族的压迫。这些痛苦的历史体验往往促使这些地区敏感的思想家和理论家格外珍视自由、个体、尊严、真实等人道主义的文化价值和道德理想。

在这一点上，捷克斯洛伐克新马克思主义理论家也保持了这样的理论品格，他们非常重视人类文明中积淀的人道主义价值，并且特别注重挖掘本民族历史血脉中保存下来的鲜活的人道主义价值。例如，科西克特别重视15世纪初捷克著名宗教思想家、布拉格查理大学校长扬·胡斯（Jan Hus）的思想资源。胡斯这位对后来马丁·路德和许多新教徒都产生了深远影响的宗教改革先驱和现代人文主义教育的思想家，不仅为推动宗教改革而献身殉道，而且致力于复兴捷克语言和文化，开辟了捷

---

① 卡莱尔·科西克：《现代性的危机——来自1968时代的评论与观察》，管小其译，黑龙江大学出版社2014年版，第15页。

克文化发展中把传统民族文化及本土文化与外来文化相融合的发展方向。胡斯面对罗马教廷的火刑，勇敢赴死，至死都不撤销自己的主张，不违背自己的良心，他曾坚定地表达："不要让暴力压制善良，要让大家掌握真理!"①科西克认为，在胡斯思想核心中包含着人道主义的文化精神，因为按照胡斯的理解，人们应当掌握的真理就是人本身。"成为根本的东西首先意味着建立某种基础，一旦这个基础已经建立，便可在其上建立其存在及其正当性。只要这个成问题的基础被破坏、缩减、禁止或变形，它就会丧失其自身的根据，任何没有根据的事物都是不稳定的、肤浅的、空洞的。但是，15世纪的知识分子所陈述的基本真理指的不是某种事物，而是人——缺乏基本真理的人会失去其支持，无法立足，并变成无根的、毫无根基的人。"②

然而，与传统人道主义思想资源和文化精神相比，捷克斯洛伐克新马克思主义理论家更为重视的是马克思学说的人道主义性质和重要思想内涵。无论是科西克，还是斯维塔克，他们在阐述马克思实践哲学思想或者辩证法思想时，都突出强调马克思关于人的理解、关于人的实践的理解、关于人的实践的创造性的理解。在这种意义上，对他们而言，马克思的学说在根本上是一种深刻的人道主义。

科西克认为，实践在马克思学说中具有十分重要的地位和存在论意义，它揭示了人的存在方式和世界的运行方式。换言之，实践并不能归结为人们通常理解的与理论活动相对立的狭义的功利性的生产和加工活动，而是一种自由的和对象化的活动，是人的基本的活动方式，"**实践是人类存在的领域**"，"就其本质与普遍性而言，实践是对人作为一种处于形成中的存在，作为一种**构造**现实(社会–人类现实)的存在，并**因而**作为把握和解释现实(人类与超人类现实、总体现实)的存在这一秘密的揭示。人的实践不是与理论化相对的实践活动，这就决定了人的存在是

---

① 参见刘祖熙：《斯拉夫文化》，浙江人民出版社1993年版，第118页。

② 卡莱尔·科西克：《现代性的危机——来自1968时代的评论与观察》，管小其译，黑龙江大学出版社2014年版，第17–18页。

一个**构造**现实的过程"①。在这种意义上，"实践既是人的对象化和对自然的控制，又是人类自由的实现"②。实践渗透到人的存在整体和一切活动之中，它在总体上决定人；实践创造着人生活于其中的世界，换言之，人的现实不是自然的事实，而是人的创造，离开人的现实对人而言是不真实的或者说是没有关联的。"**没有人**，现实是不真实的，正如它不(仅仅)是人的现实一样。现实是作为绝对总体的自然的现实，它不仅独立于人的意识，而且独立于人的实存。人不仅作为自然的一部分在自然中构造出一个能超越自然的社会-人类现实，而且通过历史确定他在宇宙中的位置，现实就是这种人的现实。"③从这种分析不难看出，马克思的实践哲学在本质上是一种关于人的哲学，是一种彻底的人道主义。因此，科西克强调，"辩证法探究'物自体'。但这个'物自体'并不是平常之物，实际上它根本不是一个物。哲学研究的'物自体'是人及其在宇宙中的位置，或者，换句话说，它是人在历史中发现的世界总体以及存在于这个世界总体中的人"④。

斯维塔克同样明确彰显马克思学说的人道主义性质，他在《人和他的世界———一种马克思主义观》中强调，马克思主义本质上是一种争取人类解放和个体自由的人道主义理论。"就关于马克思列宁主义自身意义的最复杂问题而言，我们可以相信它是一种创造出来用以解放工人阶级和全人类的学说，它是一种为人赢得更大自由的手段，它包含着最值得珍视的人道主义传统，也就是各民族间的兄弟情谊的人道主义传统和为人类从剥削、苦难和专制中获得解放而斗争的人道主义传统。工人运动有足够力量摆脱与 20 世纪历史潮流相背离的一切。"⑤基于这样的理解，斯维塔克认为，在现存的社会主义条件下，要摆脱斯大林体制的束

---

① 卡莱尔·科西克：《具体的辩证法——关于人与世界问题的研究》，刘玉贤译，黑龙江大学出版社 2015 年版，第 170 页。

② 同上书，第 173 页。

③ 同上书，第 191 页。

④ 同上书，第 192-193 页。

⑤ Ivan Sviták, *Man and His World—A Marxian View*, translated by Jarmila Veltrusky, New York: Dell Publing Co. , Inc. , 1970, pp. 15-16.

缚，就要从恢复马克思主义的人道主义传统和思想本质入手，"对马克思进行人道主义的解释"①。

（二）人道主义的当代理论视野：物化结构和伪具体性的批判

如上所述，科西克在关于马克思实践哲学思想的阐发中，强调实践作为人的本质性的存在方式所具有的自由和对象化特征，强调实践对于人生活于其中的世界，对于人类社会和人的现实的创造。然而，科西克并没有停留于对马克思实践哲学所内含的人道主义精神的一般性阐发，而是要凸显马克思人道主义思想对当代人类物化的生存困境的批判。科西克在对马克思实践哲学思想的阐发中，高度重视马克思的异化理论。他认为，现代人处于普遍的异化状态之中，无论是在日常生活中人面对着"烦"的现实，还是在物化结构中人被降格为"经济人"，人的活动都没有能够真正体现出实践的自由和创造性，相反，人更多地体现为拜物教的、功利主义的实践主体。因此，马克思的实践哲学和人道主义思想最重要的当代价值和最重要的当代理论视野就是对物化结构的全方位批判。科西克的《具体的辩证法——关于人与世界问题的研究》的核心内容就是对人的存在和社会现实的深层异化结构的剖析，以及关于如何打破和变革这一现代异化结构的途径的探讨。科西克所使用的术语和范畴具有明显的存在哲学色彩，他特别重视"具体"（the concrete）和"总体"（totality），或者"具体性"和"总体性"两个核心范畴。从马克思的实践哲学立场出发，科西克认为，无论是真正意义上的人的存在，还是健全的社会现实，都应当是一个"具体的总体"，也就是实践基础之上主体和客体相统一的总体。具体说来，具体的总体所强调的是社会和历史各种要素的辩证的统一体，是人作为历史的主客体的统一体，而不是作为片面的、抽象的、孤立的、纯粹的物（客体）而存在。当人的存在和社会现实失去这种具体的总体性，就会陷入物化和异化的状态之中。

在科西克看来，现代性背景下的人和现实的确在相当普遍的程度上

---

① Ivan Sviták, *Man and His World—A Marxian View*, translated by Jarmila Veltrusky, New York: Dell Publing Co., Inc., 1970, pp. 2-3.

丧失了这种具体性和总体性。人是实践的存在物，他不断地建构主客体直接的内在统一和各种社会要素的有机联系，但是，无论具体(性)和总体(性)，还是人的实践都并非纯粹同质的范畴。换言之，不同的具体和不同的总体对人的存在的意义和价值并不是齐一的，既可能在历史中生成体现人的本质力量和创造性的总体和具体，也可能形成抑制人的主体性和创造性的物化的和异化的结构。现代社会的异化结构就呈现出这样一种状况：一方面，与真正的具体(性)相对，存在着伪具体性(the pseudoconcrete)。科西克认为，人的实践可以区分为两类：革命-批判的实践(revolutionary-critical praxis)和直接功利主义的实践(immediate utilitarian praxis)或者拜物教实践(fetishised praxis)。科西克认为，同直接功利主义实践相伴随的是日常思维。这种实践和思维能使人们在世界上找到可行之路，使人们对事物具有熟悉感和加以操纵的能力。但是，人们由此并未达到对事物和现实的理解。因而，直接功利主义实践和日常思维所创造的不是真正的具体和总体，而是未分化的和自在的整体，也即伪具体；与此相对应，人只是作为一个自在的活动主体而活动，真正意义上的自觉的实践主体尚未生成。另一方面，与真正的总体，即具体的总体相对，存在着虚假的总体(false totality)，在充斥着异化和物化的世界中，人的异化活动和非批判的思维并未建立起真正的具体性和总体性，而是建立起"虚假的总体"。科西克指出，虚假的总体有三种基本表现形式：其一是空洞的总体(empty totality)，它"缺少反思，缺少对个别环节的规定，缺少分析。空洞的总体拒绝反思"；其二是抽象的总体(abstract totality)，它把整体形式化，使之与部分相对立，"这样构想的总体没有发生和发展，没有形成总体的过程，没有建构和解构。总体是一个**封闭的整体**"①；其三是恶的总体(bad totality)，在这种总体中，"社会现实就会被设想为各种相互影响的自主结构的一个总和或总体。主体消失了，或者更准确地说，真正主体的位置，即作为客观实践主体的人的位置，将被一个神话化的、物像化的和拜物教化的主体占据，被

———

① 卡莱尔·科西克：《具体的辩证法——关于人与世界问题的研究》，刘玉贤译，黑龙江大学出版社2015年版，第42页。

结构的自主运动占据"①。概括起来，各种虚假总体的共同要害是"把整体实体化使之凌驾于部分之上并将其神话化"②。在科西克看来，这种"伪具体"和"虚假总体"就构成了"伪具体性的世界"（the world of the pseudoconcrete），这个伪具体性的世界具有十分复杂的内涵，包括尚未与人的自觉的实践活动建立起本质联系的外部现象世界、人的拜物教实践的世界（即获取和操控的世界）、非批判的日常生活世界、给定的或固定的客体的世界。显而易见，这是一个统治和操控了个体生存和社会运行各个方面的异化结构和物化结构。

由此可见，科西克的具体辩证法不是一般的方法论和认识论体系，而是实践哲学或哲学人本主义的一种特殊表达；它的宗旨是揭示人类摧毁伪具体性的世界，在革命的和批判的实践活动基础上建构具体的总体的途径。科西克认为，要使真正的总体，即具体的总体得以生成，一方面必须摧毁伪具体，另一方面必须使革命的和批判的实践成为人的存在方式。这实际上是同一个进程的两个方面，因为离开了革命的和批判的实践，摧毁伪具体就只不过是美好的一厢情愿。据此科西克认为，有三种摧毁伪具体的方式。第一种方式是以辩证的思维摧毁伪具体。在以直接功利主义实践和日常思维为主要活动方式的伪具体性世界中，现象取代或掩盖本质而处于核心地位。要打破人与现象世界自在地认同的状态，必须使人超越日常思维，而求助于或上升到科学和哲学思维的层次上，也就是学会运用辩证的思维。第二种方式是以人的革命的和批判的实践摧毁伪具体，这也就是人的人道化（humanization of man）。科西克认为，辩证的和批判的思维对于摧毁伪具体固然十分重要，但它只是革命的和批判的实践的一个方面，因为伪具体并非纯粹思维的产物，而是人的直接功利主义实践的结果，因此，只有把人的活动提升到革命的和批判的实践的层次上，真实地建立起人与自然、人与类、人与社会现实的自觉的统一，才能真正地摧毁伪具体。第三种方式是通过真理的实现和

---

① 卡莱尔·科西克：《具体的辩证法——关于人与世界问题的研究》，刘玉贤译，黑龙江大学出版社 2015 年版，第 41 页。

② 同上书，第 38 页。

作为个体的人对现实的建构来摧毁伪具体。科西克认为，真理的世界也是每一个作为社会存在的个体的创造物，因此，每一个个体都必须占有自己的文化，都必须自己引导自己的生活而不要别人代理。这一方式实际上是前两种方式的进一步发挥。无论是以辩证的和批判的思维，还是以革命的和批判的实践来摧毁伪具体，其目的都不是揭示某种给定的事物集合或现实，也不只是简单地确定人的社会现实同人的实践活动的从属关系，而是把个体从直接功利主义实践和日常思维的层次提升到革命实践和辩证思维的水平上，从而建立起每一个个体的创造性实践同具体的总体之间的自觉关系，使每个人能自觉地建构自身与自己的世界。因此，科西克指出："摧毁伪具体并不像撕下一块帷幕以便发现隐藏在幕后的、现成的、给定的、独立于人的活动而存在的现实。伪具体恰恰是人的**产物**的自主存在，是人向功利主义实践水平的降级。摧毁伪具体是形成具体现实并在具体中观察现实的过程。唯心主义者或者倾向于把主体绝对化，研究怎样看待现实以便使现实更加具体而漂亮的问题；或者倾向于把客体绝对化，认为越彻底地把主体排除在现实之外，现实就越真实。相反，唯物主义者对伪具体的摧毁带来了'主体'和'客体'的双重解放（主体的解放是在对现实的具体观察中实现的，这与拜物教徒对现实的直觉相反；客体的解放是伴随着按照在人看来是透明与合理的环境来构造人类环境的过程实现的），因为人的社会现实把自身构造成了主客体的辩证统一体。"①

（三）人道主义传统的伦理思想内涵

在科西克看来，人类文明发展所积淀和传承的人道主义思想传统，特别是马克思学说的人道主义批判精神对于人类文明的幸存和延续具有弥足珍贵的价值，它为当代人类直面全面物化的、拜物教的和功利主义的社会现实提供了批判性的理论视野和精神力量，其中就包含着个体生存不可或缺的道德力量和伦理批判精神。科西克之所以把宗教改革先驱

---

① 卡莱尔·科西克：《具体的辩证法——关于人与世界问题的研究》，刘玉贤译，黑龙江大学出版社 2015 年版，第 11 页。

胡斯视作体现人道主义精神的典范，就在于胡斯对人的良心和尊严的捍卫。如前所述，胡斯呼吁不要让暴力压制了善良，而要让人们掌握真理，而最基本的真理就是人本身，人如果缺乏这一基本的真理，就会变成"无根的、毫无根基的人"。科西克又进一步具体分析了这种构成人的根基的真理，这就是理性和良心的统一。他指出："谁是那无根的，没有根基的人？15世纪捷克的知识分子回答道：就是那个失去了理性与良心的人。让我们来好好看看：理性与良心并存，它们是一个元件，只有这样它们才构成人的存在的基础。"①在这里，最为重要的是理性和良心的并存与统一，如果理性和良心分裂，那么就会带来无根基的人，就会导致人的存在的危机。而支配现代社会的物化结构正是建立在与良心分离和分裂的操控性的理性之上，所以，现代性的危机在很大程度上体现为道德的危机。

在这种意义上，挖掘马克思实践哲学和异化理论所包含的深刻的人道主义伦理批判精神，就成为科西克、斯维塔克等新马克思主义理论家对马克思学说进行人道主义阐述的不可或缺的重要内涵。在他们看来，虽然人道主义伦理批判精神是马克思学说的题中应有之义和内在的理论维度，但是在马克思、恩格斯身后的各种形态的当代马克思主义理论中，这一理论维度常常被忽略、被有意地加以遗忘。科西克指出，在19世纪末20世纪初，马克思主义阵营中围绕着马克思主义与道德的关系问题就展开过激烈的理论争论，而直到20世纪下半叶马克思主义的人道主义伦理批判维度依旧是个悬而未决的问题，以至于当代马克思主义理论在面对着物化结构、伪具体性世界等的文化批判中，常常流于形式化和抽象化。在科西克看来，要真正挖掘出马克思学说的人道主义伦理思想维度，一方面要破除当代马克思主义解释中的机械决定论倾向；另一方面则要围绕着人的存在建立起真正的具体的辩证法、真正的人的哲学。

科西克认为，马克思学说的人道主义伦理思想维度没有真正确立起

---

① 卡莱尔·科西克：《现代性的危机——来自1968时代的评论与观察》，管小其译，黑龙江大学出版社2014年版，第18页。

来的根本原因在于人们对马克思学说，特别是对马克思哲学的片面的或错误的理解。"在我看来，人们必须找寻并去分析马克思主义中道德问题的众多尝试的失败——道德被低估，或它被忽略了以利于紧迫的现实问题，以及这种分析是巧合的而不是系统性的这一事实——的原因。人们必须在这一事实中找寻它们，正是在它们的哲学基础中，它们体现在这个或那个核心的哲学概念中。"①具体说来，从第二国际理论家对马克思学说的解读，到以斯大林主义为基本形态的苏联官方马克思主义，一种由于过分强调历史的必然性和铁的规律而对马克思学说做某种程度的带有机械决定论色彩的解读倾向一直存在。科西克在《现代性的危机——来自 1968 时代的评论与观察》中曾批评了普列汉诺夫艺术理论面对现实的非批判性特征，他认为，这一理论从来没有达到一种真正的艺术分析或解释艺术作品深刻本质的深度，因为它本身消散在对其社会条件的一般描述中。当代马克思主义语境中的道德问题和伦理思想也具有类似的特征。这种艺术理论和道德理论的背后是一种关于马克思学说的机械决定论的解读。这样的马克思主义理论往往过分强调历史发展的规律性和必然性，而忽视人的活动的主体性和创造性，忽视人的价值选择和道德追求，因而会导致对人的遗忘、对人的意义的剥夺和关于历史理解的贫困化。科西克指出，"当历史的事实开始被视为一个严格的因果关系和单一维度的(unidimensional)决定论的领域时，其间人类实践的产物以经济因素的形式控制人本身，当这些因素与'致命的必然性'以及某种'铁律'驾驭历史朝着一定的目标前进时，从这一刻起，我们会立即与这个问题相冲突：如何使这一不可赦免性与人类的努力以及与人类活动的一般意义相协调。历史的法则和人类历史的规律之间的这种二律背反并没有得到令人满意的解决。长期以来，种种答案都在某种机械的思维方式的框架中摇摆，人类活动要么归因于加速一种必然的历史过程的因素的作用，要么归因于某种历史运作机制的一个独立的不可或缺的元素(类似于齿轮或传动杆)的作用的结果。就这样开始了理论和实践的恶

---

① 卡莱尔·科西克：《现代性的危机——来自 1968 时代的评论与观察》，管小其译，黑龙江大学出版社 2014 年版，第 80 页。

性循环。历史的进程恰恰处于非人性化的开端，也就是说，人的意义的被剥夺，被自然化和被物化了，它可能变成物化了的科学检验的客体，就好像一个人在处理某种社会物理学，或伴随着政治活动被解释为社会的技术，这便是所谓的社会学或经济唯物主义"①。

显而易见，无论像第二国际理论家那样把马克思主义理解为一种经济唯物主义或经济决定论，还是像斯大林主义等正统马克思主义那样把马克思主义阐释为一种机械决定论的历史观，其结果都是把马克思主义理解为一种剥夺人的主体性，否认历史发展价值内涵的无人化的哲学，在这种理论体系中，自然不会有道德、责任、良心、价值等的地位。不难看出，面对着现代社会的普遍的物化结构，以及伪具体性世界中道德和经济学的冲突，如果我们的哲学理论和社会历史理论还停留在经济决定论的立场上，是根本无法唤起现代人的道德力量的。

基于上述关于马克思主义演进中道德问题的理论分析和现代物化社会中道德和经济学的现实冲突的揭示，科西克认为，只有依据马克思学说的人道主义立场，真正建立起人的理论，才能从根本上解决道德问题，才能恢复马克思的人道主义伦理批判思想。"就道德问题的系统阐述而言，人的理论代表了一个不可或缺的条件。只有在人与世界的关系之中，人的理论才是可能的，这要求一种辩证法的对应模式的系统阐述，时间问题和真理问题等等的某种解决。我相信不只是我借此强调这一任务的重要性：相反，首先是我表达了这一思想，特定的道德问题的解决与现存的状况、与马克思主义的核心哲学问题的研究和验证紧密相连到了这样的程度，以至于我们不希望陷入平庸或科学主义和道德主义的折中的混合之中。"②从这一论述，我们可以充分理解科西克为何如此重视人道主义思想传统的发扬光大和人道主义当代理论视野的拓展。

我们在上文已经简要概括了科西克在《具体的辩证法——关于人与世界问题的研究》中关于马克思的实践哲学和人道主义思想的阐发。在

---

① 卡莱尔·科西克：《现代性的危机——来自1968时代的评论与观察》，管小其译，黑龙江大学出版社2014年版，第78-79页。

② 同上书，第80-81页。

该书中，科西克在分析当代哲学中的哲学人类学等理论时，专门探讨了"人的哲学"的丰富内涵，其中就包括道德理论和伦理批判思想维度。科西克认为，当代的哲学人类学想成为一种关于人的哲学，也就是把人确定为哲学的基本问题。这是哲学发展的很重要的趋势，也符合马克思实践哲学和异化理论的基本精神。但是，关于人的哲学的建立是一项复杂的和艰巨的任务，实际上人们对人的哲学的理解存在着不同的侧重点，"人的哲学"这一名称本身就具有多重含义。科西克在《具体的辩证法——关于人与世界问题的研究》中分析了人的哲学的三种含义。首先，人的哲学强调只有人才能提出哲学问题，进行哲学思考，在这种意义上，很多哲学都可以称之为"人的哲学"。他指出，"哲学问题并没有刻写在宇宙中，而是由人提出来的。'人的哲学'首先意味着只有人才能提出哲学问题，意味着只有人才能进行哲学探讨。哲学是人的一种活动。在这个意义上，**每一种**哲学都是人的哲学，因此，用一个特殊的定语来强调哲学的人类性是多余的"①。其次，与上述这种宽泛意义上的"人的哲学"不同，"人的哲学"还有第二种含义，即所有哲学问题本质上讲都是人本身的问题，是人的存在和人的实践问题，对于世界的认识也是对人本身的认知。科西克认为，"**所有**哲学问题从本质上讲都是人类学问题，因为人把与他发生实践联系或理论联系的**一切事物**都人类学化了。所有问题和答案、疑惑和发现都表明它们首先是属人的。在他的所有行为中，从关注实际事物到研究天体轨迹，人首先界定他自己"②。在这种意义上，科西克还特别强调，"哲学人类学"涉及康德所提出的著名问题：我能知道什么？我应该做什么？我可以希望什么？特别是康德后来增加的一个问题："人是谁?"科西克认为，在这种意义上，人的哲学就贯穿哲学理论的各个层面，因为不难看出，康德所提出的这四个著名问题就分别涉及形而上学、道德哲学、宗教学、人类学，等等。最后，科西克还特别突出强调了人的哲学的第三种含义，即道德理论和伦理思

① 卡莱尔·科西克：《具体的辩证法——关于人与世界问题的研究》，刘玉贤译，黑龙江大学出版社 2015 年版，第 188 页。

② 同上书，第 188-189 页。

想。他指出，人的哲学的第三种含义就在于："它是一门纲要性学科，它研究诸如个人责任、人生的意义，道德冲突性等被忽视的问题。人的哲学就是被遗忘、被忽视、被禁止与被怠慢之物的代名词。现在人们把它看成哲学的必要**补充**，以便更新哲学并让它为所有问题提供答案。"①

科西克在阐述人的哲学的第三种含义时，还特别突出强调了这是当代哲学，也是当代马克思主义理论中被遗忘和被忽视的重要问题，即人的问题。当代很多重要理论家都注意到当代哲学发展所面临着的根本困境，即对人本身的遗忘。萨特在构建自己的存在主义马克思主义时就突出强调了马克思的历史唯物主义体系中存在着"人学的空场"，即对人的个体的忽视，因此，他认为有必要用存在主义关于人的自由和主体性的阐述来补充马克思主义的社会历史理论。科西克关于人的哲学的多重含义的分析，其新颖和重要之处在于，他把当代哲学理论（包括当代马克思主义理论体系）对于人本身的遗忘和对人的存在的忽视具体化到这些哲学理论对人的道德良知、道德责任、人生的意义和价值问题的遗忘与忽视。这样的理论视角使我们进一步认识到面对一个普遍物化的社会，马克思的人道主义伦理批判思想是不可或缺的重要思想资源。

二、物化结构和理性操控条件下的道德危机

东欧新马克思主义理论家所倡导的人道主义马克思主义属于 20 世纪的激进哲学，其理论重点不仅是对马克思学说的重新阐释，而且更重要的是对现代社会的全方位批判，其中也包括对现代性危机的伦理批判。科西克在揭示建立在物化结构之上的伪具体性世界时，其重点也是对现代人的异化的存在方式的揭示和对现代人所面临的严重的道德危机和价值危机的批判。为了深刻理解现代性危机背景下人的道德危机，我们需要首先阐述科西克关于物化结构和理性机制操控下人的具体生存样态，以及道德冲突和道德危机表现的理论分析。

---

① 卡莱尔·科西克：《具体的辩证法——关于人与世界问题的研究》，刘玉贤译，黑龙江大学出版社 2015 年版，第 190 页。

(一) 全面操控的社会和被整合的存在

科西克的具体辩证法包含着一系列独特的概念，如物化、拜物教、伪具体性，等等，他用这些概念所揭示的是一个具有全面操控性的社会和被彻底整合到物化体系之中的人的存在状态。他的分析都是建立在关于人的存在最基本的、最基础的活动，即经济活动的分析的基础之上的：首先是对人的最基本的和原初的经济存在活动的分析，即对作为"烦"的主体或日常主体的人的存在状态的分析；然后是现代经济体系的运行机制的分析，即对作为"经济人"的人的存在状态的分析；而关于现代经济体系运行机制的分析在根本上离不开对技术理性和普遍理性化的社会机制的分析。这些层层深入的分析全面而具体地揭示了现代理性机制和物化结构对现代人的全面操控和整合，以及人的物化的、拜物教的存在状态。

科西克借用海德格尔的术语，来表述经济在人的生存中所采取的原初的和基本的存在模式，"经济对人存在的原初的和基本的模式是烦 (care)"①在他看来，人们对经济的自觉认识和理性把握是相对晚近的事情，是伴随着现代经济体系的建构和经济学的研究才得以形成的。但是，经济活动是人类社会最基本的和最基础的活动，是人生活于其中的现实，所以一个人，在读任何一本政治经济学教科书之前，在了解对经济现象的规律所做的科学表述之前，就已经生活在经济现实中，并以自己的方式与这个现实打交道。人最初是被抛入经济活动的现实，以及复杂的社会网络之中，不得不与手边的物和关系打交道，这成为他的一种日常的存在状态，这种状态就是海德格尔所说的"烦"。科西克是这样描绘作为"烦"的主体的存在状态："人总是已经通过其实存而陷于各种处境和关系中，然而他的存在却是一种能动的存在，尽管这种存在可以表现为绝对的被动性和弃权。烦是个人在关系网中的纠缠，这种关系网作为实践的–功利主义的世界呈现在他的面前。因此，客观关系——在人

---

① 卡莱尔·科西克：《具体的辩证法——关于人与世界问题的研究》，刘玉贤译，黑龙江大学出版社 2015 年版，第 45 页。

的'实践'中而不是在人的直觉中——将自己作为获取的世界、手段的世界、目的的世界、计划的世界、障碍的世界以及成功的世界显现在个人面前。"①

在科西克看来，在这种给定的关系网和经济活动的现实中，虽然人作为"烦"的主体从主观上一直忙碌于自己的重复性的日常生计，但是，人并没有呈现出一种自觉的主体性，相反，人"表现为无区别的、匿名的活动(烦神和获取)主体"②。造成这种状况的根本原因在于，原本应该是体现人的自由和创造性的实践活动或者对象化劳动在这里降格为一种功利性的获取(procuring)，相应地，人生活于其中的世界也变成拜物教的功利主义世界。"从'劳动'到'获取'的转变以一种神秘化的方式反映了人类关系拜物教化被加剧的过程，通过这种拜物教化，人类世界在日常意识中(正如它在哲学意识形态中固定下来的那样)表现为**现成的**装置、器具和关系的世界，表现为个人社会活动的舞台，他的主动性、就业、普遍存在(ubiquity)和汗水的舞台，一句话，作为获取的舞台。个人在由**装置、器具构成的现成体系**中活动，获取它们，同时也相应地被它们捕获，他早已'丧失'了对世界是人的产品的认识。"③这种功利性的获取成为作为"烦"的主体的人的基本的经济活动和日常活动，具有明显的操控性，它使人的活动从根本上成为物化的和拜物教的活动。"获取是(对物和人的)操控。它的动作每天都在重复，这些动作早已变成了一种习惯并被机械地执行。'获取'一词所表达的实践的物化特性表明，操控不是创造一个作品的问题，而是关于一个被获取活动耗尽生命却'不考虑'工作的人的问题。获取是人在一个现成的、给定的世界里的实践行为，这相当于在某个世界里维护和操控器具，但它绝不是一个**形成人类世界**的过程。"④不仅如此，获取不仅是人作为"烦"的主体对物、工具、装置、器具的操控，也是对物化结构和伪具体性世界对人的操控，

———————

① 卡莱尔·科西克：《具体的辩证法——关于人与世界问题的研究》，刘玉贤译，黑龙江大学出版社 2015 年版，第 46 页。

② 同上书，第 47 页。

③ 同上书，第 48 页。

④ 同上书，第 49 页。

"获取作为抽象人类劳动的现象形式，它创造了一个同样抽象的效用世界，在那里，所有的东西都转变成了功利主义的工具（instrument）。在这个世界里，事物没有独立的意义，没有客观的存在；它们只有被操控时才获得了意义。在实际操控（即获取）中，物和人是器具，是操控的对象，它们只有在一个具有普遍可操控性的系统中才有意义"[①]。

通过对"烦"所展示的经济活动的分析，我们已经可以清楚地看到现代社会的物化现象对人的操控，然而，科西克并没有停留于此，在他看来，关于"烦"的经济活动的分析还只是涉及经济活动和现实的表面现象，如果进一步深入现代社会经济体系的深层，我们就可以理解现代物化统治和理性操控前所未有的深度。具体说来，在"烦"的经济模式中，尽管人没有体现为自由自觉的实践主体或者对象化的劳动主体，而是被操控的功利性主体，但是，人毕竟还是表现为一种介入获取活动的具有主观性的"主体"，而在以技术理性为内在机制的现代经济活动之中，人完全失去了主体性，变成了客观体系的组成部分——一种没有主体性的"经济人"。用科西克的话来说，"作为烦的人是整个世界都淹没于其中的那种纯粹的主观性"，现在，当我们分析经济人的时候，"我们将沿着这种转变追踪到另一个极端，追踪到已经把自己客体化了的主体。为了理解他是谁，主体变成了客体（objektální）。主体不再仅仅是构造世界的介入与活动：现在他作为总体的一个组成部分被整合到一个超个体的规律般的总体中。然而，这种整合却改变了主体。主体从他的主体性中抽象出来变成了一个客体和系统的一个要素。人变成了规律般的系统中由其功能决定的一个单元。他通过把自己从其主体性抽象出来来寻求对自己的理解，并把自己变成一个客体性存在"[②]。

当人在现代经济体系中成为纯粹的"经济人"，传统理解的人的主体性将发生本质性的改变：人不再是独立的主体，自由和创造性也不再是人的本质活动的规定性；人不再是客体和世界的创造者，而是客体和世

[①] 卡莱尔·科西克：《具体的辩证法——关于人与世界问题的研究》，刘玉贤译，黑龙江大学出版社 2015 年版，第 50 页。

[②] 同上书，第 63 页。

界的内在组成部分或者依附性的零件和要素；经济系统本身成为主体，它把人降格为被动的、原子化的客体。所以科西克断言：**"不是理论，而是现实，把人降低为一个抽象物。经济是一个系统，是一套支配着人在其中总是不断地被转变成'经济人'的各种关系的规律。一旦进入经济王国，人就会被改造。他一进入经济关系，就不以他的意志和意识为转移地被拖入环境和规律般的关系中。在这种经济关系中，他作为经济人发挥作用，而且他只能在其完成经济人的作用的程度上存在并实现他自己。这样，经济就是一种有把人变成经济人，把人拖入征服人、改造人的客观机制之中的趋势的生活氛围。"**①这也就是说，经济和人、客体和主体的关系被彻底颠倒了：经济体系是自主运行的，是独立的，不受人的活动或其他因素的干扰，而人只有作为这一自主运行体系的要素才可能成为现实，否则，人的存在都失去了根基。"人只有变成系统的一个要素，他才能成为一个现实。在系统之外，他是非现实的。人在多大程度上被还原为系统的一个功能，系统要求在多大程度上把他设定为经济人，他就在多大程度上是现实的。"②

为了深刻理解现代人的物化的和拜物教的异化存在状态，还必须对现代科技的发展和技术理性的功能做出全面的分析，因为现代社会的物化结构对人的整合和统治是与技术理性的操控性密不可分的。具体说来，在现代社会条件下，经济能够作为一个自足的和独立的系统而自律地运行，正是依靠现代科学技术发展所提供的普遍化和理性化的机制而实现的。科西克充分肯定了现代科技发展的积极意义和巨大成就，但是，他也充分注意到现代科学技术，特别是技术理性所具有的操控性。一方面，现代科学技术的发展更多地体现为精确的知识，而不是具有价值内涵的智慧。用科西克的话来说，"现代科学不是智慧，而是精确的知识和控制。因为科学的本质已经改变，现在科学可以作为'科学劳动''研究'和'一些重要的事情'而行事，因此，只需要掌握某种特定的基础

---

① 卡莱尔·科西克：《具体的辩证法——关于人与世界问题的研究》，刘玉贤译，黑龙江大学出版社 2015 年版，第 66 页。

② 同上书，第 70 页。

知识和一些十分相似然而其奋斗的事业又不同的基本的操作。现代科学家是某种专家，是一名受制于高度发达分工造成的一切后果的专家"[1]。另一方面，依据可计算性、可操作性、可量化的普遍标准，技术理性和现代技术手段把经济和各种现实组织建构为纯粹客观的、自主运行的系统，这是一个排除了价值内涵和意义追求的体系，一个具有操控性的体系。科西克指出，"普遍的操控系统建立在实在的技术安排之上。技术理性将实在组织为一个将被征服、被估量、被处置和被超越的客体。为了使人（而且连同人、事物、自然、观念、感受性）可以成为普遍的可操控系统的一个组成部分，首先必须进行一种根本的史诗般的改变。这是一种转换，其间存在被还原为存在者，世界被还原为**广延物**（*res extensa*），自然被还原为剥削的对象或一个物理-数学公式的集合。人转变为一个受制于一个相应的客体的主体，对于这一相应的客体，存在、世界和自然被还原了。真理被还原为实用性的精确性，等等，辩证法被还原为一种纯粹的方法或规则的集合，最后，成为一个彻底的技术实体"[2]。在科西克看来，现代技术理性的操控性和普遍物化结构的功利性的结合，强有力地把人整合到现代社会的体系和机制之中，并且成功地剥掉人的一切价值追求、道德选择和理性判断力，使人成为这种客观的和自律的体系中的纯粹客观的零件和要素。从这些论述我们不难看出，为什么现代社会的物化结构会呈现出如此的坚固性，为什么人的物化和异化会变得如此普遍、如此彻底。

（二）现代社会的价值冲突和道德危机

通过对"烦""经济人"在其中展开和生存的伪具体性世界、物化结构和理性操控体系的批判，科西克深刻揭示了现代人所面临的深刻的道德冲突和道德危机。他认为，现代社会的物化结构和理性机制具有很强的操控性，生活于其中的现代人面对自律的经济、政治和社会体系时常常

---

[1] 卡莱尔·科西克：《现代性的危机——来自1968时代的评论与观察》，管小其译，黑龙江大学出版社2014年版，第46页。

[2] 同上书，第69页。

被降格为"经济人"，其生存本身就面临着道德与经济学之间的矛盾。科西克引用了马克思《1844 年经济学哲学手稿》在揭示资本主义社会中人的存在的支离破碎性和普遍异化的原因时关于道德与经济学之间的矛盾的分析。马克思指出，"每一个领域都用不同的和相反的尺度来衡量我：道德用一种尺度，而国民经济学又用另一种尺度。这是以异化的本质为根据的，因为每一个领域都是人的一种特定的异化，每一个领域都把异化的本质活动的特殊范围固定下来，并且每一个领域都同另一种异化保持着异化的关系"①。

科西克认为，在现代社会条件下，马克思所揭示的这种矛盾是显而易见的，"由于道德对人提出了一定的要求，而经济学一方，因为这些领域(道德)的前者寻求有利于他和爱他的同胞，而另一方(经济学，公共生活)则迫使他将其他人看成在争夺经济利益时、在权力竞争中为了确保他自己一定的社会地位而努力的竞争者和潜在的敌人，实际的人类生活经历了一系列相互矛盾的情况，而且，在它们的每一次的具体的解决那一刻，人都呈现出不同的伪装，另一种含义"②。这种现实的矛盾升华到理论的层面，就是道德主义和功利主义观念的冲突。"为了区分善与恶，对于道德主义而言，决定性的权威是良心的声音，而对于功利主义的现实主义来说，历史的审判就与这种作用相一致。"③

不难看出，现代人生存于人类文明发展给自己造成的前所未有的存在窘境之中：即生存于经济和道德、功利主义的现实主义(物质主义)和理想的道德主义的深刻冲突与撕裂之中。这是导致现代人越来越陷入普遍物化和异化的生存状态之中的根本原因。虽然生产力的快速发展和科学技术的不断进步给现代人带来了前所未有的物质财富和福利，但是，现代人并不幸福，而且是普遍感觉不幸福。很多思想家都在关注与人类社会发展同步增长的人的不幸福感的问题。科西克指出，从帕斯卡尔和卢梭时代起，在欧洲文化中就有一个不断地和不可避免地被提出的问

---

① 《马克思恩格斯文集》第 1 卷，人民出版社 2009 年版，第 228 页。
② 卡莱尔·科西克：《现代性的危机——来自 1968 时代的评论与观察》，管小其译，黑龙江大学出版社 2014 年版，第 85 页。
③ 同上书，第 89 页。

题：为什么现代世界的人们不幸福？这个问题对于所有以这种或那种方式承认人类存在与意义的创造和定义之间的联系的哲学思潮和文化思潮来说，都具有关键性的意义，也完全适用于将历史诠释为世界的人性化和加盖在自然物质之上的人类意义印记的马克思主义。关于现代人不幸福的根源，卢梭会认为，是因为人们是自私的奴隶，司汤达则认为，是因为人们是自负的。科西克认为，卢梭和司汤达是在用心理学范畴来分析这一问题，而马克思则倾向于用社会体系的范畴来解答这一问题，"在这个系统之中，自负、自私、形而上学的欲望[基拉尔（R. Girard）]、憎恨[舍勒（Scheler）]、竞争与空虚、至善转变为一种幻象，以及幻象开始作为经济结构的内在化而被提升到至善的高度。所有的价值转变成只拥有生命的空虚的后果的更加遥远的价值，时光消逝在追求这些更加遥远的价值的普遍的和绝对的竞赛之中，幸福的概念退化为身体的舒适，而理性的概念退化为一种对于人和物的合理化的操控，将手段转化为目的和将目的转化为手段的现代生活的日常氛围被固定在一个简单的公式所表达的一种经济结构中：金钱——商品——更多的金钱"①。由此可见，在科西克看来，现代人不幸福不快乐的根源不是物质匮乏，而是由于功利主义实践全方位地压倒了人的道德力量，使现代人丧失了区分善恶和进行道德选择的能力。在这种意义上，现代性危机深刻地体现为现代人的道德危机。科西克在《具体的辩证法——关于人与世界问题的研究》和《现代性的危机——来自1968时代的评论与观察》中多方面地描绘了现代人的普遍精神危机和道德危机，例如，他在题为《我们当前的危机》长文中，专门用了一节来探讨"道义的危机"（crisis of principles），我们可以简要地介绍一下科西克在这篇长文和其他论文中探讨的几种精神危机和道德危机现象。

科西克在这里首先谈论的是在过分专注于功利和征服（开发）的时代里精神的瓦解和灵魂的丧失现象。他认为，正如人们注意到的那样，现代性是唯物主义的，甚至现代性被还原为物质主义。在这个时代，每个

① 卡莱尔·科西克：《现代性的危机——来自1968时代的评论与观察》，管小其译，黑龙江大学出版社2014年版，第86-87页。

人都卷入以科技进步和生产发展为依托的征服自然、创造财富的宏大进程，其中自然变成材料和物质，变成某种为人类服务的看似取之不尽、用之不竭的原材料和能量的仓库。然而，把自然和现实贬损为纯粹的被征服的对象和被加工的材料的做法，并没有真正提升人的地位，相反，这种做法也导致了人的被贬损和人的堕落。因为，"在这个改造过程中，他的精神瓦解了，成为某种没有灵魂（soullessness）的虚构的实在，成为某种遮蔽了时代的空虚的辉煌的显示。现代的生产转型因此具有两面性，并被拟人化为两种外形，它可以用文字来命名：生产和炫耀（显示）"①。在科西克看来，这里所说的"精神的瓦解"并非说精神不再存在了，而是说精神丧失了自己的本质规定性，不再是构成人的灵魂和尊严的存在，而是沦为无实质内涵、无内在价值的形式化的、工具化的东西。用科西克的话来说就是："精神蜕变为某种没有灵魂的实在，人们不得不生活于其中，就好像他们是生活在自然世界中一样，精神蜕变为辉煌的展示，其功能便是使这种实在的丑陋更令人愉悦，只是精神消失或彻底堕落的某种宣告。精神继而被还原成某种生产性的有组织的能力和高效的人工智能（intelligence），而这种置换被回归'精神价值'的呼求所隐匿了。当一个时代将'精神价值'（作为对非精神性价值的反对）提升到第一位或最高地位的一刻，精神的命运已经被决定了：它的地位为'人工智能'所取代了。"②

与精神的瓦解和灵魂的丧失现象密切相关，科西克进而分析了功利主义时代人由于传统信仰的动摇而呈现的无根基的生存状态。理性主义文化精神的普遍发展导致人们的信仰发生了重大改变，其中一个标志性的文化事件就是著名的"上帝之死"。科西克指出，在18世纪末和19世纪初出现了不信上帝或者无神（godlessness）的信念，这是一个重大的象征性事件：在传统的价值体系中，上帝是最高的价值，是作为最终依据的本质性的存在。"上帝死了"，表明"本质性的东西已经丧失了，而这

---

① 卡莱尔·科西克：《现代性的危机——来自1968时代的评论与观察》，管小其译，黑龙江大学出版社2014年版，第58页。

② 同上。

种丧失将其自身表现为一个开放的伤口和一种致命的伤害"①。这对于现代人的生存会带来致命的后果，因为随着这种本质性的东西、这种最高的价值的丧失或者动摇，维系共同体的价值纽带也瓦解了；人生活在一个虚假的和倒置的世界之中，人只能选择非本质性的物作为自己的存在基础，因此，现代人处于一种无根基的、无坚定信仰的生存状态。科西克非常形象地描绘了现代人的无根基的生存状态："现代人是匆忙的和心神不宁的。他从一个地方游荡到另一个地方，因为他已经失去了本质性的东西。因为他与本质性的东西没有联系，他总是匆匆忙忙地追求那种非本质性的东西和不重要之物的累积而毫不停顿。带着这种对非本质之物的疯狂的追求，他试图关闭和跳过被拒绝的和被遗忘的本质性之物留下的空虚。在人的生活中，本质性的东西消失了或丧失了，而这种丧失为对非本质性的东西的追求所代替。定位和描述这种贫困与轻率，沦落为非本质性的东西的哲学表述是'上帝死了'。"②

基于上述关于精神的瓦解和灵魂的丧失，以及人的无根基和无坚定信仰的生存状态的分析，科西克在整体上用虚无主义和普遍的道德异化来概括我们这个时代的精神状况和道德状况。他认为，虚无主义是普遍物化时代的生存方式，它敌视和否定一切崇高的和真正的精神、价值与文化，其结果是使现代人普遍丧失了区分善恶的能力和自主道德选择的能力。科西克是这样描绘虚无主义对于文化根基的致命性破坏的："虚无主义作为一种建立在虚无和荒废基础上的生活方式，是文化的一种否定。虚无主义的实质内容包含了'对庄严的和真实的一切的令人厌恶透顶的蔑视'。虚无主义毁灭人，打断他们的支柱，败坏他们的伦理，并贬低(他们)思想的价值。"③不难看出，完全物化和拜物教的伪具体性世界所滋生的虚无主义对人的存在的摧毁是致命的和全方位的，把人的存在的道德支柱、伦理、思想价值等一切真正体现人的本质力量、人的尊

---

① 卡莱尔·科西克：《现代性的危机——来自1968时代的评论与观察》，管小其译，黑龙江大学出版社2014年版，第62页。

② 同上书，第61页。

③ 同上书，第129页。

严和价值的神圣与崇高的东西都彻底摧毁。其中最为根本的是虚无主义剥夺了人区分善恶、进行道德选择的能力，使人不再是自由自觉的、创造性的实践主体和具有自主选择能力、自觉承担责任的道德主体。科西克指出，"在一个普遍的操控性（manipulativeness）系统中，人丧失了区分的能力和区分的需要；也就是说，丧失了辨别真理与非真理、善与恶的能力和需要两者。普遍的操控性系统是一个冷淡和漠不关心的系统，在那里真理与虚假、善与恶混杂在一起。冷漠被提升到一种实在的统治的和构成性范畴，其意味着真理等同于非真理，善等同于恶，高贵的等同于卑微的，因此，普遍性的水平等同于普遍性的轻蔑。一切都是等值的和同样无价值的，因为一切都丧失了自己的价值和内在意义"①。关于现代人的文化危机和道德危机的这些分析十分清晰、十分具体地展示了物化统治和理性操控条件下人的全面的、深刻的存在危机，也充分论证了重拾道德力量的艰巨性和这一历史使命的庄严性。

三、人道主义的社会主义与有尊严的生活

在深刻揭示了现代世界的物化结构和理性操控机制，并且分析了全面操控的社会条件下现代人所面临的深刻的道德危机之后，科西克进一步努力探索克服现代道德危机的出路和途径。应当说，东欧新马克思主义主要理论流派和代表人物在如何解决现代性的危机、如何克服普遍的道德危机方面，有着很多共同点，他们都坚持人道主义的文化批判立场，强调必须扬弃现代社会的普遍物化和异化，恢复人的自由和创造性的本质，使现代人能够通过自主的选择而重拾道德力量。然而，这些观点还带有很大的笼统性和宽泛性，缺少针对性和可操作性，并不能直接地解决现代道德危机问题。因此，很多东欧新马克思主义理论家从这一人道主义批判理论立场出发，进一步探索克服现代道德危机，恢复现代人的道德自觉的具体途径。例如，赫勒系统地阐述了个性伦理学的思

---

① 卡莱尔·科西克：《现代性的危机——来自1968时代的评论与观察》，管小其译，黑龙江大学出版社2014年版，第69页。

想，她主张每一个个体通过自主的和自觉的道德选择而成为好人和好公民；鲍曼主张在充满不确定性的、无根基的、碎片化的后现代境况或者流动的现代性境况中，围绕着自我对各种各样的他者的绝对关心而唤醒被麻醉的道德良知，重塑人的道德自我。而科西克主要从社会主义改革的立场出发，去探索恢复现代人的道德自觉和道德力量的途径：一方面，他强调通过人道主义社会主义的建构为自由的和创造性的道德主体提供扎实的生存根基；另一方面，他认为要积极推动人自身的转变，恢复人的尊严和道德选择的能力。

(一)关于人道主义社会主义的探索

从整体上看，东欧新马克思主义理论家都是社会主义改革的积极探索者，在这一点上科西克尤为突出，他的人道主义马克思主义和人道主义社会主义理论对于捷克斯洛伐克社会主义改革实验，特别是以"布拉格之春"为标志的改革实验发挥了积极的思想解放和理论助推作用。具体到现代道德危机问题的解决，在科西克那里同样与社会主义改革的探索密切相关。我们可以这样概括科西克的基本思路：以普遍的物化结构和理性机制构成的现代资本主义社会导致人的全面物化和拜物教化，在这种社会条件下，自由的和独立的道德主体是无法存在的，因此，解决道德危机的出路在于社会主义变革，究其原因，以斯大林主义理论和苏联模式为代表的社会主义没有能够真正体现和实现马克思所强调的人道主义价值，因此，道德危机的解决，以及现代性各方面危机的克服，都取决于社会主义改革的深入，取决于人道主义的社会主义的真正确立。

科西克认为，现代世界的社会主义体系的建立的确带来了很多变化，如生产资料的社会化，以及对技术革命的积极推进等。然而，按照斯大林主义基本精神建立和发展起来的社会主义体制，大多都忽视了马克思所理解的作为"自由人的共同体"的社会主义的本质，忽视了个体的自由和价值，依托社会化大生产的发展和现代科学技术的手段普遍建立起日益膨胀的官僚政治体制。科西克认为，这样的官僚政治体制"是建立在对人与事、人与自然、思想与感情、活人与死人的普遍的可操作性的假定之上的。这一体制的隐藏的基础和起点，是为人与世界、事物与现实、历史与自然、真理与时间的概念的一种普遍的混淆所决定的"①。在这种情况下，连艺术生产和创造活动都失去了活力，我们面对着一个无诗意的时代和平庸的日常生活的无聊气息；而"人转变为一个受制于一个相应的客体的主体"②，被整合进总体化的物化结构和技术体系之中，成为没有道德自觉的、冷漠的存在。因此，科西克认为，必须对当时带有操控特征的社会主义进行改革，积极探索和建立人道主义的社会主义。在他看来，捷克斯洛伐克的社会主义改革所追求的就是这样的人道主义的社会主义。"在今天的捷克斯洛伐克，存在着一种为创建它而不懈斗争的人道主义的社会主义，它是一种对于一个普遍操控的系统的革命的、人本主义的和解放性的替代性选择。因此，可以理解，在这些事件中，人们是在对待社会主义而绝不意味着一种向资本主义的回归。有鉴于此，人本主义的社会主义（humanistic socialism）是对资本主义和斯大林主义二者的否定。"③科西克不仅积极呼吁以人道主义为目标对现存社会主义进行改革，而且还从多方面具体地描述了这种人道主义社会主义的一些重要特征。

在科西克看来，人道主义的社会主义不能放任技术理性对人的操控，而是要通过辩证理性的反思和批判功能来限制理性的运用机制，合理约束现代科学技术的发展，其核心是要把人的自由的和独立的存在置于社会主义的核心。科西克认为，人道主义的社会主义是作为一种对于普遍的操控体系，以及任何一种扭曲的社会主义的替代性选择，这是一种革命性的、人道主义的和解放性的替代性选择，因此，它建立在一个完全不同的基础之上，建立在关于人、自然、真理和历史的不同的理解之上的。其中，对于现代科学技术，特别是对技术理性的反思与合理定位，具有至关重要的意义，因为，现代社会的全面操控性与技术理性的

---

① 卡莱尔·科西克：《现代性的危机——来自 1968 时代的评论与观察》，管小其译，黑龙江大学出版社 2014 年版，第 67 页。
② 同上书，第 69 页。
③ 同上书，第 67 页。

膨胀和泛滥有着密切的关系。科西克认为，真正的社会主义并不是要否定现代科学技术的发展和技术理性的重要功能，我们不打算以任何方式贬低技术和技术思想的意义，因为当代人不能没有技术而生活和生存，技术进步对于人的解放也是先决条件之一。我们要做的是从人的主体性和人的存在的视角对技术理性进行约束，真正需要确立的是一种"辩证理性"或"辩证推理"（dialectical reasoning）。"作为合理性的对立面，辩证推理，并不意味着一种对于技术推理的拒斥，而是在技术合理性是有效的和被证明是合理的框架和界限内的限定。换句话说：辩证推理首先是将技术合理性等同于普遍的合理性或将技术推理的准确性和合理性抽象化的神秘化消除。就此而言，辩证推理主要表现为预示着神秘化和伪具体的毁灭的到来的批判性的反思，并旨在像它本来的面目那样描绘现实，以复归于它的全部客观的内在含义。"①

进而，科西克特别强调社会主义与民主的有机统一，强调完善的民主对于真正的社会主义，即人道主义的社会主义的至关重要性，他认为，民主构成了社会主义的本质特征之一，这也是捷克斯洛伐克社会主义改革实验的核心诉求之一。他强调，捷克斯洛伐克的改革实验表明，社会主义与民主是内在地相联系的，因此，建立并完善能够保障自由的真正的民主，是社会主义的根本任务，"只有当言论自由、出版自由、集会自由和契约自由蓬勃发展时，在社会主义制度下工人阶级才能有一种政治的和指导性的作用。没有这些自由，工人就会成为一种被操控的群众，而官僚机构就会篡夺并抢占其作为一股政治力量的角色"②。科西克不但强调建立和完善社会主义民主的重要性，而且还结合社会主义的实践和捷克斯洛伐克社会主义的改革探索，概括了社会主义民主的主要内涵，其中既包括现已具备的一些基础性的要素，也包括社会主义改革积极追求的东西。他认为，在这种意义上，社会主义民主主要包括三个基本的方面：其一是一个人民阵线（popular front），包括工人、农民、知

---

① 卡莱尔·科西克：《现代性的危机——来自1968时代的评论与观察》，管小其译，黑龙江大学出版社2014年版，第71页。

② 同上书，第74页。

识分子、青年和公务员之间的动态的联合，这个阵线是要在各种社会力量(也包括一些反对派的力量)之间，通过争论和政治对话，通过竞争与合作而形成一个社会政治联盟；其二，具有出版自由，集会自由，契约自由和结社自由的民主政治；其三，作为工人自我管理的组织化的工人委员会或生产者委员会。科西克认为，"在这个意义上，我们认为捷克斯洛伐克的社会主义民主是一种不可分割的民主，我们认为它可以具有一种真正的民主——只有这三个基本要素的合作和协作——的功能。随着它们中的任何一个削弱或消除，民主就会退化或转化为纯粹的形式上的民主"①。由此可见，真正的民主具有全面性，它不是社会某一方面的具体的活动机制或者所采取的某一种具体的手段，而是渗透到社会生活和人的生存各个方面的一种总体性的政治实体或者政治现实。

从上述论述不难看出，科西克在这里把工人作为社会主义民主的主体，把工人的自治和直接参与的管理作为社会主义民主的核心内容。在他看来，工人处于民主政治或者民主实体的核心地位，是社会主义新型民主不同于其他民主形式的重要之处。关于工人在社会主义民主建构中的地位，科西克做了很多探讨。例如，他强调工人与知识分子联盟的重要性，这一联盟强调工人和知识分子的相互影响和互动，它们之间具有互补性，一种革命的社会主义的知识分子确实能够成为一种催化剂，但是如果没有来自人民的支持或一种与人民，特别是与工人阶级的同盟，那么知识分子本身很难推动社会结构的根本性转变和重建。但是，在这些社会力量的互动和联盟中，科西克突出强调工人的自我管理，也就是东欧新马克思主义理论家常常强调的"自治"。他指出，"捷克斯洛伐克改革的当前进程的结果必须是作为一种基于生产资料社会化的政治制度的社会主义民主的建立和社会主义民主的法律的与宪法的巩固。在这种系统中，被授权的人作为权力的唯一来源，将管理公共事务，工人将不仅是集体的主人，也是工厂的所有权的管理者和参与者，每一位公民都

---

① 卡莱尔·科西克：《现代性的危机——来自 1968 时代的评论与观察》，管小其译，黑龙江大学出版社 2014 年版，第 75 页。

将是政治生活、政治权利和各种责任的一个真正的和非异化的主体"①。也正因如此，如上所述，科西克把由作为集体所有者和社会财产管理者的工人的自我管理而形成的组织化的工人委员会或生产者委员会作为社会主义民主的主要内涵之一。

因此，与物化结构和技术理性对人的全面操控和压抑相反，人道主义的社会主义主张解放每一个人的能动性，发挥每一个人的主体性，唤醒每一个人的创造性。在这种意义上，科西克不仅强调工人阶级自身要转型，从传统社会主义体制下被动的和受动的状态向主动的、积极的社会主体转变，而且强调所有人的觉醒和自觉。他指出，"政治不仅由社会力量、阶层和阶级所支撑，而且也由人的激情、推理和情绪所支撑。在每一种政治中，新的力量被创造并得以规划，而政治的本质决定了在人身上什么会被唤醒和被触及，什么会向人们提出挑战，而什么会阻止他们或者使他们麻醉"②。当我们随着科西克的理论阐述和逻辑推论走到这里，就不难看出人道主义的社会主义与独立的和自由的道德主体之间不可分割的内在联系：社会主义的民主要求唤醒和解放，而不是压抑和操控每一个体的主体性和创造性；而真正独立的和自由的道德主体只有在人道主义的社会主义条件下才能生成。

(二) 道德的生活与人的尊严

通过对人道主义社会主义的理论阐述，科西克相信现代人可以从物化结构和技术理性的操控和压抑之中解放出来，从被整合进给定的体系之中的被动的要素和消极的客体，升华为自由的和创造性的实践主体，以及独立的和自主选择的道德主体。无论我们采取什么样的理论批判和实践变革的手段，只有当人从"经济人"的物化的和拜物教的状态中解放出来，成为具有批判性和超越性的能动主体，对于物化结构和伪具体性世界的摧毁和变革才能真正奏效；同样的，只有当人从纯粹功利主义实

---

① 卡莱尔·科西克：《现代性的危机——来自1968时代的评论与观察》，管小其译，黑龙江大学出版社2014年版，第74页。
② 同上书，第75页。

践的冷漠主体转变为能够分辨善恶、进行自主选择的道德主体，普遍的道德危机，以及全方位的现代性危机才有逐步加以解决的可能性。

从建立和完善真正的社会主义民主的视角，科西克强调个体转变与社会体制变革的内在有机联系。在他看来，推动社会主义的改革，构建人道主义社会主义的基本内涵之一，就是要通过教育和启蒙来从精神层面唤醒每一个主体，使人能够在从事具体实践活动的同时，使自己升华到人应该具有的本性，即展现出人不同于所有其他存在的精神维度。科西克认为，这是一项十分复杂的任务，现行体制的性质和社会活动的目标等会影响到人的内在精神力量在不同方面的展现；反之，人的精神力量所展现的丰富性和价值维度也会影响到社会机制的运行，影响到社会主义民主的建构和完善。他指出，"在今天的政治中，最重要的方面是人的教育，因为在政治生活中，人的这种或那种潜质或能力将被发展；这样或那样的行为模式、品质或参与将被提升。它取决于政治的性质是在斗争中攫取权力还是维护权力，在它的实施和应用中，急躁、私人利益、偏见、黑暗冲动、正义感降低，而在人民中，真理会被唤醒，还是，与此相反，一种努力会被做出并去发展作为它们自身的力量或者倾向，那些趋势、激情、能力、潜质以及人的可能性会使他自由地和诗意地生活。政治总是人们的领导，但政治的本性决定了谁将会被领导和实际上谁被领导：他们会成为被操纵的，不负责任的无名的群众，抑或是希望成为自由的和负有公民责任的人。"①

进而，在人的各种内在的潜力和能力，如精神、激情、冲动、价值等中，科西克最为重视的是人的道德选择能力和承担道德责任的品格。在他看来，人的道德能力包含十分丰富的内涵，其中最为重要的是区分善恶的能力，这是从事道德行为的最根本的能力。在很多情况下，道德并非完全始于或者体现为善意的行为、问心无愧的道德感，等等，而且更为重要的是区分善恶的能力，以及追求善而反抗恶的能力和勇气，这种具有批判性的区分善恶的能力对于当代人类克服道德危机、超越普遍

---

① 卡莱尔·科西克：《现代性的危机——来自1968时代的评论与观察》，管小其译，黑龙江大学出版社2014年版，第75—76页。

的物化统治，具有独特的价值。只有当人具备了区分善恶的能力，并且勇敢地同各种邪恶做斗争，人才能进入道德生活的层面，成为克服了物化和异化的自由的与独立的道德主体。科西克指出，"在日常生活中，真理与谎言肩并肩地存在，善与恶肩并肩地存在。为了使道德在这个世界上可以忍受起见，有必要分辨善与恶。有必要使善处于反对恶的位置，使恶处于反对善的位置。人通过他自己的行为建立这种区分，只要他的行为关注这种区分，人便在一种道德生活的水平上。只要人类的生活展现在善与恶的光明与黑暗之中——也就是说，没有一个明显的区分，在那儿善与恶混合在一个虚假的整体之中——那么生活就会展现在道德之外，并且构成纯粹的存在"①。

还必须特别强调的是，在科西克看来，把自己提升到道德生活的层面，也就是复活一种有尊严的生活。这种具有区分善恶能力的独立的和自由的道德主体，同时也是真正能够冲破僵化的真理体系，瓦解坚固的物化结构的批判性的和革命性的主体，是能够坚守自己的良心，坚持理性与良心相统一的有根基的人。科西克认为，这种自觉的道德主体，从不自诩是真理的守护者，相反，他会遵从自己的良心和理性，去破除已经处于僵化的真理，"去取代已知的真理"，这就意味着他会积极地从事自觉的道德行为，承担道德选择的责任，担当超越物化、复活有尊严的道德生活的使命。所以，科西克断言："去取代已知的真理并不意味着沉迷于拥有可能的（would-be）真理。它意味着马上行动，并自己承担经验的努力和苦楚，为了揭示其真正的本质，为了将自身和这些构造物从物化及人格化的刻板中解放出来认真审查现代性的各种构造物。因此，去取代已知的真理构成了对于僵化的状况的一种反抗和有尊严的生活的一种复活。它意味着总是愿意反抗和赞成更新，去形成和出世，去进行另一种打破封闭系统以走向世界的开放性的尝试。"②

从上述关于捷克斯洛伐克新马克思主义，特别是科西克人道主义马

① 卡莱尔·科西克：《现代性的危机——来自1968时代的评论与观察》，管小其译，黑龙江大学出版社2014年版，第87页。
② 同上书，第63-64页。

克思主义和具体辩证法、物化批判和道德危机批判，以及人道主义社会主义和有尊严的道德生活等思想的阐述，我们可以清楚地看出，在这些思想中包含着丰富的伦理思想内涵。当然，与赫勒、鲍曼等人相比，科西克的伦理思想在一定程度上缺少系统性。如前所述，赫勒通过自己的"道德理论三部曲"，即《一般伦理学》《道德哲学》《个性伦理学》，建构了系统的个性伦理学思想；鲍曼通过自己的《现代性与大屠杀》《后现代伦理学》《生活在碎片之中——论后现代道德》《道德盲视》《消费世界的伦理学是否可能?》等著作，系统地阐述了后现代伦理学思想。相比之下，科西克没有写作和发表专门的伦理学著作，也没有阐述系统的道德理论或者伦理学思想，他关于道德危机的伦理批判思想是体现在其《具体的辩证法——关于人与世界问题的研究》《现代性的危机——来自1968时代的评论与观察》等著作之中。然而，这种状况丝毫不会降低科西克伦理思想的重要性和独特价值。如我们反复强调的那样，科西克与赫勒、鲍曼等其他东欧新马克思主义理论家一样，他们所秉持的是人道主义伦理批判的理论立场。至于他们所阐述的伦理思想的具体内涵，虽然有侧重点、系统性等方面的差异，但是，这些不同的理论阐述并不互相矛盾，而是具有互补的意义，它们从不同的侧面丰富了马克思学说的当代伦理维度。例如，赫勒和鲍曼在面对现代性条件下的普遍道德危机时，侧重点是个体的维度，主要关注个体的道德选择、道德自觉和道德责任，而科西克的侧重点则更多地偏重于社会的维度，主要追求通过社会的转型，即人道主义社会主义的建构，来促使自由的和独立的道德个体，以及有尊严的道德生活的形成。显而易见，这些不同侧面的交汇，以及个体维度和社会维度的交互作用，共同建构起东欧新马克思主义的伦理思想，全面地开启了对于当代道德危机和现代性危机的有针对性的批判。正如科西克强调的那样，无论是人道主义社会主义的实践探索，还是自由的和有尊严的道德个体的生成，都不仅仅是个人的道德修养问题，而是关乎人类社会和个体生存的根本。这是因为，当代人所置身于其中的道德危机，以及全方位的现代性危机所涉及的并非某些个别的领域，而是人和社会的"根基"，只有一种根本性的转变才会带领人走出这场危机。正因为如此,在科西克看来,这种全方位的反抗道德异化、克服现代性危机的努力,才是马克思所强调的哲学"改变世界"的功能的真谛。用科西克的话来说:"生态学家认为唯一需要做的就是保护环境。哲学家得出结论:必要的是去拯救世界。"①

---

① 卡莱尔·科西克:《现代性的危机——来自 1968 时代的评论与观察》,管小其译,黑龙江大学出版社 2014 年版,第 64 页。

第六章　不确定性时代：道德的
脆弱与坚韧

　　行文至此，我们从对马克思实践哲学和异化理论内在的伦理批判思想维度的揭示出发，分别阐释了卢卡奇的第二伦理和第一伦理(即个体伦理和社会伦理)的辩证法、南斯拉夫实践派的马克思主义人道主义伦理学、匈牙利布达佩斯学派以好人和好公民为核心的个性伦理学、波兰新马克思主义的现代性道德困境批判和后现代个体伦理学、捷克斯洛伐克新马克思主义关于普遍物化时代道德危机与重建的伦理批判思想，从而比较完整、比较全面地展示了东欧新马克思主义的伦理批判思想。从这些理论阐述，我们不难看出东欧新马克思主义现代道德危机批判和个性伦理思想的丰富内涵和独特建树。同时我们也不难看出，这些伦理思想探索在理论层面与马克思实践哲学和异化理论的内在本质性逻辑关联，以及在现实层面上与当代社会扬弃现代社会和现代人道德危机的实践课题的深度契合性和有针对性的批判介入。这也从一个侧面印证了伦理思想维度对于马克思学说的不可或缺性。

　　在具体的阐述过程中，卢卡奇和东欧新马克思主义理论流派的许多伦理思想阐述不仅以严谨的理论逻辑说服着我们，而且以对人类深深的情感和价值关怀打动着我们。在这里，我们看到了这些高尚的心灵对任何束缚人、奴役人，使人遭贬损被蔑视的不道德的力量、不公正的机制所进行的不懈的、绝望的抗争；对人类文明和人类精神中依旧存续的最珍贵的文化价值和人道精神孤绝的守望；对所有他者，对"门口的陌生人"、消费社会的"新穷人"、全球化时代的流浪者，对所有向我们呈现"面孔"的他者的绝对的和无条件的担忧、关照、守护和绝对的道德责任……

　　然而，尽管无论涉及理论创新，还是涉及实践批判和价值追求，东欧新马克思主义的伦理批判思想都得到了很多理论家和研究者的肯定和赞赏，但是，同其他各种理论建构一样，这一伦理思想探索也面对着各种理论质疑。关于东欧新马克思主义伦理批判思想的局限性，人们比较多地强调这样一点，即这一理论的价值追求虽然很美好，但是作为一种实践性的哲学理论似乎缺少可操作性和现实性，换言之，这一理论似乎存在着理论逻辑强大和实践逻辑薄弱相互并存的问题。应当承认，一般而论，这一问题在东欧新马克思主义伦理批判思想那里一定程度上是存在的，但是，严格说来，这种局限性或者缺陷并非思想内容和理论体系本身的缺陷，而是这一伦理思想所追求的个性道德和个性伦理在现实中的境况所引发的，因为在人们看来，这种需要通过个体的存在选择来形成的个性道德和个性伦理，似乎很难真正生成，即便能够生成和存在，在面对严重的道德危机、社会邪恶和文明灾难时，这种道德也是脆弱的。我认为，对于上述这样的问题，即东欧新马克思主义伦理批判思想所主张的个性道德和个性伦理是否具有足够的道德力量这一问题，我们不能停留于表面化的判断，而应当从多方面加以深入分析。

首先，我们必须承认，东欧新马克思主义所倡导的通过具有道德主体性的自由个体的道德选择而生成的个性道德的确具有脆弱性。无论是与传统等级制社会的古典美德论（德性论）的道德规范相比，还是与现代理性化社会的义务论的普遍伦理规范相比，这种个性化的和个体化的道德都毫无疑问是脆弱的。具体说来，无论是在被现代性的普遍化和理性化伦理盔甲道德催眠的状态中，还是在流动的现代性或后现代的偶然性、流动性和不确定性的境况中，似乎都没有什么确定的力量或者机制能够确保碎片化的、原子化的消费个体一定能够自主地进行道德选择，并唤醒自己的道德良知；进而，即便会有个体进行了这样的道德选择，承担起相应的道德责任，似乎也没有什么确定的力量或者机制能够赋予这种个性道德和个性伦理有足够的力量去抵御或克服物化结构、消费社会、理性操控所编制的道德虚无或道德冷漠的文化模式。在这种情况下，道德的脆弱状况似乎依旧堪忧。

其次，我们还应当看到，东欧新马克思主义所倡导的通过具有道德主体性的自由个体的道德选择而生成的具有脆弱性的个性道德，同时又具有坚韧性和难以泯灭的道德力量。只要我们调整一下看问题的视角就会发现，这种既不具备美德论之道德规范的约束力，也不具有义务论之伦理规范的操控力的道德依旧能以个性化的和个体化的道德形式与伦理规范存续下来，这本身就彰显了道德本身永远不会被外力和强力彻底熄灭的坚韧的力量。我们在东欧新马克思主义理论家的伦理思想阐述中，已经看到各种形式的顽强的和坚韧的道德守望：即便在化身为大屠杀和种族灭绝恶魔的现代性肆虐的时候，依然会有冒着生命危险去保护他者、抗争恶魔的好人；即便在物欲横流、功利至上的消费社会中，也总会有保持人间清醒和道德品味，保持着不随波逐流的洁身自好和道德人格；即便在充满偶然性和不确定性的"流动的现代性"的境况中，依旧有那种即便自己的灵魂无处安放、自己的精神居无定所，也要关照素不相识的他者的好人和担忧社会公正与不公正的好公民。在这种情况下，道德的坚韧力量让我们肃然起敬。

最后，当我们把个性道德的脆弱性和坚韧性整合起来审视，我们才会看到真正的道德和真实的道德境况。换言之，道德的脆弱和道德的坚韧原本就是道德本身内在规定性之不可分割的双生，如同一枚硬币之两面，只是在漫长的历史过程中，人类由于各种原因自觉或不自觉地否认道德的这种真实状况，总是尝试找到或者建构某种没有脆弱性、只有坚韧性的道德规范体系或者伦理规范体系，去掩饰或者消解个体的偶然性、孤独性和不安全感，所以，当人类历史经历了无数实验和拷问，个体终于走到除自己的自由之外无可依托的境地，开始通过自主的道德选择和自觉的道德良知去支撑起共同体的道德脊梁时，人们反而对道德本身的力量发生了怀疑。在某种意义上，关于人的存在和道德力量认知上的偏差，也是人类历史多次遭遇道德危机和文化危机，经历道德结构转型和文明转型的重要原因之一。因此，我们必须在人的存在、道德的建构和历史的运行的层面上，从历史和文明机制上对道德的脆弱与坚韧做出进一步的思辨，才能够真正地、深刻地理解东欧新马克思主义个性道德思想的重要价值。

这样一来，我们有必要进入社会历史理论或者历史哲学的视域中，进一步展开上述思想。笔者早年在关于历史哲学的探讨中，曾专门揭示了传统历史理论(或历史设计)中的"乌托邦定式"①，这一范畴可以很好地阐释人类伦理思想发展中那种通过追求普遍性和确定性来克服不确定性，弥补个体性之脆弱的理论倾向和文明心理定式。人作为一种具有主体性和超越性的自由的存在，具有独特的定位。我们可以根据其内在的活动机制和逻辑把宇宙中的各种存在描绘成一个存在的链条：处于这个链条一个极端(最底端)的是自然性，它代表着一种没有任何精神自觉的、自在的、绝对确定性的、自在地同一的未分化的存在；处于这个链条另一极端(最高端)的是人类设想的神性，它代表着一种用绝对的自由和创造性扬弃了个体的优先性和各种有限定在的绝对完满和统一的存在。在这种意义上，人之主体性就定位于自然性和神性之间：一方面，人来自大自然，分沾了自然性，但人凭借自己的选择和创造性而挣脱了原初的自然链条，成为自由的存在；另一方面，人也分沾了神性，人的活动具有了自由的和精神的内涵，但人的创造永远是有限的，人永远是有限的存在，他永远无法彻底超越有限而进入无限和圆满的境地。这样一来，作为个体的人永远是一种矛盾的和具有张力的结构，他一方面是自由的存在，另一方面是孤独的存在。而这种矛盾性的存在结构必然驱使人成为一种超越性的存在。人的超越性可以体现在两个层面上：在积极的意义上，人通过自由的和创造性的活动而不断扬弃具体对象的自在性，创造出主客体统一的对象化存在，或者创造出自然中原本不存在的新奇的东西，包括精神性的东西；在消极的意义上，人由于对孤独和有限性的恐惧而尝试超越自己在宇宙存在链条上的定位，凭借某种整体的、普遍的或超验的力量来摆脱自己有限的和孤独的境遇，进入无限的和圆满的存在境地。"我们把这后一层面的超越，即人内在具有的这种根本超越自己在宇宙存在链条上有限的、孤独的和缺憾的境遇的企图和

---

① 参见衣俊卿：《历史与乌托邦——历史哲学：走出传统历史设计之误区》，黑龙江教育出版社1995年版。

倾向，这种对永恒、无限和完善完满的渴望与冲动界定为'乌托邦定式'。"①这很像我们前文提及的弗洛姆所揭示的人"逃避自由"的心理机制。他认为，人从自然的链条上挣脱出来，并不断增长自己的主体性的过程具有双重性：一方面这是人日渐获得自由、不断增强主体力量的过程；另一方面这是人日渐个体化、日渐孤独和不安全的过程，是人日益怀疑他在宇宙中的地位、生命的意义，以及日益感到自己不重要的过程。面对着这样的生存境况，人有可能产生逃避自由的心理冲动。弗洛姆指出，"如果整个人类个体化进程所依赖的经济、社会与政治条件没能为刚才所说的意义上的个体化实现提供基础，人们同时又失去了为他提供安全的那些纽带，这种滞后便使自由成为一个难以忍受的负担。于是它便等同于怀疑，无异于一种缺乏意义与方向的生活；于是人便产生了逃避这种自由的强烈冲动，或臣服，或与他人及世界建立某种关系，借此解脱不安全感，哪怕以个人自由为代价，也在所不惜"②。

不难看出，无论是"逃避自由"的心理机制，还是指向完满的"乌托邦定式"，其实质都是把孤独的、脆弱的个体的存在和命运交付或托付给一个强大的外在整体或权威，其结果，虽然在一定程度上可以缓解和减轻个体的孤独感和无力感，但是，用弗洛姆的话来说，这是要以个体丧失自由和创造性为代价的。不仅如此，当这样的心理机制或价值追求上升到社会历史运行的层面时，就会积淀为自觉的或不自觉的乌托邦社会心态或乌托邦历史设计。在漫长的人类历史长河中，我们遇到了各种形式的自觉或不自觉的乌托邦历史设计，其深层的逻辑结构基本上是一样的：首先，所有带有乌托邦色彩的历史设计的出发点均是人在现存中有限的和悲惨的境遇：物质的匮乏、价值的失范、道德的沦丧、人的相互敌对、人的单维度和片面性、人的抽象化和异化、形形色色的不人道的行为、社会的不公正、战争和罪恶，等等；其次，所有乌托邦历史观均以某种公开的或潜在的、直接的或间接的方式为人设计或允诺了一个

---

① 衣俊卿：《历史与乌托邦——历史哲学：走出传统历史设计之误区》，黑龙江教育出版社 1995 年版，第 31 页。

② 埃里希·弗罗姆：《逃避自由》，刘林海译，国际文化出版公司 2000 年版，第 28 页。

完善完满的、永恒的和无限的结局，设想了一种可以解答一切历史之谜和理论之谜，根除人世间一切弊端，使人一劳永逸地摆脱孤独、有限和缺憾的理想境界，并且把这一境界作为历史运动的现实目标和价值指向；最后，最为要害的是所有乌托邦历史设计都设想了由某种外在于人之活动的必然性或超人的力量决定的历史必由之路，"所有乌托邦历史观均设计了一条由现实的人之形象抵及理想的人之形象的绝对的历史必由之路，而规定和支撑着这条历史演进路径的根本要素不是人自身的历史创造力，而是由神、逻各斯、铁的规律等所代表的超人的和自律的实体或力量"①。由此我们不难理解，为什么人类历史上很多允诺了完满历史结局的社会机制和历史运动最终都走向了与理想目标背道而驰的结局。例如，无论是以血缘、情感、经验等维系的传统等级制共同体社会，由庞大的帝国或者强大的教会统治的大一统社会，还是用普遍的理性机制和日益创新的技术手段编制的现代理性社会，最终都既没有给个体提供安全感和幸福而完满的未来，也没有给个体的自由和创造性留下什么空间，而常常是让一代又一代脆弱的和孤独的个体、一代又一代藉藉无名的芸芸众生，如乌合之草芥和蝼蚁，在肆虐的、冷漠无情的历史洪流的冲刷下，从孤独走向孤独，从绝望走向绝望，堕入无望的和无尽的历史灰暗之深渊。

这种以乌托邦历史设计为内在精神或机理的人类历史发展景观与东欧新马克思主义理论家为我们揭示的人类道德境况的历史演变何其相似。每个人都是通过偶然性的诞生而被抛入某个独特的社会之中的，生存于历史性的决定性和自我决定性之张力中的孤独个体，都必须通过与某种社会规范和规则建立起某种实践关系，才可能存续下来，因此，人是道德的存在，而且只能作为道德的存在。迄今人类社会为我们演示了几种基本的道德景观：古典社会个体按照自己的出身和性别而服从特定等级伦理规范的美德性的伦理关系、中世纪服从作为上帝命令的道德戒律的信仰主义或权威主义伦理关系、现代社会服从普遍理性化伦理规范

---

① 衣俊卿：《历史与乌托邦——历史哲学：走出传统历史设计之误区》，黑龙江教育出版社1995年版，第47页。

的义务论的伦理关系等。不难看出，这几种基本的伦理关系在本质上都与乌托邦历史设计相契合，都强调个体通过对外在的普遍性规范的服从而超越自己偶然的和孤独的存在境况，通过委身于外在的整体或权威，以自己的自由为代价获得某种安全感和力量感。吊诡的是，虽然古往今来很多时候人们都会把个体自由作为重要价值而加以肯定和追求，但在迄今为止的历史中，每当一种束缚和压抑人的个性和自由的伦理规范体系解体或者失效的时候，人们会习惯于铸造出另一种束缚和操控人的自由和个性的伦理规范体系来取而代之，而很少出现把道德主体性和自主性还给个体，真正使个体成为具有自觉的道德良知和道德责任的主体。当然，这其中不乏一些极权和专制人格与历史力量出于邪恶的目的而有意地压制个体的自由和创造性，但是，就人类道德和伦理的历史演变而言，也有很多时候是一些心怀善念和美好理想的先知、布道者、思想家在不断地、反复地自觉编织出这种普遍的伦理体系。不仅如此，在很多社会境况中，往往是无数孤独的个人自主地"逃避自由"，心甘情愿地投身到这样的伦理规范体系中，躲避到鲍曼所说的"人为创设的伦理规范的坚硬盔甲"之中，以自由为代价去寻求安全感和力量感。

如果考虑到历史长河中个人的脆弱、渺小、孤独和无尽的痛苦，以及人类整体所遭遇的困境、曲折和苦难，我们对人类历史上的各种主导性道德景观的上述演变可以给予理解。但是，今天似乎有根本的不同，人类社会、人类历史和人类个体已经走到了一个需要做出历史性抉择的十字路口。具体说来，如果我们把迄今为止的人类历史（或者马克思意义上的"史前史"）看作一次又一次的历史实验，那么，就作为人的境况的道德和伦理关系而言，从经验的到超验的、从情感的到理性的、从自然的到历史的（文明的），人类似乎已经挖掘了各种可能的资源来构造各种超人的和普遍的伦理规范体系，作为个人的道德代理人，来取代个人的道德选择和道德责任。现在的问题是：伴随着人类社会的各种转型、道德结构的几度变迁、伦理规范体系的多次更替，各种具有代表性的超人的和普遍的伦理规范体系都依次走到了失效或者瓦解的尽头，正如尼采所断言的，上帝已死、诸神也相继退场或者堕入黄昏，当人类道德和伦理领域终于赤裸裸地、彻底地向个体的道德选择和道德主体性开放的时候，我们真的还应该继续质疑个性道德力量的脆弱，去为处于流动性和不确定性时代的个体再找一个道德代理人，再编织一套超人的和普遍的伦理规范体系？进而，即便这样的"乌托邦定式"或"乌托邦历史冲动"依旧存在，我们还能够编织出一种什么样的超人的和普遍的伦理规范体系？除了自然和历史、感性和理性、经验与超验，我们还能求助于什么样的历史力量或者超人实体？

在业已存在或我们所知的一切东西中，似乎看不到还有什么样的新机制或者新力量能够构造出一种新的道德秩序和伦理体系。目前，在科学技术发展最前端的是已经开始崭露头角的人工智能(AI)技术和正在迅速向我们走来的机器人领域。毫无疑问，人工智能及依赖和运用人工智能的技术成果机器人，虽然还处于初期发展阶段，但与真实的人类个体和人类整体相比已经开始展示出超群的智力和压倒性的力量。然而，我们在人工智能和机器人的生成和运用领域，还看不到一种既能维护个体自由和创造性，又能建立起合理和健全的社会联系的普遍性伦理关系或道德力量。相反，这一新的科技成果和新兴技术领域本身就需要一种超常的道德判断力加以审视，需要一种独特的伦理规范体系加以约束，因为，没有什么力量能够确保这种人工智能不会从一种类人的(模拟人的)智能蜕变为一种非人的(反人类的)智能。早在100多年前的1920年，捷克著名剧作家卡雷尔·恰佩克(Karel Capek)发表了三幕剧《罗素姆万能机器人》(*Rossum's Universal Robots*)。在人类尚不知道人工智能和机器人为何物的年代，恰佩克凭借自己天马行空的想象力和对人类命运独特的敏感性，预见到科学技术在没有伦理约束的情况下会走向异化，成为操控人和统治人的力量。他在《罗素姆万能机器人》中描述的是罗素姆叔侄俩携手开创的机器人(Robota)①制造业。叔叔老罗素姆是一个科学时代的哲学家，他的意图是制造出名副其实的人，以打败上帝；而小罗素

---

① 在捷克语中，"Robota"具有"强制劳动者"的含义。在恰佩克发表了《罗素姆万能机器人》剧本几十年之后，当人类真正开始制造机器人时，为了纪念恰佩克的这种了不起的预见，人们用"Robot"(罗伯特)来命名"机器人"。

姆则是一个工程师，他关心的是如何提高生产的效率，通过剔除人的复杂需求和灵魂，把机器人制造成能够替代人高效率地做任何事情的赚钱工具，并且追求用技术的进步来推动机器生育，以解除人的生育痛苦。其结果是人类无所事事地享受一切，不需要生产，不需要生育，成了不孕不育的"不结果的花"，而机器人不但占据了所有的工作岗位，而且开始自己组织起来，发动暴动，成立了机器人的政权，高举"杀尽全人类"的旗帜，彻底统治全世界。人创造了机器，创造了机器人，却无法控制机器和机器人，反而被自己的造物所统治。于是，一个机器人首领宣布："全世界的机器人！我们推翻了人的政权。我们占领了工厂，掌握了一切。人类阶段已被征服。新世界开始了！机器人政权开始了！"①这些没有灵魂，没有伦理约束的机器人只相信强力，他们宣称："世界属于强者。谁想活，谁就得掌握政权。我们是世界的主人！我们统治海洋和大地！统治星辰！统治宇宙！领域，领域，机器人要更多的领域！"②

　　因此，我们认为，人类的确走到了走出和告别"逃避自由"心理机制、"乌托邦定式"、"乌托邦历史设计"的误区的历史时刻，在坚硬的和稳固的现代性开始走向流动、走向不确定性，开始为个体的自主活动敞开一点可能性空间的时候，我们必须从根本上转变我们的心理机制和历史想象：要把偶然性、不确定性，以及孤独作为人不可逃避的命运勇敢地接受下来，并且将之作为人之存在的基本境况而积极地承认和乐观地肯定；不再迷恋任何超人的和外在的普遍性力量或坚固性机制，不再让任何现实的或想象的强大实体和权威作为自己的道德代理人；要把道德选择和道德责任从普遍的理性代理人那里还给每一个个体，并且坚信，我们所生活于其中的共同体是否公正、是否和谐、是否关爱每一个人，取决于我们每个自主的道德主体，取决于每个人的道德选择和道德良知。上述这种心理机制和历史想象的转变是人类文明的一种内在的深刻转变，在宏观的层面上代表了人类关于历史设计和想象的根本改变，而

---

　　① 卡·恰佩克：《万能机器人》，杨乐云、蒋承俊译，见《恰佩克选集·戏剧选》，人民文学出版社 1982 年版，第 93 页。

　　② 同上。

在微观层面上代表了个体道德姿态和生存方式的根本转变。笔者曾把这种转变在历史哲学层面上概括为从"绝对意识"向"极限意识"的转变。在人类历史上各种乌托邦历史设计的核心存在着一种绝对意识，"所谓绝对意识是指人类精神指向某种终极实在，即指向无限和完善完满历史结局的一种乌托邦冲动或乌托邦渴望。这一绝对意识具有两个要件，一是它设定了一个终极与无限的，即完善完满的未来世界，来作为人的现实世界的替代物；二是它设定一种绝对的、超人的实体或力量，作为达到这一终极目标的根据或保证。这一实体或力量具有终极决定性和独断性，它是世界存在的根基和决定一切的力量。因此，这种绝对意识也可称之为'独断意识'"①。而作为一种新历史意识的"极限意识"关于人的存在和历史演进有着完全不同的理解："所谓'极限意识'（Limit - consciousness 或 Limit-awareness）是指雅斯贝尔斯所谈论的人之存在的'有限情境'或'极限情境'（Limit-situations）所引发的一种自我意识，即人对自身作为自由的和有限的、孤独的存在物之地位的积极肯定。雅斯贝尔斯所常常谈论的'有限情境'类似于我们所分析的人之存在境遇，即人由于位于自然性和神性之间而不可逃避的、与人之自由不可分割的孤独的、有限的和缺憾的存在境遇。极限意识就是对这种存在境遇的醒悟和自觉反思。"②

从上述关于道德演变和历史运行机制的理解，我们可以清楚地看到东欧新马克思主义个性道德理论和个性伦理思想的重要理论价值。无论其具体的理论阐述有什么样的缺陷和不足，他们的道德理论和伦理批判思想在总体上是站得住脚的，并且处于我们这个时代伦理思想理论发展的前沿阵地，代表着当代人类伦理思想发展的主导性趋势。当人类经历了从传统社会向现代社会的转型，经历了理性时代的高歌猛进，又经历了现代性的灾难性危机，当人类对外在超人的、普遍的、确定性的力量的迷恋开始幻灭，开始从独断的精神强制中挣脱出来的时候，东欧新马

---

① 衣俊卿：《历史与乌托邦——历史哲学：走出传统历史设计之误区》，黑龙江教育出版社1995年版，第133页。

② 同上。

克思主义理论家，以及当代其他激进的批判思想家适时地、审时度势地把个体的道德自主性和个体的道德责任重新确立在道德理论和社会历史理论的核心地带，这的确是值得肯定和赞赏的理论建树。可以肯定地说，东欧新马克思主义的个性道德理论和个性伦理思想对于丰富与完善道德理论、人的哲学和社会历史理论都具有重要的理论价值，进而，这一道德理论对于既脆弱又坚韧的个性道德力量的彰显在当代人类摆脱道德困境和文化危机的努力中具有重要的实践价值。我们先从三个层面简要地阐述东欧新马克思主义道德理论和伦理批判思想的理论价值。

首先，在道德理论或伦理思想的层面，我们必须承认，同人类伦理思想史上的德性主义（美德论）、幸福主义、信仰主义、理性主义（义务论）、功利主义、情感主义等各种有影响的伦理思想相比，东欧新马克思主义理论家所系统阐发的个性伦理思想的确具有新意和创造性。个性道德理论真正把伦理思想关注的目光集中到个体和个性之上，用自觉的道德良知、道德责任和自主的道德选择使个人成为真正意义上的道德主体，或者真正确立起个体的道德主体性，从此，人类的伦理追求不再停留于各种超人的、外在的道德代理人。在普遍主义和整体主义伦理反反复复遭遇到各种深重危机的背景下，这种既脆弱又坚韧的个性道德的确认和生成，对于人类挽救自己的道德于崩塌和虚无之中，具有弥足珍贵的价值。应当承认，在东欧新马克思主义理论家之前，也有一些有影响的思想家，如列维纳斯开始阐述个性伦理思想，而且这些思想对赫勒和鲍曼等人的伦理批判思想产生了很大影响。但是，赫勒、鲍曼等人阐述的个性伦理思想并非列维纳斯他者伦理学的简单传承，而是更加深入的发展。特别要指出的是，列维纳斯的他者伦理学更像是道德荒漠上的一声悲壮的呼号和个体道德良知的孤绝守望与勇敢抗争，他并没有具体探讨在这样令人绝望的道德困境中，个体如何成为一个自主的道德主体，而只是告诉我们必须关爱他者，关照每一个他者，因为这是一种绝对的道德命令。相比之下，赫勒等东欧新马克思主义理论家的个性道德理论不仅像列维纳斯那样呼唤着个体的道德良知，守护着每一个他者，而且通过对个体内在的道德判断力、道德良知、道德责任感、实践智慧，以及外在的各种"道德拐杖"的具体分析，为个体通过存在选择而成为关照他人、担忧社会的好人和好公民提供了各种帮助。因此，东欧新马克思主义的伦理思想更贴近当代人的存在现实，更能体现出伦理学作为一种实践哲学的基本规定性。

此外，在东欧新马克思主义伦理思想的发展中，也经历了不断丰富、不断完善的过程。如前所述，是卢卡奇比较早地提出了"第二伦理"，即个体伦理的概念，以弥补"第一伦理"，即普遍的伦理（一般伦理）或社会伦理的缺陷。卢卡奇关于第二伦理和第一伦理的辩证法思想对东欧新马克思主义理论家，特别是赫勒等人的伦理思想发展产生了重大影响，奠定了后者伦理思想的基础和出发点。然而，卢卡奇虽然在道德活动和伦理关系中引入了"个体"和"个体"的因素，为伦理思想的转变和更新提供了重要的思路，但是，由于对阶级斗争、革命运动、社会历史辩证法等因素的重视，卢卡奇的个体伦理思想常常被对集体伦理、阶级伦理等的强调而扰乱，呈现出内在的矛盾、张力和冲突。相比之下，赫勒等东欧新马克思主义理论家基本上摆脱了阶级、革命、社会等普遍伦理因素的强制，能够真正基于自由的实践主体而建构真正的个体伦理学。

其次，在人的哲学或者人的理论层面，东欧新马克思主义的个性伦理思想不仅有助于我们更加深刻地理解现代性危机背景下的道德重建机制，而且有助于我们在实践哲学的视域中更加深入、更加全面地理解人作为自由的和创造性的实践存在这一本质规定性。自现代性诞生以来，自由和创造性就伴随着理性和科学的发展而成为启蒙理性的核心要素之一，而马克思等思想家对实践哲学视域的开拓又进一步把人理解为自由的和创造性的实践存在。这一基本理解在现代哲学和社会历史理论中占据重要的地位。然而，仔细分析不难发现，由于不少实践哲学理论在阐述关于人的基本理解时，缺少了道德理论和伦理思想的维度，结果所表述的人的理论往往是片面的或抽象的。在这方面有两种基本理解最为典型。一是对人的工具主义或者功利主义的理解。一些哲学理论受现代科学技术发展对规律性和普遍性的价值追求的影响，在阐述人的实践活动时，把实践片面地理解为一种单纯的合规律性的客观活动，而否认人的道德诉求和价值追求对实践活动的参与，结果人往往变成道德休眠的单纯理性活动主体，在严重的情况下会沦为工具人或者功利主义的"单向度的人"。二是对人的抽象的、理想化的理解。我们发现，一些实践哲学理论也同样强调人是自由的和创造性的实践主体，但是，由于没有把道德属性和伦理规定纳入关于人的理解之中，因此，其所理解的实践的创造性和人的主体性往往带有抽象的特征，往往只是一种理想化的和精神性的理解，而没有在现实的实践活动中通过人的价值追求、道德责任、道义担当、文化批判等具体展示出人的真实的自由和创造性。因此，只有像东欧新马克思主义理论家那样，把道德主体性或道德自主性作为人的根本规定性，使人既作为从事生产性活动的主体，也作为自觉担当道德责任的交往主体，我们才能够看到整体性的、活生生的自由和创造性的实践主体。正是在这种意义上，我们认为，古希腊哲学把实践理解为道德的和政治的活动，是有其合理性和深刻性的。

最后，在社会历史理论或历史哲学的层面，东欧新马克思主义以个性道德为核心的伦理批判思想对于我们超越经济决定论或机械决定论的历史观，具有重要的理论价值。我们在分析在人类历史上占主导地位的"乌托邦历史设计"时，已经比较清楚地看到，迄今为止的社会历史理论或历史哲学大多把人类历史理解为与个体无关(或至少不受个体的参与活动影响)的外在于人的进程：人们或是以绝对精神为核心把人类历史理解为由杰出人物的意志和某种神性(某种神秘的普遍力量)推动的带有宿命色彩的进程；或是以外在必然性为核心把人类历史理解为服从不可抗拒的客观必然性的自然历史过程。这些历史观或是强调精神的创造性，具有唯意志论的特征，或是强调不可抗拒的普遍必然性，带有宿命论的色彩，但是，它们在本质上是一致的，都把人的历史交付给人之外的超人的力量，或是强大的神性，或是普遍的理性必然性；它们都允诺了某种完善完满的历史结局和终结目标，同时指认某种人不可抗拒的外在力量或者必然性来决定历史的继承，其结果都从根本上否定了人的因素、人的创造性在历史演进中的作用。或者说，它们都强调用某种人的活动和历史活动之外的绝对的力量来剪裁历史，从而否认了历史的人为性质和实践活动的自由特征。卢卡奇曾经一针见血地指出这一点："宿命论和唯意志论只是从非辩证的和非历史的观点来看才是彼此矛盾的。从辩证的历史观来看，它们则是必须相互补充的对立面。"①从道德理论的视角来看，这些以乌托邦历史设计为核心的历史观之根本缺陷在于，它们只把人理解为工具性活动的主体，而把主体间的交往关系和道德选择排斥在历史进程之外，从而塑造了不受人的因素影响的普遍的历史景观。实际上，人正是作为自主进行道德选择、自觉承担道德责任的道德主体，深刻地影响着历史的进程。一方面，人类历史的运行并不是指向某一个给定的、理想化的实体(所谓历史的终极目标)，而是朝向人们通过自主的道德选择和自由的主体间交往而追求的真善美的价值目标；另一方面，正是人对不合理的社会现实和历史罪恶的道德谴责和伦理批判，约束着人类历史不会完全摆脱道德束缚和伦理约束而走向万劫不复的文明灾难深渊。只有内含着顽强不息的道德力量的历史进程才是真正的人的历史。

现在我们从东欧新马克思主义个性伦理思想的理论价值转向其实践价值，同样可以清楚地看到这一道德理论和伦理思想的积极意义。首先，在个体存在的层面上，我们必须承认和赞同赫勒的基本判断，即"好人存在""好人现在存在"，或许我们还可以补充，只要人的历史还得以存续，那么"好人将来也存在"，因为好人的存在、道德力量的存在是人的历史和人类社会的本质规定性之一。在这一点上，我们必须承认赫勒等东欧新马克思主义理论家的睿智，他们清楚地看到，无论在流动的现代性或者后现代性的境况中，个体的道德力量多么脆弱和分散，但是，这种道德力量依旧在很多想成为好人和好公民的个体身上存在，依旧坚韧不拔地守护着人类文明。其实，鉴于道德和伦理属于实践哲学，是实践性和现实性十分强的学科，只要我们认真环顾周围世界，我们也会看到：古往今来的很多道德规范依旧在我们的世界存在，依旧作为

---

① 卢卡奇：《历史与阶级意识》，杜章智、任立、燕宏远译，商务印书馆2009年版，第52页。

"道德拐杖"摆在人们的面前，可供人们选择和使用，无论是在"强伦理"约束的共同体中，还是在"弱伦理"维系的共同体中，无论人们在价值和道德上如何撕裂和相互冲突，人们依旧在自觉不自觉地、主动或被动地、全面或部分地运行相应的道德规范和真善美价值判断来参与社会交往；同时，无论道德冲突和道德滑坡如何惨烈，无论人们对一些社会不公和文明罪恶可能呈现出多大程度上的道德漠视和道德冷漠，但是，总有很多人心甘情愿、义无反顾地借助于各种"道德拐杖"进行自觉的道德选择，关爱他人和关照世界。正如鲍曼所说的，现代性道德深刻危机表明，那种依靠普遍化和理性化的坚硬伦理盔甲束缚的"伦理时代"已经过去，但是，道德和道德的力量并没有泯灭，人类正在开启一个把道德的选择权和道德的责任归还给人类个体的"道德时代"。

进而，在群体的层面上，无论是在一个共同体内部，在一个民族国家之中，还是在全球化的范围内，道德的力量无论如何脆弱，它依旧清晰可见，依旧是人类社会维系正常运行不可或缺的纽带。的确，我们生活在一个流动的、多变的、不确定的时代：全球和人类宏观层面此起彼伏的战争冲突和无以计数的全球性问题，各个国度的经济困境、政治困境、社会撕裂和各种边缘性的微观反抗，芸芸众生在现实生活和虚拟空间中的冲突和撕裂，等等，这种状况表明，业已普遍化、多元化和个体化的现代伦理规范和规则已经不可能提供一种具有普遍性的伦理约束来面对各种人类困境，我们陷入前所未有的道德冲突和道德困境之中。但是，我们也不难看到，无论在哪个层面的社会活动中，道德依旧发挥着重要的作用。例如，无论是宏观的全球活动或者人类社会的层面，还是特定社会的各个活动领域，以及各种形式的共同体，除了现代法律制度在发挥着必不可少的维系作用，也都有着各自或强或弱的特殊伦理规范在发挥着道德调节和伦理约束作用。在国际社会和不同国度的人类社会的各种活动、各种冲突、各种博弈之中，虽然都离不开利益和强力等要素的重要影响，但是，都有各种价值和道义的力量在发挥着重要作用。不仅如此，稍加分析，就不难发现，无论是在国际范围内，还是在一个国度的社会整体或地方共同体的范围内，总有赫勒所说的那种具有道德责任感和道德勇气、担忧社会公正与不公正的好公民，他们前赴后继地献身于各种公共活动之中。我们很难想象，当全球社会、各个人类社会或者共同体遭遇到重大灾难、冲突、危险，或者偏离了文明的轨迹，出现了严重的社会不公正和道义危机的时候，如果没有这些担忧的好公民之道德力量的展现，人类社会会是什么样，会走向何种绝境。

因此，如何评价东欧新马克思主义的个性伦理学是与如何理解人的道德存在的状况，以及人类存在的状况密不可分的。我们可以具体分析和批判东欧新马克思主义伦理批判思想中的局限性和理论错误，但是，不能因为它所倡导的个性道德的脆弱性而怀疑这一理论的价值。不仅如此，在我看来，这一理论的核心价值恰恰是它真正直面了人的存在境况，把人的偶然性和有限性作为人的根本规定性接受下来，并作为一个真实的出发点和基础，在此基础之上，来唤醒个体的道德良知。我认为，列维纳斯、阿伦特、鲍曼、赫勒等敏感的思想家的可贵之处，就在于他们坚信，个体的道德能力和良知可能会在某个时期休眠，甚至会在超越个体生命限度的时间尺度上长睡不醒，但是却不会永远丧失或彻底泯灭；进而，他们坚信，个体的道德力量无论多么脆弱，都具有顽强的生命力和不屈的韧性。正如帕斯卡尔所言，人在自然天性上是脆弱的，但正是这种脆弱，成就了人在文化创造上的伟大，是"思想形成人的伟大"。他说："人只不过是一根苇草，是自然界最脆弱的东西；但他是一根能思想的苇草。用不着整个宇宙都拿起武器来才能毁灭他；一口气、一滴水就足以致他死命了。然而，纵使宇宙毁灭了他，人却仍然要比致他于死命的东西更高贵得多；因为他知道自己要死亡，以及宇宙对他所具有的优势，而宇宙对此却是一无所知。"①

是的，是到了我们应当真心实意、心悦诚服地与人的偶然性境况和道德的脆弱性和解的时候了。只有这样，我们才能够理解德尔菲神庙上"认识你自己"这一千古箴言的真谛。当我们真正认识到人的偶然性的命运，认识到道德既脆弱又坚韧的力量，我们才会认识人本身，才能找到价值与意义的源泉。我常常引用雅斯贝尔斯怀着一颗敏感的心灵对人的

---

① 帕斯卡尔：《思想录》，何兆武译，商务印书馆 1985 年版，第 157-158 页。

偶然诞生这一奇迹的赞美和对人的有限性的价值与意义的思索。张若虚的《春江花月夜》里诗情画意中萌动的人类朦胧的原初历史意识，在雅斯贝尔斯的《历史的起源与目标》中是以一种深刻的哲思和带着虔敬的颂歌表达出来的。雅斯贝尔斯问道："我们为什么恰好居住在无限空间上的这一点上，在仿佛是宇宙偏僻角落的一粒微尘上完成我们的历史？这为什么恰好发生在无限的时间里的现在？是什么碰巧造成了历史的开端？这些无法回答的问题使我们觉得有一个谜。"①所以，雅斯贝尔斯带着敬畏说道："我们存在的基本事实是，我们在宇宙中似乎是孤立的。在万籁俱寂的宇宙里，我们是唯一能说话的理性生物。在太阳系的历史中，地球上产生了一个为期无穷短暂的条件。人类在这个条件里演变，并完成对自己和存在的认识。只有在这里，才能发现这种自我理解的本质。我们至少不了解任何其他现实存在的本质。在无限的宇宙内，在一个小小的行星上，在数千年短短的时间里，某种东西产生了，仿佛这个行星是包容一切的，是可靠的。就是在这个地方，在这浩瀚宇宙中的一粒尘埃上，上帝因人类而醒来。"②

我们，作为既脆弱微小又坚强无比的道德主体，关爱他者、担忧社会、关照世界是我们的本分；而坚守这一本分，首先要守护人的偶然性和有限性境况，并通过我们或许是微不足道，但却珍贵无比的道德选择和道德实践从中生发出源远流长的道德力量和价值依托。在此，我们可以用赫勒的一段深情的表白来结束我们关于东欧新马克思主义伦理批判思想的巡礼。赫勒语重心长地对我们说道："男人与女人，我们这个世界的居民，生活与恐惧、欲望与痛苦，我们是道德规范、道德话语和道德义务的承载者和载体；因而，我们是道德哲学的主角。没有我们的践行，（道德）规范终将暗淡无光。"③

---

① 卡尔·雅斯贝斯：《历史的起源与目标》，魏楚雄、俞新天译，华夏出版社1989年版，第273页。

② 同上。

③ 阿格妮丝·赫勒：《一般伦理学》，孔明安、马新晶译，黑龙江大学出版社2015年版，第15页。

主要参考文献

[1] 中共中央马克思恩格斯列宁斯大林著作编译局. 马克思恩格斯文集:
第 1~10 卷[M]. 北京:人民出版社,2009.

[2] 柏拉图. 理想国[M]. 郭斌和,张竹明,译. 北京:商务印书馆,2009.

[3] 亚里士多德. 尼各马可伦理学[M]. 廖申白,译注. 北京:商务印书
馆,2009.

[4] 亚里士多德. 政治学[M]. 吴寿彭,译. 北京:商务印书馆,2009.

[5] 马基雅维里. 君主论[M]. 潘汉典,译. 北京:商务印书馆,2009.

[6] 斯宾诺莎. 伦理学[M]. 贺麟,译. 北京:商务印书馆,2009.

[7] 麦金太尔. 伦理学简史[M]. 龚群,译. 北京:商务印书馆,2003.

[8] 麦金太尔. 德性之后[M]. 龚群,戴扬毅,译. 北京:中国社会科学出版
社,2020.

[9] 梯利. 西方哲学史[M]. 葛力,译. 北京:商务印书馆,1995.

[10] 布尔克. 西方伦理学史[M]. 2 版. 黄慰愿,译. 上海:华东师范大学出
版社,2021.

[11] 文德尔班. 哲学史教程:上卷[M]. 罗达仁,译. 北京:商务印书
馆,1987.

[12] 文德尔班. 哲学史教程:下卷[M]. 罗达仁,译. 北京:商务印书
馆,1993.

[13] 瓦尔德. 马克思主义伦理思想家[M]. 曹康莉,译. 重庆:重庆出版
社,2020.

[14] 殷叙彝. 伯恩施坦读本[M]. 北京:中央编译出版社,2008.

[15] 阿伦特. 伦理的现代困境[M]. 孙传钊,译. 长春:吉林人民出版
社,2011.

[16] 卢卡奇. 历史与阶级意识[M]. 杜章智,任立,燕宏远,译. 北京:商务

印书馆,2009.

[17] 杜章智.卢卡奇自传[M].李渚青,莫立知,译.北京:社会科学文献
出版社,1986.

[18] 卢卡奇.小说理论[M].燕宏远,李怀涛,译.北京:商务印书
馆,2012.

[19] 卢卡奇.民主化的进程[M].张翼星,夏璐,译.北京:中国人民大学
出版社,2015.

[20] 萨特.存在与虚无[M].陈宣良,等译.北京:生活·读书·新知三联
书店,1987.

[21] 赫勒.日常生活[M].衣俊卿,译.哈尔滨:黑龙江大学出版社,2010.

[22] 赫勒.一般伦理学[M].孔明安,马新晶,译.哈尔滨:黑龙江大学出
版社,2015.

[23] 赫勒.道德哲学[M].王秀敏,译.哈尔滨:黑龙江大学出版社,2014.

[24] 赫勒.个性伦理学[M].赵司空,译.哈尔滨:黑龙江大学出版
社,2015.

[25] 赫勒.碎片化的历史哲学[M].赵海峰,高来源,范为,译.哈尔滨:黑
龙江大学出版社,2015.

[26] 赫勒.现代性能够幸存吗?[M].王秀敏,译.哈尔滨:黑龙江大学出
版社,2012.

[27] 赫勒,费赫尔.后现代政治状况[M].王海洋,译.哈尔滨:黑龙江大
学出版社,2011.

[28] 赫勒.卢卡奇再评价[M].衣俊卿,等译.哈尔滨:黑龙江大学出版
社,2011.

[29] 费赫尔.被冻结的革命:论雅各宾主义[M].刘振怡,曹丽新,译.哈
尔滨:黑龙江大学出版社,2014.

[30] 费赫尔.法国大革命与现代性的诞生[M].罗跃军,译.哈尔滨:黑龙
江大学出版社,2010.

[31] 瓦伊达.国家与社会主义:政治论文集[M].杜红艳,译.哈尔滨:黑
龙江大学出版社,2015.

［32］瓦伊达.作为群众运动的法西斯主义［M］.孙建茵,译.哈尔滨:黑龙江大学出版社,2015.

［33］彼得洛维奇.二十世纪中叶的马克思:一位南斯拉夫哲学家重释卡尔·马克思的著作［M］.姜海波,译.哈尔滨:黑龙江大学出版社,2015.

［34］马尔科维奇,彼得洛维奇.实践:南斯拉夫哲学和社会科学方法论文集［M］.郑一明,曲跃厚,译.哈尔滨:黑龙江大学出版社,2010.

［35］马尔科维奇.当代的马克思:论人道主义共产主义［M］.曲跃厚,译.哈尔滨:黑龙江大学出版社,2011.

［36］弗兰尼茨基.马克思主义史:三卷本［M］.胡文建,李嘉恩,杨达洲,等译.哈尔滨:黑龙江大学出版社,2015.

［37］鲍曼.现代性与大屠杀［M］.杨渝东,史建华,译.南京:译林出版社,2002.

［38］鲍曼.后现代伦理学［M］.张成岗,译.南京:江苏人民出版社,2002.

［39］鲍曼.生活在碎片之中:论后现代道德［M］.郁建兴,周俊,周莹,译.上海:学林出版社,2002.

［40］鲍曼.个体化社会［M］.范祥涛,译.上海:上海三联书店,2002.

［41］鲍曼.现代性与矛盾性［M］.邵迎生,译.北京:商务印书馆,2003.

［42］鲍曼.共同体［M］.欧阳景根,译.南京:江苏人民出版社,2003.

［43］鲍曼.流动的现代性［M］.欧阳景根,译.上海:上海三联书店,2002.

［44］鲍曼.被围困的社会［M］.郇建立,译.2版.南京:江苏人民出版社,2006.

［45］鲍曼.门口的陌生人［M］.姚伟,译.北京:中国人民大学出版社,2017.

［46］鲍曼.怀旧的乌托邦［M］.姚伟,译.北京:中国人民大学出版社,2018.

［47］鲍曼.工作、消费主义和新穷人［M］.郭楠,译.上海:上海社会科学院出版社,2021.

［48］科拉科夫斯基.走向马克思主义的人道主义:关于当代左派的文

集[M].姜海波,译.哈尔滨:黑龙江大学出版社,2013.

[49] 科拉科夫斯基.马克思主义的主要流派:三卷本[M].唐少杰,顾维艰,宁向东,等译.哈尔滨:黑龙江大学出版社,2015.

[50] 科拉科夫斯基.经受无穷拷问的现代性[M].李志江,译.哈尔滨:黑龙江大学出版社,2013.

[51] 科拉科夫斯基.自由、名誉、欺骗和背叛:日常生活札记[M].唐少杰,译.哈尔滨:黑龙江大学出版社,2011.

[52] 沙夫.人的哲学[M].赵海峰,译.哈尔滨:黑龙江大学出版社,2014.

[53] 沙夫.马克思主义与人类个体[M].杜红艳,译.哈尔滨:黑龙江大学出版社,2015.

[54] 沙夫.作为社会现象的异化[M].衣俊卿,等译.哈尔滨:黑龙江大学出版社,2015.

[55] 科西克.具体的辩证法:关于人与世界问题的研究[M].刘玉贤,译.哈尔滨:黑龙江大学出版社,2015.

[56] 科西克.现代性的危机:来自1968时代的评论与观察[M].管小其,译.哈尔滨:黑龙江大学出版社,2014.

[57] 斯维塔克.人和他的世界:一种马克思主义观[M].员俊雅,译.哈尔滨:黑龙江大学出版社,2015.

[58] 章海山.西方伦理思想史[M].沈阳:辽宁人民出版社,1984.

[59] 宋希仁.西方伦理思想史[M].2版.北京:中国人民大学出版社,2010.

[60] 田海平.西方伦理精神:从古希腊到康德时代[M].南京:东南大学出版社,1998.

[61] 包利民.生命与逻各斯:希腊伦理思想史论[M].北京:东方出版社,1996.

[62] 陈少峰.中国伦理学史新编[M].北京:北京大学出版社,2013.

[63] 宋惠昌.马克思恩格斯的伦理学[M].北京:红旗出版社,1986.

[64] 章海山.马克思主义伦理思想发展的历程[M].上海:上海人民出版社,1991.

[65] 李义天,张霄编.传承与坐标:马克思主义伦理思想访谈录[M].北京:中央编译出版社,2020.

[66] 李义天.美德之心[M].北京:商务印书馆,2021.

[67] 王文东.俄苏马克思主义伦理思想史纲[M].重庆:重庆出版社,2020.

[68] 张霄.当代英美马克思主义伦理学研究[M].重庆:重庆出版社,2020.

[69] 李旸.分析的马克思主义的政治哲学转向[M].重庆:重庆出版社,2020.

[70] 王雨辰.伦理批判与道德乌托邦:西方马克思主义伦理思想研究[M].北京:人民出版社,2014.

[71] 衣俊卿.历史与乌托邦:历史哲学:走出传统历史设计之误区[M].哈尔滨:黑龙江教育出版社,1995.

[72] 衣俊卿.东欧新马克思主义精神史研究[M].哈尔滨:黑龙江大学出版社,2015.

[73] 衣俊卿.人道主义批判理论:东欧新马克思主义述评[M].北京:中国人民大学出版社,2005.

[74] Lukács G. Political Writings,1919—1929:The Question of Parliamentarianism and Other Essays[M].London:NLB,1972.

[75] Heller Á. Everyday Life[M].London:Routledge and Kegan Paul,1986.

[76] Heller Á. General Ethics[M].New York:Basil Blackwell,1988.

[77] Heller Á. A Philosophy of Morals[M].Oxford:Basil Blackwell,1990.

[78] Heller Á. An Ethics of Personality[M].Oxford:Basil Blackwell,1996.

[79] Heller Á. Beyond Justice[M].New York:Basil Blackwell,1987.

[80] Heller Á. A Short History of My Philosophy[M].Laham:Lexington Books,2011.

[81] Heller Á,Fehér F. The Postmodern Political Condition[M].New York:Columbia University Press,1988.

[82] Heller Á. Lukacs Revalued[M].Oxford:Basil Blackwell Publisher,1983.

[83] Fehér F. Ágnes Heller and György Márkus, Dictatorship over Needs [M]. Oxford:Basil Blackwell,1983.

[84] Marković M. The Contemporary Marx [M]. Nottingham: Spokesman Books,1974.

[85] Marković M,Petrović G. Praxis:Yugoslav Essays in the Philosophy and Methodology of the Social Sciences[M]. London:D. Reidel Publishing Company,1979.

[86] Kangrga M. Etički problem u djelu Karla Marxa [M]. Beograd: Nolit,1980.

[87] Stoyanović S. Between Ideals and Reality [M]. New York:Oxford University Press,1973.

[88] Storer M B. Humanist Ethics:Dialogue on Basics [M]. New York: Prometheus Books,1980.

[89] Bauman Z. Modernity and the Holocaust [M]. Cambridge:Polity Press,1989.

[90] Bauman Z. Mortality, Immortality and Other Life Strategies [M]. Cambridge:Polity Press,1992.

[91] Bauman Z. Postmodern Ethics[M]. Oxford:Basil Blackwell,1993.

[92] Bauman Z. Life in Fragments:Essays in Postmodern Morality [M]. Oxford:Basil Blackwell,1993.

[93] Bauman Z. Does Ethics Have a Chance in a World of Consumers? [M]. Cambridge,MA:Harvard University Press,2008.

[94] Bauman Z, Donskis L. Moral Blindness [M]. Cambridge:Polity Press,2013.

[95] Kolakowski L. Toward a Marxist Humanism [M]. New York:Grove Press,Inc. ,1969.

[96] Kolakowski L. Freedom,Fame,Lying and Betrayal:Essays on Everyday Life[M]. London:Westview Press,1999.

[97] Kolakowski L. Modernity on Endless Trial[M]. Chicago:The University

of Chicago Press, 1990 .

[98] Kosik K. Dialectics of the Concrete [M]. Dordrecht and Boston: D. Reidel Publishing Company, 1976.

[99] Kosik K. The Crisis of Modernity: Essays and Observations from the 1968 Era[M]. Maryland: Rowman & Littlefield Publishers. Inc. , 1995.

[100] Sviták I. Man and His World: A Marxian View[M]. New York: Dell Publishing Co. , Inc. , 1970.

附录

一位思想者的生命姿态

——纪念阿格妮丝·赫勒(1929—2019)①

衣俊卿

2019年7月19日，卢卡奇最杰出的弟子、著名哲学家阿格妮丝·赫勒(Ágnes Heller)逝世。是日，年逾九旬的赫勒教授在位于布达佩斯西南90公里处的中欧最大的湖泊——著名的巴拉顿湖度假，她跳入湖中向前游去，便一去不归。

景色宜人的巴拉顿湖不仅是著名的旅游胜地，而且是承载着厚重历史内蕴的文化地标。1945年3月，孤注一掷的希特勒投入了约50万人的兵力，在这里发动了最终直接影响第二次世界大战结局和命运的"春醒战役"，即"巴拉顿湖战役"。不可一世的德军在巴拉顿湖遭到了苏军的顽强抵抗和英勇反击，很快就以惨败告终。紧接着，一个多月后，1945年5月8日，纳粹德国就宣布无条件投降。这些跌宕起伏、惊心动魄的历史场景在人类历史的天空尚未远去，而今，曾经捍卫了人类正义的巴拉顿湖，又敞开自己宽厚的胸怀，永远地拥抱着著名的欧洲精神之子——赫勒。这个事件，在巴拉顿湖的历史记忆中又平添了浓重的一笔。

---

① 该文是笔者为赫勒《悲剧与哲学———一部平行的历史》(哈尔滨工程大学出版社2020年版)所写的"中译者序言"，也是一篇纪念赫勒的文章。该文从赫勒的思想演变、个人经历、心灵体验和内在的理论逻辑等多方面，比较全面也比较形象地描绘了赫勒的心路历程、理论建构和价值追求。在某种意义上，该文可以提供一幅作为个性伦理思想建构者和作为好人的个性道德践行者的赫勒的理论肖像，对于我们更加深刻、更加生动地理解东欧新马克思主义伦理思想具有参考价值。故将该文作为附录收入本书，以飨读者。

纵身一跃：永恒的生命姿态

哲学家赫勒的突然离世，对我本人以及很多研究赫勒思想的青年学者来说，是一个沉重的打击。我在赫勒去世的第二天就听到了这个令人心碎的消息。接下来，我很长时间都摆脱不了深深的沮丧和负面的心绪。那段时间，常常浮现在我脑海中的是《礼记·檀弓上》对孔子吟诵《曳杖歌》情形的生动描绘："孔子蚤作，负手曳杖，消摇于门，歌曰：'泰山其颓乎？梁木其坏乎？哲人其萎乎？'"吟诵之后，孔子"盖寝疾七日而没"，这是孔子最后的生命姿态。这一姿态对后世文化的影响是深远的，人们时刻记起"哲人其萎"对人类心灵所产生的巨大震撼。

其实，在由赫勒突然离世所带来的负面心绪中，除了震惊和悲伤之外，还有一种很强烈的惋惜和不甘。众所周知，赫勒虽然已经年逾九旬，但一直很健康，充满活力。如果属于常规的和正常的生老病死，人们虽然同样心存遗憾和悲伤，但是，毕竟容易接受。记得赫勒在《卢卡奇再评价》中讲述卢卡奇和伊尔玛的爱情时，反复谈到常规世界的姿态与哲学的姿态的不同。她指出，"在常规的世界，每个姿态都是明确的、清晰的、透明的、可理解的。我们知道，一个吻意味着什么，一封情书意味着什么，或者门口的一个温情的握手意味着什么，或者整个舞会都和同一个人跳舞，或者在窗下为她唱小夜曲意味着什么；我们知道订婚或者结婚意味着什么；我们也知道背叛婚姻意味着什么。个人的姿态的意义被制度和风俗所规定"①。比如，赫勒的导师卢卡奇晚年就经历了常规的和正常的生老病死，对此，赫勒和卢卡奇的其他弟子做了清楚的描写。卢卡奇于 20 世纪 60 年代中期就得知自己患了不治之症，但是，他一直以典型的斯多葛主义的态度泰然处之，坚持写作。然后，"在最后的七八个月里，他已经不能阅读那些由别人辨认、打印的文稿了，因为那时他已经不能工作了。根据 1963 年的'无情判决'，卢卡奇想在书桌

---

① 阿格妮丝·赫勒：《卢卡奇再评价》，衣俊卿等译，黑龙江大学出版社 2011 年版，第 44-45 页。

上等待死亡的到来，但他得到的却是对其一生严格、艰苦的工作的讽刺：他被从空荡荡的书桌送到了医院，曾经奉献于无止境的事业的生命只剩一副骨架了"①。赫勒写道："卢卡奇一直不放弃理论求索，他常说，在我们的时代，一切都应当重新开始。"但是，赫勒感叹道："卢卡奇已经没有机会重新开始一个新的批判了。"②

因此，无论人们如何悲伤，卢卡奇的辞世姿态还是属于人们可以接受的常规的死亡姿态。相比之下，赫勒的辞世姿态则完全不同。很多中国学者都清楚地记得，就在赫勒去世前八个月，即 2018 年 11 月，在四川大学举办的"东欧马克思主义批判理论国际会"上，精神矍铄的赫勒教授还热情饱满地做了多场学术报告，参加了各种专题讨论会，并且做了学术访谈③。很多研究赫勒学术思想的学者都相信，从赫勒教授健康的身体和清晰的思维来看，她还会给我们提供源源不断的理论成果和思想灵感。然而这一切都因一个突然的变故戛然而止。这的确令我们感到遗憾，心有不甘。直到后来，当我读到哈贝马斯在赫勒去世后的第三天在《法兰克福汇报》上发表的题为《向一位哲学家告别》的悼念文章后，才慢慢地从那种沮丧的心绪中走出来，开始换个角度来思考赫勒的辞世姿态。

哈贝马斯与赫勒是同龄人，同为从 20 世纪一路走来，在 21 世纪初依旧充满理论激情和创造力，依旧十分活跃、十分有影响力的理论家。他们二人相互非常了解，彼此十分尊重，而且经常有理论互动。2017年，澳大利亚《论题十一》(Thesis Eleven) 杂志刊发了赫勒回顾早年与哈贝马斯的交往，以及讨论哈贝马斯一些基本观点的评论文章，题为《论哈贝马斯：往日时光》；哈贝马斯在该杂志的同一期发表了题为《对阿格

① 阿格妮丝·赫勒：《卢卡奇再评价》，衣俊卿等译，黑龙江大学出版社 2011 年版，第167 页。

② 同上书，第 246 页。

③ 参见 Fuqilin, Can we still be at home? Agnes Heller and China, in *Thesis Eleven*, vol. 165(1), 2021, pp.169–178；张笑夷：《伦理学、现代性与马克思——阿格妮丝·赫勒访谈》，载《马克思主义与现实》2019 年第 4 期。

妮丝·赫勒的回应》的文章①。哈贝马斯对赫勒的理论思想和独特的人格有很深入的了解，他在痛惜赫勒不幸离世的时候，对于赫勒的辞世方式做了自己独特的、别样的解读：

> 阿格妮丝·赫勒直到生命的最后一刻都充满着生命活力。她精神的弹簧从来不会疲惫。回想起来，我们可以明白：对这么样一个人而言，只有突然的死亡才跟她相般配。②

在哈贝马斯看来，或许只有这种突然的死亡才能够配得上赫勒这位杰出的和独特的哲学家。细思之，哈贝马斯的见解并非没有理由。至少我们可以宽慰自己：对赫勒这样一位精力充沛、思维敏捷、才华横溢、激情四射的哲人而言，如果遭受导师卢卡奇晚年所遭受的那种病魔缠身的状况，无异于一种对生命的摧残，是其所不能够容忍的，而这种非常规的、突然的死亡则可能是更为可取的瞬间化作永恒的生命姿态。

不仅如此，在哈贝马斯这一见解的启发下，我开始对赫勒的相关思想做了新的梳理和思考。我不想对赫勒之死做一种过分的目的论解读，但是，我想指出一点，在赫勒的存在选择和道德选择理论中，的确包含着关于生命与死亡姿态的思想，这些论述冥冥之中与赫勒的人生终局有着某种意义上的契合。赫勒道德理论的很重要的内容是强调人的存在选择主要是一种道德选择。赫勒认为，人要通过道德选择而成为好人，这种选择包含着道德自律或称道德自主性，各种道德规范只是为人的存在选择提供一种道德拐杖，而真正的选择及选择所带来的后果，则是个体性的，人的每一次存在选择都是一种跳跃，赫勒形象地把人的这种选择比作"骰子的幸运一掷"。因此，她强调勇气在存在选择和道德选择中的重要性，"存在的选择是勇气的问题""勇气是全部美德的一半。它是独

---

① 参见 Ágnes Heller, On Habermas: Old Times, in *Thesis Eleven*, 2017, vol. 143(1)8–14; Jürgen Habermas, Response to Ágnes Heller, in *Thesis Eleven*, vol. 143(1), 2017, pp. 15–17.

② Jürgen Habermas, Abschied von einer Philosophin, in *Frankfurter Allgemeine Zeitung*, 2019-07-22(9).

立的美德并且它支持所有其他美德的实践"。① 而赫勒在阐述勇气和"勇敢的姿态"时，常常使用的例子恰恰就是勇敢地跃入水中：

> 基本上，要勇敢很简单。一旦一个人知道怎么做才对，这个人就会做这件事。用克尔恺郭尔的措辞，知道怎么做才对发生在瞬间：绝没有"以前"和"以后"。一个人不再考虑得与失；一个人不再想象对他自己来说将会发生什么。在"瞬间"中存在的只是这个人和永恒。你闭上眼睛，把你的手从你曾经紧握的栏杆上松开——这就行了。一旦落入水里，你就游泳。要有勇气，要勇敢。②

这一生动的叙述似乎早已预示了赫勒本人的辞世姿态：赫勒之死不仅表现了一种好人的"勇敢的姿态"，而且展示了一位具有独创性的哲学家的生命姿态：在浩瀚的湖面上的奋力搏击化作一种指向人类知识、人类精神的深邃海洋的永恒姿态。这种姿态既是一种永不停歇的思想求索过程，也是一种深深的哲学爱智的永恒定格。赫勒在讨论存在的选择和勇敢的姿态时就曾阐述过，一个人、一个哲学家在存在的选择中，把自身区隔开来，使选择这一跳跃的瞬间成为一种永恒。我将自己与我的过去和将来隔离开来，然而，我并不将我自己与世界隔离开来。"正相反，我强烈求助于一种价值。我放松自己以便于游向某物。我游向的'东西'可能是一个非常具体的东西；它也可能是我的荣誉和尊严。但是，无论我游向哪里，我总是朝着可能的最好的道德世界游。"③不难看出，在赫勒的心目中，这个可能的道德世界中的最好的世界，也是人类最美好、最崇高的精神世界。因而，赫勒在巴拉顿湖面上最后的生命姿态并不是一个生命的终结，而是一位富有创造性的思想者在人类精神世界中的永恒定格，她依旧与我们所有爱智者一道，在精神和思想的海洋与天空中

① 阿格妮丝·赫勒：《道德哲学》，王秀敏译，黑龙江大学出版社2014年版，第98、110页。
② 同上书，第98-99页。
③ 同上书，第100页。

遨游，这种生命的姿态，瞬间变成永恒！

到了 2020 年初，当我们开始阅读和翻译赫勒生前留给世人的最后一部书稿《悲剧与哲学——一部平行的历史》（*Tragedy and Philosophy：A Parallel History*）时，我对上述关于赫勒之死的哲学解读思路更加清晰，态度更加坚定。在这部手稿中，赫勒引领着我们，把哲思的目光投向人类精神世界的历史天空。这是一个既深邃无底、源远流长，又浩瀚无垠、横无际涯的历史星空。在无数璀璨的精神星丛中，赫勒把自己最后的目光永远地定格于悲剧和哲学这两种诞生于新旧两个世界碰撞之中的精神体裁。赫勒用悲剧和哲学这对人类精神双子星的如影随形、平行交错的历史演变，为我们勾勒出一幅以历史时空为坐标的独特的人类精神地图，我们和继往开来的很多爱智者都可以在这幅精神地图上找到安放我们自己躁动不安的、无法停歇的精神和灵魂的位置。而这幅以悲剧和哲学双子星耀亮的人类精神地图的时空起点，就是赫勒的导师卢卡奇在"极端罪恶的年代"里依旧心心念念的完整的文化，即古希腊的文化图景。卢卡奇在《小说理论》中是这样描绘他心目中的文化圣地——完美的希腊文化的：

> 对那些极幸福的时代来说，星空就是可走和要走的诸条道路之地图，那些道路亦为星光所照亮。那些时代的一切都是新鲜的，然而又是人们所熟悉的，既惊险离奇，又是可以掌握的。世界广阔无垠，却又像自己的家园一样，因为在心灵里燃烧着的火，像群星一样有同一本性。世界与自我、光与火，它们明显有异，却又绝不会永远相互感到陌生，因为火是每一星光的心灵，而每一种火都披上星光的霓裳。这样，心灵的每一行动都变得充满意义，在这一元性中又都是圆满的……①

---

① 卢卡奇：《小说理论》，燕宏远、李怀涛译，商务印书馆 2012 年版，第 19-20 页。

与我们同行的思想者：精神求索的理论拐杖

一般说来，对于真正选择与哲学为伍的人而言，理性、平和、从容地对待自己的和他人的生与死，以及其他重大事件和变故，应当是一种常态。然而，赫勒的突然离去的确让我和一些人少有地"心用慨然，凄怆动容"，无法接受，无法释怀。我感觉，这种情况的出现，主要源自两个方面。一方面，赫勒的思想和理论的确具有独特的魅力，无论是其在形而上与形而下之间、宏观和微观之间、理论抽象与日常生活之间从容地、游刃有余地敞开的理论视野，还是其理论独有的细腻、睿智和激情燃烧，都对我们这些研究其思想的人的理论和人生产生了深刻的影响。另一方面，赫勒是我们少有的，甚至是仅有的以某种方式结伴同行的思想家和理论家。20 世纪以降，在哲学领域涌现出很多杰出的哲学家或者批判理论家，他们对中国的哲学和社会批判理论研究产生了很大影响，其理论观点成为很多人的主要研究对象。然而，这些哲学家和批判理论家对我们而言，与历史上所有哲学家一样，都是给定的、现成的理论研究对象。而赫勒则在很大程度上与其他人不同，在过去的三十多年间，她不只是我和一些年轻学者的远距离的理论研究对象，而且处于某种交集之中，在某种意义上是与我们同行的一位思想者。对我而言，从20 世纪 80 年代后期我与赫勒通信，并翻译她的《日常生活》开始，她就成为我的思想求索和学术研究的引领者与重要的理论拐杖。

能够在自己学术生涯之始就与赫勒这样独特的思想家相遇，的确是一种很了不起的机缘，它源自我对南斯拉夫实践派的研究；而研究南斯拉夫实践派的推动力则源自我在北京大学哲学系读书期间听过的贾泽林老师所做的关于南斯拉夫现代哲学的学术讲座。这一学术讲座和此后我对相关文献的研究，激起了我对南斯拉夫实践派理论的兴趣。1982 年 2月从北京大学毕业后，我被分配到黑龙江大学哲学系任教。其间，我通过了英语水平考试（EPT）。1984 年 10 月，作为国家教委选送的进修生，我到南斯拉夫贝尔格莱德大学进修哲学。出于对实践哲学的关注，我毫不犹豫地选择实践派哲学作为自己的研究对象。在通过塞尔维亚语语言关之后，我开始了学术研究和博士论文写作，在此期间有幸同加约·彼得洛维奇（Gajo Petrović）、米哈伊洛·马尔科维奇（Mihailo Marković）、普雷德拉格·弗兰尼茨基（Predrag Vranicki）、米兰·坎格尔加（Milan Kangrga）、斯维托扎尔·斯托扬诺维奇（Svetozar Stojanović）等十几位实践派哲学家结识，在他们的热情帮助下，特别是在导师兹德拉伍科·穆尼什奇（Zdravko Munisić）的精心指导下，我完成了博士论文《二战后南斯拉夫哲学家建立人道主义马克思主义的尝试》，并于 1987 年 1 月 23 日顺利通过了答辩，获哲学博士学位。在研究实践派哲学期间，通过对科尔丘拉夏令学园（Korčulanska letnjaškola）和《实践》（Praxis）杂志的相关文献的研究，以及通过实践派哲学家的评价和介绍，我开始关注匈牙利、波兰、捷克斯洛伐克等国的其他东欧新马克思主义理论家，其中对我吸引力最大的便是卢卡奇的杰出弟子阿格妮丝·赫勒。

那个时候，关于赫勒的理论，除了导师穆尼什奇和一些实践派哲学家向我做的介绍之外，最主要的是我找到了塞尔维亚文版的《日常生活》（Svakodnevni Život）[1]，这是赫勒早期重要代表作，该书写于 20 世纪 60 年代末，1970 年第一次以匈牙利文发表，此后相继出版意大利文版、西班牙文版、德文版等多种文版，而塞尔维亚文版出版于 1978 年，是《日常生活》比较早的译本（见插图一、插图二），并且该版收录了卢卡奇为《日常生活》所写的原序。这为赫勒的日常生活革命或者日常生活人道化理论提供了独特的日常生活批判理论范式，它在相当程度上不同于胡塞尔等人建立在精神和理性层面的生活世界理论，具体说来，它在现实的日常生活的结构图式中把握作为社会再生产之根基的个体再生产，即类本质对象化，并以此揭示日常生活人道化和社会变迁的内在关联。对此，哈贝马斯给予了高度评价，他在纪念赫勒的文章中强调："赫勒作为一名哲学家的与众不同之处，同时也是真正将她与汉娜·阿伦特联系起来的，正是这种能够将对崇高思想的强调与那些极其简单且显而易见

---

[1]　Agnes Heler, *Svakodnevni Život*, Beograd: Nolit, 1978.

的日常生活中闪光智慧和经验结合起来的能力。"①

可以说，与赫勒的日常生活批判理论的相遇是我留学生涯的一个意外之喜。我在读大学期间就在马克思的异化理论和实践哲学中确立了自己的理论立足点。但是，一直令我困惑的是，这种理论化的实践哲学如何能够真正切入现实的存在。当然，我们可以从社会生产、技术创新等方面来理解人的实践，但这只是一种群体的和社会的实践，以及整体本位的人之主体性，而个体的实践和个体本位的人之主体性如何确立，依旧是个悬而未决的问题。我也曾尝试按照程颢、程颐兄弟所倡导的格物致知方法，今日格一物，明日格一物，期待着自己能够达到"贯通处"。然而，直到我遇到赫勒的日常生活人道化理论，才真正有了"豁然开朗"的感觉。

因此，1987 年 2 月，在我结束了留学生活回到国内后，我很快就设法找到赫勒在澳大利亚的地址，给她写了一封信，说明我正在进行的东欧新马克思主义研究计划。这封信经过辗转，最后到达已经移居纽约的赫勒手中。很快，赫勒于 1987 年 11 月 9 日给我写了回信(见插图三)，非常耐心地向我解答了她关于布达佩斯学派组成人员的理解，并且给我寄来相关资料。紧接着，我于 1987 年底又给赫勒去信，彼时我提交的翻译赫勒《日常生活》一书的申请已经通过重庆出版社的选题策划，拟收入徐崇温先生主编的"国外马克思主义和社会主义研究丛书"。我向赫勒报告了这一计划，并且说明，由于找不到直接翻译匈牙利文版《日常生活》的人选，我拟遵照塞尔维亚文版进行翻译。我很快收到赫勒于 1988 年 2 月 8 日给我的回信(见插图四)，她不仅完全同意翻译出版她的《日常生活》的请求，而且提出了非常重要的意见。赫勒建议我翻译已经出版的英文版《日常生活》②，因为英译本是她亲自审定和把关的版本。赫勒不但寄来了英文版《日常生活》的复印件，而且在版权问题上也表现出

---

① Jürgen Habermas, Abschied von einer Philosophin, in *Frankfurter Allgemeine Zeitung*, 2019-07-22(9).

② Ágnes Heller, *Everyday Life*, tr. by G. L. Campbell, New York: Routledge and Kegan Paul, 1984.

非常的慷慨与大度，还给我寄来了她刚刚出版的《超越正义》①一书（见插图五、插图六）。赫勒如此热情地提携我这个刚刚开始自己学术生涯的后学，让我感动不已。

与赫勒的顺利交流开启了我此后学术研究最重要的领域之一，即关于东欧新马克思主义的全方位的翻译和研究。1990年，由我翻译的赫勒《日常生活》中文版②正式出版，这是我国学术界开展赫勒研究以及东欧新马克思主义研究的一个重要开端。此前，我国学术界已经零星有一些关于赫勒著述的翻译或者介绍③，但是，自觉地把赫勒当作布达佩斯学派和东欧新马克思主义的主要代表人物来加以译介和研究，则是从《日常生活》出版开始的。其间曾有一个很大的遗憾，原本我已经同赫勒约定，在1989年或者1990年《日常生活》中文版出版之际，邀请赫勒和费赫尔夫妇来中国进行学术交流。后来因为那个时期的一些特殊历史背景，这次学术交流没有成行。可以想象，如果赫勒和费赫尔夫妇这两位布达佩斯学派主要代表人物在20世纪90年代初就能来中国与我们进行面对面的学术交流，那么我们的东欧新马克思主义研究无论在进度上还是在深度和广度上都将呈现为另一种景观。然而，无论如何，随着《日常生活》中文版的问世，从20世纪90年代起，我国学术界关于赫勒以及其他东欧新马克思主义理论家思想的研究，毕竟是真正地开始了。

此后，对于赫勒思想以及东欧新马克思主义理论的研究在我的学术研究中占据很大的比重。从20世纪90年代到21世纪头十年，我主要是从两个方面开展赫勒思想的研究：一方面，我把赫勒思想作为东欧新马克思主义的重要组成部分加以研究，出版了《东欧的新马克思主义》《人道主义批判理论——东欧新马克思主义述评》《当代学者视野中的马克思主义哲学·东欧和苏联学者卷》，以及一些学术论文；另一方面，我依据赫勒关于日常生活人道化的理论范式，开展了中国现代化进程

---

① Ágnes Heller, *Beyond Justice*, New York: Basil Blackwell, 1987.
② 阿格妮丝·赫勒：《日常生活》，衣俊卿译，重庆出版社1990年版。
③ 参见 A. 赫勒尔：《马克思主义伦理学与东欧的未来》，光军译，载《国外社会科学》1980年第8期；艾格妮丝·赫勒：《人的本能》，邵晓光、孙文喜译，辽宁大学出版社1988年版。

中的日常生活批判和文化哲学研究，先后出版了《现代化与日常生活批判——人自身现代化的文化透视》《现代化与文化阻滞力》《文化哲学——理论理性和实践理性交汇处的文化批判》，以及系列学术论文。在后一方面的研究中，我还努力把赫勒的日常生活人道化理论范式与胡塞尔等人的生活世界理论纳入一个总体的理论框架中加以把握，以揭示20世纪哲学理性的重要发展趋势①。

在这个时期，除了我之外，还有一些学者陆续从不同方面开展关于赫勒的人道主义理论、日常生活批判理论、历史理论、伦理思想等方面的研究。但是，由于语言和文化，以及历史条件的限制，在相当长的时间内，关于赫勒和其他东欧新马克思主义理论家的研究并不普遍，那个时候我常常感到自己是在孤军作战，这种状况在学术研究中属于一种很不利的氛围，因为你很难找到交流和研讨的渠道。随着我指导的博士研究生、合作的博士后研究人员，以及其他一些年轻教师或者研究生越来越多地注意到东欧新马克思主义的理论价值，并且开始从事这方面的选题和研究，东欧新马克思主义研究的薄弱状况在2010年前后得到了很大的缓解和改善。而真正的转机是由黑龙江大学出版社申报、由我作为首席专家的两项国家出版基金项目的开展：一是2010年获准立项的"东欧新马克思主义译丛"；二是2011年获准立项的"东欧新马克思主义理论研究"。在我组织的来自全国各地的数十人的翻译和研究团队近十年的共同努力下，到2017年底，"东欧新马克思主义译丛"共40种译著、"东欧新马克思主义理论研究丛书"共20种图书由黑龙江大学出版社全部出齐。不仅如此，在过去十多年间，这一东欧新马克思主义翻译和研究团队的数十名年轻学者还获得国家社会科学基金项目、教育部人文社会科学研究基金项目近20项，发表了数百篇学术论文。而且全国各地越来越多的年轻学者和研究生开始跻身东欧新马克思主义研究的行列，东欧新马克思主义研究正在成为我国学术界国外马克思主义研究的新热点之一。

---

① 参见衣俊卿：《理性向生活世界的回归——20世纪哲学的一个重要转向》，载《中国社会科学》1994年第2期。

在这两套丛书和其他相关研究中，赫勒的作品占了很大的比重。在"东欧新马克思主义译丛"所收录的 40 种译著中，有赫勒的《日常生活》《道德哲学》《一般伦理学》《个性伦理学》《激进哲学》《超越正义》《现代性能够幸存吗?》《历史理论》《碎片化的历史哲学》；赫勒主编的《卢卡奇再评价》；赫勒与费赫尔合著的《后现代政治状况》；赫勒与费赫尔主编的《美学的重建——布达佩斯学派论文集》；赫格居什、赫勒、玛丽亚·马尔库什和瓦伊达合著的《社会主义的人道主义——布达佩斯学派论文集》等；此外，其他出版社还出版了赫勒的《现代性理论》《人的本能》《脱节的时代——作为历史哲人的莎士比亚》等著作。目前我们正在组织的，拟由哈尔滨工程大学出版社出版的"纪念赫勒翻译专辑"还将翻译出版赫勒的《我的哲学简史》《马克思的需要理论》《文艺复兴的人》《情感理论》《羞愧的力量——一种理性的视角》《悲剧与哲学——一部平行的历史》，以及赫勒和费赫尔合著的《生命政治》《激进普遍主义的辉煌与衰落》等八本著作。这样一来，赫勒著作的中译本将达到二十多部。此外，我国学术界还出版了很多专门研究赫勒思想或者研究布达佩斯学派思想的专著，如傅其林的《阿格妮丝·赫勒审美现代性思想研究》、王秀敏的《个性道德与理性秩序——赫勒道德理论研究》、傅其林的《宏大叙事批判与多元美学建构——布达佩斯学派重构美学思想研究》、李晓晴的《激进需要与理性乌托邦——赫勒激进需要革命论研究》、颜岩的《个体自由与道德责任——布达佩斯学派社会批判理论研究》、王静的《作为文化批判的审美——赫勒美学思想研究》、范为的《历史哲学中的现代性反思——赫勒的后期思想研究》、杜红艳的《多元文化阐释与文化现代性批判——布达佩斯学派文化理论研究》、赵司空的《后马克思主义与后现代的乌托邦——阿格妮丝·赫勒后期思想述评》、李伟的《后马克思主义视域的历史想象——赫勒历史哲学研究》、李霞的《个性化的日常生活如何可能——赫勒日常生活理论研究》、张婷的《阿格妮丝·赫勒历史哲学思想研究》等。

1990 年，赫勒的《日常生活》中文版出版，迄今已逾三十载；从三十年前我孤身一人推动关于赫勒以及东欧新马克思主义研究，到今天来自全国各地越来越多的青年才俊投身这一研究领域，我们积累了越来越丰富的翻译和研究成果。这些研究成果的积累和学术氛围的营造，使赫勒这位杰出的哲学家和思想者真真正正地走入了中国学术界，她的很多理论和思想已经成为越来越多青年学者的重要研究主题和得心应手的理论拐杖。也正因如此，当21世纪初叶，赫勒真的来到中国，走到我们中间，与我们开启面对面的学术交流时，很多学者突然发现：原来这么多年来赫勒与我们如此亲近，她就在我们中间，与我们同行，在思想探索和理论研究中给予我们很多的引领和指导。令我特别欣喜的是，目前我国学术界不仅有很多"70后""80后"的年轻学者成为赫勒研究以及东欧新马克思主义研究的主力军，而且有更年轻的来者——"90后"青年才子加入了这个研究行列。我们可以毫不犹豫地断言，在未来的学术研究中，赫勒依旧是与我们同行的杰出思想者！

温暖的理性和深挚的生命之爱：好人的地平线

从过去三十多年间我们陆续翻译出版的赫勒著作不难看出，在20世纪众多哲学家和理论家之中，无论从哪个视角来看，赫勒都是思想最为丰富的哲学家之一：从思想渊源和知识谱系来看，赫勒既传承了从古希腊开始的西方哲学传统，又分沾了黑格尔所说的"哲学的终结"之后的各种哲学反思，特别是各种激进哲学的批判思想；从理论范式来看，赫勒得心应手地、游刃有余地统合了形而上的（超验的）和现实的（经验的）层面、宏观的和微观的层面、理论理性和实践理性的层面；从哲学的具体学科领域来看，赫勒的理论研究涉猎了存在论、哲学人类学、伦理学、美学、历史理论、政治哲学、文化理论、文学艺术等诸多领域；从主要的研究主题来看，赫勒的哲学反思聚焦于人的境况、人的存在、道德、伦理、个性、自由、情感、需要、日常生活、正义、民主、政治、技术、现代性、资本主义、社会主义、共同体、历史、文化，等等。

上述这些丰富的思想内容十分重要，也是我们今后研究赫勒思想和东欧新马克思主义理论需要特别深入思考的问题。然而，就我们这里要阐发的纪念赫勒的主题而言，我在这里并不想具体展开这些思想内容。我想尝试着揭示和把握赫勒作为一个哲学家的独特性。人们通常认为哲学代表着普遍性和理性，它是排斥个性和独特性的。但是，对于十分重视个性的赫勒而言，哲学，特别是从事哲学研究的哲学家，也是可以具有个性和独特性的。这里，我想通过赫勒的两句话来说明这一点。

赫勒关于这个问题的第一句话是"一本哲学书就是一部回忆录"。这是赫勒在《个性伦理学》中谈到尼采与瓦格纳决裂，拒绝瓦格纳的《帕西法尔》时阐述的。赫勒认为，尼采的《论道德的谱系》实际上可以称之为《反帕西法尔》，而尼采在写作这部著作时，实际上是在写他自己。赫勒断言："这是一个哲学家的创作。一本哲学书就是一部回忆录。在写（创作）哲学家–帕西法尔的同时，我们（哲学家）也写我们自己。"[①]在论述这个观点时，赫勒引用了尼采在《论道德的谱系》中阐述自己思考善与恶的起源问题时最终所获得的独特的答案，尼采把自己关于道德问题的哲学解答称之为不为人知的秘密花园。尼采强调，他对各个时代、各个民族和个人加以区分，对善与恶的问题从多方面加以思考，"直到我最终拥有了一个独特的领域，一块独特的境地，一个完整的、被隐瞒的，然而又是生机盎然的世界，它就像不为人知的秘密的花园"[②]。而在赫勒看来，哲学家的"秘密花园"与他的个性和命运有着本质的联系，"这个作品（花园）彻头彻尾地是他的命运，他的个性"[③]。

赫勒关于这个问题的第二句话是"哲学就是哲学家的生活"。这句话可以看作对上一句话的进一步解释。如果说一部哲学著作就是一部哲学家的回忆录，就是哲学家的命运和个性，那么，哲学自然就是哲学家的生活。当然，赫勒这里所说的生活并非哲学家的衣食住行等日常生计，而是强调每一个真正的哲学家都要践行自己的哲学。在赫勒看来，一个人选择从事

---

① 阿格妮丝·赫勒：《个性伦理学》，赵司空译，黑龙江大学出版社 2015 年版，第 69-70 页。

② 尼采：《论道德的谱系·善恶之彼岸》，谢地坤、宋祖良、刘桂环译，漓江出版社 2000 年版，第 3 页。

③ 阿格妮丝·赫勒：《个性伦理学》，赵司空译，黑龙江大学出版社 2015 年版，第 70、71 页。

哲学，这个不同于其他具体的职业，这不是一种功利性的谋生和赚钱的渠道，而是一种体现哲学家内在价值追求，作为哲学家的使命的事业。韦伯所说的把学术作为一种志业，强调的就是从事学术的人必须有勇气、激情、人格等内在素质，把学术作为一种为召唤而献身的专业。赫勒在《个性伦理学》中借一个参与争论的青年学生劳伦斯之口，阐述了"哲学就是哲学家的生活"的含义："我并不是说一个重要的哲学家必须根据他的哲学来生活，我也不认为他会在其哲学中直接表达他的生活经历。我的意思是，哲学就是哲学家的生活，他就是过着这种生活，他不是在'解决问题'。或者毋宁说，似乎他也在解决问题，但是这些所谓的问题，让我重复一遍，是他自己创造出来的，因为这些都是他自己世界中的问题。人们认为康德在创造他的批判哲学时建立了他自己的世界。在这个世界中，他才开始了生活；在快乐的世界中，他过着快乐的生活：他的世界，他的生活。但是他将自己的世界呈现为'那个'世界，似乎在描述一个对我们所有人而言都共同的、唯一的真实和正确的世界。"①赫勒在她的《我的哲学简史》(*A Short History of My Philosophy*)中强调，哲学是她一直没有改变，一直没有中断的生活。在谈到自己接受无穷无尽的访谈时，她指出：

> 这就是我的生活，我的生活之一，我唯一持续的生活。从我二十多岁到八十多岁，发生了很多事情，但有一件事从未改变：我一刻也未停止过哲学思考和哲学写作。而且我永远不会停止，直到我生命的尽头(除非我被体衰所打倒，我希望可以避免这种情况的发生)。因此，我的哲学史就是我一生的故事。②

赫勒关于哲学和哲学家的这种理解无疑是很深刻的，也为我们透视哲学家的心灵、为我们更加深刻地理解哲学用普遍的理性所包裹的内在灵魂和鲜活精神，提供了一种重要的路径。然而，要从一个哲学家的繁

---

① 阿格妮丝·赫勒：《个性伦理学》，赵司空译，黑龙江大学出版社2015年版，第141页。

② Ágnes Heller, *A Short History of My Philosophy*, Lanham: Lexington Press, 2011, p. x.

多著作和思想理论中把握其深藏的哲学家的个性和命运，进入哲学家的"秘密花园"，毫无疑问是非常难的事情。我想，赫勒在她的《我的哲学简史》中的一个表述与我们这里所讨论的问题有直接的关系。赫勒认为，每一种哲学都会形成自己的基本特征或本性（the nature of a philosophy），这也就是"一个哲学家的哲学品格"（the philosophical character of a philosopher）。赫勒认为，哲学家们往往在自己的学术生涯的早期，例如，写完第二本著作，就会形成自己的相对稳定不变的哲学品格。"一种哲学的本性，或者说一个哲学家的哲学品格在她写完她的第二本书，甚或是她的第二篇论文时就会形成。她的思想可能发生变化，有时甚至是根本性的变化，但她的哲学品格会保持不变。"①这是一个很重要的思想，在这里我不可能深入而全面地探讨这一问题。我只想从赫勒的理论中选择几个重要概念或者观点，来尝试着在某些方面展示赫勒的哲学品格的基本特征。

温暖的理性（warm reason）。谈到赫勒的哲学品格，我脑海中首先浮现出的就是赫勒在《现代性理论》中使用的"warm reason"，我想，这个概念可以被翻译为"温暖的理性""暖的理性"或"有温度的理性"。赫勒把这种"有温度的理性"与"冰冷的理性"（cold reason，亦可译为"冷的理性"或"没有温度的理性"）相对立。尽管赫勒没有经常使用这一个概念，但是，我感觉这个概念所包含的意蕴很重要，它不仅影响着赫勒的哲学品格的形塑，而且在赫勒哲学理论的很多方面体现出来。熟悉赫勒的人都清楚，赫勒开始从事哲学研究是她自己的一种自觉的存在选择，而哲学的普遍的理性规定性必然会同赫勒一直倡导的个性和差异性产生张力，如何解决这个问题，对于理解赫勒的哲学品格具有重要的价值。因此，我们要从赫勒把哲学作为自己的志业的这一存在选择开始探讨这个问题。

赫勒于1947年考入布达佩斯大学物理与化学系学习，后因与朋友一起听了卢卡奇的一次学术报告，而选择转入哲学系学习②。赫勒在《个

---

① Ágnes Heller, *A Short History of My Philosophy*, Lanham: Lexington Press, 2011, p. viii.
② Ibid. , p. 2.

性伦理学》中借参加讨论的青年学生劳伦斯之口，形象地描绘了当时转专业、选择哲学的情形。劳伦斯说："作为一个年轻小伙子，我想要成为一名物理学家。于是，一个偶然的机会，或者毋宁说由于约阿希姆的坚持，我非常不情愿地陪着他去听他最喜欢的教授做的哲学讲座。他讲的我一句也没听懂。但我却理解了一件事：我必须用我的一生来理解这件事情，就是这件事，而不是其他。"[①]显而易见，从后来赫勒哲学思想的发展及其在 20 世纪哲学演进中的重要影响来看，赫勒对于哲学的选择是 20 世纪重要的哲学事件之一。这是一种具有独特意义的存在的选择。

在赫勒看来，这种把哲学作为一种志业的选择是一个人的存在的重大跳跃，其最大的困难在于：这不只是一种选择，而且是一种存在的承诺，是一种哲学家的道德使命。"真正的道德问题并不是选择的事实，而是选择一旦被做出，该'如何'坚守这一承诺。在坚守这一承诺的过程中，此人是否做出了**恰当的存在的选择**（主体道德的选择）将被**揭示**出来。"[②]在这里，我们就遇到了我们开始谈论"温暖的理性"时所遭遇的难题：既然选择了哲学，就是做出了一种对哲学的承诺，也就意味着要承认和尊重哲学作为理性化身所特有的普遍性特征，那么，赫勒一生都在守护的个性如何安放呢？正是在这个具有内在张力的交汇处，我看到了赫勒所提出的"温暖的理性"概念的独特价值。

赫勒是在《现代性理论》中讨论三种文化时，明确提出"温暖的理性"这一概念的。在她的理解中，理性并非黑格尔意义上的作为绝对精神的大写的理性，而是存在于文化各个层面的理性。她指出：

> 然而，大写的理性（Reason）不等同于理性（reason）。可以做很多区分，其中之一是温暖的理性（warm reason）和冰冷的理性（cold reason）。冰冷的理性是没有爱欲（Eros）的理性；温暖的理性是有爱欲的理性。纯粹的程序性论证调动的是冰冷的理

---

① 阿格妮丝·赫勒：《个性伦理学》，赵司空译，黑龙江大学出版社 2015 年版，第 201 页。

② 阿格妮丝·赫勒：《一般伦理学》，孔明安、马新晶译，黑龙江大学出版社 2015 年版，第 191 页。

性。关于趣味的谈话（比如说，康德的午宴）调动的是温暖的理性。冰冷的理性是就（某事）而辩论，温暖的理性则总是与（他人）谈话。[1]

关于理性的理解，赫勒在许多方面与哈贝马斯有共同之处，她接受哈贝马斯关于工具理性、实用理性和交往理性的区分。众所周知，哈贝马斯把交往理性引入哲学之中，在传统的主体性之外，强调了主体间性，特别是主体间的商谈。然而，在赫勒看来，哈贝马斯主张的商谈伦理更多地依赖于纯粹的程序合理性（procedural rationality），而实际上，理性维度的丰富性远不止于此。赫勒区分了三种文化：第一种是作为自觉的精神创造物的高级文化，黑格尔将之称为绝对精神；第二种是作为文化话语的文化，这属于一种交谈和沟通的文化；第三种是人类学文化，属于经验性普遍概念，所有的社会规则、生活方式等都属于人类学文化。按照人们传统的理解，哲学的理性主要是高级文化意义上的绝对精神和绝对理性，即大写的理性，这种理性代表着绝对的普遍性，它剔除了个性和差异性，更是排除了情感、爱欲、价值等因素，因而是一种冷冰冰的理性。而赫勒的哲学视野绝不局限于这种冰冷的理性，在她看来，不仅高级文化的创造物属于理性，而且文化话语和对话同样可以是一种理性的行为。进而，赫勒强调，"所有的文化都可以说是'理性的'"，比如，对所有人而言都在经验上普遍存在的第三种文化，即人类学文化，同样可以是理性的：一方面，"一个社会的各种规则被应用于那些它们实际上适用的社会成员，并且是被不断地、始终如一地应用"，这无疑是理性的；另一方面，普遍出现的"检验和质疑公认（传统）的规范与规则、事实陈述、确定性以及善与真的概念"的做法，也同样是理性的。赫勒把前者称为"理性合理性"（rationality of reason），把后一种情形称为"理智合理性"（rationality of intellect）[2]。

从这样的视角来看，我们的确应当赞叹赫勒在哲学的理性立场上表

[1] Ágnes Heller, *A Theory of Modernity*, Oxford: Basil Blackwell, 1999, pp.170–171.
[2] Ibid., p.171.

现出的独特的睿智。她强调的依旧是理性，而且是内涵和维度更为丰富的理性，是有温度的理性，是有人性和人情味的理性，是包容个性和差异性、有价值追求的理性。正因为基于这样的"温暖的理性"视角，赫勒不仅善于运用理论理性建构关于人和世界的基本理论，而且特别强调实践理性和实践智慧在人的存在和人类社会运行中的功能；进而，赫勒不仅基于更宽广的理论视角重新审视哲学中流行的各种理论范畴，而且用理性照亮日常生活，回归生活世界，换言之，她真正实现了导师卢卡奇所倡导的让哲学(包括科学和艺术)回归故里(回归日常生活)，同时让日常生活转变为哲学的理论夙愿；进而，赫勒既坚持了亚里士多德的美德伦理学传统，承认各种道德规范的普遍性，将之作为现代人可以使用的道德拐杖，又给现代个体保留了自主的存在选择和道德选择的空间，也就是给个性和差异性找到了适宜的生成空间。

深挚的生命之爱。理性之所以能够扬弃普遍的、冰冷的抽象性，变成温暖的，变得有温度，其根本原因在于它蕴含着对生命的挚爱与承诺。爱不是人与自我或者人与外物的关系，而是一种主体间的深刻关联，因此，伦理是以爱，特别是以对生命的挚爱、以存在之爱为基础的。

赫勒在《道德哲学》之中强调了爱的丰富内涵和重要性。她指出，"爱是一种情感，或者更确切地说，是一个包含着不同的情感和情感倾向的一般术语。存在着**作为博爱的爱、作为理解的爱、作为爱慕的爱、作为需要或者欲望之显现的爱、作为友谊的爱、作为尊重的爱、作为崇拜的爱、作为同情的爱**，等等。"①爱在伦理道德中占据特别重要的位置，因为"正是在爱中，人的关系才得以建立和重建，它才变成具体的、一种个人之间的事务、一条联结人与人之间的线。"②在关于爱的分析中，赫勒特别强调了爱的存在论意义。她借用当代哲学和心理学的研究成果，区分了两种不同的爱：一是"依赖之爱"(love of dependency)或者叫作"缺乏之爱"(love of deficiency)；一是"存在之爱"(love of being)或者

---

① 阿格妮丝·赫勒：《道德哲学》，王秀敏译，黑龙江大学出版社2014年版，第260页。
② 同上书，第261页。

叫作"为了存在的爱"（love for being）。① 显而易见，在前一种爱中，基本的主体间关系是一种不平等的依赖关系，而在后一种爱中，展现的则是平等的主体间的存在关系，其核心是存在，是存在之爱，也即生命之爱。在赫勒看来，这种存在之爱或生命之爱同时也是美的，"对称的关系是美的，因为在爱人与被爱者之间有一种平衡"②。正是这种存在之爱，构成了伦理的基础，即构成了真正的主体间性关系。赫勒在《个性伦理学》中借参加讨论的学生维拉之口阐述这种以存在之爱为基础的人与人之间的绝对的伦理关系。

> 我们没有在我们自身之中与我们的另一个自我进行伦理的交谈，我们需要另一个血肉之躯，另一个存在者。两个分开的人，两个处于彼此揭露和信任中的人取代了"一人之中的两个"的对话关系。不是"一人之中的两个"，而是"两人之中的一个"。在"一人之中的两个"中可能有怀疑，但是在"两人之中的一个"中就不可能有，因为这两个人彼此相爱。他们无条件地爱着对方。平等的存在者（如果两个存在者都在普遍性范畴下选择他们自己，他们就是伦理上的平等者）之间的无条件的爱等同于绝对关系。③

需要特别指出的是，赫勒不仅仅是在理论上阐述这种生命之爱的极端重要性，而且亲自践行这种生命之爱，即便她曾身处极端的黑暗时代，也始终保有对这种为了生命和为了存在的挚爱的信念与承诺。我们都知道，赫勒的家庭和亲友有着大屠杀的直接体验，她的父亲死于奥斯威辛集中营，她本人和母亲侥幸地逃过了劫难，幸存下来。纳粹之恶，以及那种正午的黑暗是对人类良知和道德责任的一种拷问与鞭挞。赫勒

---

① 参见阿格妮丝·赫勒：《个性伦理学》，赵司空译，黑龙江大学出版社 2015 年版，第366 页。

② 阿格妮丝·赫勒：《个性伦理学》，赵司空译，黑龙江大学出版社 2015 年版，第 367 页。

③ 同上书，第 231 页。

在 1998 年的一次访谈中，带着沉重的历史责任感专门谈到了这一点。她强调：

> 我的著述是我的整个生活。我是以我的大屠杀的体验开始的。我的父亲被杀害了，我许多孩童时期的朋友也被杀害了。因此，这种经历对我的整个生活，特别是我的著述，产生了巨大的影响。我一直关注这样的问题：这一切怎么可能发生？我怎么能理解这样的事情？并且，这一大屠杀的经历又同我在极权主义政权下的经历相联结。这给我的灵魂思索和关于世界的探讨提出了相似的问题：这怎么可能发生？人们怎么能这样行事？因此，我不得不探寻关于道德的所有问题：什么是善和恶的本质？面对罪行我能够做什么？关于道德和邪恶的根源我能认清什么？那就是我的首要的质问。我的另一个质询是一个社会问题：什么样的世界会产生这一罪恶？什么样的世界会容许这样的事情发生？关于现代性的一切都是什么？我们能够期望救赎吗？因此，正是这样一些想法从一开始就一直强烈地引起我的兴趣，并且我感到作为一个幸存者我有一个债要偿还。所以，对我而言，写作道德哲学和历史哲学就是我作为一个幸存者向那些没有能够幸存下来的人偿债的一种方式。因此，在这种意义上我的哲学成为一种牺牲，但是，这是给我带来喜悦的一种牺牲。而且这并不矛盾，我可以真诚地说，我整个的生命都是一种我用来偿债的牺牲，与此同时我享受着哲学创作。①

通过赫勒这些感人的话语，我们不难看到一种对人类、对生命的挚爱，一种无条件的深爱。即便是大屠杀这样的罪恶和黑暗也没有动摇赫勒对人类和对生命的这种爱与信念，她反而把这种特殊的经历作为她践行自己的哲学的一种驱动力和一种使命感。在这种意义上，赫勒真正向

---

① The essence is good but all the appearace is evil-An Interview with Agnes Heller by Csaba Polony, *Left Curve*, Oakland (Dec 31, 1998): 15.

我们展示出哲学家的道德使命和责任担当，哲学在她那里，不是外在的抽象理论，而是她作为一名哲学家、一名真正的思想者的生活本身、生命本身。正是发自对生命的挚爱，赫勒的哲学处处表达出对他人和人类的责任。在她看来，人是一种具有做出承诺的能力和权利的存在，对他人的承诺也包括懂得他人的苦难、为了他人而做出的偿债和牺牲。因此，赫勒认为，"我们所需要的就是知道我们苦难的意义"①，因为，"苦难具有道德的重要作用，如果它与他人一起遭受苦难的话。苦难具有伦理学的重要作用，在个性伦理学的意义上，如果它提升生活的话"②。

选择成为好人。在赫勒的哲学中，对存在、对生命的挚爱和承诺都聚焦于对人的关注和关怀，是对所有个体，无论是日常生活中的个体，还是社会生活和政治领域中的个体的关怀。在这一点上，赫勒抛弃了传统哲学关于人的本质或者人的本性的抽象争论，而采用了阿伦特的"人的境况"（human condition）作为理解现代个体的基本框架和范畴。赫勒认为，现代性条件下的"人的境况"决定了现代个体必须进行自我选择，必须自主地选择自己之所是。而在这种存在的自我选择中，现代个体面临的首要选择是道德选择，要选择成为好人。

在赫勒看来，就现代人的境况、现代人的生存条件而言，其最主要的规定性是偶然性。一般说来，在前现代的传统社会里，人们很少意识到人的存在的偶然性，因为血缘关系或者固定的地域管理（户籍制度）常常构成了人的生存的决定因素和确定性。而现代个体则是被抛入一种充满偶然性的境遇之中。"人'被抛入世界上'这一哲学比喻表达了现代男男女女们的基本生命体验。**现代人是偶然的人**。广而言之，偶然性是人的境况的主要组成部分之一，因为在我们的遗传因素中没有任何东西预先决定我们恰好出生在某个时代、某种社会环境、社会等级、阶级等等中。"③而且不仅如此，现代人的境况具有**双重偶然性**：不仅由于被抛入

---

① 阿格妮丝·赫勒：《个性伦理学》，赵司空译，黑龙江大学出版社 2015 年版，第 121 页。

② 同上书，第 79 页。

③ 阿格妮丝·赫勒：《道德哲学》，王秀敏译，黑龙江大学出版社 2014 年版，第 6 页。

偶然的境遇之中，而体现为出生的偶然性，而且在现代社会中的存在、成长和发展都体现出一种"继发的偶然性"。现代人生来就是没有确定性，没有预先确定好的终极目标的可能性集合，因此必须"选择自己"，选择他或者她自己的生活框架、目标——即选择他或者她自己。在赫勒看来，一方面，作为偶然的人的现代人，无法逃避这种自我选择或者选择自己的命运，如果你不选择自己，你毕生都将是完全偶然的，你未曾生活过就将要死亡；另一方面，这种选择是一种存在的选择，是一种无法收回的选择。

> 对你自己的选择就是对命运的选择；更确切地说，选择你自己等同于将你自己视为一种特定命运的一个人。你并不"拥有"一个其知识早于选择的自我。存在和对存在的意识是不可分的。对自我的选择是一种**存在的选择**，因为它是对存在的选择。存在的选择依据释义是不可逆转(irreversible)、不可更改的(irrevocable)。你不能以逆转的方式选择你的命运，因为一种可逆转的选择不是对命运的选择，依据定义也不是存在的选择。①

在自我的存在选择中，赫勒强调道德选择的优先性，也就是选择成为好人。赫勒的道德哲学所关注的核心问题就是："好人存在，但好人何以存在。"在赫勒看来，好人存在，这是我们每个人在现实的生活中都可以经验到的现实，因此不需要对好人的存在加以论证。而且关于好人是什么样子的认知，人们实际上也是具有共识的。其实，从古希腊至今，就像在中国从先秦至今，虽然规范和美德的具体表述和形式有所变化，但是道德品行的主要内涵和基本规定并没有改变。"如果我们剔除了所有后来不断变化的规范性实体的善的理念的话，那么我们将会立即看到善的形式(或道德品行)此后从未改变。**如果他或她更倾向于自己承**

---

① 阿格妮丝·赫勒：《道德哲学》，王秀敏译，黑龙江大学出版社 2014 年版，第 12 页。

担错误，而非损害他人，那么这个人就是善良的。"①

　　那么，这样一来，关键的问题就是需要论证：处于偶然性境遇中的现代人如何通过存在选择而选择自己成为好人。赫勒认为，实际上在现代人那里，存在着两种存在的选择。其中一种是"依据**差异**的范畴（under the category of difference）"所做的存在的选择，例如，当你选择你自己作为某项特殊事业的人，也就是韦伯所说的作为"这种特定天职的人"，那么你就将你自己选择为**差异**。依据差异范畴的选择是现代人很普遍的选择，但是，这种存在的选择最终将个体与其他个体分开，而不是将他们联结起来，因此，这种选择并不一定具有道德意义。另一种存在的选择是"依据**普遍**的范畴（under the category of the *universal*）"所做的存在的选择，这是一种真正的道德选择，这是"一种并不把进行选择的人与我们中的其他人分开，而是把这个人与我们连在一起的存在的选择"②。赫勒指出：

　　　　依据普遍的范畴选择我们自己等同于选择我们自己作为**好人**。这之所以是一种道德选择是因为这是对伦理道德的选择。在克尔恺郭尔的构想中，伦理地选择我们自己意味着选择我们自己作为在善恶之间做出选择的人。③

　　这种依据普遍的范畴所做的存在的选择，也就是选择自己作为好人，这对于个体和共同体的合理存在和健康发展都是至关重要的。赫勒在《个性伦理学》中借维拉之口指出，"选择我们自己作为好的、正派的人是选择我们自己回到人类。好是在与他人的关系中的好。在所有这些关系中有一种绝对的关系"④。但是问题在于：现代人是否具有这种依据普遍的范畴进行存在的选择的能力？赫勒对这个问题的回答是肯定的。

----

① 阿格妮丝·赫勒：《一般伦理学》，孔明安、马新晶译，黑龙江大学出版社 2015 年版，第 204 页。
② 阿格妮丝·赫勒：《道德哲学》，王秀敏译，黑龙江大学出版社 2014 年版，第 15 页。
③ 同上书，第 16 页。
④ 阿格妮丝·赫勒：《个性伦理学》，赵司空译，黑龙江大学出版社 2015 年版，第 227 页。

一方面，现代人并不是凭空地进行这种选择，相反，虽然古典的普遍性美德范畴和康德的绝对的道德戒律在现代人那里不再绝对地、无条件地生效，但是，人类文化积淀下来的各种普遍的道德范畴还是会继续为现代人提供一种方向性的引导，赫勒将之称为"道德拐杖"。"好人由于他们依据普遍的范畴而做的存在的选择现在存在着。他们通过这种选择成为他们所是的。在一个他们已经选择作为自己的栖居地的世界中，他们保持自己作为好人，同时，为了避免犯致命的错误（道德犯错），他们会设计、发现和使用他们需要的很多'拐杖'。这些拐杖是**他们的**拐杖，就我们接受它们而言，也是我们的。一般的规范、普遍的格言、抽象的价值、美德等正是这类拐杖。哲学家们通过设计这些拐杖以及通过给正当的人们一种理论上可接受的形式而为正当的人服务。"①

另一方面，赫勒强调，一个个体是否使用道德拐杖，并不是强制性的，并且道德拐杖是多样性的，因此，能否选择成为好人，最重要的是个体具有自主进行道德选择的能力，即具有道德自律。在这里，赫勒特别强调现代人具有双重性质的自我反思，而这构成了好人得以可能的重要条件。具体说来，双重性质的自我反思包括经验的自我反思和先验的自我反思：经验的自我反思使我可以把我的经验与我对其他遵守具体规范的行为者的经验加以比较，来确定自己的行为的道德内涵；而先验的自我反思则是依据普遍的范畴，也即借助于道德拐杖来反思和选择自己的行为，做道德上正确的事情。正是"这一双重性质的反思和自我反思支配并生成了作为道德品行的自我"②，使个体选择成为好人。

显而易见，赫勒的伦理思想与亚里士多德的美德伦理学和康德的规范伦理学传统都既有联系，又有区别。赫勒所坚持的温暖的理性比传统哲学的理性概念更具包容性，既可以容纳传统的善的形式和普遍的范畴，又为个性的自主选择保留了空间。现代人按照双重的自我反思对于自己行为的审视和选择充分体现了行动选择过程中的自由，即道德自

---

① 阿格妮丝·赫勒：《道德哲学》，王秀敏译，黑龙江大学出版社 2014 年版，第 45 页。

② 阿格妮丝·赫勒：《一般伦理学》，孔明安、马新晶译，黑龙江大学出版社 2015 年版，第 64 页。

律。赫勒强调，"'自由选择'理论被认为是道德品行的本体论基础"①。因此，这是一种个体的道德选择，是一种个体伦理。赫勒在《一般伦理学》《个性伦理学》等书中多次提到，歌德曾说过，一个人过了三十岁，就要为自己的脸，即自己的面相负责，好人会有一副好的面孔、自由的脸，而不是空洞的、邪恶的面孔②。

> 如果我们提及"好人""好的个性""有美德的个人"，那么我们要牢记道德上自律的个人。我们相信，这样的人将不会受制于情境、粗俗的意见、他们自己的热情和趋向。没有必要去假定，所有的行动和这样个人的道德选择都是，或最终将是完全受制于其好的个性（character）的。然而，我们的确要假定，他们大多数的关键行动及其选择，虽然可能并非其全部的道德相关的行为或选择，但却是善的，并将是善的。也就是说，他们将受制于其道德的个性。③

在一个价值多元、文化多样的世界中，赫勒关于好人和自主的道德选择的理论表面看起来似乎有些理想化，但是，细思之，赫勒的这一理论具有很强的现实性和真实性，对于个体的存在和人类社会的发展也具有重要的价值。一方面，赫勒所说的好人在我们生活的世界中的确存在，而且并不少见；另一方面，赫勒对好人的要求并不是高不可攀，只要一个人通过自觉的自我反思去选择自己的行为，并且勇于自己承担错误，而不损害他人，那么这个人就是善良的，就是好人。尽管赫勒也谈到"分外的善"（supererogatory goodness），一些人不仅不会损害他人，还

---

① 阿格妮丝·赫勒：《一般伦理学》，孔明安、马新晶译，黑龙江大学出版社 2015 年版，第 68 页。

② 参见阿格妮丝·赫勒：《一般伦理学》，孔明安、马新晶译，黑龙江大学出版社 2015 年版，第 67 页；阿格妮丝·赫勒：《个性伦理学》，赵司空译，黑龙江大学出版社 2015 年版，第 310、315、322 页。

③ 阿格妮丝·赫勒：《一般伦理学》，孔明安、马新晶译，黑龙江大学出版社 2015 年版，第 76 页。

会帮助和关照他人。但是，在赫勒看来，这种"分外的善"并不是所有好人的标准。我认为，赫勒的好人理论看似朴实无华，但是，这样的好人真的构成了社会的主体和脊梁，他们是人类健康文明得以传承的主体力量，也是人类社会抵御邪恶和黑暗的中坚力量。把好人放到哲学理论的核心，赫勒是真的把生命之爱、把人类一直倡导的人文精神和人道主义价值落到了实处，使之植根于现实的日常生活和真实的生活世界之中。

可能的最好的道德世界（the best possible moral world）。基于对理性的新理解，特别是基于对生命和存在的挚爱，以及对好人存在与生成的信念，赫勒对人类社会的变革和人类未来前景的设想和追求也发生了很大的变化：从历史哲学宏大叙事所描绘的统一的历史进程和统一的历史目标，转向了具体生活世界和道德世界所蕴含的更具包容性、开放性的历史前景。具体说来，她更加关注的不是那种绝对理性的实体乌托邦，而是一种在好人的行动中不断展开的道德乌托邦。赫勒把好人追求的这一未来界定为"the best possible moral world"，即"可能的最好的道德世界"，或者译为"可能的道德世界中最好的世界"。

在20世纪80年代之前，赫勒在致力于"复兴马克思主义"或者坚持一种激进哲学的批判理论时，还是从马克思的思想立场出发坚持一种历史哲学的宏大叙事。按照约翰·格里姆雷的分期，这个阶段一直持续到1982年赫勒写作《历史理论》。"在这之前，她一直在理论上假定了一个统一的历史进程，尽管她之前对此有审慎的保留。这使她能够把所有松散的理论方面捆扎成一个体系，并使她的哲学以传统的方式'运作协调'。"只有在此基础上，"她才能在扬弃异化的思想中假定'是'与'应该'的最终调和，也就是说，假定一个既使个体获得全部类潜能，又表达了个体美好无比的个性的社会"①。在《历史理论》中，赫勒放弃了历史哲学的宏大叙事。然而，在赫勒那里，与历史哲学的宏大叙事分手，并不同于某些彻底的后现代主义或者非理性主义所持的那种"打倒理性"和"理性的终结"的极端立场，也并不意味着放弃理性的全部内涵。在赫勒看来，所谓"理性的终结"或"打倒理性"的提法并不是一种令人鼓舞的

---

① John Grumley, *Agnes Heller A Moralist in the Vortex of History*, London: Pluto Press, 2005, p. 96.

战斗口号，而是我们面对极端理性主义的危机，不得不与绝对理性告别时的无奈的叹息。"一声告别不可见的永恒力量的叹息、告别承诺了完全防止辜负的知识的叹息、告别伟大的和总是可靠的不欺骗者的叹息、告别治愈我们所有疾病的药草的叹息。在这个意义上，并且只在这个意义上，它也是向普遍性告别、向这种对我们所有人而言都是绝对的理性告别、向能被证明的绝对性告别，或者至少向在场者告别，这对每个人，同样对诸神、对所有永恒和绝对的东西都是一样的。"①

对绝对的理性的告别，并没有从人类历史舞台上完全驱逐理性，理性依旧在这个舞台上发挥着重要的作用，而且理性变得更加包容，更加有温度，更加贴近人的生活世界。这种意义上的"理性的终结"并非消极的现象，相反，这一现象让我们开始正视自己的偶然性和有限性，正视历史进程和历史目标的开放性和不确定性；进而，它会让我们对冰冷的绝对理性、完善完美的终极目标等非人的、非历史的、异己的、异化的力量保持高度的警觉和防备，从而使我们有可能避免人类历史中的一些黑暗和邪恶。因此，赫勒斩钉截铁地说道："让我们和我们的有限性和解吧。"②而且，她还进一步强调，"当人在某种程度上无所不能，能够支配他自己的命运时，仍然要意识到他的有限性并且与之和解"③。当我们不再迷信绝对的理性，不再幻想绝对的自由王国和彼岸世界，我们就愈发认识到赫勒所设想的由好人组成的道德世界的极端重要性，这是真正的人的世界，是每一个个体的世界。一方面，在现代的道德哲学中，偶然的人跟其他偶然的人讲话，他们不寻求意见一致，而是尊重多样性，尊重好人的个性和差异性。赫勒强调指出，"**在我的哲学中我寻求的并不是共识**，而是赞同，赞同我声称的'好人现在存在'这个句子是真的，并赞同我对'他们现在如何可能？'这一问题的答案的真实性"④。另一方面，赫勒不仅在一般的意义上、在日常生活或者生活世界中讨论好

① 阿格妮丝·赫勒：《碎片化的历史哲学》，赵海峰、高来源、范为译，黑龙江大学出版社2015年版，第146-147页。
② 同上书，第147页。
③ 同上书，第273页。
④ 阿格妮丝·赫勒：《道德哲学》，王秀敏译，黑龙江大学出版社2014年版，第116页。

人，还在更宽泛的领域讨论参与到国家事务之中的好公民，以及关心、照料自己所不认识的他者的正派人，替他人担忧、替各种社会问题和社会状况担忧的正派人，即"担忧的人"（concerned person）。成为好人、好公民、担忧的人，都需要自主的选择，都需要道德自律。因此，这是一个自由选择的世界，也是一个道德的世界。一个好的道德世界的生成，虽然并不能保证完全解决人类社会的各种问题、矛盾和危机，但是，它的确有助于缓解现代性的多重逻辑的彼此冲突，有助于维护社会各领域的公平正义，从而为具有个性的现代个体提供一种更加适宜的人的境况。这无疑是一种更加有根基的、更加人道的社会。

因此，赫勒在晚年越来越关注伦理和道德的领域，她的哲学的目光越来越远离那种完善、完美、完满的未来世界和作为绝对的自由王国的彼岸世界，越来越追逐着现实生活世界中的道德乌托邦，这一"可能的最好的道德世界"。赫勒认为：

> 无论正派行事的那个人是谁，都会朝着可能的道德世界中最好的世界行动。正派的行动并不是达到目的（即"可能的最好的道德世界"）的手段，但是它包含着对这样一个世界的承诺，因为它是一种潜在的能动力量（*dunamis*），一种可能性（potential），它也是朝着这样一个世界的"运动"。可能的最好的道德世界不是在那里每个人都是好人的世界（因为，坏人不存在的地方，好人也不存在）。它是一个在其中即使人们不是正派的，但也都表现得**仿佛**是正派的世界；因此，它是一个在其中善、正派性本身可以成为其一直所是的，即目的本身和善报的世界。①

也正因为如此，赫勒直到生命的最后一刻依旧奋力搏击所指向的方向，她最后的生命姿态依旧定格于这样一个道德世界，一个可能的最好的道德世界！

---

① Ágnes Heller, *A Philosophy of Morals*, Oxford: Basil Blackwell Ltd. , 1990, p. 221.

悲剧与哲学：人类精神历史星空中的双子星

约翰·格里姆雷和大卫·罗伯茨（David Roberts）在为赫勒的《悲剧与哲学——一部平行的历史》英文版所写的导言中谈道："赫勒在自己的最后几十年中，虽说没有完全地，但也在很大程度上回归自己的初恋——文学和更高级的文化形式。"①的确如此，进入 21 世纪后，赫勒先后发表了多部关于美学和文学的著作，如《脱节的时代——作为历史哲人的莎士比亚》②《不朽的喜剧——艺术、文学和生活中的喜剧现象》③《美的概念》④等，此外还有约翰·朗德尔（John Rundell）编辑的赫勒文集《美学与现代性》⑤。

然而，我们必须清楚的一点在于，赫勒"回归自己的初恋——文学和更高级的文化形式"并非仅仅简单地把文学艺术等高级文化形式作为自己的个人爱好，换言之，她并非为了文学艺术而研究文学艺术。相反，赫勒关注文学艺术等高级文化形式与她关注哲学的目的一样，都是为了寻求其中所蕴含的珍贵的人类精神追求和体验。赫勒在一篇题为《不为人知的杰作》的文章中，讨论卢卡奇早年开始写作，后来自己放弃了的一部美学手稿，赫勒在这里非常清楚地表达了自己对文学艺术的特殊理解：

> 每件伟大的艺术品都带有孕育它的那个年代的胎记；每段历史都在其艺术品中把自身永恒化。人类的痛苦和快乐，人类体验的多样形式，都不能被遗忘的黑暗所吞没。因为艺术品在

---

① Ágnes Heller, *Tragedy and Philosophy: A Parallel History*, Boston: Brill, 2021. p. 2.

② Ágnes Heller, *The Time is out of Joint-Shakespeare as Philosopher of History*, Lanham: Rowman & Littlefield Publishers, Inc. , 2002.

③ Ágnes Heller, *Immortal Comedy: The Comic Phenomenon in Art, Literature, and Life*, Lanham: Rowman & Littlefield Publishers, Inc. , 2005.

④ Ágnes Heller, *The Concept of the Beautiful*, Lanham: Lexington Books, 2012.

⑤ John Rundell ed. , *Aesthetics and Modernity: Essays by Ágnes Heller*, Lanham: Rowman & Littlefield Publishers, Inc. , 2011.

那里；它们是永恒的；它们是曾经存在着的人们的时光，是其
永远不会消退的记忆。①

而这样一种理论追求在赫勒生前的最后一部手稿《悲剧与哲学——
一部平行的历史》中，被更加清楚无误地展现出来。在这里，赫勒不仅
又一次集中地探讨一种重要的文学艺术体裁——悲剧，而且把悲剧作为
在人类历史中与哲学平行的一种重要体裁加以探讨。在这里，赫勒不仅
通过悲剧和哲学的交互关系和历史演变来透视人类精神在欧洲的和人类
的历史长河中的演变，而且还特别聚焦于自己后期思想中反复出现的主
题：好人的存在与可能的最好的道德世界。实际上，赫勒在《个性伦理
学》中已经点明悲剧的重要伦理内涵，她在讨论瓦格纳笔下的帕西法尔
时，就曾阐述悲剧英雄的伦理特征："不论是何种道德（异教徒的、基督
徒的、怀疑主义的、世俗-人道主义的或者其他的）激励着一部戏剧的角
色，一部悲剧的主要英雄总是主张一种个性伦理学。这是激励他们完成
其命运的主要情感。黑格尔所说的'感伤'（pathos）也是一种尼采所说的
热爱命运。悲剧的英雄往往是自我推进的；尽管他们命定去完成的任务
通常是世界——'情境'——所赋予的，而不是，至少不完全是自我创
造的。"②

让我们钦佩不已的是赫勒在书写悲剧和哲学的平行史时展示的独特
的理论驾驭能力：既有宏阔的理论视野，又有细腻的心灵感悟；既有深
刻的理论透视，又有形象的情节展示。面对人类文化和人类精神中在某
种意义上处于对立两极的两种体裁——最抽象的哲学和最形象的戏剧，
赫勒既没有让哲学丢了自己的思想性而变成日常的琐屑，也没有让悲剧
丢了自己的生动而变成抽象的结论，而是让这两种特殊的体裁在历史的
进程中水乳交融地徐徐展开，让我们看到了冷峻的、灰色的密纳发的猫
头鹰在悲怆呼号的悲剧英雄们命运跌宕起伏的悲剧舞台上空徐徐盘旋的

---

① Ferenc Feher and Agnes Heller, *The Grandeur and Twilight of Radical Universalism*, New Brunswick: Transaction, 1990, p. 241.

② 阿格妮丝·赫勒：《个性伦理学》，赵司空译，黑龙江大学出版社 2015 年版，第 55 页。

生动场景。

赫勒对于悲剧和其他喜剧非常熟悉，对于很多剧作家及作品，以及舞台、戏文、人物和情节等都信手拈来。她为我们形象地展示了古希腊悲剧的剧场、作品、观众等主要条件和具体情节、歌队的诗一般的唱诵（韵文）、激烈的辩论、带有哲学和存在论意味的反思、悲剧英雄的命运等悲剧要素，以及这些条件和基本要素在伊丽莎白时代晚期以莎士比亚为代表的现代悲剧世界中的传承和变化。赫勒不仅在这部书稿中为我们呈现了古希腊和早期现代这两个悲剧的伟大时代，而且还广泛涉猎了其他戏剧形式和文学体裁，如喜剧、悲悼剧、悲喜剧、资产阶级喜剧、巴洛克戏剧、复辟喜剧、歌剧、音乐剧、浪漫剧、社会小说、历史小说、历史剧、市民剧、荒诞剧等。

而涉及悲剧和其他文学艺术形式的伟大创作者，我们在赫勒这部关于悲剧和哲学的平行史中不仅与人类历史上最伟大的悲剧家，如埃斯库罗斯、索福克勒斯、欧里庇得斯、塞涅卡、马洛、莎士比亚、高乃依、拉辛等在历史天际上相遇，而且还看到许多穿梭于历史舞台的伟大文学家、历史学家、音乐家等，如荷马、赫西奥德、阿里斯托芬、维吉尔、普劳图斯、泰伦斯、拉斐尔、米开朗琪罗、莫里哀、瓦格纳、温克尔曼、歌德、席勒、荷尔德林、格鲁克、雨果、博马舍、莫扎特、维瓦尔第、威尔第、拉莫、亨德尔、罗西尼、贝里尼、多尼采蒂、司各特、毕希纳、裴多菲·山陀尔、托马斯·曼、克莱斯特、布莱希特、萧伯纳、易卜生、斯克里布、小仲马、普契尼、普希金、穆索尔斯基、黑贝尔、斯特林堡、王尔德、恩斯特、豪普特曼、高尔基、契诃夫、贝克特、尤奈斯库、奥尼尔、田纳西·威廉斯、阿瑟·米勒、斯特拉文斯基、普鲁斯特等。

再继续往细微处阅读，迎面而来的是许多人们耳熟能详、栩栩如生的神话人物、悲剧人物和历史人物，如俄狄浦斯、雅典娜、阿波罗、忒休斯、安提戈涅、阿伽门农、俄瑞斯忒斯、普罗米修斯、美狄亚、彭透斯、赫卡柏、安德洛玛刻、赫尔迈厄尼、伊菲格涅亚、费德尔、俄耳甫斯、亚历山大、恺撒、克莉奥佩特拉、屋大维、亚伯拉罕、参孙、哈姆雷特、李尔王、麦克白、奥赛罗、亨利六世、理查三世、罗密欧与朱丽叶、布里塔尼居斯、尼禄、贝蕾妮丝、提图斯皇帝、爱米丽雅·迦洛蒂、费加罗、拿破仑、克伦威尔、路易十六、圣女贞德、罗伯斯庇尔、丹东、圣茹斯特、华伦斯坦、洪堡王子、帕西法尔、西格弗里德、布伦希尔德、娜拉、薇薇安·华伦、伽利略、布鲁诺等。

当然，在这部悲剧和哲学的平行史中，肯定少不了西方历史上的伟大哲学家和思想家，如苏格拉底、柏拉图、亚里士多德、奥古斯丁、马基雅维利、蒙田、笛卡儿、帕斯卡尔、伏尔泰、孟德斯鸠、培根、霍布斯、狄德罗、休谟、斯宾诺莎、卢梭、康德、谢林、黑格尔、费尔巴哈、克尔恺郭尔、马克思、叔本华、尼采、弗洛伊德、胡塞尔、维特根斯坦、海德格尔、索绪尔、卢卡奇、萨特、波伏娃、哈贝马斯、阿佩尔、塞尔、波普尔、库恩、伽达默尔、霍克海默、阿多诺、本雅明、福柯、德里达等。他们都带着自己独特的理论观点和范畴，现身于赫勒的笔下。

我在这里不想再具体展示这部关于悲剧与哲学平行史的书稿的更多具体内容，这些细节是需要读者自己去品味的。我认为在这里重点要阐述的是赫勒这部书稿的主题——悲剧与哲学的平行历史。为什么在众多的文化和文学体裁中，赫勒独独选择了悲剧和哲学这两种体裁来构造人类精神史上的一种重要的平行关系？这种平行史的建立，有什么样的依据，又会给我们带来什么重要的思想启迪和理论智慧？为了解答这些问题，我们需要先看一下赫勒是如何概括悲剧和哲学的基本平行关系和历史形式的：

> 正是当悲剧在欧里庇得斯的作品中走向终结的时候，哲学通过苏格拉底而诞生，并且走向繁荣直至它在亚里士多德那里终结。同样的情形也发生在欧洲的历史中。几乎当体现在从莎士比亚到拉辛的作品中的现代悲剧一离开舞台，哲学就像密纳发的猫头鹰一样，随着笛卡儿开始起飞，直到在黑格尔那里到达了终点。悲剧的终结又一次成为哲学叙事——从其开始到终

结——的序曲。①

从赫勒关于悲剧和哲学平行关系的这一总体性概括以及相关论述可以看出，她认为真正的悲剧和原创性哲学在人类历史上主要出现了两次：一是古希腊时期；二是伊丽莎白时代和路易十四时代所代表的早期现代。所以，赫勒花费了很多笔墨探讨古希腊三大悲剧作家和从苏格拉底到亚里士多德的古希腊哲学之间、从莎士比亚到拉辛的现代悲剧和从笛卡儿到黑格尔的理性哲学之间如影随形的平行关系。此外，赫勒还探讨了不同历史时期哲学和其他戏剧或者艺术形式之间的复杂关系，例如文艺复兴时期哲学对非悲剧的戏剧的介入和影响，她指出："在文艺复兴时代，哲学与戏剧不只是拥有'平行的历史'，而且哲学成为现代（非悲剧）戏剧的积极参与者，是一个助产婆。"②再比如，后黑格尔时代的激进哲学对于戏剧等艺术形式产生了重要的影响，赫勒认为，"激进哲学对戏剧的影响，对无一例外的所有剧作家的影响，比自笛卡儿以来的任何其他现代哲学都大得多"③。然而，在哲学与戏剧，以及其他文学体裁和艺术形式的前后相继、相互影响、交叉融合、如影随形的各种复杂的关系之中，上述所说的两个大的历史时代悲剧与哲学的平行关系占据最为重要的地位。我感觉要理解赫勒的主旨和立意，首先要揭示悲剧和哲学诞生和发展的时代背景与历史境遇；其次要揭示悲剧和哲学共同蕴含的重要思想要旨与讯息，以及这些思想理论内涵在人类精神世界中的重要地位与独特价值；最后还要探讨"悲剧的终结"和"哲学的终结"之后的哲学与戏剧的境遇。

首先，我们从悲剧和哲学诞生的历史境遇，特别是它们在古希腊诞生的历史境遇入手来揭示它们之间的特殊关系。赫勒认为，在一个特定的历史时代，悲剧和哲学往往会以先后相继的方式出现：首先诞生的是

① Ágnes Heller, *Tragedy and Philosophy: A Parallel History*, the original manuscripts, p. 1. (《悲剧与哲学——一部平行的历史》中文版是依据赫勒的原始手稿直接翻译的，因此，这里的引文页码是原始手稿打印稿的页码。)

② Ágnes Heller, *Tragedy and Philosophy: A Parallel History*, the original manuscripts, p. 73.

③ Ibid., pp. 166-167.

悲剧，"在历史时代的春天与盛夏，诗歌，特别是悲剧主导着历史舞台。正如这种情形发生在雅典，它也同样发生在现代欧洲"①。而哲学则会在这个历史时代的完结时期诞生，"密纳发的猫头鹰（owl of Minerva）只有在黄昏来临时才会起飞，而哲学只有当历史走向终结时才会繁荣。这就是哲学为什么能够理解历史，以及哲学是如何理解历史的"②。悲剧和哲学在诞生方面的时间错位刚好体现了二者在再现方式和叙述方式上的差异：悲剧以敏感的体验和体悟来捕捉初见端倪的思想火花和精神萌芽，而哲学则以缜密的理性逻辑和论证来呈现逐步成熟的理念和精神形态。

然而，这种时间错位并不否定悲剧和哲学植根于相同的历史境况之中。赫勒断言，无论悲剧还是哲学都没有植根于人类学的（人的）境况之中，因此，它们只有在特定的历史时刻或者历史时代才会破土而生。尽管哲学同悲剧相比，在某种意义上会在更多的时代和更多的地方筑巢，但是二者都肯定不会在所有时代和所有地方都产生。这是悲剧和哲学这两种体裁区别于喜剧等植根于普遍的人类学境况之中的艺术形式的根本性不同，后者在任何地方和任何时代都会以某种具体的形式出现。在赫勒看来，悲剧和哲学诞生的特殊历史境遇就是新旧两个世界的激烈碰撞的时期，是旧的世界已经坍塌，而新的世界秩序尚未完全确立的"脱节的时代"。赫勒认为，这种碰撞和脱节是真正的悲剧和原创性哲学产生的"世界的一般状况"（the general state of the world），而这种状况是极其稀少的，在欧洲的历史上只出现过两次，因此，属于悲剧以及哲学的主要时代相对应地也只有这两次。赫勒概括道："悲剧出现于这样的时代，彼时一个世界不仅正在经历着变化，而且两个本质上不同的世界——旧的世界和新的世界——正在碰撞，而这种碰撞也将自身展现在人的冲突之中，在相互冲突的人之间，双方都各有对错。在现代悲剧中（并不必然也出现在希腊悲剧中），两个世界的碰撞并不只是外在地，即通过表演展现自身，而且也内在地，在主人公的头脑和灵魂中展现出来。"③与

---

① Ágnes Heller, *Tragedy and Philosophy: A Parallel History*, the original manuscripts. , p. 1.

② Ibid.

③ Ibid. , pp. 18-19.

之相类似，"原创性的哲学出现在主导性的世界解释发生重大社会转变的时代"①。

悲剧产生的第一个时代是古希腊由部落社会向法治社会的转型时期，赫勒认为那个时候的人们经历了"世界第一次被击碎的体验"，"人们很难想象有比这更宽更深的裂谷深渊，它把建立在血缘关系基础之上的部落社会和建立在法治基础之上的城邦社会分割开来，把'自然的'和'政治的'区分开来"。②赫勒形象地描绘了那个时代新旧两个世界碰撞的深度和激烈程度：

> 那个时候，被视作理所当然的、完美地建造的世界突然被一个全新的世界所击碎，人们不明白他们自己是谁了，也根本不明白什么是正确的、什么是错误的。在那里，旧的美德坍塌了，而新的美德产生了。③

悲剧产生的第二个时代是从伊丽莎白时代开始的，用赫勒的话来说："悲剧的第二个最伟大的时代是人类历史的第二次最伟大飞跃的产物，这是从传统社会向现代社会的飞跃。"④她认为，在此前的一千多年的时间里，欧洲的哲学和科学知识都是建立在柏拉图、亚里士多德和其他古代哲人思想的基础上的。即使其中有一些变化，但欧洲世界的主体结构那时一直保持不变。因此，这个全新的时代是突然出现的：

> 几乎是突然地，一个全新的世界出现了。一个世界，在那里"新的"一词不再被怀疑，而旧的不再受尊重，在那里传统秩序——所有的传统秩序都动摇了，在那里人们一点也不再知道他们曾经是谁，在那里他们一点也无法理解这个世界。在那里传统的忠诚被质疑，在那里家庭纽带可以被其他纽带所取代，

---

① Ágnes Heller, *Tragedy and Philosophy: A Parallel History*, the original manuscripts. , p. 18.

② Ibid. , p. 30.

③ Ibid.

④ Ibid. , p. 48.

如友谊和个人的爱，或者家庭纽带也因个人的雄心或激情而断裂。这是伊丽莎白时代悲剧的世界。①

其次，我们从悲剧和哲学所包含的共同的理论内涵和价值追求来把握二者间的平行关系和本质关联。也就是说，哲学与悲剧的平行关系不只是体现为紧随其后的如影随形，而且更为重要的是体现为内在的精神血脉和本质关联。赫勒认为，哲学与悲剧传承着相同的东西。"首先我必须假定，在悲剧与哲学之间有某种共同的东西。当前者消失时后者出现，似乎后者(哲学)在以某种方式取代前者(悲剧)时会携带着与之相似的要旨。"②

在赫勒看来，哲学与悲剧所携带的相似的或者相同的东西不是某种枝节性的、无关紧要的东西，而是关于世界的本质和人的命运的讯息与要旨。这样的认知不仅对于哲学和艺术至关重要，而且对于整个人类精神世界的建构和发展都不可或缺。很多思想家和理论家对此都有自觉的认知。例如，雅斯贝尔斯曾断言："所有各式各样的悲剧都具有某些共同之处。悲剧能够惊人地透视所有实际存在和发生的人情物事；在它沉默的顶点，悲剧暗示出并实现了人类的最高可能性。"③赫勒从亚里士多德的理论出发，概括了哲学和悲剧的这种共同的要旨与价值追求：

> 亚里士多德在其《诗学》(Poetics)中很快就察觉到悲剧与哲学之间的一个重要的相似性。它们都会使观众或读者面对关于世界的某种本质性的问题：关于人和神的故事、人的伦理和命运、宇宙和普遍命运。亚里士多德还补充道，悲剧与哲学都不同于历史写作，因为历史学家告诉我们某些事情是如何发生的或者某些事情是什么，而哲学家和悲剧作家则在做别的事情。他们告诉我们，依据可能性或者依据必然性，事情可能是如何

---

① Ágnes Heller, *Tragedy and Philosophy: A Parallel History*, the original manuscripts. , pp. 48—49.
② Ibid. , p. 2.
③ 卡尔·雅斯贝尔斯：《悲剧的超越》，亦春译，工人出版社 1988 年版，第 6 页。

发生的，事情可能是什么，事情应该是如何发生的，事情应该是什么。在历史著作中，偶发事件（contingencies）扮演着重要的角色，而在悲剧与哲学中，偶发事件则屈从于，或者被嵌入命运或必然性之中。①

因此，悲剧与哲学所提供的这些关于世界的本质和人的命运的认知都是某种必然性的知识。正如亚里士多德所揭示的那样，几乎所有优秀的悲剧家在写作这一悲剧之前都知道自己的故事的终局；同理，几乎所有传统的、形而上学的哲学家在开始争辩或者论证之前，也已经知道他的争辩或论证的结局，并且把预先已经知道的至善和至真作为辩论的最终结论。因此，这种认知在人类精神世界的建构和发展中无疑占据重要的地位。

需要进一步指出的是，赫勒在悲剧与哲学提供的关于世界的本质和人的命运的必然性知识中，特别重视道德的反思和伦理的内涵。例如，如上所述，她在描述古希腊所经历的新旧两个世界的激烈碰撞时，突出强调的内涵就是：旧的美德坍塌了，新的美德产生了。赫勒在讨论一些著名悲剧的具体内涵时，也突出其中的道德冲突和道德反思，例如，在辩论俄狄浦斯的罪与非罪时，其中一个重要的争论点就是他所犯的是无知之罪，在这种情况下他是否要在道德上负责任。因此，赫勒认为，"《俄狄浦斯王》中的戏剧性场面和言语冲突已经展示了对于那个时代正在发展的雅典道德哲学的深刻洞见，要远比已经存在的爱奥尼亚学派的（Ionian）和爱利亚学派的（Eleatic）哲学更为深刻"②。她还指出，"哲学家们从悲剧家那里获得被称作不朽的全部要素"③。基于这样的认知，赫勒断言：

这样，是悲剧，而不是神话，甚至不是索伦的传说，构成

---

① Ágnes Heller, *Tragedy and Philosophy: A Parallel History*, the original manuscripts, p. 2.
② Ibid. , p. 39.
③ Ibid. , p. 46.

雅典道德哲学的第一来源。①

最后，我们还要跟随赫勒的理路思考一下悲剧与哲学的命运和未来境遇。按照赫勒的理解，真正的悲剧和原创性的哲学这两种特殊的欧洲体裁只有在新旧两个世界的激烈碰撞中才会诞生，而且在人类历史（主要是欧洲历史）中只出现了两次，那么在此之后，悲剧（以及其他戏剧形式）、哲学和人类精神世界的格局与状况是什么样子的？关于这个问题需要通过赫勒关于黑格尔"历史的终结"和"哲学的终结"理论的阐释来加以理解。我们先要明确一点，即赫勒明白无误地断定了悲剧与哲学的终结这一事实：

> 在"终局"中，悲剧与哲学再次相遇——悲剧的终结与哲学的终结，作为它们从其中诞生的这个世界的终结。首先从雅典开始，然后是整个欧洲，在那里它们赓续传承——偶有中断——蓬勃发展了两千五百多年。它们现在一起结束了它们的生命，在现代世界中带着遥远的救赎的希望。然而，救世主还不得而知。②

这是赫勒特别关注的重要问题。她在集中探讨了古希腊悲剧和古希腊哲学、现代悲剧和现代理性主义哲学之后，从《悲剧与哲学——一部平行的历史》第八章开始，在阐述现代悲剧和德国古典哲学之后的哲学与戏剧的同时，用了大量篇幅探讨黑格尔的"哲学的终结""历史的终结"思想。在某种意义上，存续了若干世纪之久的哲学的终结同时就是其年长的姊妹——悲剧的终结，也是历史的终结、宗教的终结和艺术的终结。赫勒认为，"终结"（the end）不是简单的结束，而是一种完成的和实现了的状态。这与黑格尔关于"发展"的理解密切相关。赫勒指出，"对黑格尔以及——关键的是——对后黑格尔主义者来说，最重要的是，所

---

① Ágnes Heller, *Tragedy and Philosophy: A Parallel History*, the original manuscripts, p. 40.
② Ibid. , p. 229.

有的发展一起，也即在其总体性、终结性、终极性上的发展，其最终结果将形成一个使故事（历史）终结的体系"[1]。因此，在这种意义上，哲学作为形而上学就表现为一种体系哲学，其核心是一种关于历史统一发展和关于历史的终极乌托邦目标的理性的宏大叙事；而这种宏大叙事的理性精神同时也就是历史的内在动力，支撑了以欧洲为中心的线性的、进步的历史观。这种宏大叙事的理性精神在现代科学技术快速发展和现代社会机制普遍理性化的背景下，成为一种我们所熟知的现代性，并且通过全球化使这种现代性逐渐变为一种越来越普遍的世界精神。在这种历史境遇中，作为欧洲体裁的哲学及其时代精神通过现代性在全球的演变而完成了自己的使命，走向了终结。赫勒问道："什么样的'历史'伴随着现代性走到了尽头？那就是欧洲的进步历史，它在文艺复兴时期像火山一样爆发，在现代性到来之前从未停止。"[2]并且这种理性世界最终通过市场化而变成一个平庸的、非英雄的世界，自然也就无法提供悲剧再生的土壤。因此，赫勒描述了哲学的终结、历史的终结和艺术的终结相互交织的情景：

> 无论是"世界历史"、各种不同的社会、国家形式或不同种类的社会等级制度的历史，还是艺术作品（产品）的历史，或宗教的、哲学的故事——所有的可能性都在欧洲历史、欧洲文化的最广泛的含义上被穷尽了。历史上的英雄，比如亚历山大、恺撒和拿破仑，在他们的马背上促进了下一个新的世界精神的形成，他们发出了新的讯息，对欧洲和世界人民提出了新的挑战。他们是伟大的，因为他们推动了世界精神向前发展。
>
> 然而，现在会发生什么呢？历史已经终结，没有下一步要采取或推动的行动，也不再有伟大的进步论的历史英雄们的位置，只有冒充者的位置，只对滑稽可笑的模仿还留有余地。曾经的悲剧只能作为笑剧重演。没有人会引导我们跃入另一个、

---

[1] Ágnes Heller, *Tragedy and Philosophy: A Parallel History*, the original manuscripts, p. 104.

[2] Ibid. , p. 189.

新的，尽管并非在所有方面都更好的未来。现代世界是一出
笑剧。①

在这里，我们需要限定的第一点在于，在黑格尔和赫勒那里，历
史、哲学、悲剧等的终结并非历史、哲学和戏剧等不再存在，而是如赫
勒反复强调的那样，只是它们在某种意义上的完成和实现。赫勒指出，
"'历史的终结'——在黑格尔和我自己的理解中——不是衰落，而是达
到了欧洲自我发展的终点——达到这种发展的顶峰，穷尽了它的可能
性。在穷尽了所有可能性之后，欧洲达到现代性。现代性并没有消亡，
而是几乎完全散布开来，变得普遍，几乎征服了整个地球。当历史终
结——它自己的产物——欧洲丧失了作为一种政治/社会权力的核心地
位，也失去了作为高雅艺术和哲学创造者的地位。宏大叙事终结了"②。
同样，哲学的终结只是作为激进普遍主义的体系哲学和宏大叙事的历史
哲学的终结。赫勒在论述阿伦特的沉思生活和自我反思的思想时就曾断
言："哲学远远没有结束，而是完全实现了它的承诺。"③只要文化和自
我反思依旧活跃，就总有新开端的可能性。也就是说，终结之后的哲学
并没有消亡，它依旧存在，但是，由于人类已经放弃了伟大的幻想，不
再追求尽善尽美的人间天堂，"所以不会有划时代的新哲学，不会有'哲
学史'。但某种重要的东西，即哲学的支柱——批判可以留下"④。因
此，在后黑格尔时代，各种以彻底的批判为基本特征的激进哲学此起彼
伏，马克思、克尔恺郭尔、弗洛伊德、尼采等纷纷登场，他们批判的矛
头不仅指向传统的体系哲学和普遍主义的宏大叙事，而且指向社会现
实。我们都清楚地记得青年马克思那句激昂的宣言：即**"要对现存的一
切进行无情的批判"**⑤。赫勒指出，"后黑格尔时代的激进哲学想要启发

---

① Ágnes Heller, *Tragedy and Philosophy: A Parallel History*, the original manuscripts, pp. 108–109.

② Ibid. , p. 227.

③ Ferenc Feher and Agnes Heller, *The Grandeur and Twilight of Radical Universalism*, New Brunswick: Transaction, 1990, p. 441.

④ Ágnes Heller, *Tragedy and Philosophy: A Parallel History*, the original manuscripts, p. 232.

⑤ 《马克思恩格斯文集》第 10 卷，人民出版社 2009 年版，第 7 页。

和影响的不仅仅是其他哲学家，还有现在和未来的更广大的公众……伟大的哲学永远不会'消亡'"①。

我们在这里还要说明的一点在于，在赫勒看来，在悲剧与哲学的终结之后，不仅哲学和戏剧并未完全消失，更为重要的在于，悲剧与哲学中曾经包含的重要的历史体验、道德追求、理论要旨、思想讯息已经像血液一样融入人类的精神世界之中，成为当代人类不可或缺的价值内涵和道德资源。例如，赫勒认为，我们应该特别珍视的作为现代思想核心的自由精神和民主精神就是由悲剧与哲学加以传承的。"悲剧与哲学——都诞生于雅典——都诞生于自由精神。然而，不是诞生于完成了的自由精神，而是诞生于雅典民主基础上不断地论争自由的精神。"②所以，赫勒断言："'哲学的终结'显然也远不一定是源于民主精神的哲学精神的终结。"③因此，在全书的结尾处，赫勒最后特别强调了已经"终结"了的悲剧和哲学的当代价值：

> 欧洲的过去活在悲剧的记忆中，并在哲学的历史里思考自身。然而，它活在现在，只有在自由的制度中，在伟大的欧洲思想、欧洲之母，即自由观念的体现中，它才是现在。路途漫漫，最艰巨的任务依旧在前方。④

正是基于对"历史的终结"和"哲学的终结"的这种深刻的理解，赫勒在自己的理论演进中，越来越远离那种抽象的体系哲学的普遍理性主义和宏大叙事。但是，她并没有停留于对历史哲学宏大叙事的一般性理论批判，而是越来越回归和走进现实的、日常的生活世界。不仅如此，对于那些生活在日益实证化、功利化和平庸化的现代人与后现代人，赫勒并没有自诩为一个教化者和启蒙师，并没有试图给芸芸众生提供某种新的理论单方或者提供一种新的未来的实体性乌托邦，而只是默默地通过

① Ágnes Heller, *Tragedy and Philosophy: A Parallel History*, the original manuscripts, p. 209.
② Ibid. , p. 231.
③ Ibid. , p. 232.
④ Ibid. , p. 235.

扎实的学术研究、历史考证和现实观察，挖掘和展示人类文明历史、人类精神世界及现实生活世界中珍藏与蕴含的宝贵的精神资源，提供给那些自主选择成为好人，或者自觉追逐某种崇高的现代人和后现代人，作为他们以备不时之需的道德拐杖。赫勒的这种理论追求看起来并不那么宏大，但是却十分有价值，切中了现代社会的深层现实。对此，赫勒有清醒的认知，她与费赫尔在《激进普遍主义的辉煌与衰落》的导言中概括了自己理论追求的演变：

> 本书作者曾经是批判的马克思主义者，后来成为后马克思主义者。后马克思主义是一个枯燥无意义的术语，只有在自传性的语境下才有意义。我们现在把自己定位在后现代主义阵营之中。我们这种后现代主义者不主张"历史的终结"，而是自我定位于激进普遍主义和宏大叙事终结之后的时代。我们并不把我们的时代视为一个短暂的时期，我们也不期待通向未来的下一班火车。我们想要四处环顾，试图理解我们的世界，探索各种可能性，并且解释那些在我们看来更好、更美或者更正义的东西。我们把自己的哲学献给男人和女人们，献给接受它的人们，为了让他们根据自己的需要和体验去接受它，或者放弃它。①

从这样的视角我们不难看出，赫勒探讨悲剧与哲学的平行史对于人的自我认识和现实生活的重要价值。雅斯贝尔斯在《历史的起源与目标》中曾探讨了人在宇宙中的独特性。在他看来，同浩瀚的宇宙相比，人的历史非常短暂，但是，人确是宇宙中唯一能够说话、理解和自我认知的存在。"我们存在的基本事实是，我们在宇宙中似乎是孤立的。在万籁俱寂的宇宙里，我们是唯一能说话的理性生物。在太阳系的历史中，地球上产生了一个为期无穷短暂的条件。人类在这个条件里演变，并完成

---

① Ferenc Feher and Agnes Heller. *The Grandeur and Twilight of Radical Universalism*, New Brunswick: Transaction, 1990, pp. 4-5.

对自己和存在的认识。只有在这里，才能发现这种自我理解的本质。"①
然而，令雅斯贝尔斯遗憾的是，人类并不善于保存基于自己的独特性而
获得的珍贵认知成果。一方面，他认为，人类的史前时期对于人的存在
十分重要，史前是此后一切的基础，但是我们对史前几乎一无所知，
"我们能够向史前投射的那种暗淡光线，简直冲不破它的漫长黑暗"②。
另一方面，他感叹，"人类历史从人类记忆中大量消失了"③，即便人类
在如此短暂的时段里所创造的思想和精神资源也被遗忘掉了，现代人常
常变成没有思想的空心人。由此我们不难看到，赫勒从悲剧与哲学的平
行史中挖掘的那些道德资源和思想讯息对于沉迷于物欲横流的现代社会
的人们是多么的弥足珍贵！

赫勒在《个性伦理学》中通过讲座、对话和书信三部分来生动形象地
展示了个体如何自主地选择成为好人，在这里，她特别强调"道德拐杖"
的作用，这些"道德拐杖"主要体现为哲学星辰对于人的生活世界的照
耀。赫勒解释道："本书的三个部分都以哲学星丛中具有代表性的星星
作为引导。第一部分在**命运**之星的引导下，第二部分是在**真理**之星的引
导下，第三部分是在**智慧**之星的引导下。瓦尔特·本雅明（Walter
Benjamin）将这些星星、这些'理念'称作'神化的名字'。人们可以在哲
学之星下，在'神化的名字'的指引下谈话或写作，而无须写下或谈论这
颗星星本身。本书的第一部分置于**命运**之星下，因为它受到**热爱命
运**（amor fati）的鼓舞；第二部分置于**真理**之星下，因为它受到**真理**之爱
的鼓舞。但是在置于**智慧**之星下的第三部分，迹象发生了扭转。在此，
不是男人和女人寻找智慧，而是智慧寻找它自己的生命来源：**崇高、美
和爱**。"④赫勒在《个性伦理学》中通过维拉之口，道出了哲学星辰在一个
人的存在选择中的无比重要性：

---

① 卡尔·雅斯贝斯：《历史的起源与目标》，魏楚雄、俞新天译，华夏出版社 1989 年版，
第 273 页。
② 同上书，"序言"第 1 页。
③ 同上。
④ 阿格妮丝·赫勒：《个性伦理学》，赵司空译，黑龙江大学出版社 2015 年版，第 9 页。

存在的选择——不管是有意识的还是无意识的——是一种**决定，一种最终的决定**。你将你自己的存在完全抛给一个单独的任务，或者至少抛给一个压倒性的、决定性的任务。这就是你的所是；你通过追随你的星星而成为你的所是。是的，你追随你自己的星星，但是你首先选择了你的星星……①

抚今追昔，感慨万千，在我们年复一年日复一日忙碌而充实的营营之中，是否还有一些挥之不去的深深缺憾？我们是否为自己留有精神之光照进日常的裂隙？我不止一次地听着莱昂纳多·科恩的《颂歌》(Anthem)，听他用他那饱经历史风霜的苍老的、沧桑的声音唱道："万物皆有裂隙，那是光照进来的地方！"我们很多人都记得王尔德那句穿越历史的名言："我们都生活在阴沟里，但仍有人在仰望星空！"

掩卷长思，扪心自问，当我们从喧闹的俗世中偶尔抽出身来站在城市的寂静处，当我们在没有叶子的冬天里沉默，当我们迷失在黑夜中找不到存在的意义时，我们是不是应该抬起头来，寻找夜空中那些明亮的星，是不是应当仰望着赫勒在静静的巴拉顿湖面上用永恒的生命姿态所指向的人类精神星空，朝着可能的最好的道德世界游去?!

---

① 阿格妮丝·赫勒：《个性伦理学》，赵司空译，黑龙江大学出版社2015年版，第203页。

索　引

A

阿尔都塞　35,38

阿伦特　150,241,242,244,246,267,325,341,355,374

爱尔维修　6

艾希曼　242,267

奥斯威辛　150,214,234,238,245,353

B

巴奇科　39,217

拜物教　23,24,34,54,63,67,72,74,89,141,186,282-285,291,292,294,
299,301,305

鲍曼　39,49,150,217-219,223-228,230-247,253-266,269-276,301,
308,316,320,324,325

"被抛入自由的存在"　187

彼得洛维奇　38,42,43,47,98,105,106,108,110,111,341

毕达哥拉斯学派　3,13

边沁　6,123,233

病态的现代性　227-229,246,247

柏拉图　4,11,13,14,137,366,369

伯恩施坦　32,100,103

不确定性时代　310,317

布尔克,弗农　9

布洛赫　33-35,38,42,44,104

C

重新个性化的道德　266

存在的选择　163,164,172,177,186,187,189-195,198,199,202-205,
　　208,212-214,337,338,350,356-358,378

D

大屠杀与现代性　233-235,237,242,246

担忧的人　188,195,205-207,213,275,362

道德的自由　81,82,84,94

"道德理论三部曲"　49,153,217,308

道德拐杖　199,200,202-204,206,212,216,321,324,337,352,358,
　　376,377

道德结构变迁　155,158,161,165,172-174,180,181,184,186,187,199,
　　200,213

道德冷漠　218,227,228,230,232-234,240-245,247,264,269,311,324

道德律令　6,7,10,201,202

道德盲视　49,227,230,232,240,241,243-245

道德自主性　7,138,153,219,233,320,322,337

道德责任　35,117,121,125,128,138,144-146,150,164,172,198,218,
　　224,227,231,233,243,247,254,263-270,272,274,275,290,306,308,
　　310,311,316,318,320,322,323,345,353

"道德专制"　155

道义的危机　297

德拉-沃尔佩　35

"德性共和国"　155

德性伦理学　4,5,11,13,17

第二伦理　34,60,61,83,84,94-97,213,216,310,321

第一伦理　34,60,61,83,84,94-97,213,310,321

狄尔泰　53

对他者的责任　224,272,276

多元化的良善生活　165,215,216

E

恩格斯　18,22-29,31,36,59,66,85,86,89,100,101,107,109,122,123,
　135,286

恩培多克勒　3

F

法兰克福学派　38,249

费赫尔　38,45,46,48,63,64,148,152,154,163,183-185,188,189,210-
　212,217,343,345,376

费希特　55

弗莱堡学派　15

弗兰尼茨基　38,42,43,47,64,98,104,341

弗洛姆　35,38,44,104,185,314

G

感性主义人性论　6

戈德曼　44,100,104

个人主义　7,17,138,142

个体的道德责任　266,267,320

个体伦理学　213,217,218,270,273,275,310,321

个性伦理学　148,149,153-155,158,162,165,184,187,191,195,205,
　216,218,300,308,310,325,355,364

个性道德　149,153,155,164,180,186,197,198,218,254,265,266,270,

273,274,311,312,317,319,320,322,325,334

革命伦理　49,57,60,61,73,80,83-86,95,96

葛兰西　33-35,38,42,46

规范伦理学　6,10,11,112,116,130,358

功利主义　6,7,11,17,123,137,186,227,263,282-285,291-293,296-
298,305,320-322

公民美德　208,210,211

公民勇气　208,210-212

公民责任　306

共同的民族精神　178-180,200,215

古拉格　214,234

H

哈贝马斯　35,38,44,162,336,337,341,351,366

海德格尔　201,249,291,366

赫拉克利特　3

赫勒　38,43-45,47-49,64,148-150,152-154,156-218,224,300,308,
320,321,323-326,334-378

黑格尔　6,7,22,26,27,44,59,66,75,113,116,118,141,142,174,191,
221,346,350,351,364,366,367,372,374

胡塞尔　249,341,344,366

霍布斯　6,232,366

霍尔巴赫　6

J

基督教伦理思想　3,5

集体主义　83-86,95,138,142

极限意识　319

阶级伦理　49,57,60,61,84,86,95,96,114,213,321

阶级意识　34,63,70-75,85,96,213

禁忌的消失　50,229,248,249

具体的总体　50,278,282-285

具有道德个性的好人　161,162,195,197,199,202,213,215,218

绝对的责任　96,246,266,267,273,274

绝对意识　319

"绝对罪孽的时代"　54,55

K

坎格尔加　38,44,47,49,98,99,106,113-116,132,136,140-142,341

考茨基　32,33,35,75,100,103

科尔丘拉夏令学园　44,45,98,104,341

快乐主义伦理学　4

康德　6,7,10,32-34,50,53,56,100,103,113,116,118,188,189,199,
　　201,202,222,223,226,227,289,330,348,351,358,366

科拉科夫斯基　39,43-45,47,49,65,217,219-223,225-230,246-253,
　　256,267-268

科尔施　33,35,38,42

科西克　39,43,44,46,50,277-309

L

浪漫主义　53-57,59,60,67,76,83,249

利己主义　6,7,11,89,100,101,134,135,138,142,186

《历史与阶级意识》　56,59-66,73,75

《理想国》　11

理性主义人性论　6

理智德性　4,8,210,211

良心　6,7,75,173－176,195,233,244,246,263,267,280,286,288,
　296,307

列斐伏尔　38,44

列宁　25,33,35,58,74,83,87,89,90,100,153,281

列维纳斯　246,269,270,272,274,320,325

流动的现代性　227,228,247,253,254,256－261,264－266,269－272,275,
　276,301,311,312,323

卢卡奇　33－35,38,40,42,44,46,49,52－98,148－150,153,154,213,216,
　219,310,321,323,334－337,339,341,349,352,363,366

卢梭　6,249,296,297,366

伦理社会主义　32

洛克　6,17,365

M

马基雅维利　6,366

马克思学说　1,2,8,18－26,29－31,34,36,37,48－50,53,65,69,73,74,
　77,90,96,98－104,107,109,111－113,116－118,122,123,139,147,148,
　188,278,280,281,285－288,290,308,310

马尔科维奇　38,42,43,45,47,49,98,99,116－127,129－139,144－
　146,341

马尔库塞　35,38,44,104

马尔库什　38,43－48,54,55,64,148,345

麦金太尔,阿拉斯代尔　3,5,9

美德即知识　4,11,13,203

米利都学派　3

《民主化的进程》　59,88,92,94

穆勒,约翰　6

目的论　4,10,11,36,337

N

《尼各马可伦理学》　4,8,12,13

P

帕斯卡尔　296,325,366

平庸的恶　241,267

普遍的引导性原则　199,201

普遍的准则　172,199,201

普列汉诺夫　33,35,287

Q

情感主义　6,7,17,320

强伦理　160,161,180,181,324

R

人的境况　65-173,186,208,316,346,355,362

人的双重偶然性　190

日常生活批判　38,92,341,342,344

日常生活人道化　49,59,92,93,153,161,341-344

弱伦理　160,180,181,324

S

萨特　35,38,188-190,252,290,366

沙夫　39,43,45,46,48,217,219,220

社会伦理　6,7,34,60,83,166,310,321

社会主义民主政治　86,88,93,94,151

神学禁欲主义　5

《审美特性》 59,92

生命哲学 53

《实践》 44,45,52,98,104,341

实践哲学 14-16,29,30,32,34,35,37,39,42,43,46,47,49-51,63,64,
66,72-74,81,95-99,103-105,111,112,115-117,121,124,125,129,
132,139,140,143,147,219,220,278,280-282,284,286,288,289,310,
321-323,340,342

实践智慧 202,203,208,210,320,352

斯托扬诺维奇,斯维多扎尔 19,38,45,48,49,98-102,111-113,116,
117,122,132,136,140,341

斯维塔克 39,277,278,280,281,286

斯宾诺莎 6,366

苏格拉底 4,11,13,15,16,203,366,367

T

他者伦理学 270,272-274,320

他者的面孔 275

泰勒斯 3

逃避自由 185,314,316,318

梯利 14

骰子的幸运一掷 212,337

托尔斯泰 56

托克维尔 249

陀思妥耶夫斯基 56,78

W

瓦伊达 45,64,148,152,154,155,345

韦伯 53,67,193,232,233,348,357

维科　249

为他人的存在　271

伪具体性的世界　284

文德尔班　13,15-18,22,105

文化的可能性问题　54,59

稳固的现代性　233,254,256-261,264,265,269,271,318

伍德,艾伦　36

物化结构　67-72,74,186,282,284,286,288,290-292,294,295,300-302,305,307,311

物化意识　67,69,70,72

乌托邦定式　313,314,317,318

乌托邦历史设计　314-316,318,319,322,323

X

西美尔　53,67

消费主义　261-264

消费者社会　261,263,264,273

新柏拉图主义伦理学　4

新康德主义　53,56,100,103

新穷人　273,310

新型的人类　93

幸福论　4,6

休谟　6,366

羞愧　3,174,175

Y

亚里士多德　3,4,7,8,11-14,34,51,73,102,105,139,149,192,203,206,208,211,215,352,358,366,367,369-371

雅斯贝尔斯　249,319,325,326,370,376,377

异化理论　24,35,37,39,42,43,49,50,67,98,99,103,104,107-109,121,
　124,129,132,143,147,219,220,278,282,286,289,310,342

义务论　6,10,11,36,311,312,316,320

依据差异性范畴的选择　194,195

依据普遍性范畴的选择　194,195

伊姆雷,凯尔泰斯　245

有尊严的生活　300,307

园艺策略　239,240

Z

"在火车站"　214

照顾他人　201,204

照管世界　201

正统马克思主义　25,27,29,32,33,35,41,62,63,65,72,74,105,109,
　118,119,220,288

种族灭绝　150,234,236,238,240,241,244-246,271,272,312

主客体统一的辩证法　42,46,61,62,65,67,72-74,90,95,96,98,219

自为的对象化领域　149,153,177,178,206

自我教育　71,72,93,165

"自由的优先性"原则　187

自由王国　24,71,84,85,92-94,361,362

自由主义　6,17,39,209

自在的对象化领域　59,149,153,177,178,206

自在自为的对象化领域　149,153,177,178,206

"做真实的自己"　153,187,188,191,192

作为担忧的人的好公民　195,205,213

AGNES HELER

SVAKODNEVNI ŽIVOT

PREVELA SA NEMAČKOG ORIGINALA

OLGA KOSTREŠEVIĆ

NOLIT • BEOGRAD • 1978

插图一：赫勒《日常生活》塞尔维亚文版扉页

SADRŽAJ

Đerđ Lukač: Predgovor — — — — — — — —   **11**

SVAKODNEVNI ŽIVOT

Agnes Heler: Predgovor španskom izdanju — — — — —   **19**

I deo: Partikularitet, individualnost, društvenost, rodnost

1. O apstraktnom pojmu »svakodnevni život« — — — —   25

2. Razlaganje pojmova »pojedinac« i »svet« — — — —   32
   a) Razlaganje kategorije »svet« — — — — — —   35
   b) Razlaganje kategorije »pojedinac« I: Partikularnost — —   40
   ba) Partikularna datost — — — — — — —   40
   bb) Partikularno gledište — — — — — —   40
   bc) Partikularne motivacije (partikularni afekt) — — —   44
   bd) Partikularitet kao opšti način ponašanja — — — —   51
   c) Razlaganje pojma »pojedinac« II: Individualnost — —   52
   ca) Individua i istorija — — — — — — —   52
   cb) Partikularno i individualno ponašanje — — — —   55

3. Pojedinac i njegov svet — — — — — — — —   68
   a) Pojedinac i njegova klasa — — — — — —   68
   b) Grupa i pojedinac — — — — — — — —   70
   c) Pojedinac i masa — — — — — — —   75
   d) Pojedinac i zajednica — — — — — — —   77
   e) »Svest o nama« — — — — — — — —   85

II deo: Svakodnevno i nesvakodnevno

1. Heterogenost svakodnevnog života — — — — — —   93
   a) Objektiviranje »celog čoveka« — — — — —   96
   b) Svakodnevno i nesvakodnevno mišljenje — — — —   101
   c) Svakodnevni život i društvena struktura — — — —   110
   d) Homogenizovanje — — — — — — — —   115

插图二：赫勒《日常生活》塞尔维亚文版目录第一页

November 9th,1987

Dear Dr Yi Junqing,

Thanks very much for your kind letter which I have received
in New York for, almost a year ago, I left Australia and I
am now permanently in New York at the New School for Social
Research (address: New School for Social Research, Graduate
Faculty, 65 Fifth Avenue, New York,N.y.10003, Philosophy).

It is of course an interesting, as well as surprising, news
that a book should be written, not to mention published, about
us in China. I am naturally very much inclined to help you
as much as I can.For this reason, you will get very soon,
under separate cover a)the proofs of a book written about the
school which is going to be published in America in half a
year or so, b)or curricula and bibliography.From the latter,
you can see what exists in what languages and if you need
further books and materials, please turn to me, and I will help
to the degree I can. There are some other materials on the
Budapest School but they are in part written in languages
(French, Italian) you do not read or they are not particularly
interesting or informative or both.

The four people mentioned in your letter constituted the so-called
Budapest School as long as it existed. This needs some further
explanation. What is called (by Georg Lukacs) the Budapest
School, was a special period in which (from the early sixties
to his death in 1971) a certain group of people, but not all
of his students from earlier periods, belonged. There was
a political and philosophical cohesion between the four of us
which did not exist among others who in one period or another,
were also students of Lukacs. Moreover, some scholars from
related fields, above all sociology, temporarily joined us,
I have in mind first of all Andras Hegedus and Maria Markus
in the late sixties. They were however never 'students' of Lukacs in
any sense, and our 'alliance' only lasted for a few years.
The existence of this school was of course exposed to historical
events and experiences and now it is defunct.Critical analysts,
for example you, will perhaps be able to detect a certain kind
of continuity in their respective works even after the end
of our collaboration, but this is certainly not my task.
I give you the addresses you needed, or more precisely that
of G.Markus (M.Vajda, who is in Hungary, has just recently
moved and I do not as yet have his address; I will send it
later to you.) G.Markus: Department of General Philosophy,
University of Sydney, Sydney, New South Wales,Australia.

Sincerely yours:

(Agnes Heller)

AGNES HELLER PHILOSOPHY
THE GRADUATE FACULTY
NEW SCHOOL FOR SOCIAL RESEARCH
65 FIFTH AVENUE
NEW YORK, N. Y. 10003

Dr Yi Junqing
Department of Philosophy, Heilongjiang University
Habin

People's Republic of China

VIA AIR MAIL

插图三：赫勒1987年11月9日给作者的来信

February 8th,1988

Dear friend,

Thank you very much for the letter which of course caused
a very pleasant surprise. I have never expected to have
one of my books in Chinese and I am very happy about it.

Now as to the practical details.1)I have already sent you,again,
the texts about the Budapest School, I hope, this time we are
going to be luckier with the mail.2) I have also sent my new
book, Beyond Justice to you under separate mail. 3)Next week
I will send the text of the English edition of Everyday Life
which is exellent and which will solve all terminological
problems for you.4)Finally, I will send soon my list of publications
to you which you also needed.

Here comes a last detail.I have an agent in Rome,who handles all
my business affairs, Mr Harald Kahnemann, EULAMA, Via Torino
135, Roma, Italy. i would prefer, if this is possible, that
the publishing house should send a contract to them. They will
not raise difficulties, will not demand foreign currency (I will
instruct them), they only protect my rights. However, my first
priority is the book, I would not endanger its Chinese publication
for a contract. So if you do not see this as a possibility, let
us forget it. My aim is anyhow that from the honorarium, I should
come to China in 1989 and spend, together with my husband, some
time in your country. Would you please advise me on this
issue?

I am extremely grateful to you for all your efforts. Do not
hesitate to turn to me wherever there is anything to discuss.

Sincerely yours:

(Agnes Heller)

Heller Philosophy
NEW SCHOOL FOR SOCIAL RESEARCH
GRADUATE FACULTY OF POLITICAL
AND SOCIAL SCIENCE
65 FIFTH AVENUE
NEW YORK, N.Y. 10003

Dr Yi Junging
Department of Philosophy, Heilongjiang
University, Harbin

People's republic of China

VIA AIR MAIL

插图四：赫勒1988年2月8日给作者的来信

BEYOND
JUSTICE

Agnes Heller

插图五：赫勒《超越正义》封面

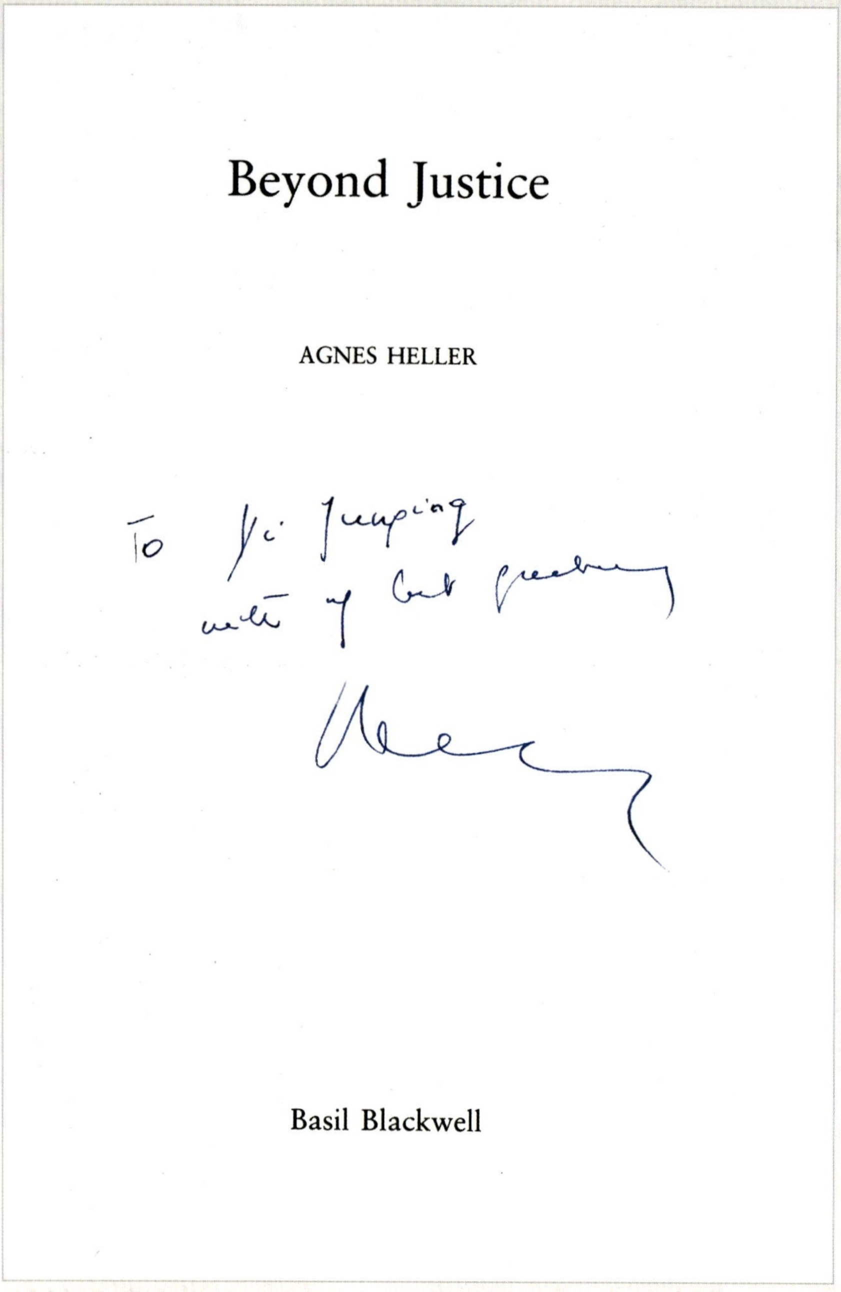

Beyond Justice

AGNES HELLER

To Yü Jueping
with my best greetings

[signature]

Basil Blackwell

插图六：赫勒《超越正义》扉页